하나님과 사랑에 빠져보세요!

_______________________ 님께

우리의 영혼 속에, 나의 가장 깊은 곳에 계신 주님,
당신만이 내 마음을 만지실 수 있습니다.

오스왈드 챔버스의

# 주님은 나의 최고의 선물

오스왈드 챔버스의

# 주님은 나의 최고의 선물

오스왈드 챔버스 지음 · 스데반 황 편역

　미국 유학 시절 1.5세대 목회와 공부를 병행하는 것은 힘든 일이었습니다. 말씀을 통한 개인적인 경건생활이 핵심일 수밖에 없었습니다. 그때 저는 오스왈드 챔버스의 책을 만났습니다. 매일 시간을 쪼개어 살아야 하는 나에게 그의 책은 영성을 유지하는 데 큰 도움이 되었습니다. 그러한 점에서 오랫동안 많은 이에게 큰 도움을 줬던 오스왈드 챔버스의 책이 출간되었다는 것만으로도 귀중하고 의미가 있습니다.

　그의 책들을 번역하면서 깊이 있게 그 문맥과 영성을 이해하였던 번역자에 의해 준비된 이 책은 새로운 감동의 오스왈드 챔버스를 만나게 될 것입니다. 젊은 나이로 하나님의 부르심을 받았던 오스왈드 챔버스의 영성이 배어 있는 《주님은 나의 최고의 선물》을 만나는 것은 나에게 또 다른 즐거움을 갖게 합니다.

– 하정완 목사(꿈이있는교회)

저는 오스왈드 챔버스의 모든 책을 읽으면서 내용이 진주처럼 귀하지만 일반 성도들이 읽기에 어렵겠다는 생각을 했습니다. 그래서 매일 하루에 소화해낼 수 있는 분량으로 오스왈드 챔버스의 사상과 신학을 정리하고, 그날 독자들의 삶으로 이어지도록 힘썼습니다.

또한 지난 3년 동안 오스왈드 챔버스의 책을 번역하면서 그의 영성에 크나큰 마음의 감동을 받았습니다. 그리고 그 내용을 묵상하면서 이 책을 완성했습니다. 독자들은 이 책을 통해 오스왈드 챔버스의 영성과 신학을 접할 수 있을 것입니다. 매일 묵상하여 오스왈드 챔버스의 사상과 복음의 진수를 깨달아 가도록 하는 게 저의 작은 소망입니다.

독자들은 이 책으로 묵상할 때 감동과 다짐을 하게 될 것입니다. 매일 이 책을 대할 때마다 주님의 존전에 서게 될 것입니다. 이 책으로 주 예수 그리스도를 사랑하며 깊어지는 축복이 독자들에게 있기를 바랄 뿐입니다.

이 책의 출판을 허락해준 평단문화사에 하나님의 축복이 임하기를 기도합니다. 곁에서 기도와 사랑으로 격려해준 아내와 가족들, 보혈의교회의 모든 성도와 나아가 항상 저를 위해 기도하며 복음을 지켜나가는 신실한 믿음의 동료에게 이 지면을 통해 진심으로 감사의 마음을 전합니다.

스데반 황

# January

## 1월

하나님께 미래를 맡기고 따라가십시오!

어떤 길을 가야 할지 확신이 서지 않을 때

# 하나님께 미래를 맡기고 따라가십시오!

"믿음으로 아브라함은 부르심을 받았을 때에 순종하여 장래의 유업으로 받을 땅에 나아 갈새 갈 바를 알지 못하고 나아갔으며" 히브리서 11:8

우리는 살아가면서 하나님께 "왜 이런 일이 내게 발생하였습니까?"라고 물을 때가 종종 있습니다. 그 일들이 왜 발생하였는지 우리는 모르지만, 우주를 다스리시는 하나님은 다 알고 계십니다. 그러나 하나님은 우리의 질문에 다 대답해주지 않으십니다. 그 대신 하나님은 우리를 만나주십니다. 그 만남으로 우리는 주님과 대화하는 가운데 모든 걱정과 두려움을 잊고 즐거워합니다.

새해를 맞이하면서 우리는 어떤 일들이 우리 앞에 있을지 알지 못합니다. 그러나 걱정할 필요가 없습니다. 그 이유는 우리의 삶은 하나님의 손에 있기 때문입니다. 또한 우리에게 일어나는 모든 상황은 하나님의 계획 가운데 있기 때문입니다. 따라서 하나님을 믿고 하나님과 친한 관계에 있다면 "왜 이런 일이 내게 발생하였습니까?"라는 질문은 더 이상 중요하지 않게 됩니다.

하나님은 미래를 아십니다. 하나님은 하나님의 계획에 따라 우리의 미래를 이끌어 가십니다. 하나님은 우리 각자에게 어떤 일들이 일어날지를 다 아십니다. 주님은 우리가 어디에 있을지, 무엇을 할지 다 알고 계십니다. 하나님은 전지전능하시기 때문입니다. 그분은 우리를 사랑하십니다. 그러므로 우리가 어떤 상황에서든지 주님만을 의지하면서 계속 하나님께 순종하기를 선택하며 앞으로 나아간다면 우리의 삶은 보람과 만족으로 가득 찰 것이며 또한 예수님께 큰 기쁨이 될 것입니다.

# 구원을 얻게 하는 의

"아브람이 여호와를 믿으니 여호와께서 이를 그의 의로 여기시고" 창세기 15:6

영적인 삶은 좋은 자리에서 더 나은 자리로 나아가고 더 나은 자리에서 최상의 자리로 나아가는 것이 아니라, 오직 최고이신 하나님께 나아가 그분과 연합하는 것입니다. 하나님께는 차선이라는 것이 없고 오직 최선밖에 없습니다. 우리가 하나님의 최선을 구할 때 이를 가장 막는 것은 죄악이나 부정한 것들이 아니라, 옳고 선하고 고상한 것들입니다. 사실 성령의 역사로 영의 눈이 열리면 인간의 미덕이 하나님께 가장 항복하기를 거절하는 최후의 대항 세력인 것을 발견하게 됩니다. 이때 대부분의 영혼은 하나님의 최선에 닿기 전에 심한 영적 갈등에 빠지게 됩니다.

사람들은 야비하고 악한 것들에 대하여 '옳다, 그르다' 논쟁하지 않지만, 옳은 것에 대해서는 논쟁을 합니다. 그 이유는 인간에게는 자기 자신의 덕에 대해 끝까지 변론하고 싶은 마음이 크기 때문입니다. 심지어 인간은 예수님께 끝까지 대항할 정도로 자신의 미덕을 강조하며 붙듭니다. 그래서 세상적인 관점에서 볼 때 선하고 도덕적인 사람들이 종종 복음을 멸시할 때가 있습니다. 그러나 하나님께서 구원을 허락하시는 의는 자연적인 덕으로 만든 의가 아닙니다. 인간은 죄인이기 때문에 스스로 구원을 얻을 만한 완전한 의를 쌓을 수 없습니다. 하나님이 받으시는 완전한 의는 오직 믿음으로만 받을 수 있습니다. 그 의는 다름 아닌 예수님과 그분이 하신 일입니다. 아브람은 여호와를 믿음으로 하나님께 의로운 자로 여김을 받았습니다. 그가 완전한 의를 얻을 수 있었던 것은 자신을 의지하는 자리에서 벗어나 하나님만을 의지했기 때문입니다.

"아브람이 여호와를 믿으니 여호와께서 이를 그의 의로 여기시고"라는 말씀은 '의가 되시는 예수 그리스도'를 말해주는 기독교의 가장 중요한 교리의 뿌리가 되는 말씀입니다. 죄인을 의롭게 하는 것은 오직 주 예수 그리스도를 믿는 믿음밖에 없습니다. 그러나 우리를 구원하신 주님을 의롭다고 증거하는 것은 우리의 믿음으로 말미암은 의로운 삶입니다. 우리가 믿음으로 말미암은 의로운 삶을 살지 않을 때 우리는 하나님께 모욕을 끼치는 존재가 됩니다.

이 나무는 당신입니다.

# 주님께서 원하시는 기도



"너희가 내 안에 거하고 내 말이 너희 안에 거하면 무엇이든지 원하는 대로 구하라 그리하면 이루리라" 요한복음 15:7

대부분의 사람은 기도의 필요를 느끼지 못하기 때문에 기도하지 않습니다. 성령께서 우리 안에 역사하시면 우리는 가득 찬 느낌보다는 비어 있는 느낌이 들게 됩니다. 따라서 기도하지 않을 수 없게 됩니다. 우리는 고통을 주는 사람들, 어려운 상황들, 난처한 조건들을 접하게 될 때 기도의 필요를 절실히 느끼게 됩니다. 이는 성령께서 그 어려운 상황들 가운데 계시다는 뜻입니다. 만일 우리가 기도의 필요를 느끼지 못한다면 이는 성령께서 우리를 만족하게 했기 때문이 아니라, 스스로 자기 자신과 자신이 가지고 있는 것에 만족하고 있기 때문입니다.

기도의 필요를 느낀다는 것은 주님을 만날 필요를 느낀다는 것과 같습니다. 가장 사랑하는 사람을 만나고 싶어 하듯이 주님을 사랑하며 만나고 싶어 하는 사람은 기도하게 되어 있습니다. 주님을 만나서 자신의 필요를 아뢰고, 사랑을 고백하고, 또한 주를 실망하게 한 일들에 대해 회개하는 마음을 표현하는 가운데 예수님과 친밀하게 되는 것이 기도입니다. 따라서 기도는 예수 그리스도와의 친밀을 가능하게 하는 하나님께서 주신 은혜의 수단이므로 가장 위대한 축복 중 하나입니다.

성령 안에서 기도하는 것을 배울 때 우리는 어느 때 기도를 멈추어야 하는지를 알게 됩니다. 기도에도 절제가 필요합니다. 이러한 때는 절대로 기도로 밀고 나아가서는 안 됩니다. "나는 이것이 하나님의 뜻이라고 생각해. 그래서 끝까지 기도할 거야!" 이러한 자세를 조심하십시오! 이러한 기도는 성령을 근심케 하는 기도입니다. 이스라엘 백성을 기억하십시오. "여호와께서는 그들이 요구한 것을 그들에게 주셨을지라도 그들의 영혼은 쇠약하게 하셨도다" 시편 106:15. 주님을 근심케 하지 않으려면 주께서 원하시는 기도를 드려야 합니다. 이를 위해 성령으로부터 기도를 배우십시오. 만일 우리가 성령 안에 거하면 우리는 의식적이든 무의식적이든 주께서 원하시는 기도를 하게 될 것입니다.

# 하나님의 약속은 반드시 이루어집니다!

"너희가 무엇이든지 아버지께 구하는 것을 내 이름으로 주시리라 … 너희 기쁨이 충만하리라" 요한복음 16:23~24

하나님께서 당신의 기도에 어떻게 응답해주실지 절대로 예측하는 일이 없도록 하십시오. 하나님께서 아브라함에게 약속하셨을 때 아브라함은 하나님께서 약속하신 것을 이루실 수 있도록 돕기 위해 최선의 방법을 생각했습니다. 그리고 자기 나름대로 혈과 육의 상식에 따라 가장 현명한 조치를 취하였습니다. 그러나 하나님께서는 아브라함이 자신의 지혜를 의지하는 것을 포기할 때까지 13년 동안 그와 대화하지 않으셨습니다. 그 후 하나님께서 아브라함을 찾아와 말씀하셨습니다. "나는 전능한 하나님이라 너는 내 앞에서 행하여 완전하라" 창세기 17:1.

하나님께서는 언제나 우리에게 기다림을 가르치시며 적극적으로 깨어서 미래를 소망하게 하십니다. 하나님께서 기도에 응답하실 때마다 우리는 언제나 놀라게 됩니다. 하나님의 응답은 언제나 놀랍습니다. 너무나 놀라 사람들은 믿지 않으려 합니다.

"너희가 내 이름으로 무엇을 구하든지 내가 행하리니" 요한복음 14:13. 놀랍지 않습니까? 이 말씀은 너무나 놀라운 말씀이라서 많은 사람이 믿으려 하지 않습니다. "구하는 이마다 받을 것이요" 마태복음 7:8. 이 말씀도 놀랍지 않습니까? 놀라운 말씀이라서 사람들은 하나님께 성령을 구하지 않습니다. 그 이유는 너무나 놀라워 믿을 수 없기 때문입니다. "진실로 다시 너희에게 이르노니 너희 중의 두 사람이 땅에서 합심하여 무엇이든지 구하면 하늘에 계신 내 아버지께서 그들을 위하여 이루게 하시리라" 마태복음 18:19. "의인의 간구는 역사하는 힘이 큼이니라" 야고보서 5:16. 정말 놀라운 말씀입니다. 만일 당신이 하나님께서 우리의 기도에 얼마나 놀랍게 응답하시는지를 주목한다면, 당신은 참으로 즐겁고 기쁜 마음으로 주께 기도하기를 힘쓰게 될 것입니다.

# 다시 오실 예수 그리스도



**"참으로 하나님은 사람의 외모를 보지 아니하시고"** 사도행전 10:34

하나님은 사람을 외모로 취하지 않으십니다. 베드로가 이 사실을, 하나님께서 유대인이나 이방인을 똑같이 대하신다는 사실을 깨닫는 데는 많은 시간이 걸렸습니다 사도행전 18장. 우리는 어떤 사람의 과거에 어떤 원인이 있기 때문에 하나님께서 그 사람에게 역사하신다고 생각합니다. 그러나 그렇지 않습니다. 하나님의 역사는 하나님의 주권에 따르며 하나님은 사람의 외모를 보지 않으십니다.

예수님은 승천하신 후 성령을 보내주셨습니다. 그로 말미암아 성령은 전 세계적으로 역사하십니다. 이는 하나님께서 선지자 요엘을 통해 약속하신 "만민에게 성령을" 부어주시겠다는 말씀을 이루신 것입니다요엘 2:28. 세상 사람들도 인류를 향한 비전이 있습니다. 그것은 모두가 서로 사랑하며 하나가 되기를 원하는 것입니다. 그러나 문제는 그 비전을 어떤 방법으로 이루느냐 입니다. 하나님의 사람들은 그 비전을 이루는 데는 오직 한 가지 방법, 곧 구속밖에 없다는 사실을 압니다. 그러므로 그들이 예수님의 형제가 되려면 오직 예수님과 같은 성향이 있어야 합니다. 이 성향은 성령 세례를 받아야만 얻을 수 있습니다.

예수님은 승천하시면서 손을 양옆으로 활짝 펴셨습니다. 제자들이 예수님을 마지막으로 본 장면은 십자가상에서 찔린 주의 손이었습니다. 주님 손의 못 자국은 속죄의 상징입니다. 예수님은 경고하셨습니다. "그때에 어떤 사람이 너희에게 말하되 보라 그리스도가 여기 있다 보라 저기 있다 하여도 믿지 말라" 마가복음 13:21. 예수님이 승천하실 때에 천사들은 "너희 가운데서 하늘로 올려지신 이 예수는 하늘로 가심을 본 그대로 오시리라" 사도행전 1:11고 선포하였습니다. 승천하신 예수님께는 속죄의 자국이 있습니다. 따라서 다시 오실 구속자의 가장 중요한 표시는 상처 난 손과 발입니다. 그러나 '모든 종교의 통합 그리스도', '이 땅의 복지 그리스도', '크리스찬 사이언스 그리스도', '신비주의 그리스도', '자아실현 그리스도' 등에게는 이러한 속죄의 구속자 표시가 없습니다. 재림하시는 그리스도는 십자가의 그리스도임을 잊지 마십시오.

# 몸이 연약하여질 때

"그러므로 우리가 낙심하지 아니하노니 우리의 겉사람은 낡아지나 우리의 속사람은 날로 새로워지도다" 고린도후서 4:16

자신이 훌륭한 그리스도인인지를 쉽게 알 수 있는 질문이 있습니다. "당신의 몸은 하나님을 위해 일하면서 낡아지지만, 속사람은 더욱 하늘로 날아오르고 있습니까?" 만일 우리가 거룩을 체험하면서 하나님께서 원하시는 삶을 살고자 한다면 우리는 아무것도 남지 않을 때까지 하나님을 위해 헌신할 각오가 서 있어야 합니다. 만일 우리의 겉사람이 낡아지는 이유가 무절제한 삶이나 잘못된 습관에 의한 것이라면 이는 참으로 부끄러운 일입니다. 사실 하나님과의 교제를 포기할 때 겉사람은 더욱 심각하게 낡아지게 됩니다. 이러한 경우는 날아오르는 내면의 힘이나 보람된 영광 없이 비참을 맞이하게 됩니다.

바울에게는 외적인 압박이 많았습니다. 여러 가지 고통과 슬픔이 있었으며 무서운 핍박과 소요가 그를 위협하였습니다. 그러나 그의 내면의 영광은 겉사람의 낡음과 비례하였기 때문에 그의 삶에는 '우울한 날'이 없었습니다. 그의 모든 외적인 소모는 내면의 성장을 가져다주었고 그의 속사람은 날로 새로워지고 있었습니다. 그러나 우리 중 어떤 사람은 너무나 편안하고 안락한 삶으로 내적인 성장이 전혀 없는 사람이 있습니다. 우리의 삶은 죄를 멀리해야 함은 당연하고 한걸음 더 나아가 하나님의 말씀과 뜻을 위해 희생하는 삶이 되어야 합니다. 그렇지 않으면 영적인 영광이 있을 수 없습니다. 또한 우리 중 어떤 사람은 몸이 낡아지는 것을 막으려고 너무 애를 쓰다가 그 영혼이 침체하여 영적 비전을 잃는 사람들이 있습니다. 그러나 우리가 하늘나라를 맛보고 그곳을 바라본다면 우리의 모든 신체적 에너지를 하나님을 섬기는 데 사용하게 될 것입니다. 이때 몸으로 수고한 만큼의 도덕적, 영적 영광이 남게 됩니다. 하나님의 사역을 위해 우리 몸이 아무리 지치고 소모되더라도 내면의 속사람은 날개를 달고 더 높이 하나님께로 나아가게 될 것입니다. 그러므로 몸을 아끼지 말고 주를 위해 사용하며 살아가십시오!

# 성경과 사랑에 빠지십시오!



"성경은 능히 너로 하여금 그리스도 예수 안에 있는 믿음으로 말미암아 구원에 이르는 지혜가 있게 하느니라" 디모데후서 3:15

당신은 성경을 사랑하고 있습니까? 주님을 온전히 섬기려면 성경과 사랑에 빠져야 합니다. 우리 중에 어떤 사람은 성경의 한 부분만을 애용합니다. 그러나 온전한 성도가 되려면 성경을 전반적으로 잘 알아야 합니다. 주님께서는 우리에게 성경으로부터 계속적인 교훈을 주시길 원하십니다. 갓난아기의 영적 우유만 마시지 않도록 주의하십시오. 계속 배우는 사람이 되십시오. 지름길을 찾거나 성급하게 깨달으려 하지 말고 당면한 인생의 문제에 대하여 성경의 진리를 찾아내어 적용하십시오. 그러면 어느새 영적으로 성숙해져 있는 모습을 보게 될 것입니다. 그리고 잊지 말아야 할 것은 어떤 진리들은 우리가 그 진리를 감당할 수 있는 영적인 성품에 이를 때까지는 깨달을 수 없다는 사실입니다. 하나님의 진리에 대한 영적 통찰력은 언제나 우리의 영적 성장과 비례합니다.

하나님께서 그리스도인의 마음속에 넣어주신 생명은 예수 그리스도의 생명입니다. 이 생명은 어린 상태에서 계속 자라나 마침내 영광스러운 그리스도의 성품까지 자라납니다. 시간을 낭비하지 말고 주님께 더욱 귀히 쓰임 받기 위해 영적 성장을 추구하십시오. 바른 영적 지식을 추구할 것을 결심하십시오. 하나님께서 사용하는 도구가 되기 위해 준비하십시오. 성경을 사랑하고 많이 읽으십시오. 성경은 아무리 많이 읽어도 과하지 않습니다. 그리고 성경을 읽을 때마다 반드시 주 예수 그리스도를 인격적으로 체험해야 합니다. 그렇지 않고 성경 지식만 쌓으면 바리새인이 되기 때문입니다. 그러므로 성경을 대할 때 '성령을 받고, 성령을 인정하고, 성령을 의지할' 필요를 잊지 마십시오. 그리고 주신 말씀에 순종하겠다고 주님께 고백하십시오.

매일 묵상할 때 나무는 성장합니다.

# 성도의 유일한 능력이요 자랑인 그리스도의 십자가

**"우리는 십자가에 못 박힌 그리스도를 전하니 유대인에게는 거리끼는 것이요 이방인에게는 미련한 것이로되" 고린도전서 1:23**

그리스도의 십자가와 십자가로부터 나오는 축복을 혼동해서는 안 됩니다. 바울은 모든 열정을 그리스도의 십자가를 전하는 데 쏟았습니다. 그래서 그의 가르침의 중심도 우리의 구원 및 거룩이 아니라, 가장 위대한 진리인 "하나님이 세상을 이처럼 사랑하사 독생자를 주셨다" 요한복음 3:16라는 이 한 가지였습니다. 바울의 가르침에는 인위적이거나 희미한 적이 없었습니다. 그가 전하는 모든 교리의 중심에는 그리스도의 보혈이 있었고 그 안에 하나님의 능력이 있다는 것입니다. 또한 바울은 그리스도의 십자가의 배후에 있는 하나님의 의도가 무엇인지 정확하게 알고 있었습니다. 그래서 그에게 있어서는 사람들이 거룩하여지는 것은 부차적이었습니다.

하나님의 전시장에 멋지게 진열될 꿈을 꾸면서 개인의 거룩에만 신경 쓰는 그리스도인이 있다면 그는 하나님께서 무엇을 원하시는지 전혀 알지 못하는 그리스도인입니다. 그러나 바울이 섰던 곳에 함께 서서 하나님께서 그리스도의 십자가를 통해 무엇을 하시는지를 이해하게 된다면, 이 세상의 그 무엇에도 하나님의 사랑을 빼앗기지 않게 될 것입니다. "다른 어떤 피조물이라도 우리를 우리 주 그리스도 예수 안에 있는 하나님의 사랑에서 끊을 수 없으리라" 로마서 8:39.

만일 바울이 자신의 구원과 거룩만을 목표로 하였다면, "나의 형제 곧 골육의 친척을 위하여 내 자신이 저주를 받아 그리스도에게서 끊어질지라도 원하는 바로라" 로마서 9:3고 말할 수 없었을 것입니다. 바울은 이 땅에서 오직 한 가지, 그리스도의 십자가 외에는 다른 것에 신경을 쓰지 않았습니다. 그것을 전하기 위해서는 어떠한 대가를 치르게 되던 상관하지 않았습니다. "만일 복음을 전하지 아니하면 내게 화가 있을 것이로다" 고린도전서 9:16. 바울처럼 당신의 믿음생활에도 오직 주 예수 그리스도와 그분의 십자가만이 있습니까?

# 말씀을 막아 결실하지 못하게 하는 것

"세상의 염려와 재물의 유혹과 기타 욕심이 들어와 말씀을 막아 결실하지 못하게 되는 자요" 마가복음 4:19

사람들 중에는 성령으로 거듭나지 않은 상태에서 그리스도인의 삶을 살려는 자가 있습니다. 그러나 이러한 경우는 그들이 진실할수록 더욱 마음에 고통을 느끼게 됩니다. 그 이유는 거듭나지 않은 상태로는 그 누구도 그리스도인의 삶을 사는 것이 불가능하기 때문입니다. 오직 성령으로 거듭나 새 생명 가운데 임하는 주의 능력을 받은 자들만이 그리스도인의 삶을 살 수 있습니다.

그리스도인의 삶을 막는 것은 삶의 가시들입니다. 씨 뿌리는 자의 비유에서는 당신을 영적으로 막는 이 세상의 염려나 재물의 유혹이 가시라고 말합니다. 기억해야 할 것은 당신이 하나님과 함께하는 그리스도인의 삶을 살려고 할 때 반드시 어려움이 찾아온다는 사실입니다.

바울은 그리스도인들 앞에는 "광대하고 유효한 삶의 문이 활짝 열려 있다"고 말합니다. 그러나 "그 문은 어려움이 사라진 성공의 문이다"라고 말하지 않습니다. 오히려 "대적하는 자가 많은 문"이라고 하였습니다고린도전서 16:9. 또한 예수님께서는 "세상의 염려와 재물의 유혹과 기타 욕심이 들어와 말씀을 막아 결실하지 못하게" 할 것이라고 말씀하셨습니다. 여기서 '재물'이란 돈만을 의미하는 것이 아니라, 당신이 하나님의 아들 주 예수 그리스도보다 더 소중히 여기는 모든 것을 말합니다. 이러한 재물은 당신의 영적인 삶에 가시가 될 것입니다. 말씀에 결실을 얻는 그리스도인의 삶을 살기 위해서는 당신의 마음속에서 그리스도보다 앞서는 세상의 우상을 내려놓아야 합니다. 우상을 버리십시오!

# 변론을 피하십시오!

"어리석고 무식한 변론을 버리라 이에서 다툼이 나는 줄 앎이라" 디모데후서 2:23

바울은 디모데에게 변론을 버리라고 당부하였습니다. 그러나 바울 자신은 최고의 변론가였습니다. 그는 변론하면서 여러 날을 보내기도 하였고사도행전 9:29, 17:17, 18:19, 두란노 학교에서는 변론과 다툼으로 여러 해를 보내기도 하였습니다. 그런데 이러한 바울이 디모데에게는 변론하지 말라고 당부하고 있습니다.

당신은 바울이 어떤 자세로 변론했는지를 아십니까? 바울은 그가 변론하는 상대의 입장이 되어 변론하였습니다. 그리고 그의 변론의 동기와 목적은 복음이었습니다. 하나님의 관점에서 변론한 것입니다. 이러한 그가 디모데에게 변론하지 말라고 한 것은 하나님의 관점에서 벗어난 개인의 관점에서 변론하지 말라는 뜻입니다. 복음을 전하기 위한 목적이 아니라, 우리의 의견과 생각이 옳다는 것을 증명하기 위해 변론하지 말라는 것입니다. 그러므로 우리는 복음을 위해 변론할 때도 우리의 관점에서 하지 말고 하나님의 관점에서 해야 합니다.

하나님께서는 우리가 복음의 진리의 문제가 아닌 다른 주장 때문에 변론하는 것을 원치 않으십니다. 진리를 변론할 때도 "오직 사랑 안에서 참된 것을" 말해야 합니다에베소서 4:15. 특히 변론하는 상대가 내 안에 계신 성령과 변론하게 해야 합니다. 내 의견이 아니라 성령의 의견이 제시되어야 합니다. 이를 위해서 우리는 기도를 통해 성령 충만해야 하며, '배우고 확신한' 성경의 진리에 거해야 합니다. "그러나 너는 배우고 확신한 일에 거하라 너는 네가 누구에게서 배운 것을 알며 또 어려서부터 성경을 알았나니 성경은 능히 너로 하여금 그리스도 예수 안에 있는 믿음으로 말미암아 구원에 이르는 지혜가 있게 하느니라" 디모데후서 3:14~15.

# 비방에 대한 자세



"오히려 자기를 비워 종의 형체를 가지사 사람들과 같이 되셨고" 빌립보서 2:7

우리는 자신의 영광을 위해 싸워서는 안 됩니다. 오직 주 예수님의 영광과 주의 백성의 영광을 위해 싸워야 합니다. 예수님의 원수들은 예수님을 음식을 탐하는 자, 술주정꾼, 귀신 들린 자, 심지어 미친 사람이라고 불렀습니다. 그러나 주님은 그들의 비방에 대항하여 입 한번 열지 않으셨습니다. 하지만 비방자들이 하늘 아버지에 대해 옳지 않은 말을 할 때는 그들에게 대단히 엄중한 말씀을 하셨습니다.

예수님은 자신의 영광을 구하지 않으셨습니다. 우리도 예수님의 제자로서 주님의 본을 따라야 합니다. 사람들이 우리를 비방할 때 너무 염려하지 마십시오. 지나가도록 두십시오. 그러나 그들이 우리 주님의 영광을 깎아내릴 때는 흥분하며 분노하십시오!

사람들이 당신을 향해 비방할 때 어떻게 반응해야 할지 고민하지 마십시오. 당신의 옷에 흙탕물이 묻었을 때를 생각해 보십시오. 옷에 흙탕물이 묻었을 때 옷을 비비면 흙탕물은 천속으로 깊게 스며들어 가게 됩니다. 그러나 마를 때까지 가만히 두면 나중에 손가락으로 튕겨서 털어낼 수 있습니다. 그러면 흔적도 없이 사라집니다. 당신을 향한 비방이 있을 때 그것이 사실이 아니라면 그냥 두십시오. 비방의 내용이 사실이라면 회개하십시오. 그렇지 않다면 흥분하며 관여하지 마십시오. 그냥 하던 일을 계속 꾸준하게 하십시오. 거짓 비방은 가만히 두면 때가 되어 당신이 먼지처럼 털어낼 수 있는 날이 곧 올 것입니다.

# 당신의 보물은 무엇입니까?

**"네 보물 있는 그곳에는 네 마음도 있느니라"** 마태복음 6:21

사람들의 마음에는 보물이 있습니다. 그 보물은 사람마다 다릅니다. 어떤 사람은 명예가 보물이며, 어떤 사람은 연인과의 사랑이 보물이고, 어떤 사람은 물질이 보물입니다. 예수님께서는 허다한 사람의 보물이 재물이라고 하셨습니다. 사람들은 재물을 하나님보다 더 귀하게 여기고 있습니다. 그러나 성경은 축적하기 위해 보물을 소유하는 것을 반대합니다. "오직 너희를 위하여 보물을 하늘에 쌓아 두라 거기는 좀이나 동록이 해하지 못하며 도둑이 구멍을 뚫지도 못하고 도둑질도 못하느니라" 마태복음 6:20. 만일 당신의 보물이 하나님에게 있지 않다면 당신은 하나님을 바라보지 않게 될 것입니다. 당신의 보물이 영원한 것이 아닐 때 보물이 사라지면 당신의 소망과 생명도 사라지게 됩니다.

세상에서 발생하는 대부분의 악한 일은 보물 때문입니다. 사람들은 보물을 찾기 위해 안간힘을 쓰며 평생을 살아갑니다. 보물을 잡으면 교만하여져서 우쭐되기도 합니다. 그러다가 보물을 빼앗으려는 자가 있으면 자세가 호전적으로 바뀝니다. 만일 보물을 빼앗겨서 다시는 되찾을 수 없게 되면 절망하여 삶을 포기하기도 합니다. 사람들이 무엇으로 기뻐하고 무엇으로 절망하는가를 보면 그 사람의 보물이 무엇인지 알 수 있습니다.

성경은 우리의 보물이 예수 그리스도이어야 한다고 말합니다. 다른 모든 것은 이 영원한 보물을 위한 액세서리에 불과합니다. 당신의 보물이 정녕 주 예수 그리스도라면 당신의 삶의 태도는 완전히 바뀔 것입니다. 돈을 빼앗겨도, 인기를 잃어도, 명예에 손상을 입어도 그렇게 대수롭지 않을 것입니다. 이는 그러한 것들이 당신의 보물이 아니기 때문입니다. 감사한 것은 주 예수 그리스도의 이 보물은 영원토록 빼앗아 갈 자가 없다는 사실입니다. 당신의 보물은 주 예수 그리스도입니까?

이 나무는 당신입니다.

# 주님의 멍에를 메고 예수님께 배우십시오!

"나의 멍에를 메고 내게 배우라 그리하면 너희 마음이 쉼을 얻으리니" 마태복음 11:29

성도가 참된 쉼을 얻을 수 있는 비결은 십자가 앞에서 예수님께 직접 배우는 것입니다. 성도가 그리스도의 멍에를 질 때 새로운 즐거움이 솟게 됩니다. 주님의 멍에는 순교의 멍에가 아닙니다. 이 멍에는 그리스도의 십자가에 모든 것을 빚진 자가 감사함으로 지는 멍에입니다. 바울이 이 멍에를 지고 말했습니다. "내가 너희 중에서 예수 그리스도와 그의 십자가에 못 박히신 것 외에는 아무것도 알지 아니하기로 작정하였음이라" 고린도전서 2:2. 그러나 대부분의 그리스도인은 마땅히 기쁨으로 져야 할 주님의 십자가의 멍에를 지지 않고 있습니다.

당신은 그리스도의 멍에를 지고 있습니까? 구속을 통해 하나님의 성령에게서 오는 청결한 빛 가운데 걷고 있습니까? 우리는 하나님의 영으로만이 거듭날 수 있습니다. 그러할 때 우리는 내면으로부터 철저하게 새로운 피조물이 됩니다. 그로 말미암아 우리는 비록 흠 많은 육체지만, 하나님께서 주신 무흠한 새 생명으로 살아가게 됩니다. 하지만 많은 사람은 주님을 섬긴다는 명목하에 스스로 지혜롭고 현명하게 행한다면서 하나님께서 우리 안에 넣어주신 새 생명을 질식시키고 있습니다.

당신은 예수님의 제자입니까? 누가 먼저이며 무엇이 우선입니까? 누가 당신의 생명을 다스리고 있습니까? 당신 자신인가요, 다른 사람들인가요? 아니면 예수님인가요? 이러한 관점에서 예수님의 제자도에 대한 말씀은 뭐라 말씀하고 있는지 보십시오. "나를 따라오려거든 자기를 부인하고" 마태복음 16:24. 이 말씀은 예수님의 바람과 예수님의 계획이 당신의 바람과 당신의 계획보다 우선되어야 한다는 뜻입니다. 바울이 그토록 강조했던 그리스도의 십자가의 원수는 다름 아닌 우리 마음을 예수 그리스도로부터 빼앗아 가는 것들입니다. 예수님은 말씀하셨습니다. "네 마음을 나로부터 빼앗아 가는 모든 것들을 향하여 죽으라. 그리고 나의 멍에를 메고 내게 배우라."

# 잠의 영적 의미

"너희가 일찍이 일어나고 늦게 누우며 수고의 떡을 먹음이 헛되도다 그러므로 여호와께서 그의 사랑하시는 자에게는 잠을 주시는도다" 시편 127:2

우리 중에 잠이 지닌 영적 의미를 아는 사람이 얼마나 될까요? 사람들이 인생 가운데 잠으로 보내는 시간은 많은 비중을 차지합니다. "그러면 왜 잠이 필요할까요?" 이 질문에 대한 일반적인 답변은 "신체가 힘을 다시 얻기 위해서"입니다. 그러나 분명한 사실은 신체적 힘만을 다시 얻기 위해서라면 그렇게 긴 시간의 잠이 필요하지는 않습니다.

우리는 창세기 2장 21절에서 "여호와 하나님이 아담을 깊이 잠들게 하신" 것을 볼 수 있고, 또한 창세기 15장 12절에서도 하나님께서 아브람을 깊은 잠에 빠지게 하셨음을 볼 수 있습니다. 그런데 특이한 것은 그들이 잠을 깬 후에 하나님께서 하신 일을 발견하면서 놀라운 계시들을 깨달았다는 점입니다. 사실 성경에 기록된 모든 꿈은 일반적인 꿈과는 다른 차원의 꿈이었습니다. 꿈을 꾼 사람마다 그들이 잠들기 전에 알지 못했던 새로운 계시와 깨달음을 가지고 깨어납니다. 이는 그 사람들의 몸이 잠든 사이에 주님께서 그들과 깊은 영적 교제를 가지신 것을 말해줍니다.

나는 하나님께서 사람들에게 꿈으로 주의 계시를 알려주던 시대는 끝났고 끝나지 않았다는 것을 변론하는 것이 아닙니다. 단지 하나님은 우리가 잠든 때에 우리의 몸에 쉼을 주실 뿐만 아니라, 우리의 영혼에도 힘과 깨달음을 주신다는 점을 말하려는 것입니다. 우리는 우리가 잠을 자는 시간에 대해 그 시간을 주님께 드리고 그 시간에 주님께서 우리의 영혼을 보호하시고 함께하실 것을 기도할 수 있어야 합니다. 오늘 밤 잠들기 전에 당신의 수면 속에서도 주께서 역사하시기를 기도하지 않겠습니까?

# 하나님의 신비한 역사를 깨달을 수만 있다면

인생을 살다 보면 우리의 마음을 번잡하게 하는 어려움과 고난이 있게 마련입니다. 또한 전혀 해결의 실마리가 보이지 않는 상황 가운데 마음이 죽을 지경인 때도 있습니다. 그러나 그러한 상황 가운데 하룻밤을 자고 나면 신기하게 그 상황을 대처하는 힘이 우리 안에 생긴 것을 발견하는 때가 있습니다. 그러면 우리는 주님을 의지하며 인내하게 되고 어느새 문제는 사라지면서 마치 그러한 불가능한 상황이 언제 있었느냐 하는 것처럼 지나갑니다. 그리스도인이라면 이러한 체험을 누구나 한 번쯤은 해보았을 것입니다.

잠을 통한 하나님의 역사는 신비합니다. 하나님은 우리가 잠든 사이에 불신앙을 믿음으로 인도하고 좌절된 마음을 새롭게 세우십니다. 그리고 평안과 담대함을 주십니다. 잠들기 전에는 두려움과 흥분으로 갈 곳 없던 마음이 이제 잠을 깨고 일어나니 용기와 인내로 가득합니다. 이는 하나님께서 잠을 통해 역사하신 가장 분명한 증거입니다.

사람이 성령으로 거듭나도 인간의 속성들은 그대로 남아 있습니다. 그러나 그 영혼의 가장 깊은 잠재의식 속에서 성령이 역사하기 시작하십니다. 내가 믿기에는 성령은 우리에게 깊은 기도를 하도록 인도하실 뿐만 아니라, 우리의 영적 역량을 크게 만들기도 하십니다. 특히 우리에게 삶의 위기가 찾아왔을 때 성령께서는 주의 자녀들이 상황을 감당할 수 있도록 우리의 가장 깊은 내면의 세계를 붙들어주십니다.

삶의 위기를 지난 후 당신의 삶을 돌아보십시오. 스스로는 결코 견딜 수 없었을 상황이었지만, 어느새 당신은 그 위기를 뚫고 지금은 당당히 서 있는 모습을 보게 될 것입니다. 이때 당신이 당신도 모르는 사이에 당신의 마음속에서 역사하셨던 하나님의 신비한 역사를 깨달을 수만 있다면. 우리는 잠을 통한 하나님의 은혜가 얼마나 크고 놀라운지를 깨달을 때 주의 은혜에 더욱 깊은 감사를 드리는 위치에 서게 될 것입니다.

# 경건의 습관

**"이러므로 나의 마음이 기쁘고 나의 영도 즐거워하며 내 육체도 안전히 살리니" 시편 16:9**

현대 심리학은 잠재의식에 대해 상당히 많이 다루고 있습니다. 잠이 들었을 때 우리의 영혼이 활동하는 영역도 잠재의식의 영역이라 할 수 있습니다. 한편 하나님은 우리가 깨어 있을 동안뿐만 아니라, 잠이 든 시간에도 분명히 역사하십니다.

성도의 삶 가운데 매우 중요한 시간은 잠들기 직전의 시간과 잠에서 깨어난 직후의 시간입니다. 아마도 이 시간을 소중하게 여기는 그리스도인은 많지 않을 것입니다. 그러나 우리는 잠을 중심으로 하는 앞뒤의 시간대에 많은 관심을 두어야 합니다. 우리는 잠들기 전에 경건하고 복된 생각을 함으로써 마음을 평안하게 해야 합니다. 그 비결은 잠들기 전에 하루를 돌아보며 주 안에서 말씀으로 그날을 점검하는 것입니다. 만일 성도가 세상적인 대화나 세상의 일들로 마음이 허망한 가운데 잠들면 경건한 꿈을 꾸게 될 가능성은 줄게 됩니다. 또한 세상의 일들에 지쳐서 그대로 잠들면 영혼의 피곤함은 그 다음 날로 이어집니다.

잠들기 직전과 잠에서 깨어난 직후에 반드시 하나님과 교제의 시간을 갖도록 노력하십시오. 염려나 두려움을 통한 어둠의 세력이 우리가 잠들기 전에 우리의 영혼을 차지해서는 안 됩니다. 주께서 당신이 자는 시간에 역사하기를 원한다면 잠들기 직전 시간과 잠에서 깨어난 직후의 시간을 말씀과 기도로 주께 드리도록 하십시오. 청교도의 부모들은 자녀에게 매일 밤 침대에 눕기 전에 무릎을 꿇고 기도하도록 가르쳤습니다. 그러한 가정에서 자라난 경건한 자녀는 평생 잠들기 전에 성경을 읽고 무릎을 꿇고 기도하는 습관을 가지고 있었습니다. 이러한 경건의 습관은 그리스도인들에게 참으로 심오한 축복을 누리게 해주며, 우리의 영혼에 무한한 성장을 가져다줍니다. 우리는 우리가 잠들었을 때 하나님께서 그 영혼에 어떤 선한 역사를 일으키실지 아무도 모릅니다. 그러므로 꼭 경건의 시간을 가지십시오!

# 그리스도인으로서 받는 고난



"만일 그리스도인으로 고난을 받으면 부끄러워하지 말고 도리어 그 이름으로 하나님께 영광을 돌리라" 베드로전서 4:16

그리스도인으로서 고난을 당한다는 것은 당신의 견해나 성격 때문에 당하는 어려움을 의미하지 않습니다. 그 고난은 당신이 주님께 속하였다는 이유 때문에 세상으로부터 미움과 멸시와 조롱을 당하는 것을 의미합니다. 그러므로 그리스도인으로서 고난받을 때 억울하다고 항변하지 마십시오. 이는 그리스도인이 되기를 포기하는 것과 같습니다.

세상은 예수 그리스도를 십자가에 매다는 것에 기뻐하고 즐거워했습니다. 그분을 조롱하고 때리고 모독했습니다. 그들의 미움이 극치에 달했을 때 결국 그리스도를 십자가에 못 박아 죽였습니다. 이때 예수님은 아무런 변명이나 핑계를 대지 않으셨습니다. 베드로는 진심으로 예수님과 함께 죽으려고 했습니다. 그는 예수님 없이 홀로 죽는 것은 생각해 본 적이 없었습니다. 그는 세상의 권력이 사랑하는 예수 그리스도를 그에게서 낚아채는 것을 보았습니다. 이때 예수님은 "마치 도수장으로 끌려가는 어린 양과 털 깎는 자 앞에서 잠잠한 양 같이"이사야 53:7 아무런 능력도 없으셨고 또한 이해가 갈 만한 대답도, 설명도 하지 않으셨습니다. 이 장면은 베드로에게 실망과 긴장과 번민과 고통을 주었습니다. 세상이 예수님을 대하는 장면을 보면서 베드로는 말로 표현 못 할 고통을 당했습니다.

지금도 세상은 그리스도의 옷을 벗기고 그에게 채찍을 치며 조롱합니다. 이러한 그리스도의 모습은 마치 세상 앞에서 전혀 힘없는 어린양처럼 보입니다. 이때 당신은 어느 편에 서겠습니까? 그럼에도 예수 그리스도를 따르겠습니까? 주님을 따를 때 당신도 반드시 예수님처럼 세상으로부터 조롱과 침 뱉음과 멸시와 오해와 손해와 고통을 당하게 될 것입니다. 그러나 그때 "주의 지팡이와 막대기가 나를 안위하신다"시편 23:4는 사실을 체험할 것입니다. 또한 예수님께 속하여 고난을 받음이 하나님께 참된 영광이 됨을 알게 될 것입니다.

# 내려오는 용기



영적인 능력은 내려올 수 있는 능력입니다. 만일 우리에게 오르는 능력만 있다면 그건 바른 영적생활이 아닙니다. 우리는 영적으로 높은 지경에 이르러 하나님의 관점에서 모든 상황을 볼 수 있는 때도 있습니다. 그때 우리는 그곳에 계속 머물기를 원합니다. 그러나 만일 우리가 예수 그리스도의 제자라면 주님은 우리가 그곳에 계속 거하는 것을 허락하지 않으십니다. 영적 이기심은 산 정상에만 있으려는 마음입니다. 산 정상에 있을 때는 신앙생활을 황홀한 것으로 오해하며 뭐든지 자신이 뜻하는 바대로 이루어질 것처럼 여깁니다. 천사처럼 말을 하며 천사처럼 깨끗하게 살아갈 수 있을 것 같습니다. 그러나 주님의 제자는 내려올 수 있는 능력이 있어야 합니다. 산 정상은 우리가 살아야 할 곳이 아닙니다. 우리는 계곡에서 살도록 이 세상에 보냄을 받았습니다. 하지만 우리는 영적으로 이기적이기 때문에 산 정상에 계속 머물기를 원합니다. 믿음의 여정에서 산 정상에서 계곡으로 내려오는 이 부분이 제자에게는 가장 까다롭고 배우기 어려운 과정입니다.

우리가 하나님이 보시기에 어떠한 사람인지를 알게 되는 곳은 산에서 내려와 계곡에서 낮아지는 때입니다. 그곳에서 우리의 신실함이 증거됩니다. 사람들이 부러워하며 주목하는 일을 하기는 쉽습니다. 그러나 하나님께서 우리에게 원하시는 삶은 악령으로 가득한 계곡에서 주님과 깊은 인격적인 관계를 유지하며 살아가는 것입니다. 대부분의 그리스도인은 하나님을 믿고 기도하면 환상적인 방법으로 주께서 무엇인가를 이루어주실 것으로 생각합니다. 그러나 그러한 방법은 하나님의 은혜의 방법이 아닙니다. 그건 자신의 이기심입니다. 당신은 멋진 것도 없고 많은 어려움만 있는, 모든 것이 지루하고 따분하고 문제만 가득한 계곡에 내려갈 수 있습니까? 주님은 이러한 계곡에서 인생을 보내셨습니다. 우리가 계곡에서 살아야 하는 이유는 하나님께서 그곳에서 할 일을 사명으로 주셨기 때문입니다. 따라서 이 세상에서 주님께 쓰임 받기를 원한다면 산 정상에서 내려올 수 있는 용기가 있어야 합니다.

# 평범함 속에서 나타나는 신성한 능력



"내가 주와 또는 선생이 되어 너희 발을 씻었으니" 요한복음 13:14

열두 명의 제자가 있고 저녁 만찬이 준비되어 있을 때입니다. 예수님께서는 물이 담긴 양동이와 수건을 들고 제자들에게 오셨습니다. 요한은 이 사건에 대한 매우 특별한 상황을 말해줍니다. "유월절 전에 예수께서 자기가 세상을 떠나 아버지께로 돌아가실 때가 이른 줄 아시고" 요한복음 13:1. 이 배경이 설명된 뒤에 예수 그리스도께서 영광된 모습으로 변모하시는 장면이 나와야 내용을 읽는 이가 환희를 느낄 수 있습니다. 그러나 그 다음 말씀을 보면, "저녁 잡수시던 자리에서 일어나 겉옷을 벗고 수건을 가져다가 허리에 두르시고 이에 대야에 물을 떠서 제자들의 발을 씻으시고 그 두르신 수건으로 닦기를 시작하여" 13:4~5라고 되어 있습니다. 이는 기대했던 사람들에게 실망을 주는 장면입니다. 지금 예수님께서 하시는 이 일보다 더 누추하고 평범한 일은 없을 것입니다. 그러나 지금 이 장면은 성육신하신 예수 그리스도께서 가장 천한 일을 가장 귀하게 만드시는 장면입니다.

주께서 이 땅에 오시기 전에 이 땅에서 가장 멸시받았던 단어는 '종'이라는 단어였습니다. 그러나 예수님께서는 "나는 섬기는 자로 너희 중에 있노라" 누가복음 22:27고 말씀하시면서 "너희 중에 누구든지 으뜸이 되고자 하는 자는 모든 사람의 종이 되어야 하리라" 마가복음 10:44고 말씀하셨습니다. 이렇듯 주님은 가장 평범하고 천하고 일상적인 '종'의 행위들을 영화롭게 변모시켜 놓으신 것입니다. 그래서 그 당시의 사람들은 아무도 그분을 바르게 인식하지 못했습니다. 제자들도 마찬가지였습니다. 그들이 성령을 받은 후에야 눈이 밝아져 그인 줄 알아볼 수 있었습니다 누가복음 24:31.

주 예수 그리스도의 능력은 평범하고 자연스러운 것들을 거룩하고 영화로운 것으로 변모시키는 데 있습니다. 그러므로 주님에게서 새로운 생명을 받은 우리는 똑같이 평범한 상황 가운데서 '서로의 발'이 되어 하나님의 영광스런 빛을 나타내는 능력을 보일 수 있습니다. 당신도 이 빛을 당신의 평범함 속에서 드러내십시오.

# 하나님께 인생을 거십시오!

"하나님께서 보내신 이를 믿는 것이 하나님의 일이니라" 요한복음 6:29

위대한 삶은 우리가 주 예수 그리스도를 믿을 때 시작됩니다. 그런데 믿음은 노력한다고 얻어지는 게 아닙니다. 그러나 우리 마음속 깊은 곳에 '주 예수는 어찌하던 맞다'라고 예수님을 믿고 있다면, 하나님께서 우리 영혼 안에서 역사하신다는 증거입니다. "아브라함이 하나님을 믿으매 그것을 그에게 의로 정하셨다" 갈라디아서 3:6. "하나님께서 나를 죽이시더라도 나는 여전히 주를 믿으리라" 욥기 13:15(표준새번역 참조). 영적인 삶이 파산되고 죄악을 범하게 되는 때는 우리가 예수님을 믿지 않는 때입니다. 만일 우리가 주님께서 행하시는 '일'만을 믿는다면 우리는 실망할 수밖에 없습니다. 그 이유는 우리의 삶 가운데 닥쳐오는 어두운 상황들은 우리로 하여금 예수님을 오해하게 하는데 충분하기 때문입니다. 그러나 만일 우리가 '예수님'을 믿는다면 상황들이 아무리 어둡더라도 우리는 그 어둠 가운데 좌절하지 않고 주님과 동행할 수 있습니다.

인생에서 가장 중요한 것은 믿음입니다. 그러나 사람을 주관하는 것은 성향입니다. 그래서 하나님께서는 우리 안에서 주의 역사를 시작하실 때 우리의 외적인 삶을 변화하게 하기보다는 먼저 우리의 마음 중심을 바꾸어 놓으십니다. 이때 마음 중심이 바뀌면 우리에게는 주를 향한 믿음이 생기게 되며 자신이나 주변 사람을 의지하지 않고 하나님만을 의지하게 됩니다. 그러면 우리는 모든 상황을 초월하는 완벽한 평강을 누리게 됩니다. 위대한 믿음의 삶은 무엇을 위해 주님을 믿는 것이 아니라, 아무리 어려운 상황 가운데서도 우리의 모든 것을 예수 그리스도께 거는 데서 시작합니다. 이것은 결과에 상관하지 않고 무조건 주님을 믿는 것을 말합니다. 만일 우리가 구원의 체험에만 믿음을 가진다면 우리는 낙심하게 될 것이며 병적인 사람이 될 것입니다. 그러나 예수 그리스도의 제자가 되면 누구도 억누를 수 없는 믿음과 함께 그 누구도 빼앗아 갈 수 없는 주님이 주시는 기쁨을 얻게 됩니다.

# 새로운 피조물



"그런즉 누구든지 그리스도 안에 있으면 새로운 피조물이라 이전 것은 지나갔으니 보라 새 것이 되었도다" 고린도후서 5:17

사람이 선하든지 악하든지, 무식하든지 유식하든지, 가난하든지 부하든지, 유명하든지 그렇지 않든지 상관없이 반드시 성령에 의해 거듭나야만 하나님의 나라에 들어갈 수 있습니다.

거듭나는 순간에 외적으로 악하고 거칠었던 사람은 자신의 죄에 대해 하나님께서 용서해주신 사실을 의식하게 됩니다. 반면 천성적으로 착하고 종교적이었던 사람은 거듭남과 함께 과거의 영적 궁핍함을 느끼게 됩니다. 따라서 과거에 어떠한 사람이었든지 상관없이 하나님의 은혜에 의해 거듭나는 사람은 죄 사함을 받고 영적 궁핍을 채우기 위해 주 예수 그리스도와 그분의 십자가를 필요로 하게 됩니다.

하나님의 은혜로 구원받은 자에게는 언제나 초자연적인 표시가 병행하게 됩니다. 그것은 주 예수 그리스도를 인격적으로 의식하는 가운데 주님과의 동행하는 삶으로 나타납니다. 그러면서 모든 삶의 영역 속에서 주님의 생각, 주님의 감정, 주님의 뜻을 따르게 됩니다. 이러한 모습이 바로 그리스도 안에서의 새로운 피조물의 모습입니다.

# 주님을 위한 제물로 당신을 다 태우십시오!

**"전제와 같이 내가 벌써 부어지고 나의 떠날 시각이 가까웠도다" 디모데후서 4:6**

전제奠祭로 드려지는 준비는 의지의 문제이지 감상의 문제가 아닙니다. 하나님께 당신이 전제로 드려질 준비가 되어 있다고 말하십시오. 그리고 어떠한 결과가 발생하든지 상관하지 마십시오. 죽음을 각오할 만큼 자신을 주께 드리면 하나님께서 당신에게 어떤 상황을 선택하여 주시든 전혀 불평이 생기지 않을 것입니다.

하나님은 당신에게 중대한 결정을 내려야 하는 순간을 지나가게 하실 것입니다. 이때 그 결정에 대해 아무도 당신을 도울 수 없습니다. 외적으로 보이는 당신의 삶의 모습은 같아 보일 수 있습니다. 그러나 당신의 의지에는 큰 변화가 생기게 됩니다. 당신은 하나님께서 기뻐하시는 중대한 결정을 내린 것입니다. 이후부터는 외부적으로 어떤 위기가 닥칠지라도 전제로 부어질 희생을 감수하며 나아가게 됩니다. 하지만 이러한 결단을 내리지 않은 상태에서 당신은 전제로 부을 상황이 다가오면 자기 연민에 빠지게 됩니다.

제단은 불을 의미합니다. 제단은 한 가지 목적을 위해 타오르는 데 그것은 제물을 하나님께 바치는 것입니다. 곧 제단은 하나님과 관련되지 않은 모든 것과 하나님께 나아가는 것을 방해하는 모든 것을 다 소멸합니다. 이 일은 당신이 하는 일이 아닙니다. 하나님께서 친히 하십니다. 당신이 해야 할 일은 제물을 제단 뿔에 묶는 것입니다. 그러면 그 제물에 불이 붙기 시작합니다. 이때 자기 연민에 빠지지 않도록 주의하십시오. 이 불이 다 타오른 후에는 더 이상 당신을 짓누르는 것도 없고 비참하게 만드는 것도 없습니다. 삶에 어떠한 위기가 닥쳐와도 이제는 과거처럼 그 위기가 당신을 위협하지 못합니다. 하나님께 전제로 드릴 준비가 되었다고 말하십시오. 진심으로 그 고백을 할 때 당신은 우리 하나님이 당신이 생각했던 하나님보다 훨씬 더 크신 하나님이심을 알게 될 것입니다.

# 낙심에 빠지지 마십시오!



*"우리는 이 사람이 이스라엘을 속량할 자라고 바랐노라 이뿐 아니라 이 일이 일어난 지가 사흘째요" 누가복음 24:21*

제자들이 언급한 사건은 사실입니다. 하지만 그들은 그 사건에 대한 하나님의 뜻을 알지 못하므로 잘못된 추측을 하면서 낙심에 빠져버렸습니다. 영적으로 낙심에 빠지는 것은 좋지 않습니다. 만일 영적으로 우울하거나 무거우면 그 문제는 나에게 있지 다른 사람이나 하나님께 있지 않습니다. 낙심은 둘 중의 하나에서 발생합니다. 죄의 정욕을 만족하게 했을 때 오거나 또는 죄의 정욕을 만족하게 하지 못하였을 때 옵니다. 정욕이란 내가 원하는 것을 당장 내 손에 쥐려는 성향을 말합니다. 영적인 정욕도 하나님께서 들으실 때 합당한 기도가 아니라, 자기만족을 위한 소원으로 당장 이루어지기를 원하는 마음입니다. 이 영적인 정욕에 빠질 때 나타나는 현상은 기도 응답이 늦어질 때 하나님을 향해 분노하거나 원망하게 됩니다.

하나님께서 내 기도에 응답하셔야 한다는 자기주장에 빠지지 않도록 주의하십시오! 그러한 영적인 정욕은 믿음과는 거리가 멀며 하나님께 방자한 것입니다. 기도의 진정한 의미는 기도의 응답이 아니라, 하나님을 붙드는 것입니다. 낙심에 빠져 있을 때에는 몸이 평안할 수 없습니다. 낙심은 병든 증거입니다. 낙심은 영적인 정욕에 빠진 것입니다. 낙심의 책임은 언제나 나에게 있습니다.

당신의 영적인 욕심에 따라 큰 환상을 기다리지 마십시오! 다른 사람이 체험하지 못한 신기한 체험들을 추구하지 마십시오! 낙심에 빠지는 이유는 바로 이러한 영적인 욕심 때문입니다. 그 대신 당신의 주변의 평범한 일들과 사람 가운데 하나님이 계시다는 사실을 믿으십시오. 가장 가깝게 놓여 있는 책임과 평범한 일에 충성할 때 주님을 뵙게 될 것입니다. 가장 놀라운 하나님의 능력은 당신의 평범한 삶에서 예수 그리스도의 신성이 나타나는 것입니다.

# 하나님의 관점에서의 거룩



"평강의 하나님이 친히 너희를 온전히 거룩하게 하시고" 데살로니가전서 5:23

당신은 성경이 말하는 거룩에 대하여 바르게 알고 있으며, 그 기준을 따를 준비가 되어 있습니까? 우리의 거룩에 대한 개념은 금욕주의의 영향을 받아 크게 잘못되어 있습니다. 주님과 관련하여 거룩을 알기보다는 자신의 옛사람을 거룩하게 보이려는 것을 거룩으로 오해하고 있습니다. 따라서 경건의 모양은 나타나지만, 죄를 이기는 경건의 능력은 나타나지 않고 있습니다.

당신은 참으로 성경이 말하는 거룩을 원합니까? 그렇다면 세상에 대한 관심을 줄이고 하나님을 향한 관심을 무한히 넓히십시오. 거룩을 알기 위해 하나님께 집중하십시오. 이는 우리의 영·혼·육이 오직 하나님의 목적만을 위해 사용되는 것을 의미합니다. 하나님께서는 당신의 삶과 생명을 주의 보혈의 피로 거룩하게 하시며 또한 성령을 보내심으로 당신의 마음을 거룩하게 하셨습니다. 당신은 하나님께서 당신을 거룩하게 하신 후에 예수님처럼 자신을 따로 구별하여 하나님께 드리고 있습니까?

많은 그리스도인이 삶 가운데 거룩을 체험하지 못하는 주된 이유는 하나님의 관점에서 거룩을 깨닫지 못하기 때문입니다. 거룩이란 우리가 예수 그리스도와 하나가 되므로 예수님의 거룩이 우리 안에 임하는 것이며, 또한 거룩하신 예수님께서 우리를 다스리시는 것을 말합니다. 따라서 당신이 거룩을 체험하기 위해서는 당신 안에 하나님께 속하지 않은 모든 것을 버려야 합니다. 성령의 역사가 우리에게 임할 때 가장 뚜렷하게 나타나는 특징은 우리가 예수 그리스도와 하나가 되어 예수님을 닮는 것이며, 이는 예수님의 생명이 우리를 통해 나타나는 것으로써 바로 거룩입니다. 지금 당신에게 거룩이 나타나지 않고 있다면 이제 성령께서 당신 안에서 역사하셔서 거룩이 나타날 수 있도록 당신을 주께 구별하여 드리십시오.

# 정욕을 십자가에 못 박으십시오!



"그리스도 예수의 사람들은 육체와 함께 그 정욕과 탐심을 십자가에 못 박았느니라" 갈라디아서 5:24

우리의 자연적인 생명은 보이는 것에 지나친 욕구를 보입니다. 그것이 정욕입니다. 정욕은 결과가 어떻게 되든 상관없이 지금 당장 그것을 소유하겠다는 욕심입니다. 우리는 보이는 것을 향하는 우리의 정욕을 멀리하고 그 대신 이 우주를 창조하신 창조주와 살아 있는 관계를 맺어야 합니다. 만일 당신이 피조물에 마음이 사로잡혀 예수 그리스도를 잊으면 결국 실망하게 될 것이며 비참 속에서 착각에 빠졌던 자신을 발견하게 될 날이 올 것입니다.

만일 당신이 자아실현의 종이 되면 성령의 전인 몸을 더럽히게 됩니다. 혹시 자아실현이 사람들이 보기에 도덕적일 수 있고 올바를 수는 있어도 자아실현은 결국 당신이 인생의 주인 행세를 하겠다는 것이 됩니다. 예수님께서는 "네 자신에 대한 너의 권리를 내게 양도하라"고 하시면서 "그리하면 내가 네 안에서 내 자신을 실현하겠다"고 말씀하셨습니다. 주님은 우리의 욕망을 잠재우고 우리의 마음을 세상으로부터 멀어지게 하십니다. 그 후 우리로 하여금 더욱 주님을 알게 하십니다. 이런 식으로 하나님은 우리의 삶을 풍성한 삶으로 인도하십니다.

아쉽게도 대부분의 사람은 하나님께서 백배의 열매를 주실 수 있는 자리에 서 있지 않습니다. 하나님께서는 우리에게 아름다운 동물들과 풍성한 식물로 가득한 푸른 삼림을 주시기를 원하시는데, 우리는 "우리 손에 겨우 참새 한 마리밖에 없다"라고 말하며 욕심을 부립니다. 무엇보다 먼저 우리는 물질로부터 마음이 멀어질 필요가 있습니다. 그 후 다시 바른 관계 속에서 물질을 대해야 합니다. 소유 의식은 영적 성장에 가장 큰 방해물입니다. 소유욕 때문에 많은 사람이 예수 그리스도와의 참된 교제를 갖지 못하고 있습니다. 하나님의 성령은 언제나 우리의 마음을 세상으로부터 구별시켜 하나님과 참된 교제를 갖도록 애쓰십니다. 이제 정욕을 십자가에 못 박으라는 주님의 말씀에 순종하여 주와 함께 깊은 교제를 하십시오.

# "내 어린 양을 먹이라!"



내 어린 시절은 구차하고 힘든 일이 많았습니다. 높은 고지에서 양을 치는 일을 했기 때문입니다. 그러나 지금 어린 시절과 청소년 시절을 돌아볼 때 감사합니다. 그 이유는 그때의 힘든 일들이 지금 내게 발생하는 많은 일을 인내하며 견딜 수 있도록 하기 때문입니다. 지금 당신의 어깨에 지겹고 구차하고 천한 일들을 감당해야 한다면 기쁜 마음으로 감당하십시오. 거친 날씨에 산을 오르내려야 한다면 미래를 향한 멋진 훈련이라고 믿으십시오. 지금 지겨운 만큼, 지친 만큼, 땀을 흘리는 만큼 당신은 더욱 주를 위해 쓰임 받을 수 있는 자질을 갖추고 있는 것입니다.

예수 그리스도께서는 인간의 영혼을 향한 열정을 설명하기 위해 양치기의 예를 드셨습니다. 주께서는 구차하고 힘든 기간을 지난 베드로에게 이제 양치기의 자격을 부여하십니다. 주께서는 고통과 천함과 겸손의 기간을 거친 베드로에게 영혼을 향한 열정을 불어넣으십니다. 영혼을 돌보는 것은 지식과 머리로만 할 수 있는 것이 아닙니다. 오직 구차하고 천한 상황을 거친 사람이 주님으로부터 영혼을 향한 열정을 받을 때 사람들의 영혼을 돌볼 수 있습니다. 주님은 베드로에게 말씀하셨습니다. "내 어린 양을 먹이라." 베드로는 어떤 사람입니까? 고집이 매우 센 양이었습니다. 그러나 성령을 받은 베드로는 예수 그리스도를 향한 열정으로 타올랐습니다. 끝까지 자신에게 인내하신 주님처럼 많은 영혼을 향하여 오래 참는 베드로가 되었습니다. "너희 중에 있는 하나님의 양 무리를 치되 억지로 하지 말고 하나님의 뜻을 따라 자원함으로 하며 더러운 이득을 위하여 하지 말고 기꺼이 하며"베드로전서 5:2. 베드로는 자신의 거친 경험을 통해 어떻게 인내할 수 있는지, 어떻게 온유할 수 있는지, 어떻게 주의 양들을 돌보며 감사와 기쁨으로 할 수 있는지를 배웠습니다. 지금 당신의 삶이 힘듭니까? 주님을 온전히 섬기기 위해 철저한 훈련을 받고 있다고 믿으십시오!

# 영혼 구원을 위해 할 일



**"인자가 온 것은 잃어버린 자를 찾아 구원하려 함이니라" 누가복음 19:10**

그리스도인이 반드시 배워서 행해야 할 일은 하나님을 향해 양심이 마비된 자들에게 주 예수 그리스도를 만나게 하는 일입니다. 그런데 불법과 죄악 가운데 죽어 있으면서도 그 사실마저 모르는 자들을 어떻게 주 예수 그리스도께로 인도할 수 있을까요? 그 방법은 오직 개인의 간증과 함께 성령의 역사를 의지하는 것입니다.

'개인의 간증'은 하나님께서 예수 그리스도를 통해 내 영혼에, 내 삶에 이루신 일들을 내가 의식하는 것을 말합니다. 그러한 간증으로 상대방에게 주 예수 그리스도를 알리며 만나도록 하십시오. 이렇게 하려면 먼저 반드시 당신이 예수 그리스도를 개인적으로 체험하여 알고 있어야 합니다. 또한 당신은 성령을 의지하는 법을 배워야 합니다. 그 이유는 성령님만이 우리 주님을 사람들의 마음속에 효과적으로 제시할 수 있기 때문입니다.

예수 그리스도께서는 이 땅에 계실 때 죄인들을 만나셨습니다. 주께서 죄인들을 만나실 때마다 그들에게는 두 가지 반응이 나타났습니다. 예수님께 대항하든지, 아니면 주님을 따르는 것이었습니다. 혹은 "말씀을 듣고 심히 근심하며" 떠나든지, 아니면 온 맘으로 주님께 나아오는 것이었습니다. 오늘날에도 우리가 '개인의 간증'과 함께 '성령의 역사'를 의지할 때 주님이 그들을 친히 만나주시는 사건이 나타나고 있습니다. 그러나 지금도 예수님의 시대처럼 그들은 두 가지 반응 중 하나를 선택하고 있습니다.

# 인정받는 사역자가 되는 비결

"네가 네 자신과 가르침을 살펴(삼가) 이 일을 계속하라" 디모데전서 4:16

사역자들은 다른 성경 구절은 잊더라도 이 말씀만은 잊어서는 안 됩니다. 특히 '살펴(삼가)'라는 말은 사도행전 20장 28절에도 나옵니다. "여러분은 자기를 위하여 또는 온 양 떼를 위하여 삼가라." '삼가'라는 뜻은 '집중한다'는 뜻입니다. 마음을 모으고 고정하며 그것만 생각하는 것을 말합니다. 우리는 삶과 가르침에서 '삼가'는 것을 중심으로 해야 합니다. 이 단어는 매우 강하고 힘이 있으며 사람들의 마음을 사로잡고 마음을 들뜨게 하는 단어입니다. 따라서 우리가 하나님께 인정받는 사역자가 되려면 '삼가'는 일을 해야 합니다.

바울은 이것을 디모데에게 당부하며 수습 방법으로 훈련하고 있습니다. 이는 하나님의 방법이기도 합니다. 과거에는 예술가가 되기 위해 먼저 수습생이 되어야 했습니다. 수습생은 예술가가 그림을 그릴 때 곁에서 지켜보고 예술가가 하는 대로 정성을 다해 따라 했습니다. 예술가의 모든 동작을 낱낱이 지켜보았습니다. 이때 수습생이 스승에게 배우는 방법이 '삼가'는 것, 스승께 주의하여 집중하는 일입니다.

바울은 이러한 방법으로 디모데를 훈련했습니다. 이뿐만 아니라 디모데는 신앙이 좋은 어머니와 할머니가 있어서 어려서부터 영적인 수습 과정을 거치기도 하였습니다. 만일 당신이 영혼을 치유하는 사역자가 되려 한다면 하나님께서는 당신에게 스승Master과 교사Teacher를 붙여주실 것입니다. 하나님은 언제나 이러한 방법을 사용하셔서 주의 사역자들을 훈련하십니다. 하나님은 훈련되지 않은 사역자를 사용하지 않으십니다. 수습 과정에 있다면 하나님께 감사하십시오. 그리고 모든 것을 '삼가' 오직 주 예수 그리스도를 바라보며 그분께 배우십시오.

# 진정한 화평



**"내가 세상에 화평을 주러 온 줄로 생각하지 말라"** 마태복음 10:34

소위 '이성적인 사람'은 성경을 대할 때 다른 일반 책처럼 대합니다. 그 이유는 성령으로 거듭나지 않았기 때문입니다. 오직 성령으로 거듭날 때만이 비로소 성경을 하나님의 말씀으로 대할 수 있습니다.

성경을 비평한다고 해서 성경에 해를 끼칠 수 없습니다. 오히려 성경을 비판하는 그 사람의 성품이 드러날 뿐입니다. 사람들은 원죄로 말미암아 본질상 '진노의 자녀'이며 마귀의 영원한 자녀입니다. 그들은 멸망을 향해 나아가지만, 자연적인 것들과 죄의 어둠에 속아 거짓 평강을 느낄 수 있습니다. 그러나 빛 되신 예수 그리스도께서 그 사람을 만나면 마음속의 거짓 평강은 깨어지고 불안과 혼동이 찾아옵니다. 모든 사물을 향한 관점이 바뀌게 되고, 특히 성경에 대한 생각이 바뀌게 됩니다. 예수 그리스도는 거룩의 실체에 서 있지 않은 모든 사랑과 평화를 파괴하십니다. 예수님은 우리의 친구가 되시기 전에 원수로 행하십니다.

평화와 통합에 대한 외침은 우리 주님의 음성일 수 있으나 마귀의 음성일 수 있습니다. 마귀 편에 서서 평화와 통합을 추구하는 일이 없도록 주의하십시오! 오직 그리스도께서 주시는 평화를 누리며 그리스도 안에서 연합하십시오! 이는 오직 성령을 통해 우리 죄의 속성이 깨어질 때 이루어지게 됩니다. 주님은 이 세상에 화평을 주러 오신 것이 아니라, 검을 주러 오셨다는 사실을 잊지 마십시오!

매일 묵상할 때 나무는 성장합니다.

# 고결한 하나님 나라의 백성

"적은 무리여 무서워 말라 너희 아버지께서 그 나라를 너희에게 주시기를 기뻐하시느니라" 누가복음 12:32

성령으로 세례를 받은 사람에게는 최고의 고결함이 있습니다. 그 고결함은 능력에서의 고결함이 아니라, 성품에서의 고결함입니다. 사도행전에 이러한 말씀이 있습니다. "그들이 베드로와 요한이 담대하게 말함을 보고 그들을 본래 학문 없는 범인으로 알았다가 이상히 여기며 또 전에 예수와 함께 있던 줄도 알고"4:13. 이는 주님의 임재의 기운이 그리스도의 영으로 세례를 받은 모든 사람의 인품을 둘러싸고 있다는 뜻입니다. 그러므로 그리스도인의 고결함은 주 예수 그리스도의 고결함입니다.

성령은 주님을 영화롭게 하려고 이 땅에 오셨습니다요한복음 16:14. 예수님이 하신 이 말씀을 잊지 마십시오. 따라서 성령으로 세례를 받은 사람들이 주님께 순종하는 가운데 착한 일을 하며 하늘에 계신 주님을 영화롭게 할 수 있습니다. 그러므로 그리스도인을 통해 나타나는 섬김과 거룩과 고결함은 따로 구분되는 것이 아니라, 이 세 가지는 주 예수 그리스도를 진정으로 사랑하며 헌신하는 성도들에게 자연스럽게 나타나는 결과입니다. 주를 향해 그 마음이 전적으로 드려진 자들에게 영적 고결함은 마땅히 나타나는 결과입니다.

고결한 사람은 자기의 유익을 추구하지 않습니다. 그리고 그러한 사람의 마음에는 주님을 기쁘게 하기를 원하는 마음으로 가득하며 세상을 향해 주님의 제자가 되기를 원합니다. 우리가 성령으로 충만할 때 우리의 마음은 고결하게 됩니다. 그러면 협소하고 천박하고 이기적인 마음은 깨어지고 온 세상을 향한 하나님의 사랑으로 넘치게 됩니다. 하늘 아버지께서는 주님을 영화롭게 하는 영혼들에게 주의 나라를 주시기를 기뻐하십니다.

# 먼저 가장 가까운 자들에게 복음을 전하십시오!



"그들이 그 가르치심에 놀라니 이는 그 말씀이 권위가 있음이러라" 누가복음 4:32

우리는 그리스도인으로서 먼저 우리 가족과 친구들에게 하나님의 은혜를 증거해야 합니다. 예수님은 첫 설교를 고향인 나사렛에서 하셨습니다. 그러한 주님은 제자들에게 그들의 사역을 그들의 수도인 예루살렘에서 시작하라고 당부하셨습니다. 그 이유가 무엇입니까? 예수님께서 나사렛과 예루살렘에서 성공을 기대하셨기 때문일까요? 사실 주님은 그 반대 결과가 있을 것을 알고 계셨습니다. 그럼에도 주님은 제자들에게 자신들이 있는 곳에서 사역을 시작하라고 하셨던 것입니다.

우리의 나사렛과 예루살렘은 말할 필요도 없이 지금 현재 우리와 가까운 관계를 맺은 사람들을 말합니다. 나를 너무나 잘 아는 사람들에게 복음을 전하는 것보다 낯선 사람에게 복음을 증거하기가 더 쉽습니다. 그러나 우리는 다른 사람이 와서 내 주변의 친구들과 친척들 그리고 이웃들을 주님께로 인도할 것이라고 기대해서는 안 됩니다. 주님의 말씀은 그들이 바로 우리가 중보 기도와 우리의 복음적인 삶을 통해 주의 복음을 증거해야 하는 첫째 대상임을 알려주셨기 때문입니다. 그들은 영적으로 우리의 책임입니다.

당신은 가장 가까운 아내와 남편에게 복음의 사람으로 인정받고 있습니까? 당신의 말과 삶이 복음 안에서 일치하고 있습니까? 당신의 말과 삶이 복음을 증거할 만한 권위가 있습니까? 당신은 가장 가까운 그들을 위해 주의 구속을 의지하면서 중보 기도하고 있습니까? 지금 이 시간, 우리 자신을 점검해야 할 때입니다.

# February

## 2월

주님의 음성을 따르십시오!

하나님의 말씀을 알면서 머뭇거리며 고민하고 있을 때

# 영적으로 피곤할 때



"영원하신 하나님 여호와, 땅 끝까지 창조하신 이는 피곤하지 않으시며 곤비하지 않으시며" 이사야 40:28

피곤은 생명력이 약해질 때 옵니다. 영적인 피곤은 사람들을 섬길 때 옵니다. 그러므로 영적으로 고갈되지 않으려면 영적 공급을 받아야 합니다. 예수님께서 베드로에게 말씀하셨습니다. "내 양을 먹이라." 그러나 주님은 베드로에게 양들을 먹일 아무런 음식을 주지 않으셨습니다. 이는 베드로 자신이 그들을 위한 양식이 되어야 했기 때문입니다.

다른 사람을 위해 찢긴 살이 되고 부어지는 포도주가 된다는 뜻은 당신이 다른 사람을 위한 영적 영양분이 되어야 한다는 뜻입니다. 이를 우리는 '섬김'이라고 말합니다. 이러한 섬김을 통해 당신은 밑바닥까지 고갈될 수 있습니다. 따라서 당신은 완전히 고갈되기 전에 영적 공급을 받아야 합니다. 그렇지 않으면 쓰러져서 말라비틀어지게 됩니다. 우리가 영적 공급을 받는 비결은 주님께 가서 먹고 마시는 것입니다. 주께로부터 최고의 영적 영양분을 먼저 공급받는 것입니다.

하나님을 섬기면서 영적으로 피곤하며 고갈되어 있습니까? 먼저 어떤 동기로 그 봉사를 시작했는지 점검하십시오. 자신을 위한 봉사는 아니었는지? 혹시 사람들 때문인지? 우리의 섬김은 반드시 예수 그리스도의 구속을 위한 것이어야 합니다. 영혼 구원과 영혼의 영적 성장을 위한 것이어야 합니다. 당신이 섬김에 애착을 갖는 이유가 무엇인지 철저하게 점검하십시오! 또한 당신의 섬김의 능력의 근원이 무엇인지 확인하십시오! 당신이 주의 구속을 위해 섬긴다면 어떤 상황에서도 지쳐서 포기하겠다고 말할 권리가 없습니다. 왜냐하면 주님은 당신이 다른 사람을 위해 고갈되도록 부르셨기 때문입니다. 당신은 하나님을 위해 고갈되십시오. 그리고 주 예수 그리스도를 통해 다시 충만하여지십시오.

# 오직 주님의 뜻만 이루기를 힘쓰십시오!

**"이는 우리가 그리스도 안에서 전부터 바라던 그의 영광의 찬송이 되게 하려 하심이라"**
에베소서 1:12

주님을 따르려면 우리는 주님의 기쁨이 무엇인지를 알아야 합니다. 주의 기쁨은 분명히 우리가 말하는 '행복'은 아닙니다. 예수 그리스도의 기쁨은 주께서 이 땅에 오신 목적을 이루시는 것이었습니다. 그 목적은 단지 아버지의 뜻을 이루는 것이었습니다. 주께서 사람들을 구원하심은 아버지의 뜻을 이룸으로 인하여 나타나는 자연스러운 결과였습니다. 즉, 주님의 순종에 있어서 가장 주된 동기는 사람의 필요가 아니라, 하나님 아버지의 뜻이었습니다. 이러한 주님은 "아버지께서 나를 보내신 것 같이 나도 너희를 보내노라"요한복음 20:21고 우리에게 말씀하셨습니다.

어떤 존재의 기쁨이란 그의 피조된 목적을 이루는 것입니다. 위의 말씀은 이러한 기쁨을 전하고 있습니다. "이는 우리가 그리스도 안에서 전부터 바라던 그의 영광의 찬송이 되게 하려 하심이라." 우리는 사람들의 유익이 되기 위해 존재하는 것이 아니며 사람들에게 착한 일을 하기 위해 존재하는 것도 아닙니다. 영혼 구원과 선행은 하나님의 뜻에 따르는 우리 순종의 결과로 오는 것이지 우리의 목적이 아닙니다.

당신은 당신의 삶을 다른 사람에게 얼마나 축복이 되었는가 하는 것으로 평가하십니까? 그렇다면 수없이 많은 사람에게 '걸림돌'이 되신 예수님을 어떻게 설명하겠습니까? 실제로 주님은 그 당시 사람들과 유대 민족에게 큰 걸림돌이 되셨습니다.

주님을 따르는 대신 일과 사람들을 따르지 않도록 주의하십시오. 주님을 향한 열정보다 사람들을 향한 열정에 빠지면 우리는 사탄의 도구로 전락하기 쉽습니다. 최근에 영혼을 위한다는 구실로 교회마다 종교 상업주의로 가득합니다. 만일 우리가 이러한 열정에 사로잡히게 되면 우리는 주의 기쁨이 되는 것이 아니라, 오히려 스스로 영적인 함정에 빠지게 됩니다.

# 죄로 인해 신음하는 피조물의 세계



"피조물이 고대하는 바는 하나님의 아들들이 나타나는 것이니" 로마서 8:19

　　당신은 자연이 자연을 창조하신 하나님을 사랑의 하나님으로 드러내고 있다고 봅니까? 자연은 왜 약탈과 서로 잡아먹는 죽음으로 가득 차 있을까요? 예수 그리스도 안에서 계시된 하나님은 자연 세계 속에서 나타나는 하나님과 모순되어 보이지 않습니까? 우리가 지식이라는 '눈가리개'를 벗고 세상을 보면 자연은 유순하지 않고 거칠며 많은 문제가 있습니다. 그러나 현대 과학은 자연이 유순하여서 사람이 바다와 하늘을 활용할 수 있다고 주장합니다. 물론 우리가 과학 논문을 읽고 성공적인 연구 사례를 대할 때는 그들의 주장이 맞는 것 같습니다. 하지만 인간의 논리와 계산을 넘어서는 요소들을 접하게 되면서 이 세상은 인간이 대하기에는 너무 거칠고 힘들다는 것이 증명되고 있습니다.

　　태초에 하나님께서는 인간을 창조하셔서 세상을 다스리도록 하셨습니다. 그러나 인간이 세상을 다스릴 수 없게 된 이유는 하나님께서 세우신 질서를 스스로 파괴하였기 때문입니다. 인간은 자신의 위에 계신 하나님의 권위를 인정하지 않고 스스로 자신의 주인이 되므로 하나님을 벗어났습니다. 하지만 예수 그리스도는 하나님께서 처음에 인류를 향하여 의도하신 원래의 질서에 속하셨습니다. 그분은 완벽하게 하나님 아버지의 권위 아래 있으면서 하늘과 바다와 땅에 있는 모든 생명을 다스렸습니다. 만일 우리가 구속을 근거로 하여 인류의 미래를 보기 원한다면 하나님과 사람 사이에서 완전한 조화를 이루시는 예수 그리스도를 통해 인류의 미래의 모습과 우리 미래의 모습을 비추어볼 수 있습니다. 그러나 그때까지는 이 세상은 인류에게, 우리에게 거칠 것입니다. 성경은 자연이 피조 세계에서 벗어나 허무한데 굴복하고 있다고 말합니다. 이는 하나님께서 의도하신 본래 궤도에서 자연이 벗어난 것입니다. 그래서 피조의 세계는 하나님의 아들들이 나타나기를 기다리고 있다고 말합니다. 지금 일그러져 있는 자연 세계는 하나님과 사람이 다시 하나로 연합될 때 온전하여질 것입니다. 그러므로 우리는 주님께서 오실 그날을 바라보며 더욱 이 세상이 주 예수 그리스도를 영접할 수 있도록 해야 합니다.

매일 묵상할 때 나무는 성장합니다.

# 하나님의 음성을 거절하지 마십시오!



헤롯은 좀 희귀한 타입입니다. 그는 매우 비정상적이며 말할 수 없이 악한 사람입니다. 그는 예수님을 대면해서 만났지만, 추호의 가책도 받지 않았습니다. 왜 그랬을까요? 그는 이미 이전부터 세례 요한을 통해서 하나님의 음성을 들어왔지만, 그 음성을 외면했기 때문입니다. 그로 말미암아 그의 양심은 점점 굳어져 최고의 부도덕으로 똘똘 뭉친 타락한 인간의 모습으로 변해갑니다. 이제 그는 예수님을 직접 보면서도 그의 양심은 전혀 미동하지 않습니다. 그에게 마지막으로 돌이킬 기회가 찾아왔지만, 그의 양심은 너무나 굳어져서 돌이킬 수 없게 되었습니다. 오히려 그 기회에 그는 자신의 영원한 사망 진단서에 마지막 서명을 해버립니다. 처음부터 헤롯이 이렇지는 않았습니다. 자신의 생활 속의 죄악을 경고하는 세례 요한을 통해 하나님의 음성을 들었을 때는 그의 양심은 반응했습니다. "헤롯이 요한을 의롭고 거룩한 사람으로 알고 두려워하여 보호하며 또 그의 말을 들을 때에 크게 번민을 하면서도 달갑게 들음이러라"마가복음 6:20. 그러나 결국 헤롯은 하나님의 음성을 싫어하게 되면서 더 이상 그 음성을 듣기를 거부하고 자신의 패악을 고집했습니다. 따라서 그의 양심을 통해 조금이라도 들을 수 있는 하나님의 음성을 완전히 차단해버린 것입니다. 그래서 예수 그리스도가 그의 앞에 서 계셨을 때에도 일호의 가책을 느끼지 못한 것입니다.

그러나 성경을 보면 헤롯은 "예수를 보고 매우 기뻐했다"고 하였습니다. 그가 기뻐한 것은 사람들이 쇼를 보며 뭔가 신기하고 대단한 것을 보게 될 것 같아서 기뻐한 것과 같습니다. 그리고 헤롯은 예수님께 여러 말로 물었습니다. 그러나 예수님은 그에게 아무 말도 대답하지 않았습니다. 그의 양심은 화인 맞아 더 이상 복음의 음성이 들어갈 수 없었기 때문입니다. 사망에 이르는 죄는 계속 하나님의 음성을 거절함으로써 예수님을 흥미 대상으로밖에 느끼지 못합니다. 사실 예수 그리스도를 자신의 대속주로 여기지 못하는 영혼들은 이미 자신도 모르는 사이에 헤롯처럼 평생 하나님의 음성을 짓누르며 살아온 것입니다.

# 믿음의 주이신 예수님을 바라보고 행하십시오!



**"믿음의 주요 또 온전하게 하시는 이인 예수를 바라보자" 히브리서 12:2**

믿음은 '진리'를 실체로 바꾸는 일을 합니다. 당신은 정말로 무엇을 믿습니까? 시간을 내어 글로 표현해 보십시오. 당신은 당신의 믿음을 실체로 변화시킵니까? 당신은 "하나님께서 나를 정결하게 하셨음을 믿습니다"라고 말할 것입니다. 그렇다면 당신의 현실의 삶은 주께서 당신을 정결하게 하셨음을 입증하고 있습니까? 또한 당신은 "하나님께서 나에게 성령으로 세례를 주셨음을 믿습니다"라고 고백할 것입니다. 그렇다면 왜 그렇게 믿습니까? 어떤 뜨거운 전율과 비전과 혹은 놀라운 기도의 시간을 가졌기 때문입니까? 우리가 성령으로 세례를 받은 증거는 예수님을 닮은 모습이 우리에게서 자연스럽게 나타나는 것입니다. 많은 사람이 오순절 이후에 제자들의 특별한 변화를 알아볼 수 있었던 것처럼, 우리가 성령 세례를 받았다면 우리의 변화를 다른 사람이 뚜렷하게 알 수 있게 됩니다.

칭의를 받은 사실은 반드시 성결한 삶으로 나타나야 합니다. 우리를 의롭다 칭하시는 하나님은 우리가 하나님의 눈에 거룩하기를 기대하십니다. 만일 우리가 성령께 순종한다면 우리의 삶은 하나님께서 우리를 의롭게 하신 것이 옳다는 사실을 입증할 것입니다. 지금 당신 자신에게 물어보십시오. "나를 의롭게 하신 하나님은 나를 보실 때 떳떳하실까?", "나의 삶에서, 나의 언어에서, 나의 일터에서 하나님의 거룩이 나타나고 있는가?", "나는 나를 의롭다 칭하신 하나님의 목적을 삶 가운데 실현하고 있는가? 아니면 하나님께서 기대하신다는 사실로만 기뻐하고 있는가?" 성경이 우리에게 가르쳐주는 하나님의 뜻도 하나님의 의롭다 하심이 성도의 삶에서 실제로 이루어져야 한다는 사실입니다. 그런데 이 부분이 매우 소홀히 대해지고 있습니다. 사실 기독교는 이 땅에서 가장 실천적입니다. 주님에게서 받은 비전을 현실로 이루기 위해 우리는 대가를 치러야 합니다. 치러야 하는 그 대가는 우리에게 주어진 어떤 상황에서도 주님의 진리에 믿음으로 순종하는 것입니다.

# 예수님을 박해하지 마십시오!

"사울아 사울아 네가 어찌하여 나를 박해하느냐" 사도행전 26:14

하나님의 일을 하면서 내 고집을 주장하지는 않습니까? 하나님의 뜻에 내 뜻을 완전히 굴복시켜야만 성령을 체험할 수 있습니다. 내 고집과 자기 주장은 언제나 예수 그리스도를 밀쳐 냅니다. 이때 다른 사람에게는 아무 피해를 주지 않을지 몰라도 성령께는 근심을 끼칩니다. 우리가 자신의 야망을 이루려고 할 때 우리는 예수님의 마음을 아프게 합니다. 우리가 자신의 권리를 주장하며 자신의 뜻을 고집할 때마다 예수님을 박해하는 것입니다. 자기 존중을 주장할 때마다 주의 성령을 괴롭히고 힘들게 하는 것입니다. 예수님을 가장 박해하는 사람은 사울처럼 종교의 지식만 있고 자신의 뜻과 마음을 주께 항복하지 않는 자들입니다. 이러한 사실은 우리를 섬뜩하게 합니다.

당신이 다른 사람에게 전하는 하나님의 말씀은 단지 지식 전달입니까? 아니면 주님께 받은 말씀을 순종하여 체험한 생생한 말씀입니까? 삶에서 내가 진리라고 고백하는 내용과 어긋날 때 그 진리의 효력은 사라집니다. 우리는 거룩을 가르치면서 여전히 예수님을 박해하는 사탄의 영을 드러낼 수 있습니다.

예수님의 영은 오직 한 가지만 의식합니다. 그것은 바로 아버지 하나님과의 완전한 하나 됨입니다. 주께서는 "나는 마음이 온유하고 겸손하니 나의 멍에를 메고 내게 배우라"마태복음 11:29고 말씀하셨습니다. 우리가 하는 모든 일이 오직 주님과 완전한 하나 됨에 바탕을 둘 때 그 일은 성령의 능력을 나타냅니다. 하나님의 일을 하면서 우리가 가장 주의해야 하는 것은 위선입니다. 위선은 예수님을 박해하는 가장 무서운 주범이기 때문입니다. 자신의 의지로 스스로 거룩하여지려는 자세를 버리십시오! 이는 당신 때문에 예수님이 다른 사람에게 짓밟히고 우습게 여기고 무시를 당할 수 있기 때문입니다. 그러나 어떤 상황에서든지 오직 예수님으로 말미암아 순종한다면 예수님의 영광이 당신으로 말미암아 땅바닥에 떨어지는 일은 없을 것입니다. 예수님께서 박해받으시는 것을 당신이 막으십시오!

# 흑암 속에서 분명하게 보는 방법



"구름과 흑암이 그를 둘렀고 공의와 정의가 그의 보좌의 기초로다" 시편 97:2

바른 신앙생활을 하는데 가장 중요한 것은 예수님의 말씀입니다. 예수님의 말씀에는 우리를 구원하는 복음의 비밀이 들어 있습니다. 예수님이 누구시며 그분이 하신 일이 무엇인지를 사람들에게 알려주기 위해 하나님께서는 성경을 우리에게 허락해주셨습니다.

예수님께서 말씀하신 것은 거짓이나 농담이 아닙니다. 그분의 말씀에 불순종하는 것은 그냥 넘어갈 수 있는 일이 아닙니다. 우리가 처음으로 예수님의 말씀을 들으면 구름과 흑암처럼 불투명합니다. 그러나 그 말씀을 이해하고 싶고 깨닫고 싶다고 하나님께 기도하면 하나님께서 그 뜻을 설명해주십니다. 이때 하나님은 우리 안에 있는 성령을 통해 우리에게 깨달음을 주십니다. 가장 귀한 깨달음은 복음에 대한 깨달음입니다.

어떤 사람은 교회를 다니면서 스스로 그리스도인이라고 말하지만, 사실 그중에는 주님의 음성을 듣지 못한 사람이 많습니다. 종교적인 형식과 용어를 많이 사용하지만, 예수님이 누구인지 바르게 알지 못하는 사람도 많습니다. 심지어 성경도 모르고 예수님을 만나본 적이 없는 상태로 계속 교회생활과 봉사 활동을 하는 사람들도 있습니다.

우리는 하나님의 말씀을 알아야 합니다. 하나님의 말씀을 알기 위해 성경을 읽고 기도해야 합니다. 우리는 성경 속에서 예수님의 음성을 들을 수 있어야 합니다. 마음을 열고 주님을 의지하면 어느새 성령께서 성경이 무엇을 말하는지 이해할 수 있도록 도우십니다. 하나님께서 성경을 통해 성령으로 말씀하실 때 우리는 그 말씀을 귀로 듣고 마음에 새겨야 합니다. 당신은 주의 음성을 분명하게 듣기 위해 날마다 성경을 읽고 묵상합니까?

# 권위 질서에 순종할 때의 축복

"예수께서 함께 내려가사 나사렛에 이르러 순종하여 받드시더라" 누가복음 2:51

하나님 아버지께 대한 예수님의 순종은 십자가에서 그 극치를 이룹니다. 하지만 하늘 아버지를 향한 순종은 그분의 어릴 적부터 삶에서 부모를 향한 순종에서 나타났습니다. 위의 말씀은 부모를 향한 주님의 순종을 보여주고 있습니다. 예수님은 부모의 부탁이나 명령이 하나님 아버지의 뜻과 어긋나지 않는다면 다 순종하셨습니다. 예수님께서는 "제자가 그 선생보다 높지 못하다" 누가복음 6:40라고 말씀하셨듯, 그 모습을 생활 속에서 보여주셨습니다. 30년 동안 자신을 믿지 않은 형제자매와 한집에 사셨던 주님을 생각해 보십시오. 우리는 주님의 특별한 사역 기간인 공생애 3년만을 생각하지만, 사실은 예수님께서는 30년 동안 철저한 순종의 삶을 사셨습니다.

아마 지금 당신도 비슷한 처지일 수 있습니다. "왜 내가 이렇게 꼼짝 못하고 순종만 하고 있어야 하는지 도무지 이해가 가질 않아!" 당신이 예수님보다 낫습니까? 그렇지 않다면 불평하지 말고 주어진 상황에서 하나님이 정하신 질서에 순종하십시오! "주께서 그러하심과 같이 우리도 이 세상에서 그러하니라" 요한일서 4:17. 이해할 수 없는 상황이지만, 우리가 순종해야 하는 이유는 주님의 기도에 있습니다. "그들을 보전하사 우리와 같이 그들도 하나가 되게 하옵소서" 요한복음 17:11.

만일 하나님께서 어느 기간 동안 당신에게 순복하게 하시면 당신은 모든 것을 잃는 것 같이 느낄 수도 있습니다. 하나님께 유용하지 못하다는 생각이 들 수도 있습니다. 당신의 삶에 대해 조급한 마음이 들 수도 있습니다. 그러나 그 기간에 예수님께서 하신 것처럼 온 맘을 다해 하나님께 하듯 주변 권위 질서에 순복하도록 하십시오! 당신 주장을 다 내려놓고 주를 따를 때 당신은 오직 주님과 하나가 되는 비밀을 체험하게 될 것입니다.

# 그리스도의 편지



**"너희는 우리로 말미암아 나타난 그리스도의 편지니"** 고린도후서 3:3

어떤 위대한 학자는, "의식 있는 생명이 존재하는 증거와 그러한 생명의 목표는 기쁨이다"라고 말했습니다. 기쁨은 쾌락도 아니고 행복도 아닙니다. 예수 그리스도께서는 제자들에게 "내 기쁨이 너희 안에 있어 너희 기쁨을 충만하게 하려 함이니라"요한복음 15:11고 말씀하셨습니다. 이는 우리가 예수 그리스도와 일치될 때 주님의 기쁨에도 일치된다는 것을 말합니다.

예수 그리스도의 기쁨이 무엇입니까? 그분의 기쁨은 아버지께서 맡기신 사역을 완전하게 마치시는 데 있었습니다. 똑같은 기쁨이 성령으로 거듭난 자들에게 임합니다. 하나님께서 그들에게 맡기신 사명을 다할 때 그들에게도 주께서 누리셨던 똑같은 기쁨이 허락됩니다. 그렇다면 우리의 사명은 무엇입니까? 성도다운 것입니다. 성도답게 행하고 말하고 사는 것입니다. 이는 전능하신 하나님께서 예수 그리스도의 속죄를 통해 우리를 주님의 살아 있는 편지가 되게 하시는 것입니다. 예수님의 믿음과 일치된 믿음을 갖고 예수님의 사랑과 일치된 사랑을 갖으십시오. 그러면 그때 우리는 예수님의 영과 깊게 일치가 되면서 주께서 대제사장으로서 드리신 기도가 (요한복음 17장의 예수님의 기도) 우리에게 응답되며 분명하게 실현될 것입니다. "우리와 같이 그들도 하나가 되게 하옵소서"요한복음 17:11.

하나님께서는 우리의 지적, 의지적, 영적인 순복에 의해서 예수 그리스도의 속죄를 통해 놀라우신 성령을 우리에게 선물로 주심으로 우리를 예수 그리스도와 하나가 되게 하십니다. 그때 우리는 이 세상을 향하여 그리스도의 편지가 됩니다. 이 편지는 "오직 살아 계신 하나님의 영으로 쓴 것이며 또 돌판에 쓴 것이 아니요 오직 육의 마음 판에 쓴 것입니다." 성령 안에서 그리스도와 하나가 되십시오!

# 올바른 열심

"그들이 하나님께 열심이 있으나 올바른 지식을 따른 것이 아니니라" 로마서 10:2

당신은 어떤 종류의 열심을 가지고 있습니까? 만일 당신이 단지 '도덕적 열심'만을 가지고 있다면 조심하십시오! 당신의 열심 때문에 하나님의 은혜를 거절하고 하나님의 의를 복종하지 않을 수 있기 때문입니다. 그러나 당신의 열심과 열정과 결단이 예수 그리스도를 향한 인격적인 헌신으로 만들어진 것이라면 당신은 하나님의 겸손한 일꾼이 될 것입니다.

주님은 우리가 매우 중요한 구별을 할 수 있기를 원하십니다. 그것은 우리가 무엇을 하든지 주님을 향한 뜨거운 사랑과 헌신을 동기로 하여 행하기를 원하는 것입니다. 주님은 죽음을 통해 보혈을 흘리심으로 우리의 죄악을 씻겨주시고 우리를 구원하셨습니다. 이는 우리가 죄를 미워하는 것만으로, 우리의 동료를 사랑하는 것으로도 비교되지 않습니다.

예수님은 우리를 사회 혁명가로 부르시지 않으셨습니다. 우리는 우리의 모든 노력을 단 한 가지에 집중해야 합니다. 그것은 바로 바울이 고백한 바와 같습니다. "내가 너희 중에서 예수 그리스도와 그가 십자가에 못 박히신 것 외에는 아무것도 알지 아니하기로 작정하였음이라" 고린도전서 2:2. 그러므로 자신에 대한 권리 주장은 멈추어져야 합니다. 내 방식대로 하나님의 일을 하려는 나의 열심도 멈추어져야 합니다. 내가 원하는 대로 하나님의 진리를 해석하려는 욕구를 버려야 합니다. 예수 그리스도를 내 멋대로 전파하고 알리려는 자세도 버려야 합니다. 내가 해야 하는 모든 것은 오직 그리스도의 십자가를 높이는 일입니다. 십자가를 드러내는 일입니다. 우리의 열정과 열심은 구세주이신 예수 그리스도를 사랑하는 가운데 나와야 합니다. 주님을 사랑하는 열정만이 올바른 열심이며 그 열심에 성령의 역사가 함께하십니다.

# 가시떨기 밭



"또 어떤 이는 가시떨기에 뿌려진 자니 이들은 말씀을 듣기는 하되 세상의 염려와 재물의 유혹과 … 결실하지 못하게 되는 자요" 마가복음 4:18~19

어떤 사람은 하나님의 말씀을 받은 후에 한동안 그 말씀을 잘 따릅니다. 그러나 세상 염려가 들어오면 그들의 마음에는 말씀을 따라갈 여유가 사라집니다. 또는 재물에 대한 탐욕이 들 때, 세상의 쾌락을 추구하게 될 때 그들이 마음으로 받은 하나님의 말씀은 어느새 그 흔적마저 남지 않습니다. "누구든지 내 입장이 되어 보면 어쩔 수 없을 거야.", "이런 상황에서 염려하지 않는 사람은 없을 거야.", "그렇게 좋은 것을 어떻게 내려놓으라는 것이지. 나는 할 수 없어." 이러한 변명들이 마음속에 자리 잡는 순간부터 하나님의 말씀은 더는 그 사람의 마음 밭에 뿌리를 내릴 수 없게 됩니다.

자아 연민은 하나님의 말씀이 결실하지 못하도록 하는 주범입니다. 자아 연민은 우리 안의 성령을 소멸합니다. 자아 연민은 나의 모든 관심이 주님과 말씀이 아니라, 오직 자신을 향해 집중하게 합니다. 예수님께서 말씀하셨습니다. "네가 만일 나를 보는 대신에 너의 문제를 보기 시작하면 나의 말씀은 네 마음속에서 질식할 것이다." 사탄은 우리로 하여금 언제나 하나님을 보는 대신에 나의 문제를 보게 합니다. 문제를 보며 두려움과 염려에 빠지게 하면서 우리 마음속에 뿌려진 하나님의 말씀을 질식하게 합니다. 사탄은 만일 그가 당신의 눈을 예수 그리스도와 십자가를 바라보지 못하게 하고 문제들을 보게 하는데 성공하면 당신의 신앙생활이 무너진다는 사실을 잘 알고 있습니다.

성경이 얼마나 자주 염려하지 않기를 경고하는지 당신은 알고 있습니까? 주님은 우리의 염려를 주께 내려놓고 주를 의지하라고 부탁하십니다. 그 염려의 상황에서 주님께 순종하기를 힘쓰다 보면 주님은 우리 염려의 상황들을 어느새 해결해 놓으십니다. 우리의 마음속에서 하나님의 말씀이 결실하지 못하도록 막는 가시들을 주의하십시오!

매일 묵상할 때 나무들 성장합니다.

# 영광스러운 교회

"자기 앞에 영광스러운 교회로 세우사 티나 주름 잡힌 것이나 이런 것들이 없이 거룩하고 흠이 없게 하려 하심이라" 에베소서 5:27

우리 주님은 하나님의 진리가 성육신하신 분이며 하나님의 이상이 육체로 임하신 분입니다. 하나님은 그리스도 안에서 최종 계시를 주시고 많은 사람의 삶 가운데 주의 이상이 실체가 될 수 있도록 구원의 역사를 이루셨습니다. 그로 말미암아 주의 진리가 그리스도인들의 성품과 그들의 살과 피를 통해 나타납니다. 그러나 예술이나 음악, 문학 등에서 '이상'이라는 단어를 쓰는 것은 매우 애매한 표현입니다. 물론 모든 예술가는 나름대로 '이상'을 가지고 일을 하지만, 그들의 이상은 분명하지 않습니다. 하지만 우리에게는 영적인 추구에서 이미 피와 살로 나타난 이상이 있습니다. 그 이상은 주 예수 그리스도이십니다. 따라서 우리는 모든 면에서 우리가 얼마나 그 이상을 향해 자라나고 있는지 분명하게 재어볼 수 있습니다 에베소서 4:12~13.

'그리스도 안에 있다'는 말은 하나님께서 우리를 무조건 괜찮다고 여겨 주시는 것을 의미하지 않고 우리가 실제로 하나님의 성령에 의해 재창조되었다는 것을 말합니다. 그러므로 강력한 성령 세례로 중생한 상태가 '그리스도 안에' 있는 상태입니다. 성경은 이렇게 '그리스도 안에 있는 영혼들'을 교회라고 말합니다. 그러나 오늘날 '교회'라는 용어는 주께서 의도하신 것과는 매우 다르게 사용되고 있습니다. 예수님은 이렇게 교회에 대해 말씀하셨습니다. "너는 베드로라 내가 이 반석 위에 내 교회를 세우리니 음부의 권세가 이기지 못하리라" 마태복음 16:18. 예수님이 의미하셨던 교회는 죽음의 권세가 제거된 '새로운 인류 공동체'입니다. 그러므로 '그리스도 안에 있다'는 것은 새로운 인류 공동체의 일원으로서 우리의 삶을 통해 예수님의 생명을 뚜렷하게 나타내는 것을 의미하며, 이는 하나님이 보시기에 '흠이 없는' 상태입니다. 그래서 우리는 '그리스도 안에서' 우리 안에 새로운 생명이 있음을 체험하게 됩니다. 당신은 그리스도와 실제적인 인격적 교제를 순간마다 누리십니까?

# 주께서 각자에게 맡기신 대로



"이는 비와 눈이 하늘로부터 내려서 그리로 되돌아가지 아니하고 … 나의 기뻐하는 뜻을 이루며 내가 보낸 일에 형통함이니라" 이사야 55:10~11

비는 하늘에서 내려오지만, 하늘로 돌아가지 않습니다. 하나님의 말씀도 하늘에서 내려오지만, 같은 형태로 돌아가지 않습니다. 하나님의 말씀은 씨앗처럼 옵니다. 그러나 그 형태는 바뀌게 됩니다. 우리 주 예수 그리스도께서는 진리의 씨앗을 심으신 후에 땅에서 자라나도록 두십니다. 누구든지 하나님의 말씀을 들은 후에는 말씀을 듣기 이전과 같을 수가 없습니다. 만일 말씀을 거절하거나 대항한다면 더욱 그 마음은 강퍅해지게 되고, 말씀을 받고 따른다면 그 마음은 변하게 됩니다. 또한 하나님께서는 이미 '양심'이라는 행위 기준을 사람에게 주셨기 때문에 때가 되면 그 기준에 의해 심판을 받게 됩니다.

예수 그리스도는 가장 적은 무리의 사람에게도 가장 위대한 말씀을 전하셨습니다. 심지어 한 사람을 위해서도 가장 위대한 설교를 하셨습니다. 주님의 가장 위대한 설교 중의 하나는 영생을 주는 생수에 관한 것입니다. 생수를 마시면 그 생수가 우리 안에서 흘러넘쳐 세상을 향해 흐른다고 하셨습니다. 이는 주님께서 사마리아의 우물가에서 외로운 여인에게 주신 말씀입니다. 이때 주님은 외로운 한 여인에게 심은 이 씨앗이 엄청난 추수를 이루게 될 것을 보셨던 것입니다.

현대의 선교가 적용해야 하는 원리는 씨앗 선교입니다. 많은 사람이 모든 일을 다 하려고 합니다. 땅을 갈고, 씨앗을 뿌리고, 곡식을 거두고, 단을 만들고, 타작 기계에 넣고, 빵을 만드는 일까지 모든 일을 혼자 다 하려고 합니다. 그러다 지쳐 쓰러지고 맙니다. 그러나 씨앗 선교는 주께서 각자에게 맡기신 일에 충성하는 것입니다. 즉, 심는 자가 있고 거두는 자가 따로 있습니다고린도전서 3:6~7. 모든 그리스도인은 주께서 각자에게 주신 사명대로 복음의 사역을 감당해야 합니다. 주께서 당신에게 맡기신 사역은 무엇입니까?

# 용서를 오용하지 마십시오!

"네 형제가 죄를 범하거든 가서 너와 그 사람과만 상대하여 권고하라 만일 들으면 네가 네 형제를 얻은 것이요" 마태복음 18:15

미안한 마음도 없고 미안하다는 말도 하지 않는 사람을 용서해 준다는 것은 비도덕적인 일입니다. 어떤 사람이 당신에게 죄악을 범하였다고 합시다. 이때 당신이 그 사람에게 가서 그 사람의 죄악을 지적할 경우, 만일 그 사람이 자신의 잘못을 인정하면 당신은 그 사람을 바로 서게 하는 것이며 또한 그를 용서할 수 있습니다. 그러나 그 사람이 완고하게 자신의 잘못을 인정하지 않을 때 당신은 아무것도 할 수 없습니다. 절대로 죄를 인정하지 않는 완고한 사람에게 "나는 당신을 용서한다"라고 말하지 마십시오. 당신은 그 사람을 하나님의 공의 앞에 서도록 주께 맡겨야 합니다.

예수 그리스도께서 말씀하셨습니다. "너희는 원수를 사랑하라." 그러나 이 말씀을 하신 주님은 또한 "너를 고발하는 자와 함께 길에 있을 때에 급히 사과하라 그 고발하는 자가 너를 재판관에게 내어주고 재판관이 옥리에게 내어주어 옥에 가둘까 염려하라 진실로 네게 이르노니 네가 한 푼이라도 남김이 없이 다 갚기 전에는 결코 거기서 나오지 못하리라" 마태복음 5:25~26는 엄중한 말씀도 하셨습니다. 우리는 악한 마음을 버리고 회개하는 사람들을 얼마든지 용서할 수 있습니다. 그러한 용서는 하나님의 공의가 만족됩니다. 그러나 그들이 계속 악을 행하면서 자신들의 죄악을 회개하지 않을 때는 당신은 하나님의 공의를 무너뜨리지 아니하고는 절대로 그들을 용서할 수 없습니다.

우리는 사람에게 죄악을 당할 때 하나님의 공의를 믿으며 꾸준하게 구해야 합니다. 그러나 "오 이런, 그 사람이 내게 죄악을 범하는군! 사람이 다 그렇지 뭐"라고 하며 그냥 그를 용서하면 일은 쉬워질 수 있으나 하나님의 공의는 설 수 없습니다. 하나님의 사랑은 공의와 거룩 위에 서 있다는 사실을 잊지 마십시오. 우리도 같은 선상에서 사람들을 용서해야 합니다.

# 주님의 음성을 따르십시오!



"항상 경외하는 자는 복되거니와 마음을 완악하게 하는 자는 재앙에 빠지리라" 잠언 28:14

하나님께서 당신의 삶 가운데 잘못된 점을 꾸중하실 때 만일 듣지 않으면 당신은 비난받아 마땅합니다. 우리 중의 많은 사람이 한때는 하나님께서 꾸중하실 때 기쁨으로 들었습니다. 그러나 지금은 '듣기에 무뎌져' 있는 사람이 많습니다.

만일 당신이 불순종을 고집하며 주의 음성을 끝까지 거부하면, 조만간 하나님께서 더는 당신에게 말씀하시지 않을 때가 옵니다. 그때 즈음이면 당신은 진리의 음성을 무시할 것이며 하나님의 모든 진리는 익살처럼 들릴 것입니다. 나는 하나님께서 이 글을 읽는 모든 사람 중에 하나도 타락의 자녀가 되지 않기를 기도합니다. 그러나 하나님의 음성을 끝까지 불순종하며 고집하는 자의 운명은 타락과 함께 무서운 재앙밖에 없습니다.

비도덕적인 성품은 불순종을 고집함으로 빚어지는 결과입니다. 재앙에 빠지기 전에 회개하십시오! 아직 기회를 주시며 주의 음성을 들려주실 때 들으십시오! 주의 음성을 듣지 않을 때 재앙에 빠뜨리시는 분은 마귀가 아니라 하나님이십니다. "항상 (하나님을) 경외하는 자는 복되거니와 마음을 완악하게 하는 자는 재앙에 빠지리라."

# 예수 그리스도를 높이십시오!

"내가 땅에서 들리면 모든 사람을 내게로 이끌겠노라" 요한복음 12:32

그리스도인 중에는 자신이 확신하는 바가 기독교의 기준이라고 오해하는 사람들이 있습니다. 이러한 사람들의 특징은 자기와 동의하지 않는 모든 사람을 지옥에 합당하다고 믿는다는 점입니다. 그러나 이러한 사람들의 근본적인 문제는 예수 그리스도의 자리에 자기 확신을 보좌에 앉히는 데 있습니다. 따라서 그 사람에게는 예수 그리스도가 주가 아니라, 자기 확신이 주입니다.

육에 속한 착각을 하나님의 성령에 의한 확신이라고 오해하지 않도록 하십시오. 확신에 찬 주장이 아니라, 성령의 열매가 그리스도에 대한 당신의 믿음을 증명한다는 사실을 잊지 마십시오. 그러므로 당신의 삶에 성령의 열매가 나타나지 않는다면 당신의 믿음에 문제가 있다는 사실을 아십시오. 성령을 따라 생각하고 성령으로 말하십시오. 그리하면 언제나 주 예수 그리스도에게만 당신의 마음이 있게 될 것입니다.

당신의 지식과 논리를 확신하지 마십시오. 그 대신 살아 계신 주 예수 그리스도의 인격을 확신하십시오. 그분을 의지하십시오. 성령님께 간구하십시오. 하나님의 성품, 그리스도의 사랑, 성령의 충만하신 임재가 우리의 삶을 통해 그리스도를 높이며 증거합니다. 그러므로 당신의 뛰어난 사상이나 생각을 드러내려고 하지 말고 오직 모든 사람 앞에서 주 예수 그리스도를 높이십시오. 당신의 삶과 생각과 입술과 그 모든 것이 오직 주 예수 그리스도의 영광을 높이는 도구만이 되게 하십시오.

이 나무는 당신입니다.

# 지금 주님을 따라갈 수 없는 이유



**"베드로가 이르되 주여 내가 지금은 어찌하여 따라갈 수 없나이까"** 요한복음 13:37

주님을 위해 일하고 싶지만 막힐 때가 있습니다. 그러면 왜 하나님께서 나를 막으시는지 이해가 가지 않습니다. 그러나 그러할 때 스스로 주를 위해 일하겠다고 나서지 말고 그 기간을 기다리십시오. 기다리는 동안 당신은 더욱 거룩하여질 것이며 참된 섬김의 자리로 나아갈 수 있게 될 것입니다. 절대로 하나님보다 앞서서 주를 위한다고 설치는 일이 없도록 하십시오. 주께서 친히 인도하신다는 확신이 들 때까지는 멈추고 기다리십시오. 기다림의 자체가 하나님의 뜻일 때가 많습니다.

충동적으로 하나님의 뜻이 분명하다고 느껴지는 때가 있습니다. 그래서 그 뜻을 따르기 위해 친구 관계나 여러 세상 관계들을 끊어버리기도 합니다. 특별하게 어떤 방향으로 나아가도록 길이 열리는 것 같기도 합니다. 하지만 충동적인 감정을 따르는 것은 언제나 하나님의 뜻이라기보다 나의 착각일 때가 많습니다. 성령의 역사는 결코 충동적이지 않습니다. 만약 분명한 성령의 인도하심이 없는 가운데 무턱대고 인생길을 결정하다가는 오히려 잘못된 그 결정을 복구하는 데 많은 세월을 낭비해야 하는 어려움을 겪을 수 있습니다. 하나님께서 모든 것을 원만하게 드러내실 때까지 기다리십시오. 하나님은 반드시 때가 되면 분명하게 보여주십니다. 그때는 결단을 놓쳐서는 안 됩니다. 언제든지 주의 섭리에 대하여 의심이 생길 때는 하나님께서 친히 역사하실 때까지 기도하며 기다리십시오.

베드로의 충성은 성령에 의해 만들어진 것이 아니었습니다. 그의 충성은 충동적이었습니다. "주를 위하여 내 목숨을 버리겠나이다" 요한복음 13:37. 그의 충성심은 진심이었지만, 자기 자신에 대한 무지에서 나온 충동적 충성이었습니다. 이러한 베드로를 잘 아시는 주께서 바로잡아 주셨습니다. "예수께서 대답하시되 … 닭 울기 전에 네가 세 번 나를 부인하리라" 요한복음 13:38. 우리는 제멋에 충동적인 충성을 맹세할 때가 많습니다. 그러나 참으로 주를 따르게 되는 때는 성령에 뿌리를 내린 충성심이 발생할 때입니다.

# 주님을 붙드는 성품

"너희는 말세에 나타내기로 예비하신 구원을 얻기 위하여 믿음으로 말미암아 하나님의 능력으로 보호하심을 받았느니라" 베드로전서 1:5

위기는 사람의 성품을 드러냅니다. 이 진리는 자연 세계이든 영적 세계이든 그대로 적용됩니다. 예수 그리스도께서 광야에 계시면서 40일 동안 밤낮으로 마귀에게 시험을 받으시며 아무것도 먹지 못했을 때 당신은 무엇이 주님을 지켰다고 생각합니까? 주님을 지킨 것은 내주하시는 성령에 의해 확보된 주님의 신적 성품이었습니다. 최근에 당신의 가정생활은 어떠합니까? 가족에게 당신의 모습은 어떻게 비춰이고 있습니까? 사회의 여러 상황이 당신이 원하는 대로 되지 않을 때 당신은 어떻게 행동합니까? 감당할 수 없는 일들이 발생할 때 당신의 감정은 어떻게 나타납니까? 당신이 위기 가운데서 시험에 들지 않으려면 무엇보다 먼저 하나님 앞에 당신의 감정을 정직하게 아뢰어야 합니다.

우리의 잘못된 감정이 성품을 무너뜨립니다. 만일 당신이 주의 제단 앞에서 하나님을 만나지 않고 있다면 하나님은 당신의 성품을 변화시킬 수 없습니다. 한편 마귀는 온갖 잘못된 종류의 감정을 부추겨서 당신의 성품을 무너뜨리려고 할 것입니다. 당신이 온전히 거룩하여진 이후에도 마귀는 당신이 거룩하여지지 않았다고 불신하게 하려고 당신 안에 못된 감정을 유발하게 할 것입니다. 바로 그때 당신은 마귀에게 "나는 그리스도와 함께 십자가에 못 박혔노라"고 선포하며 성령 안에서 주님께 사로잡힌 당신의 마음을 내보여야 합니다. 잘못된 감정을 믿음으로 이길 때마다 당신 안에는 신의 성품이 자라나게 될 것입니다.

마귀의 공격을 이기는 것은 당신의 감정이 아니라, 하나님의 능력에 붙들린 당신의 성품이라는 사실을 기억하십시오. 그러므로 감정의 요동이 있을 때마다 당신은 영원한 반석에 서 있다는 사실을 알고 주님을 붙드십시오! "(너희가) 믿음으로 말미암아 하나님의 능력으로 보호하심을 받았느니라."

# 영광의 주를 보십시오!



"다른 제자들이 그에게 이르되 우리가 주를 보았노라 하니 도마가 이르되 … 보지 않고는 믿지 아니하겠노라 하니라" 요한복음 20:25

성경은 심령이 병든 영혼들에 대해서도 기록하고 있습니다. 그 예로써 도마는 예수 그리스도께 매우 충성스런 제자였습니다. 그러나 그의 심령은 병들어 있었습니다. 그의 세계관이 병들었던 것입니다. 그 병으로 말미암아 모든 것이 어두웠습니다. 그는 삶에 대해서도 언제나 어두운 관점을 취했습니다. 그는 언제나 최악의 일들이 발생할 것으로 생각하며 살았습니다. 그리고 실제로 그에게는 언제나 최악의 일들이 발생했습니다.

도마와 같은 세계관을 가진 사람들에게 가서 "힘내"라고 말하는 것은 아무런 소용이 없습니다. 그러한 사람들은 당신이 그렇게 말해준다고 해서 실제 사건이 바뀌는 것은 아니라는 사실을 알고 있기 때문입니다. 성경에서 도마를 자세히 관찰하면 그는 항상 죽음이나 병에 대해 말하는 것을 발견할 수 있습니다. 나사로가 죽었을 때 예수님께서는 그가 죽은 곳에 가야겠다고 말씀하셨습니다. 이때 도마는 "우리도 주와 함께 죽으러 가자"라고 말합니다요한복음 11:16. 그의 말에는 담대한 용기가 들어 있지만, 그의 병든 세계관은 여전히 최악의 상태만 바라보고 있습니다.

당신도 혹시 도마와 같지는 않습니까? 언제나 최악을 두려워하며 살고 있지는 않습니까? 그렇다면 부활하신 예수님께 당신의 눈을 고정하십시오! 당신은 주께서 죽음을 생명으로 바꾸시고, 슬픔을 기쁨으로, 실패를 성공으로, 패배를 승리로 바꾸시는 현장을 보게 될 것입니다. 우울한 세상을 보지 말고 눈을 들어 영광의 주를 보십시오!

# 중보 사역

"그러므로 자기를 힘입어 하나님께 나아가는 자들을 온전히 구원하실 수 있으니 이는 그가 항상 살아 계셔서 그들을 위하여 간구하심이라" 히브리서 7:25

하나님은 주 예수 그리스도의 이름을 지닌 이 땅의 교회와 교단과 공동체를 위해 중보 기도하는 사람들을 원하십니다. 이 땅의 교회의 어려움과 혼돈과 어리석음과 죄악을 그들을 대신하여 기도하는 사람들을 찾으십니다. 주님은 우리가 그들을 대신하여 그러한 어려움을 하나님 앞으로 가져오기를 원하십니다.

성경은 하나님이 우리를 예수 그리스도의 나라에 '함께' 앉도록 일으키셨다고 말합니다. 이는 홀로 분리되어 일으키신 것이 아니라, 함께 일으키신 것입니다. 따라서 우리는 '함께' 일어난 자들로서 서로 중보 기도를 해야 하는 책임이 있습니다.

중보 기도는 교회를 대신하는 회개가 포함됩니다. 우리가 속한 교회의 죄악들과 공동체 내의 다른 지체의 죄악들을 보며 마치 나 자신이 그러한 죄악을 지은 것처럼 괴로워하며 회개할 수 있어야 합니다. 당신은 이러한 중보 사역을 해 본 적이 있습니까? "종의 기도를 들으시옵소서 나와 내 아버지의 집이 범죄하여 … 계명과 율례와 규례를 지키지 아니하였나이다" 느헤미야 1:6~7. 성령께서 우리의 마음을 사로잡으실 때 '함께'하는 의식을 느끼게 되면서 이 땅의 교회와 주님의 공동체를 위해 중보 기도하게 될 것입니다. 그러므로 성령을 구하십시오. "너희 하늘 아버지께서 구하는 자에게 성령을 주시지 않겠느냐" 누가복음 11:13. 성령 안에서 주의 나라의 공동체를 위해 기도하십시오!

이 나무는 당신입니다.

# 모든 사람에게 오래 참으십시오!



"또 형제들아 너희를 권면하노니 게으른 자들을 권계하며 마음이 약한 자들을 격려하고 힘이 없는 자들을 붙들어 주며 모든 사람에게 오래 참으라" 데살로니가전서 5:14

하나님께서 지난 과거 나의 사역을 통해 가르쳐주신 한 가지는 주께서는 사람들의 병든 마음을 치유하실 수 있다는 사실입니다. 주님은 사람들의 마음을 정결하게 하시고, 정결하게 된 마음에 기름을 부으셔서 회복하게 하십니다. 바울은 성령의 감동으로 우리에게 권면하기를 "마음이 약한 자들을 격려하고 힘이 없는 자들을 붙들어 주며 모든 사람에게 오래 참으라"고 하였습니다.

하나님의 일꾼 중에는 '게으르고 악한 자들'에게는 권계하는 일을 잘하지만, '마음이 약한 자들을 격려하고 힘이 없는 자들을 붙들어 주는 일'을 못하는 자들이 많습니다. 특히 사람들을 향하여 오래 참지 못하는 일꾼이 많은데, 주께서는 이러한 일꾼을 통해서는 다른 사람을 치유하실 수 없습니다. 사실 다른 사람을 혼내고 훈계하는 일은 '마음이 약한 자들'을 격려하는 일보다 훨씬 쉽습니다. 모든 사람에게 오래 참으십시오! 하나님께서 당신을 통해 다른 사람의 병든 마음을 치유하는 일은 오랜 시간이 걸릴 수 있다는 사실을 잊지 마십시오.

사람들은 뭐든지 자신이 원하는 결과를 당장 보고 싶어 합니다. 주변 사람을 변화시키고 싶은 마음이 들 때는 더욱 그 결과를 신속하게 보고 싶어 합니다. 그러나 하나님의 말씀은 당신에게 모든 사람을 향해 오래 참으라고 권면합니다. 이는 그들의 변화에 대해 오래 참으라는 말씀입니다. 자신에게 이런 질문을 해 보십시오. "하나님께서 현재 당신의 모습을 만드시는 데까지 얼마나 오랜 시간이 사용되었습니까?" 당신은 다른 사람의 변화에 대해 오래 참으며 최선을 다하십시오!

# 오직 예수

**"만일 누구든지 그 위에 세운 공적이 그대로 있으면 상을 받고" 고린도전서 3:14**

아마도 하나님과 동행하면서 가장 큰 충격을 받을 때는 우리가 가장 존경하고 의지하던 영적 친구나 스승을 하나님께서 데려가실 때일 것입니다. 하나님은 우리가 사람을 숭배하지 않게 하려고 그들을 데려가실 때가 많습니다.

당신은 중세시대의 그림 중에 머리 뒤에 후광이 있는 성자들의 그림을 본 적이 있습니까? 중세 사람들은 어떤 위대한 스승이나 전도자나 지도자를 숭상하기 위해 그림을 통해 그들의 머리 뒤에 후광을 씌어 주곤 했습니다. 그 후 그들은 동상을 만들어 그들을 기념했습니다. 그러면서 자신들의 마음 속에 하나님이 있어야 할 자리에 그들을 올려놓곤 했습니다. 그러나 하나님은 사람들의 후광을 제거하십니다. 그들을 지지하고 있는 버팀목을 무너뜨리십니다. 만일 당신이 주 예수 그리스도 대신 이러한 '후광이 있는 그리스도인들'을 의지하며 따라왔다면 당신은 부끄러움에 처하게 될 것입니다. 그 이유는 하나님께서는 당신이 '언제나 예수, 오직 예수, 모든 것 위에 예수를 최고로' 두기를 원하시기 때문입니다.

하나님은 놀라우십니다! 하나님은 우리가 필요로 하는 친구들을 적절한 때에 만나게 하시고 또한 가장 적절한 때에 그들을 데려가십니다. 그들을 데려가시면 우리는 참으로 힘든 시간을 보내게 됩니다. 그러나 하나님은 바로 그때 우리가 더욱 예수 그리스도만을 바라보고 의지하고 따르기를 원하십니다. 그 이유는 우리의 인생은 오직 주 예수 그리스도 위에 세워질 때만이 영원한 가치의 삶을 살 수 있기 때문입니다.

# 여호와 하나님의 인도하심



**"그가 나를 푸른 풀밭에 누이시며 쉴 만한 물 가로 인도하시는도다" 시편 23:2**

하나님의 인도하심은 성경의 기원만큼이나 오래된 주제입니다. 이 주제는 그리스도인들에게 있어서 반드시 다루어야 하는 가장 중요한 주제입니다. 성경은 하나님의 인도하심에 대해 매우 간단하게 설명합니다. 오직 어리석은 자들만이 하나님의 인도하심을 오해할 뿐입니다. 자신에게 속아 자만하게 될 때, 자신의 체험과 자신의 확신을 의지하게 될 때 우리는 영적으로 잘못된 길로 나아가게 됩니다. 그러나 눈을 들어 앞에 계신 하나님을 바라보고 하나님의 인도하심을 따르는 자들은 언제나 바른 길에 서게 됩니다.

시편 23편은 "여호와는 나의 목자시니"라고 말합니다. 이는 목자이신 여호와께서 우리를 보호하시며 바른 길로 인도하신다는 뜻입니다. 그분이 인도하시는 길에는 푸른 초장과 쉴 만한 물가가 있습니다. 그 길은 하나님 영광의 언덕을 향하는 길입니다. 하나님은 우리를 위해 주님께로 인도하지 않는 잘못된 길에 낙심과 허무와 절망을 두셨습니다. 우리가 하나님의 인도하심을 거부하고 자기 이기심과 자기 연민을 따를 때 우리는 반드시 절망을 만나게 되어 있습니다. 자기 뜻대로 되지 않기 때문에 절망합니다. 그러나 이사야는 주님은 "쇠하지 아니하시며 낙담하지 아니하신다"라고 말합니다 42:4. 주님 안에 있는 성도들 또한 마찬가지입니다. 주님의 인도하심을 받는 양들에게는 절망이 있을 수 없습니다. 연단과 훈련은 있더라도 절망은 있을 수 없습니다.

하나님은 언제나 친히 우리를 인도하시기를 원하십니다. 언제나 푸른 풀밭에서 누이시며 신선한 물을 마시게 하고 싶어 하십니다. 우리가 하늘의 평강과 사랑을 누리는 것을 기뻐하십니다. 우리가 주의 인도하심을 따를 때 주님은 언제나 "내게 상을 차려 주시고 기름을 내 머리에 부으시니" 시편 23:5 내 삶의 잔이 넘치게 됩니다.

# 죄를 위한 화목 제물

"그는 우리 죄를 위한 화목 제물이니 우리만 위할 뿐 아니요 온 세상의 죄를 위하심이라" 요한일서 2:2

죄란 비도덕적인 것만을 의미하지 않습니다. 죄는 더 깊고 더 보편적이며 더 흉측합니다. 죄는 하나님의 다스림을 철저하게 배격하고 자기가 자기와 세상을 다스리려는 성향입니다. 따라서 죄는 도덕적으로 '선한 사람'이든 '악한 사람'이든 상관없이 사람들을 다스립니다. 오직 성령이 주의 거룩한 성향으로 그 사람의 마음을 공격하여 장악할 때만이 죄가 물러갑니다.

우리는 그리스도의 십자가를 시시하게 알 때가 많습니다. 대부분의 사람이 예수는 단지 인간의 잘못된 행동을 바르게 고치기 위해 이 땅에 오셨다고 생각합니다. 그러나 그렇지 않습니다. 예수님께서 오신 이유는 주께서 친히 죄가 되셔서 우리 안에 있는 죄를 죽이기 위해서입니다.

그리스도인이 복음을 망각하고 사회 정의 및 도덕을 세우려는 역할을 할 때 그는 예수 그리스도의 십자가의 반역자가 됩니다. 그 이유는 그리스도인의 사명은 사람들의 죄악을 뜯어고치기 위한 것이 아니라, 예수 그리스도께서 인류의 죄를 위해 대속물이 되셨다는 사실을 알리는 것이기 때문입니다. 사람들이 이 사실을 믿고 예수 그리스도를 마음속에 받아들일 때만이 그분의 생명으로 말미암아 그들 속에 있는 죄가 죽게 됩니다.

하나님의 성령께서 우리에게 죄가 무엇인지 깨닫게 하시기를 기도합니다. 소위 '기독교 체험'을 자랑하지 말고 오직 주 예수 그리스도만을 자랑하며 의지하게 되기를 간구합니다.

# 거룩함이 되시는 주님



"너희는 하나님으로부터 나서 그리스도 예수 안에 있고 예수는 하나님으로부터 나와서 우리에게 지혜와 의로움과 거룩함과 구원함이 되셨으니" 고린도전서 1:30

예수 그리스도는 우리를 위해 우리 안에서 의롭게 하심과 거룩하게 하심을 각각 따로 이루신 것이 아닙니다. 하나님은 우리의 외부에서 이미 발생한 사건인 그리스도의 십자가 사건과 부활 사건을 통해 우리를 법적으로 의롭게 하십니다. 또한 하나님은 우리의 내면에서 발생하는 그리스도의 죽으심과 부활을 통해 우리를 능력 가운데 거룩하게 하십니다. 하나님은 그리스도를 충만하신 능력의 보좌에 앉히심으로 예수 그리스도의 의로움과 거룩함을 영화롭게 하셨습니다. 이러한 예수님께서 우리에게 의로움과 거룩함이 되실 때 하나님은 영광을 받으십니다.

하나님은 우리를 보실 때 그리스도 안에서 보시기 때문에 우리는 의로움을 얻었습니다. 또한 우리는 우리 안에 계신 그리스도 때문에 거룩함을 입었습니다. 우리는 하나님의 주권적인 목적 안에서 은혜를 따라 되는 이 신령한 두 가지의 역사로 말미암아 하나님의 영광이 나타남과 함께 궁극적인 구속의 목적이 끊임없이 이루어지게 됩니다.

죄악의 용서는 속죄만을 목적으로 하지 않습니다. 용서는 구속의 목적, 즉 거룩함을 이루는 수단일 뿐입니다. 그러므로 의롭게 됨은 거룩함을 향하는 길입니다. 의로움이 없는 거룩함은 있을 수 없고 거룩함이 없는 의로움도 있을 수 없습니다. 의롭게 된 자는 반드시 거룩하여지며 거룩하여지는 자는 이미 의로운 자입니다. 우리 주님의 은혜 역사는 이 땅에서 가장 위대한 사건을 발생하게 하는데, 바로 거룩한 주의 자녀를 만들어내는 것입니다. 이 세상에서 가장 위대한 것은 사랑이 아니라 거룩입니다. 그 이유는 거룩은 사랑의 기반이기 때문입니다.

# 직분이 비방을 받지 않도록 하십시오!

"우리가 이 직분이 비방을 받지 않게 하려고 무엇에든지 아무에게도 거리끼지 않게 하고" 고린도후서 6:3

세상에 속한 속물들은 참된 사역자를 향해 짜증을 냅니다. 그 이유는 참된 사역자는 언제나 그들이 듣거나 보길 원치 않는 어떤 중대 사건을 다루기 때문입니다. 사역자가 어떤 주제를 다루든지 결국 언제나 하나님의 경고를 언급하기 때문에 속물들은 이에 화가 나는 것입니다. 세상에 속한 사람들은 삶의 가장 쉬운 부분들을 분석한 후에 거짓 확신 가운데 삶의 모든 현실은 자신들의 노력에 달렸다고 착각합니다. 그러나 사역자가 하나님의 말씀을 전하면 그들은 그를 향해 "그것은 터무니없는 말이다. 당신은 이상주의자이며 비현실적인 사람이다"라고 말합니다. 이렇게 말하는 이유는 사역자의 음성이 속물들에게는 언제나 듣기 싫은 성가신 음성이기 때문입니다.

이 세상은 복음의 메시지를 듣지 않을 수 있는 핑계만 생기면 즐거워합니다. 그들은 모순된 삶을 사는 그리스도인들을 발견하면 더욱 복음을 멀리할 구실을 삼고 기뻐합니다. 주님께서는 "실족하게 하는 일들이 있으므로 말미암아 세상에 화가 있도다 실족하게 하는 일이 없을 수는 없으나 실족하게 하는 그 사람에게는 화가 있도다" 마태복음 18:7라고 말씀하셨습니다. '실족'이라는 것은 '공격할 수 있는 틈'을 제공하는 것을 의미합니다. 세상은 언제나 성도의 '실족'을 찾으며 기다리고 있습니다. 만일 사역자가 사적인 삶에서 넘어지면 세상은 당장 그 '실족'을 찾아서 무자비하게 공격하면서 복음을 받아들이지 않을 핑계를 삼습니다.

우리에게는 이러한 걸림돌이 될 위험성이 언제나 있습니다. 바울은 자신의 삶 가운데도 이러한 위험이 있음을 절대 잊지 않았습니다. "내가 내 몸을 쳐 복종하게 함은 내가 남에게 전파한 후에 자신이 도리어 버림을 당할까 두려워함이로다" 고린도전서 9:27. 세상에 '실족'할 일을 제공하지 않을 수 있는 가장 안전한 방법은 하나님 안에서 그리스도와 함께 숨겨진 생명으로 살아가는 것입니다. 그리고 하나님께서 빛 가운데 계심같이 우리도 빛 가운데 걷도록 늘 조심하는 것입니다.

# 강권하시는 복음 전파



**"만일 복음을 전하지 아니하면 내게 화가 있을 것이로다" 고린도전서 9:16**

하나님께서 당신을 부르실 때 그 부름을 놓치지 않도록 주의하십시오. 구원을 얻은 모든 주의 백성은 자신이 구원받은 사실을 만인 앞에서 분명히 드러내야 합니다. 그러나 이 명령은 복음 선포를 위해 부름을 받는 것과는 다릅니다. 우리가 구원받은 사실을 세상에 알리는 것은 단지 복음 선포를 위할 뿐입니다.

바울은 복음을 전하도록 강권하시는 주의 부름을 받은 후에 심한 심적 부담을 갖게 되었습니다. "만일 복음을 전하지 않으면 내게 화가 있을 것이로다." 바울의 이 고백은 구원을 받기 위해 하나님을 만나려는 영혼들에게는 해당하지 않습니다. 이 세상에서 구원을 받는 것보다 더 쉬운 일은 없습니다. 하나님께서 이루신 일을 믿음으로 받아들이기만 하면 되기 때문입니다. 주님은 구원의 조건으로써 어떤 제자 훈련을 받아야 한다고 말씀하신 적이 없습니다. 오직 예수 그리스도의 십자가를 통해 구원에 이르도록 정하셨습니다. 그러나 제자 훈련은 구원을 받은 자의 선택 사양입니다. "만일 누구든지 나의 제자가 되려면…" 당신은 그리스도의 제자가 되겠습니까?

바울의 고백은 예수 그리스도의 종이 되려는 사람들에게 관련된 고백입니다. 그리스도의 종으로 부름을 받은 사람들은 자신이 무엇을 할 것이며 어디로 갈 것인지에 대해 스스로 결정할 수 없습니다. 복음을 위해 구별되었다는 말은 하나님이 복음 전파를 위해 따로 부르셨다는 뜻입니다. 이 부르심을 무시하면 그 사람에게는 주의 종이 되기에 합당한 고통이 시작됩니다. 모든 세상의 야망은 꺾이고, 모든 인생의 욕망은 잠들게 되며, 모든 이생의 자랑은 철저하게 무너지게 됩니다. 그리고 주의 종에게 남는 단 한 가지는 복음 선포를 위해 따로 구별되는 것입니다. 주의 부르심을 받을 때 다른 방향으로 가려고 하면 반드시 불행한 일이 발생합니다. 하나님께서 당신을 주의 복음의 종으로 부르시는지 확인하십시오. 주께서 당신을 부르실 때 그 부름을 따르는 것을 방해하는 것들을 과감하게 내려놓으십시오!

# 고백

"나의 간절한 기대와 소망을 따라 아무 일에든지 부끄러워하지 아니하고 지금도 전과 같이 온전히 담대하여 살든지 죽든지 내 몸에서 그리스도가 존귀하게 되게 하려 하나니" 빌립보서 1:20

하나님께서는 나를 창조하시고 사랑하십니다. 예수님께서는 우리를 구원하시고 언제나 우리만 생각하며 사랑하십니다. 우리는 이러한 주님께 감사하며 주님과 깊은 사랑에 빠져야 합니다. 주를 향한 사랑의 표현은 나의 최선을 주께 다 드리는 것입니다.

어떤 상황에서든지 하나님께 순종하십시오! 종종 상황을 핑계하며 하나님께 순종할 수 없다고 말하는 사람들이 있습니다. 그러나 순종은 언제나 나의 의지의 문제입니다. 순종과 불순종은 나의 선택에 달렸습니다. 하나님은 어떤 상황에서든지 우리가 하나님의 뜻을 따르기를 원하십니다.

하나님께서는 우리가 주께 불순종할 때 위기를 만드십니다. 그 이유는 하나님께서 친절하게 대하실 때 불순종을 선택하는 자녀가 많기 때문입니다. 따라서 하나님은 우리를 사랑하시기 때문에 바른 결단을 내릴 수 있도록 어떤 수단을 동원해서라도 순종하게 하십니다. 때론 하나님은 우리에게 위기를 지나게 하시면서 우리를 믿음 안에서 성장하게 하실 때가 많습니다. 당신은 예수 그리스도만을 가장 사랑합니까? 주님만을 가장 사랑하겠다고 결단하십시오. 당신의 생명보다 주님이 더 귀하다고 고백하십시오. 주님을 당신의 삶의 최고봉으로 삼으십시오.

이 나무는 당신입니다.

# March

## 3월

하나님의 말씀으로 돌아가십시오!

신앙과 삶에 힘들고 지칠 때

# 하나님의 뜻 가운데 행하십시오!



"해는 뜨고 해는 지되 그 떴던 곳으로 빨리 돌아가고 바람은 남으로 불다가 북으로 돌아가며 … 강물은 어느 곳으로 흐르든지 그리로 연하여 흐르느니라" 전도서 1:5~7

자연 속에서 발생하는 모든 일은 끊임없이 사라졌다가 다시 시작합니다. 위의 솔로몬의 시는 단순한 시적 표현이 아니라, 하나님의 손길에 대한 깨달음입니다. 해가 뜨고 지는 장면은 잠깐 우리를 흥분시킵니다. 아름다운 음악과 노래를 들을 때도 마찬가지입니다. 그러나 어느덧 슬픔이 찾아옵니다. 다시 지루한 인생이 시작됩니다. 어쩌면 우리 인생은 지루하고 슬픈 시간이 훨씬 더 많은지도 모릅니다. 연인들은 항상 상대가 죽을까 봐 걱정합니다. 사랑하는 사람을 잃게 되면 혼자 어떻게 살아가야 하나 하고 쓸데없는 생각을 합니다. 그러나 그러한 생각이 반드시 어리석은 생각만은 아닐 것입니다. 그 이유는 언젠가 실제로 사랑하는 사람을 잃을 날이 반드시 오기 때문입니다.

당신은 당신의 모든 현실이 기쁨과 밝음으로 가득해야 한다고 생각하지만, 실제는 그렇지 않습니다. 무작위로 발생하는 여러 사건 가운데 기쁨으로 가득한 현실을 끝없이 누린다는 것은 불가능합니다. 그러나 복음은 우연하게 발생하는 모든 상황 가운데서 하나님의 뜻을 발견하게 합니다. 우리가 이 땅에서 복음을 통해서 할 일은 어떤 상황에서든지 주 예수 그리스도와 하나가 되는 것입니다. 주님을 가장 사랑하며 가장 존귀하게 여기는 마음과 자세를 보여주는 것이 우리의 할 일입니다. 하나님이 허용하시는 모든 섭리 가운데 주를 향한 우리의 진심이 입증될 때 하나님은 참으로 기뻐하십니다. 하나님은 이러한 자들을 '믿는 자'라 하시며 "믿음이 없이는 하나님을 기쁘시게 하지 못한다" 히브리서 11:6라고 말씀하셨고, 아브라함처럼 하나님과 그분의 약속이신 주 예수 그리스도를 믿을 때 "그것이 그에게 의로 여겨진바 되었느니라" 로마서 4:3고 말씀하셨습니다. 우리가 살아가는 동안 우리의 할 일도 오직 모든 상황에서 주를 믿고 주와 연합하며 주와 동행하는 것입니다. 이때 하나님은 한없이 기뻐하시고 즐거워하십니다.

# 기도로 사람의 뜻을 관철시키려 하지 마십시오!

"진실로 다시 너희에게 이르노니 너희 중의 두 사람이 땅에서 합심하여 무엇이든지 구하면 하늘에 계신 내 아버지께서 그들을 위하여 이루게 하시리라" 마태복음 18:19

'두 사람이 땅에서 합심'하는 이유가 서로 미리 동의한 계획으로 하나님께 나아가 하나님이 항복할 때까지 하나님을 다그치는 것으로 오해해서는 안 됩니다. 기도는 기도하기 전에 우리가 결정한 사항들에 대해 하나님께서 허락해주시기를 구하는 것이 아니라, 어떤 문제에 대한 하나님의 생각이 무엇인지를 듣는 것입니다. 그 문제에 대한 하나님의 생각을 알기 위해 합심하여 기도해야 합니다. 특히 공동체의 문제나 방향에 대한 하나님의 뜻을 알기 위해 합심 기도를 해야 합니다. 그러나 공동체의 유익을 위한 계획을 정해 놓고 그 요구를 합심 기도로 부르짖을 때가 종종 있는데 이는 바른 기도가 아닙니다. 이러한 잘못된 합심 기도는 그 요구가 끝이 없게 됩니다.

합심 기도는 한 마음으로 하늘에 계신 하나님의 생각에 일치되는 과정입니다. 이 과정에서 하나님의 말씀을 통해 하나님의 뜻을 발견하고 또한 성령의 역사에 따른 문제의식을 갖게 됩니다. 합심 기도할 때에 먼저 하나님 앞에 겸손한 마음으로 서십시오. 그리고 모든 문제를 아뢰십시오. 공동체의 문제일 경우 합심하여 아뢰십시오. 인간의 힘으로 할 수 없는 것들에 대해 하나님의 뜻과 역사를 구하십시오. 순종하겠다는 의지로 기도하십시오. 그러면 합심 기도는 반드시 응답될 것입니다.

예수 그리스도께서는 우리의 기도가 응답될 것이라고 약속하셨습니다. 하나님께서 말씀하시면 주 뜻에 절대적으로 순종하겠다는 의지로 합심하여 기도할 때 그 기도는 언제나 공동체의 변화를 가져옵니다. 기도한 대로 살게 됩니다.

# 완전 성결



"내가 그리스도와 함께 십자가에 못 박혔나니 그런즉 이제는 내가 사는 것이 아니요 …
하나님의 아들을 믿는 믿음 안에서 사는 것이라" 갈라디아서 2:20

완전 성결Entire Sanctification은 예수 그리스도의 완전함이 내게 부여되었음을 의미합니다. 이때 완전 성결은 점차 부여되기보다는 어떤 중대한 순간에 순간적으로 단 한 번에 부여됩니다. 이 중대한 순간이란 내가 믿음으로 그리스도께서 내게 성결이 되었다는 완전한 깨달음을 가질 때를 말합니다. 믿음은 하나님께서 우리에게 주신 은혜로써 이 놀라운 완전 성결의 영적 축복을 우리 각 개인의 것이 되도록 하는 신적인 수단입니다. 만일 당신이 하나님의 영으로 다시 태어난다면 당신 마음의 가장 깊은 곳의 열망은 거룩이 될 것입니다. 사람이 믿음으로 중생에 들어가는 것처럼, 또한 믿음으로 성결에 들어갑니다.

완전 성결 가운데 내 영이 그리스도와 연합한다는 의미는 예수 그리스도의 측량할 수 없는 부유함이 나의 것이 됨을 뜻합니다. 우리는 그리스도의 모든 복음이 우리 안에 충만하게 형성될 때까지 믿음을 발휘해야 합니다. 거룩한 삶의 비결은 예수 그리스도를 흉내 내는 데 있지 않고 예수님의 완전함이 우리의 죽을 육체를 통해 나타나도록 하는데 있습니다. 즉, 우리 안에 부여된 완전 성결이 내가 자신을 부인하는 만큼 내 죽을 육체를 통해 나타나게 되는데 바로 이것이 그리스도를 닮은 영적 성장으로 나타나게 됩니다. "그런즉 이제는 내가 사는 것이 아니요 오직 내 안에 그리스도께서 사시는 것이라."

# 하나님과 사람 앞에서 진실하십시오!

"청하오니 지금 내 죄를 사하고 나와 함께 돌아가서 나로 하여금 여호와께 경배하게 하소서 하니" 사무엘상 15:25

어리석은 사람들의 위선을 볼 때 당신은 더욱 하나님께 진실하게 나아가야겠다는 생각을 하게 될 것입니다. 그들은 당신의 인내와 끈기를 끝까지 시험할 때가 많습니다. 심지어 그러한 사람 중에는 하나님을 위해 뭔가를 하는 것처럼 보이는 사람들도 있습니다. 그러나 그들은 "항상 배우나 끝내 진리의 지식에 이를 수 없습니다"디모데후서 3:7. 왜 그럴까요? 그들은 자신들이 들은 하나님의 말씀에 진심으로 순종하기를 원하는 마음이 없기 때문입니다. 의롭게 보이려는 것은 어리석은 자들의 또 다른 특징입니다.

사무엘은 사울 왕에게 아말렉 족속에 관한 하나님의 말씀을 다 이루었는지를 물었습니다. 그러자 사울 왕은 그렇게 했다고 대답했습니다. 이때 사무엘이 질문했습니다. "그러면 내 귀에 들려오는 이 양의 소리와 내게 들리는 소의 소리는 어찌 됨이니이까"사무엘상 15:14. 그러자 사울은, "그것은 무리가 아말렉 사람에게서 끌어 온 것인데 백성이 당신의 하나님 여호와께 제사하려 하여 양들과 소들 중에서 가장 좋은 것을 남김이요 그 외의 것은 우리가 진멸하였나이다"라고 대답했습니다사무엘상 15:15. 이것이 사무엘의 어리석음의 시작이었습니다. 결국 이 어리석음은 사울 왕으로 하여금 무당을 만나 자문하게 하였고 나아가 노골적으로 하나님의 말씀에 도전하는 자리로 나아가게 하였습니다.

하나님의 뜻이 무엇인지 이미 알고 있으면서도 순종하지 않을 구실을 찾기 위해 성경을 열심히 뒤지는 사람들이 있습니다. 사울 왕처럼 하나님께 순종하는 척 보이지만, 실제로는 몰래 자기 맘대로 자신의 정욕을 채우는 사람이 많습니다. 만일 당신이 그러한 사람을 알고 있다면 그에게 다가가 그의 어리석은 길에서 벗어나 주 앞에서 정직하게 서도록 간청하십시오. 또한 동시에 당신은 하나님과 사람 앞에서 진실한지를 점검하십시오. 당신은 하나님과 사람 앞에서 진실합니까?

# 회개하는 삶



"하나님이 간과하셨거니와 이제는 어디든지 사람에게 다 명하사 회개하라 하셨으니" 사도행전 17:30

참된 회개는 매우 고통스럽습니다. 그러나 그 결과는 매우 유익합니다. 사람들은 자신이 회개하던 때를 쉽게 잊습니다. 물론 절대로 잊지 않는 사람들도 있습니다. 회개하던 때를 잊지 않는 사람들은 언제나 자신이 회개하기 전에 어떠한 사람이었는지를 기억합니다.

성령께서 우리의 죄를 용서하실 때 과거의 흉측한 내 모습마저 망각하게 하신다고 오해하지 마십시오. 하나님의 죄 사함을 체험하는 자들은 오히려 용서받기 전의 자신의 모습을 더욱 생생하게 기억합니다. 사도 바울은 한 번도 자신이 어떤 사람이었는지를 잊은 적이 없었습니다. 그러나 과거의 자신에 대한 기억은 언제나 바울로 하여금 하나님의 은혜가 얼마나 큰지, 그리고 지금은 그 은혜로 어떤 사람이 되었는지를 생각나게 했습니다.

회개는 당신이 다시는 회개한 죄를 짓지 않게 된다는 의미가 아닙니다. 회개란 하나님의 은혜로 당신이 과거에 행했던 것을 버리고 다른 새로운 것들을 행할 수 있는 자리로 옮겨졌다는 뜻입니다. 따라서 진정으로 회개한 사람은 하나님께서 죄를 처리하도록 의탁하고 주님을 따라 새로운 일들을 행하는 사람입니다.

당신의 마음과 생각이 언제나 하나님께 고정되도록 하십시오. 예수 그리스도의 거룩한 빛으로 당신의 마음과 삶 속의 모든 비뚤어진 것과 깨어진 것을 드러내도록 하십시오. 그 후 하나님께 간구하여 내 안에 드러난 흉측한 것들을 해결해 달라고 하십시오. 이를 위해 당신의 온 맘을 진심으로 주께 드리면 그 결과는 당신의 삶에 계속적인 변화가 오게 될 것입니다. 죄를 버리고 주를 위해 살 수 있도록 자신을 항상 살피십시오!

# 자만의 끝

"예수께서 대답하시되 내가 가는 곳에 네가 지금은 따라올 수 없으나 후에는 따라오리라" 요한복음 13:36

예수님께서 베드로를 처음 만났을 때 그에게 "나를 따르라"고 하셨습니다. 이때 베드로는 예수님의 어떤 매력에 이끌려 쉽게 주를 따랐습니다. 그 당시 그에게 성령의 도움은 필요 없었습니다. 그러나 베드로는 예수님을 부인하는 자리까지 갔고 그의 마음은 찢길 대로 찢겼습니다. 그 후 그는 성령을 받았습니다. 그러한 그에게 예수님은 다시 말씀하셨습니다. "나를 따르라." 이제 베드로는 주 예수 그리스도 외에는 아무도 보이지 않았습니다. 또한 그의 마음속에는 주의 영이 그를 친히 인도합니다. 이제 그는 처음에 주님을 따를 때와는 완전히 다른 자세로 주를 따랐습니다. 어떤 이유가 있어서 주를 따른 것이 아니라, 단지 주께서 부르시니 그분과 하나 되기 위해 따른 것입니다.

이 두 부름의 사이에는 베드로의 저주와 맹세로 예수 그리스도를 부인하게 되는 사건이 있습니다. 이 사건으로 말미암아 베드로는 자만을 내려놓고 자기 자신 안에는 한 가닥의 의지할 만한 것이 없다는 것을 깨달았습니다. 이러한 절망 가운데서 부활하신 주로부터 그는 성령을 받게 되었습니다. 당신도 주를 따를 때는 오직 주 예수 그리스도 때문에 따르십시오. 그리고 그분이 보내신 성령님만을 의지하십시오.

우리의 모든 맹세와 결심은 결국 실패하게 될 것입니다. 그 이유는 우리에게는 주를 따를 만한 능력이 없기 때문입니다. 자신을 포기할 때 우리는 성령을 받을 수 있습니다. "성령을 받으라." 이는 성령께서 외부에서 들어오신다는 뜻입니다. 성령이 우리 안에 들어오시면 우리 인생의 목표는 단 한 가지, 오직 주 예수 그리스도만이 나의 지표가 됩니다.

이 나무는 당신입니다.

# 순종으로 나타나는 믿음의 표현



*"성령이 거룩하게 하심으로 순종함과 예수 그리스도의 피 뿌림을 얻기 위하여 택하심을 받은 자들에게"* 베드로전서 1:2

사탄은 쉬지 않고 성도들에게 믿음만으로는 온전한 신앙생활을 할 수 없다고 의심하게 합니다. 사탄은 우리에게 단지 믿음만이 아니라, "이것저것을 해야 한다"고 설득합니다. 그러나 하나님의 성령은 끊임없이 믿음만이 우리를 지켜준다고 말씀하십니다.

믿음이 무엇인지 이해할 수 있는 가장 좋은 예는 먹고 마시는 행위를 들 수 있습니다. 우리 주님은 요한복음 6장에서 이 예를 사용하셨습니다. 당신이 당신의 몸으로 음식을 받는 것처럼, 당신의 영혼은 예수 그리스도를 당신 안으로 받을 수 있습니다. 그러나 예수님은 '탁자 위에 있는 빵과 음료를 보는 것만으로 충분하다'고 말씀하지 않으셨습니다. 그것은 믿음이 아닙니다. 손을 뻗쳐 빵과 음료를 취할 때 그때 당신은 당신의 믿음을 나타내는 것입니다.

당신이 주 예수 그리스도를 구세주로 믿는다면 당신은 자신이 주님으로 말미암아 완전하게 거룩하여졌음을 믿을 수 있습니다. 주님은 영원한 실체입니다. 당신이 주님을 인격적으로 체험하는 것은 은혜의 선물입니다. 당신은 선물을 받기 위해 얼마를 지불합니까? 아무것도 지불하지 않아도 됩니다. 지불한다면 그것은 은혜의 선물이 아닙니다. 선물은 단지 받기만 하면 됩니다. 순종은 하나님의 뜻을 기뻐하는 당신의 마음을 표시하는 수단입니다. 당신은 순종을 통해 하나님의 선물인 거룩한 성품을 받을 수 있습니다. 순종을 통해 예수 그리스도의 생명이 당신의 죽을 육체를 통해 나타나게 됩니다.

# 믿음의 생각

"우리의 싸우는 무기는 육신에 속한 것이 아니요 … 모든 생각을 사로잡아 그리스도에게 복종하게 하니" 고린도후서 10:4~5

우리가 싸우는 무기는 세상의 무기가 아닙니다. 철학이나 사상이나 신념이나 신조나 종교나 나의 주관이 아닙니다. 우리가 싸우는 무기는 그리스도를 향한 순종입니다. 그리스도께 순종할 때 세상의 그 어떤 견고한 진도 다 무너뜨리는 하나님의 능력이 우리에게 나타납니다. 특히 바울은 그리스도인의 사고가 그리스도께 순종해야 한다고 말합니다. '모든 생각'이 그리스도께 복종해야 한다고 말합니다. 이 말을 다르게 표현하면 우리의 '모든 생각'은 그리스도를 향한 믿음과 순종으로 이어져야 한다는 뜻입니다.

우리의 생각이 불투명하고 하나님의 손길과 뜻을 읽지 못하는 이유는 순종하려는 믿음이 부족해서입니다. 그리스도인들이 주의 뜻을 알면서도 순종하지 않으면 생각이 흐려지게 됩니다. 특히 자신들의 불순종에 대해 회개하기보다는 핑계하며 합리화하려고 할 때 그들의 생각은 더욱 흑암 속에 갇히게 됩니다.

많은 그리스도인이 그들의 인생이 생각이라는 사실을 망각하고 있습니다. 생각이 멈춘다는 것은 사람의 존재 의미가 사라진다는 뜻입니다. 그러므로 사람으로서 존재하는 한 누구든지 쉬지 않고 생각합니다. 그러기에 중요한 것은 그리스도인들은 기독교적, 성경적, 복음적 생각을 해야 합니다. 그래야 마귀와 육체와 죄와 세상을 이길 수 있습니다. 따라서 성도는 무엇보다 성경적 생각을 하기 위해 온 맘을 다해 노력하며 집중해야 합니다. 우리의 싸우는 무기는 세상에 속한 것이 아니므로 더욱 "모든 생각을 사로잡아 그리스도에게 복종하게 하는" 비결을 습득해야 합니다. 주님께 순종하기 위해 내 생각부터 순종함을 배우는 것이 당신의 영적 성장의 큰 비결임을 잊지 마십시오.

# 사람을 자랑하지 마십시오!



“우리는 하나님의 동역자들이요 너희는 하나님의 밭이요 하나님의 집이니라” 고린도전서 3:9

사도 바울은 “누구든지 사람을 자랑하지 말라”고린도전서 3:21고 경고합니다. 바로 이 점이 고린도 교회가 빠진 덫이었습니다. 그들은 지도자들의 능력을 서로 자랑하면서 당을 지었습니다. 그러면서 그들은 “나는 바울파라, 나는 아볼로파라, 나는 베드로파라”고 말하며 서로 미워하고 시기하였습니다. 이에 대해 바울이 말했습니다. “그런즉 아볼로는 무엇이며 바울은 무엇이냐 그들은 주께서 각각 주신 대로 너희로 하여금 믿게 한 사역자들이니라”고린도전서 3:5. 우리는 지도자들을 통해 주 예수 그리스도를 바라보아야 합니다. 영적 지도자를 보내신 하나님께 감사드리면서 우리는 궁극적으로 지도자가 아니라, 주 예수 그리스도만을 늘 바라보아야 합니다. 지도자가 누구이든지 우리가 그들을 통해 그리스도를 바라보게 된다면 하나님께서 그들을 우리에게 보내신 뜻이 온전하게 이루어지는 것입니다. 한편 영적 지도자들은 사람들을 이끌어 주님을 바라보도록 해야 합니다. 그렇지 않고 자신을 바라보도록 한다면 그는 거짓 선지자요 거짓 선생입니다.

고린도 교회에 경고했던 바울의 음성은 지금 우리에게 같은 경고를 합니다. 혹시 당신은 교회 내에서 어떤 사람의 편을 들고 있지는 않습니까? 같은 고향이라든지, 성격이 비슷하다든지, 아니면 생각이 비슷하다고 하여 자신도 모르는 사이에 당을 짓고 있지는 않습니까? 우리는 항상 영적 지도자가 필요합니다. 그러나 우리가 잊지 말아야 할 것은 우리는 그리스도의 사람이요 하나님의 집이라는 사실입니다. 우리의 삶을 평가하실 분은 예수 그리스도라는 사실을 잊지 마십시오! 영적 지도자도 이 사실을 잊지 말아야 하며 또한 영적 지도자를 모시고 있는 자들도 이 점을 잊지 말아야 합니다. 어떤 사람을 따른다는 것이 주님께 인정을 받는 기준이 될 수 없습니다. 오직 주를 따르는 것만이 주님께 인정받는 기준이 됩니다. 그리고 주를 따를 때만이 바른 지도자를 알아보며, 또한 주를 따르는 지도자만이 하나님을 위하는 진정한 지도자입니다.

매일 묵상할 때 나무는 성장합니다.

# 우리의 속죄를 이루기 위해 오신 예수 그리스도

**"이에 엘리야가 모세와 함께 그들에게 나타나 예수와 더불어 말하거늘"** 마가복음 9:4

예수님께서 성육신하기 전의 충만한 영광으로 서 계셨을 때 구약 언약의 두 대표자가 나타나 예루살렘에서 예수님께 이루어져야 할 일들에 대해 대화를 나누었습니다. 그 후 주님은 그 영광을 뒤로하고 다시 산에서 내려와 악령 들린 소년으로 상징되는 타락한 인류와 하나가 되셨습니다. 만일 주께서 변화산상에서 변모하신 후 곧바로 성육신하기 전의 영광으로 돌아가셨다면 주님은 인류를 그대로 내버려둔 것이 되었을 것입니다. 그랬다면 주님의 생애는 단지 최상의 이상적인 삶으로 인류에게 남았을 것입니다. 사실 예수 그리스도의 생애를 이상적인 삶으로 보는 사람이 많습니다. "그분의 교훈은 참 좋았지. 속죄의 개념은 비논리적이며 바울이 말한 십자가의 거친 교리는 바울 개인의 신학일 뿐이야. 따라서 우리는 십자가의 도를 개인적으로 적용할 필요는 더더욱 없지. 우리에게는 우리가 본받아야 할 산상수훈만 있으면 돼."

나는 이렇게 생각합니다! '만일 예수 그리스도가 오직 우리의 삶의 본이 되기 위해서만 이 땅에 오셨다면 주님은 인류에게 가장 큰 고통을 주는 존재가 되었을 것입니다. 그러나 우리 주님께서 이 땅에 오신 주요 목적은 교훈 및 삶의 본이 되시기 위해 오신 것이 아니라, 우리를 완전히 새로운 나라로 들어 올리고 주의 가르침대로 행할 수 있는 새로운 생명을 부여하기 위해서입니다.' 제자들은 변화산에서 발생한 모든 사건을 눈과 귀로 목격하였습니다. 변화산의 사건과 겟세마네 사건은 제자들이 절대로 이해할 수 없는 사건인데도 그들이 그 자리에 증인으로 있었다는 것이 참으로 기묘하기만 합니다. 우리는 베드로 서신과 요한의 복음서에서 왜 예수님께서 그들을 데리고 변화산으로 가셨는지 그 이유를 찾아볼 수 있습니다. 기독교의 참 믿음은 신이 된 사람에게 있는 것이 아니라, 전능하신 하나님께서 사람이 되신 그리스도 안에 있습니다. 당신은 주 예수 그리스도에 대해 어떤 믿음을 가지고 있습니까?

# 들의 백합 같은 새 생명의 성장



"들의 백합화가 어떻게 자라는가 생각하여 보라" 마태복음 6:28

영적인 영역에서는 시간의 흐름은 별로 중요하지 않습니다. 우리가 위로부터 거듭날 때 하나님의 아들이 우리 안에서 형성됩니다. 그 주님의 생명은 시간이 흐른다고 해서 우리 안에서 성숙해지는 것은 아닙니다. 오직 순종을 통해서 성숙해집니다. 새 생명과 관련하여 종종 간과되는 부분이 있는데, 새 생명의 성장은 의식되지 않는다는 사실입니다. 예수님께서는 우리 안의 새 생명을 염두에 두고 "들의 백합화가 어떻게 자라는가 생각하여 보라"고 말씀하셨습니다. 하나님으로부터 거듭난 후 주께 순종하면 우리는 우리가 있는 바로 그 자리에서 우리의 무의식적인 새 생명은 자라납니다. 하나님은 백합을 자라게 하려면 어느 곳에 심어야 하는지 정확하게 아십니다. 그러면 백합은 자라면서 무의식적으로 백합의 형태를 띱니다. 자연의 아름다움을 파괴하는 것이 과다한 경작이듯, 새 생명과 관련해서 우리가 저지르는 위험은 하나님이 하실 일을 우리가 가로채는 것입니다.

새 생명은 예수님 안에 있습니다. 새 생명은 들의 백합처럼 자라납니다. 새 생명이 자라날 수 있는 환경은 정확하게 하나님께서 우리를 두시는 상황입니다. 주어지는 상황은 우리가 손댈 수 없습니다. 우리는 주어진 상황에 대해 불평하기보다는 우리를 위한 하나님의 섭리로 받아들여야 합니다. 새 생명은 계속 자라나 우리가 의식하지 못하는 가운데 형태를 잡아갑니다. 하나님께서는 새 생명을 돌보십니다. 하나님은 새 생명이 자라기 위해서는 정확하게 어떠한 영양분이 필요한지, 그리고 무엇이 새 생명을 붕괴하는지 잘 아십니다. 당신 스스로 새 생명을 묻어버리거나 새 생명이 자라날 수 없는 환경에 의도적으로 거하지 않도록 주의하십시오! 백합은 백합이 자라날 수 있는 환경에서만 자랄 수 있습니다. 하나님께서는 우리 안에 있는 하나님 아들의 생명이 잘 자라날 수 있도록 우리에게 최상의 환경을 조성해주십니다. 따라서 우리는 하나님께서 이 생명을 성장하게 하시도록 하나님께 나의 시간을 충분히 허락해야 합니다.

# 새 언약의 일꾼

"그가 또한 우리를 새 언약의 일꾼 되기에 만족하게 하셨으니 … 율법 조문은 죽이는 것이요 영은 살리는 것이니라" 고린도후서 3:6

어떤 사람이 마음에 고통을 겪고 있을 때 그 사람에 대해 다른 사람과 대화를 나누지 않도록 주의하십시오. 그 대신 하나님 앞에 나아가 그 영혼을 위해 기도하십시오. 그리고 하나님께서 그 영혼을 위해 당신에게 무엇을 하게 하는지 듣도록 하십시오. 주님의 음성이 잘 들리지 않으면 더 깊게 기도하십시오. 하나님의 말씀을 생각하면서 주께서 주의 말씀을 주실 때까지 기다리며 기도하십시오.

고난을 당하며 심적으로 고통을 겪고 있는 영혼에게 하나님의 말씀을 잘못 사용하면 오히려 더 큰 고통과 상처를 줄 수 있습니다. 그러므로 마음에 고통을 당하는 영혼에게 주님의 말씀으로 다가갈 때는 더욱 하나님의 말씀을 바르게 사용해야 합니다. 말씀을 잘못 사용하는 예로써 자신의 마음속에 있는 그 사람에 대한 편견을 가지고 성경 구절을 찾아 그 사람에게 전하는 경우입니다. 이는 당신이 전한 성경 구절이 그 사람에게 도움이 되기보다는 상처를 줄 가능성이 높습니다. 그 이유는 그 성경 구절을 전할 때 하나님의 성령이 역사하지 않기 때문입니다.

하나님의 말씀을 이런 식으로 사용하면 당신은 당신 자신의 영혼을 죽일 뿐만 아니라, 당신이 다루는 다른 영혼을 죽일 수 있습니다. 예수님께서 말씀하셨습니다. "살리는 것은 영이니 육은 무익하니라 내가 너희에게 이른 말은 영이요 생명이라" 요한복음 6:63. 당신이 하나님의 말씀을 다루는 사람이라면 가장 중요한 것은 성령의 인도하심을 계속 받는 것입니다. 당신은 당신 자신을 위할 뿐만 아니라, 당신이 대하는 모든 영혼을 위해서 반드시 성령의 인도하심 속에서 성경을 다루어야 합니다.

이 나무는 당신입니다.

# 성령의 열매



"좋은 나무가 나쁜 열매를 맺을 수 없고 못된 나무가 아름다운 열매를 맺을 수 없느니라" 마태복음 7:18

성령으로 세례를 받은 후 반드시 나타나는 결과는 성령의 은사를 받게 되기보다는 성령의 열매를 맺는 것입니다. 성령의 열매를 맺는 비결은 모든 영양분의 근원이신 주님과 인격적으로 연결되는 것입니다. 따라서 주님과의 관계가 끊어지면 성령의 열매를 맺을 수 없습니다. 이러한 주의 자녀를 향해 우리 주님은 엄중히 말씀하셨습니다. "무릇 내게 붙어 있어 열매를 맺지 아니하는 가지는 아버지께서 그것을 제거해 버리시고 무릇 열매를 맺는 가지는 더 열매를 맺게 하려 하여 그것을 깨끗하게 하시느니라" 요한복음 15:2. 그러나 주님과 온전한 관계를 유지하면서 성령의 열매를 많이 맺으면 주님은 "내 아버지께서 영광을 받으실 것이요 너희는 내 제자가 되리라"고 말씀하셨습니다 요한복음 15:8.

성령의 열매는 당신의 매일의 삶 가운데서 분명하게 보이는 열매들입니다. 사랑, 희락, 화평, 오래 참음, 자비, 양선, 충성, 온유, 절제 등 성령의 열매는 하나의 원천에서 나오는 것으로써 바로 우리 안에 거하시는 성령에게서 나옵니다 갈라디아서 5:22~23. 성령의 은사들은 매우 다양하며 반드시 거듭난 사람에게서만 나타나는 현상은 아닙니다. 바울은 분명하게 어떤 사람이 주의 보혈로 온전히 성결하게 되지 않아도 성령의 은사를 가질 수 있다고 하였습니다 고린도전서 13:1~8. 그러나 그러한 사람이 성령의 은사를 사용할 때는 울리는 꽹과리밖에 되지 않습니다 고린도전서 13:1.

우리는 사람들의 덕과 성령의 열매를 분별할 수 있어야 합니다. 주님은 우리에게 거짓 선지자들을 분별하라고 말씀하셨습니다. 거짓 선지자들을 분별하려면 사람들의 은사나 말이나 능력을 보아서는 알 수 없고 성령의 열매를 봄으로 알 수 있습니다. 성령의 열매는 반드시 거듭난 자에게서만 나타나기 때문입니다.

매일 묵상할 때 나무는 성장합니다.

# 사람을 향한 사랑

*"주라 그리하면 너희에게 줄 것이니 곧 후히 되어 누르고 흔들어 넘치도록 하여 너희에게 안겨 주리라" 누가복음 6:38*

주께서는 우리에게 '주는 사랑'으로 사람들을 사랑하라고 하셨습니다. 주님의 이 교훈은 '취하여 붙들려'는 인간의 본성과 맞지 않습니다. 그러나 사람이 거듭나면 소욕의 본능이 주는 본능으로 바뀌게 됩니다. 그리스도의 제자들의 삶의 법칙은 '주고 주며 주는' 것입니다. 그리스도인이 주어야 하는 이유는 우리가 먼저 하나님에게서 무한하게 받았으며 또한 받고 있기 때문입니다. "너희가 거저 받았으니 거저 주라"마태복음 10:8. 이때 주는 문제는 얼마나 많이 주는가에 있지 않고 무엇을 주지 않으려고 하는지에 있습니다. '준다'고 할 때 우리는 흔히 돈을 생각합니다. 물론 돈은 피처럼 중요합니다. 그러나 돈을 주면서 마음을 주지 않을 수 있고 또한 마음으로는 동정하면서 돈을 주지 않을 수 있습니다. 예수님의 말씀대로라면 사람을 사랑하는 것은 마음과 물질 등 모든 것을 다 줄 수 있어야 합니다. 이러한 주의 사랑을 행하려면 무엇보다 우리 안에 성령께서 내재하셔야 합니다. 그 이유는 성령만이 우리의 삶 가운데서 주의 사랑의 생명을 나타내시기 때문입니다.

'주는' 면은 주님의 삶에서 매우 두드러지게 나타나고 있지만, 우리가 깨닫지 못한 부분이 있습니다. 그것은 바로 사람과의 관계입니다. 주님은 사람들의 후대厚待를 받아들이셨습니다. 세리와 바리새인들에게 대접을 받으셨습니다. 사람들은 그러한 예수님을 "먹기를 탐하고 포도주를 즐기는 사람이요 세리와 죄인의 친구"누가복음 7:34라고 비방하였습니다. 그러나 주님이 이렇게 하신 이유는 다른 데 있었습니다. 그 이유는 바로 잃은 자를 구원하시기 위해서였습니다. 바울도 말했습니다. "내가 여러 사람에게 여러 모습이 된 것은 아무쪼록 몇 사람이라도 구원하고자 함이라"고린도전서 9:22. 우리가 사람을 사랑한다는 것은 무엇보다 그들에게 '영적으로 주는' 것을 뜻합니다. 영적으로 주는 사랑만이 주님의 사랑을 이웃과 나누는 것입니다.

# 평범한 삶 가운데서 주님을 섬기십시오!

**"한 사람이 두 주인을 섬기지 못할 것이니 혹 이를 미워하고 저를 사랑하거나 혹 이를 중히 여기고 저를 경히 여김이라" 마태복음 6:24**

그리스도인의 참된 승리는 부흥회에서 나타나지 않고 평범한 삶에서 나타납니다. 물론 부흥회를 통해 평범한 삶까지 이어지는 바른 결단이 있을 수 있습니다. 그러나 우리가 잊지 말아야 할 것은 매일의 삶 가운데 순간마다 우리 믿음의 선택이 참된 승리와 이어진다는 사실입니다. 부흥회나 수련회를 통해 그리스도를 위해 살겠다는 결단은 그 순간에 누구에게나 쉽습니다. 그리고 그때는 그 시간 이후의 모든 것이 결단한 대로 될 것처럼 보입니다. 또한 부흥회의 열정은 그 자리에 참석한 많은 사람을 사로잡기도 합니다. 자신의 뜻을 내려놓고 주님 편에 서겠다고 다짐하는 사람도 많습니다. 그러나 하나님의 전능하고 놀라운 능력은 부흥회가 끝난 후 더 많이 필요합니다. 평범한 삶으로 돌아오면 당장 주님의 뜻과 내 뜻 사이에서 선택해야 하는 일이 닥쳐옵니다. 그러나 바로 그 선택의 순간들이 주님을 선택해야 하는 순간들입니다. 오직 평범한 삶 가운데서의 이러한 믿음의 선택만이 우리의 삶을 진정한 승리로 이끕니다.

부흥회 때는 성령께서 임재하심으로 교회 전부를 감싸십니다. 그 분위기는 대단합니다. 사람들은 기쁨으로 충만합니다. 그러나 그들 중 오직 10퍼센트만이 평범한 삶으로 돌아와 성공적으로 그리스도를 선택하며 살아갑니다. 말씀의 집회나 부흥의 역사는 대단히 귀합니다. 그러나 그 시간은 우리의 평범한 삶 가운데서 더욱 주를 선택하는 믿음의 삶을 위해 있다는 사실을 잊지 마십시오. 따라서 부흥회가 마친 후에 주님과 연합하여 교제하는 삶의 중요성은 더욱 중요합니다. 평소에 깨어 있어야 우리의 평범한 삶의 모든 순간에 주의 뜻을 따를 수 있기 때문입니다.

# 성령 안에서 기도하십시오!

"사랑하는 자들아 너희는 너희의 지극히 거룩한 믿음 위에 자신을 세우며 성령으로 기도하며" 유다서 1:20

우리는 성령 안에서 기도할 때 하나님을 향하여 더욱 친밀감을 느끼게 됩니다. 또한 성령께서는 우리로 하여금 하나님의 자원들을 실감하게 합니다. 예를 들면, 성령은 성령으로 기도하는 개인에게 그의 삶의 뚜렷한 목표를 알려주십니다. 이때 우리는 결단을 내리게 되고 하나님께 무조건 자신의 인생을 맡기며 뒤돌아보지 않고 앞으로 나아갑니다. 이 과정에는 오직 성령께서 들려주신 음성만 있을 뿐 다른 사람의 충고는 없습니다. 그럼에도 하나님의 풍성하심을 확신할 수 있기 때문에 믿음으로 나아갈 수 있습니다.

우리 중 많은 사람이 하나님을 향한 확신이 없어 이리저리 따져보기 때문에 기도를 제한합니다. 물론 하나님을 알지 못하는 사람들의 눈에는 주님만 의지하는 것이 어리석게 보일 것입니다. 그러나 우리가 성령 안에서 기도할 때 하나님의 자원을 깨달음과 동시에 그분은 우리의 완전하신 하늘 아버지시며 우리는 그분의 자녀임을 절실하게 느낍니다. 주 예수 그리스도를 통해 하나님이 나의 아버지 되심을 항상 기억하십시오.

성령께서 우리 안에서 마음껏 역사하시게 되면 성령은 우리 주변의 환경에 대해 책임지십니다. 이때 굳게 서서 상황과 씨름하십시오! 씨름은 공격이 아니라, 반대 세력의 공격에 꼼짝 않고 끈질기게 견디는 것입니다. 절대로 당신의 신체적인 연약함을 핑계 삼지 마십시오. 오직 성령의 능력으로 매일의 일과를 감당하십시오. 만일 당신이 성령 안에서 기도하고 있다면 당신의 직업이 무엇이든, 당신이 처한 상황이 어떠하든, 성령께서는 당신을 통해 당신 주변에 신기하고 새로운 분위기를 만들어내실 것입니다. 결국 당신이 하는 모든 일을 통해 하나님의 영광이 나타나게 될 것입니다. 성령 안에서 기도하십시오!

# 내가 져야 할 십자가 3월 17일



"예수께서 자기의 십자가를 지시고 해골(히브리말로 골고다)이라 하는 곳에 나가시니" 요한복음 19:17

　　예수 그리스도의 십자가는 계시입니다. 우리의 십자가는 체험입니다. 만일 우리가 잠시라도 주의 십자가의 계시를 무시한다면 우리의 체험이 어떠하든 우리의 믿음은 파선됩니다. 신앙생활을 제대로 하는지에 대한 기준은 십자가에 대한 바른 이해에 있습니다. 종종 우리는 예수님의 십자가를 우리가 져야 하는 십자가로 오해합니다. 그러나 예수님은 "누구든지 나를 따르려거든 '나의 십자가'를 져야 한다"라고 말씀하지 않으시고 "자기를 부인하고 자기 십자가를 지고 나를 따를 것이니라"마가복음 8:34고 말씀하셨습니다. 사실 우리가 져야 하는 십자가는 주의 십자가로 말미암아 하나님께서 우리를 위해 정해주시는 특권입니다. 우리는 절대로 주님이 지신 십자가를 지도록 부름을 받을 수 없습니다. 그럼에도 현대인들은 감정과 감상에 빠져 주의 십자가를 성스럽게 만든 후에 그 십자가를 우리가 져야 하는 십자가라고 생각합니다. 그러면서 주의 십자가를 지는 것에 대해 매우 아름답고 슬프게 들리게 합니다.

　　주께서 쇠못이 박힌 목제 십자가를 지는 모습은 흉측한 모습이었습니다. 주께서 지신 십자가는 하나님께서 온 인류의 죄에 대해 내리신 준엄한 판결이었습니다. 당신은 하나님께서 주의 십자가상에서 내리신 판결에 동의합니까? 죄와 죄악은 다릅니다. 죄는 유전이며, 죄악은 우리가 책임져야 할 행위입니다. 그러나 죄는 우리가 가지고 태어나는 것으로써 어쩔 수 없습니다. 이 죄를 하나님께서는 구속 안에서 다루십니다. 십자가는 하나님과 죄의 충돌을 보여줍니다. 만일 우리가 우리 안에 있는 하나님께 속하지 않은 것들을 죽이지 않는다면 그것들은 하나님께 속한 것들을 죽일 것입니다. 다른 선택은 없습니다. 우리 안에서 둘 중 하나는 죽어야 합니다. 죄가 죽든지, 아니면 하나님의 생명이 죽든지. 당신이 져야 할 십자가는 당신 안에 계신 하나님의 생명을 살리고 죄를 죽이는 일입니다. 만일 우리의 구원이 우리의 모든 몸을 통해 나타나지 않는다면 우리는 내가 져야 할 십자가를 지지 않고 있는 것입니다.

# 새 생명으로 들어가는 입구

"내가 너희 중에서 예수 그리스도와 그가 십자가에 못 박히신 것 외에는 아무것도 알지 아니하기로 작정하였음이라" 고린도전서 2:2

예수님의 죽음은 우리가 주께서 사셨던 생명으로 들어가는 유일한 입구입니다. 주님께서 사셨던 삶을 칭송하고 본받는다고 하여 주의 생명을 얻을 수 있는 것은 아닙니다. 사실 주님의 삶은 너무나 순결하고 거룩하여서 주의 삶을 본받으려는 사람들에게 절망만 남습니다. 그리고 성령이 우리를 영적으로 사로잡기까지는 예수 그리스도의 죽음을 깨닫지 못합니다. 또한 성경이 왜 주님의 죽음에 대하여 그렇게 많이 언급하는지 의아해합니다. 예수 그리스도의 죽음은 언제나 거듭나지 않은 자연인들에게는 수수께끼입니다.

인간이 본받기에는 전혀 불가능한 예수 그리스도의 흠 없는 거룩한 삶을 사람들이 바라본들 무슨 소용이 있습니까? 그러나 바울은 예수님의 죽음만이 우리가 주의 생명으로 들어가는 입구임을 깨달았습니다. 따라서 그는 '예수 그리스도와 그가 십자가에 못 박히신 것'을 전했습니다. 예수 그리스도의 구속에 의해 주어진 계시는 하나님께서 우리에게 새로운 성향을 넣어 주실 수 있기에 그 성향으로 우리는 주님의 삶과 똑같은 삶을 살 수 있다는 것입니다.

이제 우리는 왜 주께서 33년의 생애를 사셨는지 알 수 있습니다. 주님은 십자가를 통해 주의 부활 생명을 얻은 거듭난 사람들이 살아야 할 표준의 삶이 어떠한지를 보여주셨습니다. 예수님의 삶은 우리의 죽음 후가 아니라, 지금 이 땅에서 우리가 실제로 살아야 하는 삶입니다. 오히려 우리가 죽은 후에는 그러한 삶을 살 기회를 잃기 때문에 우리는 반드시 이곳에서 주님의 삶을 살아야 합니다. 주의 십자가는 하나님의 십자가입니다. 그 길로 사람은 새 생명으로 들어갑니다. 다른 길은 없습니다. 예수님의 삶은 모방한다고 해서 되는 것이 아닙니다. 오직 우리가 주님과 일치되어 주의 십자가에서 함께 죽을 때 주의 생명을 얻게 됩니다. 이것이 위로부터 거듭난다는 의미입니다. 당신은 주의 십자가에서 주의 생명을 얻어 그 생명으로 주께서 사신 삶을 사십시오!

# 하나님의 사랑에 젖을 때



**"예수를 위하여 우리가 너희의 종 된 것을 전파함이라" 고린도후서 4:5**

우리는 다른 사람을 섬기는 마음이 그들을 사랑하는 마음에서 발생한다고 오해합니다. 그러나 그렇지 않습니다. 다른 사람을 향한 참된 섬김은 우리가 주님을 최고로 사랑할 때 발생합니다. 오직 주님을 향한 사랑만이 다른 사람을 위해 끝까지 섬길 수 있는 동기를 부여하는 것입니다. 위의 말씀의 의미는 다른 사람을 향한 하나님의 관심에 내 자신을 일치시켜야 한다는 뜻입니다. 하나님은 매우 비정상적인 사람들, 바로 당신과 나 같은 사람에게 관심을 가지셨던 것처럼, 지금도 여전히 당신이 싫어할 수 있는 비정상적인 다른 사람에게 관심을 가지십니다. 나는 하나님께서 당신을 구원하시기 전 당신의 마음이 어떠하였는지 알지 못합니다. 그러나 나는 내 자신이 어떠했는지를 잘 압니다. 나는 오해를 받고 있다고 생각했으며 언제나 부당한 대우를 받았다고 생각했습니다. 그러나 하나님께서 나를 찾아오셔서 맑은 샘물로 나의 죄를 씻으셨을 때, 성령으로 나를 채우셨을 때 나는 내 자신에게서 예외적인 변화를 느끼기 시작했습니다. 지금도 나는 구원의 가장 위대한 놀라운 경험은 다른 사람이 보는 나의 변화가 아니라, 내가 아는 내 자신의 변화라고 믿습니다.

당신이 누구를 만나든지, 어떤 상황에 처하든지, 과거에 당신이 어떤 사람이었는지, 그러나 하나님의 은혜에 의해 지금은 어떻게 변했는지 기억한다면, 과거라면 분노와 앙심으로 가득 찼을 순간들을 감사의 순간과 복음의 향기를 낼 수 있는 순간으로 바꾸어내는 것을 체험하게 될 것입니다. 이러한 체험을 통해 당신은 자신의 변화에 대한 놀라움과 기쁨으로 가득 차게 됩니다. 하나님은 우리로 하여금 하나님의 사랑을 체험케 하실 뿐만 아니라, 그 사랑에 우리의 마음을 내려놓게 하십니다. 그러면 하나님은 우리를 통해 하나님의 사랑을 세상으로 흘러넘치게 하십니다. 이것이 이 세상을 구속하시기 위한 하나님의 방법입니다. 하나님께서는 우리를 구속하시기 위해 자기 아들의 생명을 희생하셨습니다. 이제 하나님은 다른 사람에게 하나님의 사랑을 공급하시기 위해 우리의 삶이 찢긴 빵과 부어진 포도주의 성찬이 되기를 원하십니다.

# 하나님을 오해한 타락

"뱀이 여자에게 물어 이르되 하나님이 참으로 너희에게 동산 모든 나무의 열매를 먹지 말라 하시더냐" 창세기 3:1

창세기 3장을 보면 사탄은 하와에게 접근하여 하나님께서 베푸신 모든 축복보다는 하나님께서 금하신 단 한 가지 조항에 초점을 맞추어 그분의 사랑을 의심하게 합니다. 그러면서 만 가지의 축복을 받아도 바로 나머지 그 한 가지가 부족하여 신이 될 수 없다고 느끼게 합니다. 신이 되고자 하는 교만한 인간은 사탄에게 속아서 타락하게 됩니다. 타락한 이후 인간 본성의 가장 큰 특징은 하나님께 감사하지 않는 것입니다. 하나님을 사랑하지 않고, 신뢰하지 않는 것입니다. 이것이 인간이 타락한 죄인이라는 가장 확실한 증거입니다.

하나님을 향하여 죄인들에게 나타나는 가장 큰 오해는 언제나 아담과 하와가 저질렀던 첫 번째 죄의 뿌리와 같습니다. 그들은 삶의 문제와 어려움이 닥칠 때, 자신의 뜻대로 일들이 풀려나가지 않을 때 하나님을 비방합니다. 모든 재난과 저주와 비참이 하나님 때문이라고 하며 하나님을 향하여 원망합니다. 사탄의 목적은 인간이 하나님을 향하여 원망하고 비방하는 자리에 나아가도록 하는 것입니다. 따라서 하나님을 향한 원망 뒤에는 언제나 간교한 사탄의 꾐과 속임수가 있습니다. 사탄에게 속으면 우리는 하나님을 믿을 수 없다고 생각하며 하나님을 미워하게 됩니다.

하나님을 향한 감사를 잃은 인간의 특징은 금지된 한 가지의 조항 때문에 자기 연민을 느끼는 것입니다. 따라서 인간은 자기 연민에 빠질 때 그 한 가지를 금하신 하나님을 가장 미워하고 원망하게 됩니다. 자기 연민은 한 단계 더 나아가 자기 연민을 느끼는 다른 사람에게 연민을 느끼며 마음이 통하게 됩니다. 이들이 하나가 될 때 바벨탑을 쌓으며 하나님을 헐뜯습니다. 하나님이 불공평하다고 합니다. 하나님께 감사할 것이 없다고 합니다. 그러한 심령 가운데 마귀가 들어 이들은 하나님을 멀리하고 하나님을 저버리게 됩니다. 그러므로 당신은 항상 자기 연민에 빠지지 않도록 주의하십시오!

# 여호와께 제단을 쌓으십시오!



"거기서 벧엘 동쪽 산으로 옮겨 장막을 치니 서쪽은 벧엘이요 동쪽은 아이라 그가 그곳에서 여호와께 제단을 쌓고 여호와의 이름을 부르더니" 창세기 12:8

예배란 하나님께서 우리에게 주신 것 중에 가장 좋은 것을 다시 하나님께 드리는 것입니다. 당신에게 최고로 중요한 것을 하나님께 드리십시오. 하나님께 복을 받을 때마다 하나님께 사랑의 표시로 그 복을 다시 돌려 드리십시오. 만일 받은 복을 자신만을 위해 쌓아 놓으면 그 복은 저주가 되어 당신의 영혼은 부패하고 병들게 될 것입니다. 하나님이 주시는 복은 그것이 무엇이든 쌓아 놓기 위한 것이 아닙니다. 그 복이 다른 사람을 위한 또 다른 복이 될 수 있도록 하나님께 드려야 합니다. 그것이 예배의 삶입니다.

아브라함은 벧엘과 아이 사이에 장막을 쳤습니다. 이는 하나님과 교통하면서 세상 가운데 살아가는 것을 의미합니다. 세상에서 우리 삶의 진정한 가치는 우리가 주님과 얼마나 깊은 개인적인 교통을 가지는지에 달렸습니다. 세상 때문에 조급하여 주님과 교통의 시간이 부족하면 그의 삶은 예배의 삶이 아니며 조만간 죄악의 덫에 빠지게 됩니다. 세상이 아무리 바쁘고 번잡하더라도 당신은 하나님과 긴밀하고 조용한 시간을 가지십시오. 우리 주님은 세상에서 조급하셨던 적이 없으셨습니다. 그럼에도 쉬지 않으셨습니다. 주님과 함께 친밀하게 동행하는 훈련이 아이에서 이기는 삶의 비결임을 잊지 마십시오!

# 바울의 삶의 원칙

"너희에게나 다른 사람에게나 판단 받는 것이 내게는 매우 작은 일이라 나도 나를 판단 하지 아니하노니" 고린도전서 4:3

성경은 우리에게 "빛 가운데 행하라"고 권면합니다요한일서 1:7. 이는 우리 자신의 확신의 빛을 말하는 것이 아니라, 예수 그리스도의 빛을 의미합니다. 이 세상의 빛은 예수 그리스도시며 우리 자신의 빛은 어둠입니다. 우리가 빛 가운데 행할 때 우리는 다른 사람을 판단하지 않으며 우리 자신도 판단하지 않습니다. 만일 어떤 사람이 나의 행위들, 가령 넥타이를 맨 모양이나 커피를 마시는 자세나 고기를 먹는 것 등에 대해 마음이 상한다고 하면 나는 무시합니다. 오히려 그러한 사람들의 상처나 판단이 나의 삶을 옭아매지 못하도록 마음을 다합니다. 그러나 만일 나의 행동이 무엇이든 다른 형제의 믿음을 넘어뜨린다면 나는 그 행동을 당장 멈출 것입니다. 상대의 마음이 상하는 것과 믿음이 넘어지는 것은 대단히 다른 문제입니다. 마음이 상하는 것은 개인의 편견에 의해 오는 것이지만, 넘어지는 것은 그리스도를 따르지 않게 되는 것을 의미하기 때문입니다. 그러므로 당신의 행동 때문에 어떤 사람이 그리스도를 따르게 되지 않는다면 그 행위를 당장 멈춰야 합니다.

이 세상의 어떤 사상이나 '주의主義'는 주님에게서 오기보다는 어떤 개인의 확신이 사람들에게 퍼져 나간 것입니다. 대부분의 '주의'는 논리적이고 설득력이 큽니다. 예를 들면, '채식주의'는 자신들에게 그 원리를 적용할 때 유익을 줄 수 있습니다. 채식주의는 나름대로 논리와 설득력이 있기 때문입니다. 그러나 그 사상을 주님에게서 온 것으로 하여 고기를 먹는 다른 사람을 정죄하고 판단한다면 오히려 그 사상은 사람들을 주님께로 오지 못하도록 넘어지게 하는 것입니다. 당신은 자신의 확신을 다른 사람에게 강요하거나 퍼뜨리려고 하지 않습니까? 언제나 복음 안에서 주 예수 그리스도를 인격적으로 만나며 다른 사람도 인격적으로 주님을 만날 수 있도록 도우십시오. 우리는 '빛 가운데' 행하며 나의 관점이 아닌 주님의 빛으로 다른 사람을 인도해야 합니다.

# 영혼을 향한 열정



"약한 자들에게 내가 약한 자와 같이 된 것은 약한 자들을 얻고자 함이요 … 내가 복음을 위하여 모든 것을 행함은 복음에 참여하고자 함이라" 고린도전서 9:22~23

영혼을 향한 열정은 그리스도인의 머리와 마음과 몸을 오직 한 가지 목적으로 향하게 합니다. 이는 영혼의 구원입니다. 이 목적은 우리 주님의 삶의 목적이었으며, 제자들과 바울의 목적이었습니다. 바울은 영혼을 구원하여 주님께 드릴 때마다 "너희가 나의 기쁨이요 면류관"이라고 말했습니다빌립보서 4:1. 바울은 아무쪼록 몇 사람이라도 구원하고자 온 맘과 뜻을 다했습니다.

예수님께서는 종종 영혼을 얻는 일을 물고기를 낚는 것으로 비유하셨습니다. 영혼을 향한 열정은 낚시하는 것처럼 인내가 필요합니다. 당신은 혹시 밤낚시를 해본 적이 있습니까? 새벽 3시나 4시가 되면 다른 것에는 관심이 없고 오직 물고기를 낚는 일에만 전념하게 됩니다. 이때는 물고기를 잡으려는 열정만큼 인내의 강도는 비례합니다. 하나님을 위한 사역에서도 마찬가지입니다. 당신은 예수 그리스도를 향한 열정이 있습니까? 매일 차가운 밤에 한 영혼을 얻기 위해 호수를 바라보며 기도하며 기다립니까? 영혼을 기다리며 기도하며 주의 복음을 그들을 향해 던집니까?

우리 마음속에 영혼을 향한 열정이 타오르지 않으면 우리는 하나님의 일을 포기하게 될 것입니다. 영혼을 얻는 일에는 언제나 인내와 친절과 기다림과 기도가 필요합니다. 이때 중요한 것은 영혼을 향한 열정을 주를 향한 우리의 사랑과 감사로 타오르게 해야 합니다. 다른 것으로는 영혼을 향한 열정을 유지할 수 없습니다! 사람들이 멸망하는 것을 느낀다고 하여 이 열정이 유지되는 것이 아닙니다. 지옥에 그들이 떨어질 것을 안다고 해서 이 열정이 유지되는 것도 아닙니다. 오직 주 예수 그리스도를 향한 감사와 사랑이 이 열정을 쉬지 않고 타오르게 합니다. 당신은 영혼 구원의 열정이 항상 타오를 만큼 주를 사랑하며 감사합니까?

# 성령으로 말미암은 감사 찬송

"여호와의 인자하심과 인생에게 행하신 기적으로 말미암아 그를 찬송할지로다" 시편 107:31

　시편 107편은 사람이 한계에 부딪히게 되면서 하나님께 나아오는 모습을 묘사하고 있습니다. 주님은 절망 가운데 하나님께 부르짖는 자들에게 위로해주십니다. 그러한 그분을 시편 기자는 찬양하라고 말합니다. 그리고 에베소서를 보면 성령의 충만함으로 나타나는 결과는 찬송이라고 말합니다. "오직 성령으로 충만함을 받으라 시와 찬송과 신령한 노래들로 서로 화답하며 너희의 마음으로 주께 노래하며 찬송하며 범사에 우리 주 예수 그리스도의 이름으로 항상 아버지 하나님께 감사하며" 에베소서 5:18~20. 성령으로 충만한 사람들은 언제나 하나님께 감사와 찬양을 드릴 준비가 되어 있습니다. 찬양은 성령으로 충만한 사람에게서 저절로 흘러나옵니다.

　예수님은 성령께서 하시는 일을 요약해 놓으셨습니다. "성령은 나를 영화롭게 한다" 요한복음 16:14. "성령은 내가 너희에게 말한 것들을 생각나게 하여 진리로 이끈다" 요한복음 14:26. "성령은 자기 자신에 대해 말하지 않고 나에 대해 말한다" 요한복음 16:13. 우리는 우리를 완전하게 거룩하게 하시는 하나님의 놀라운 역사에 감사해야 합니다. 하나님의 말씀으로 우리 안의 더러운 것들을 제거하시며 또한 깨끗하게 씻으시는 성령의 거룩하게 하시는 역사를 감사해야 합니다. "그들을 진리로 거룩하게 하옵소서 아버지의 말씀은 진리니이다" 요한복음 17:17. "예수도 자기 피로써 백성을 거룩하게 하려고 성문 밖에서 고난을 받으셨느니라" 히브리서 13:12. "믿음으로 그들의 마음을 깨끗이 하사" 사도행전 15:9. 그러나 성령의 역사에는 그 이상이 있습니다. 그것은 성령은 사람의 마음속에 임하는 하나님의 임재라는 사실입니다. 성령께서는 우리 마음을 하나님의 임재와 영광으로 가득하게 하십니다. 또한 성령은 예수 그리스도께서 인류에게 주신 최고의 선물입니다. 따라서 성령께서 우리 안에 거하실 때 우리는 하나님을 찬양하게 됩니다. 주 예수 그리스도를 무한하게 사랑하며 감사하게 됩니다.

# 양과 사자가 되시는 주님



"한 어린 양이 서 있는데 일찍이 죽임을 당한 것 같더라" 요한계시록 5:6

예수 그리스도는 이 세상의 죄를 위한 유일한 최고의 희생 제물이셨습니다. 그분은 "세상 죄를 지고 가는 하나님의 어린 양"요한복음 1:29이셨고, 그분만이 우리 죄의 문제를 해결하실 수 있습니다. 그분만이 우리의 인생이 '어디에서' '어디를 향하여' 가는지 아시며, 인간의 욕구를 만족하게 하실 수 있습니다. 또한 주님께서는 사람들에게 주께서 이 세상에 오신 것은 하나님의 깊은 목적을 이루기 위함임을 이해하게 하시고, 우리가 이 땅에 존재하는 단 한 가지의 이유는 하나님과 화평하게 되어 주의 '연인'이 되기 위함임을 깨닫게 하십니다에베소서 5:32~33.

예수님께서 육체로 이 땅에 계실 때 사자와 어린양의 역설되는 상징으로 동시에 나타나셨습니다. 주님은 위엄에 있어서 사자였으며 그 위엄으로 광풍과 악령들을 꾸짖으셨습니다. 주님은 온유함에 있어서 양이셨기에 "욕을 받으시되 대신 욕하지 아니하셨습니다"베드로전서 2:23. 주님은 능력에 있어서 죽은 자를 일으키시는 사자였으며 인내에 있어서는 양이셨습니다. "마치 도수장으로 끌려가는 어린 양과 털 깎는 자 앞에서 잠잠한 양 같이 그의 입을 열지 아니하였도다"이사야 53:7. 주님은 권세에 있어서 사자이시기에 "…하였다는 것을 너희가 들었으나 나는 너희에게 이르노니…"마태복음 5:21~44라고 말씀하셨습니다. 그러나 자상함에 있어서는 양이셨습니다. "어린 아이들이 내게 오는 것을 용납하고 금하지 말라 … 안고 그들 위에 안수하시고 축복하시니라"마가복음 10:14~16.

우리의 개인적인 삶에서도 양과 사자가 되시는 예수 그리스도의 역사가 증거됩니다. 그분은 양으로서 우리의 죄를 속죄하시며 율법의 정죄로부터 우리를 끄집어 올리십니다. 그리고 우리 마음속에 주님 자신의 거룩한 유전 형질을 심으십니다. 한편 주님은 우리를 다스리는 사자로서 우리의 모든 마음과 삶을 통치하시길 원하십니다. 따라서 우리는 기쁨으로 "그 어깨에는 정사를 메었고"이사야 9:6라고 고백해야 합니다. 유대 지파의 사자가 다스릴 날이 오고 있습니다. 그날에는 세상 나라가 우리 주와 그리스도의 나라가 될 것입니다.

# 영광을 입게 될 하나님의 자녀들

"사람이 무엇이기에 주께서 그를 생각하시며" 시편 8:4

하나님께서 우리를 지으신 놀라운 신비 중의 하나는 우리가 외부를 접한다는 사실입니다. 바깥세상을 눈으로 보는 것은 전적으로 우리의 신경 계통에 의존합니다. 예를 들어 미, 색깔, 소리의 존재는 전적으로 우리의 신경 계통에 의존합니다. 눈이 감겨 있으면 색깔은 볼 수 없고, 귀가 먹으면 소리는 들을 수 없으며, 잠이 들면 여러 감각이 잠이 듭니다. 모든 창조 중에 가장 놀라운 것은 하늘도, 달과 별도 아닙니다. 사람입니다. 하나님께서는 사람으로 하여금 땅과 하늘과 바다의 모든 것을 다스리게 하셨습니다. 그러나 사람이 세상을 다스리지 못하는 이유는 죄 때문입니다. 하지만 언젠가는 다스리게 될 것입니다 로마서 8:19~22.

바울은 죽음이란 죄로 말미암은 것임을 분명하게 설명합니다. 그러나 여전히 우리의 신경 계통은 죄와는 상관이 없으며 하나님께서 정하신 성령의 거하실 성전입니다. 이에 대한 가장 확실한 증거는 예수님께서 우리와 똑같은 신경 계통을 소유하고 우리와 똑같은 사람이 되셔서 이 땅에서 사셨다는 사실입니다. 그러므로 죄의 문제는 신경 계통의 문제가 아니라, 그보다 더 깊은 영혼의 문제입니다.

"누구든지 그리스도 안에 있으면 새로운 피조물이라" 고린도후서 5:17. 이는 우리가 새로운 성향을 갖게 되었기 때문에 모든 사건과 사물을 다르게 보기 시작한다는 뜻입니다. 광야에 두 사람이 있습니다. 그런데 한 사람은 사랑 안에 있지만, 다른 사람은 미움 안에 있습니다. 한 사람에게는 광야에서 장미가 보이지만, 다른 사람에게는 아무런 아름다움이 보이지 않습니다. 이 차이는 외부적인 것에 있지 않고 그 사람의 마음을 다스리는 성향에 있습니다. 어느 날 우리는 홀연히 변화하게 될 것입니다. 우리의 신경 계통을 수단으로 하여 우리가 보던 모든 것이 갑자기 다르게 보일 것입니다. 실제로 우리의 바깥세상인 온 우주는 새 하늘과 새 땅이 될 것이며 우리 마음과 몸은 그리스도의 마음에 일치된 가운데 영원한 몸을 입게 될 것입니다. 결국 하나님의 마음속에 있던 영원한 계획이 예수 그리스도의 구속을 통해 이 땅에 완전하게 실현될 것입니다.

# 백합화 모양으로 다듬어지십시오!



"주랑 기둥 꼭대기에 있는 머리의 네 규빗은 백합화 모양으로 만들었으며" 열왕기상 7:19

기둥머리를 백합화 모양으로 할 때 백합화 모양 자체는 건물을 지탱하는 힘과 아무 관련이 없습니다. 대부분의 사람은 전체 건물의 웅장함을 보겠지만, 이 건물에 영적 의미를 나타내는 것은 '백합화 모양'입니다. 건축물에서 건물의 크기는 그 건물의 아름다움으로 생각하지 않습니다. 아름다움으로 간주하는 부분은 오히려 눈에 잘 띄지 않는 부분들입니다. 주를 위해 오랫동안 헌신하면서 많은 연단을 지난 믿음의 사람들에게는 거친 형상이 거의 없습니다. 또한 하나님을 향하여 우격다짐으로 일하려는 모습도 없습니다. 그들은 자신도 모르는 사이에 '백합화 모양'으로 되어 있었기 때문입니다. 이러한 모습은 다름 아닌 예수 그리스도의 형상을 가장 많이 닮은 모습입니다.

예수님의 특징은 평안과 안정과 거룩함입니다. 예수님께는 저돌적인 모습이 없으셨습니다. 이는 주께 추진력이 없었다는 것이 아니라, 일에 치중하면서도 가장 중요한 것들을 잃는 때가 없었다는 의미입니다. 하나님 자녀의 특징도 마찬가지입니다. 그들은 언제나 평안과 안정 가운데 있으면서도 가장 중요한 일을 놓치지 않습니다. 가장 중요한 일이란 어떤 상황에서든지 하나님과의 깊은 관계 속에서 하나님의 뜻을 순종하는 것입니다. 따라서 눈에 띄지 않는 소자들을 돌보는 일이 하나님의 뜻이라면 바쁜 일정 속에서도 주께 순종하기 위해 절대로 그 일을 놓치는 일이 없습니다.

하나님께서는 주의 자녀에게 '백합화 모양'이 나타날 수 있도록 그들의 삶을 연단하십니다. 특히 주의 자녀의 성품의 섬세한 부분을 다루십니다. 이를 위해 하나님께서는 특별한 도구를 많이 사용하십니다. 가령 고슴도치 같은 사람을 만나게 하시거나 어려운 환경을 사용하십니다. 우리는 하나님께서 나를 향해 구체적으로 일하시는 것을 언제나 깨달을 수 있습니다. 그 이유는 주께서는 평범한 상황들을 통해서도 깊은 영감을 주시며 우리를 '백합화 모양'으로 변화하게 하기 때문입니다. 나를 연단하는 주의 사랑의 섭리에 감사하는 믿음을 가지십시오!

# 예수님과 친밀하게 지내십시오!



이 말씀은 빌립을 꾸짖기 위함이 아니라, 바르게 인도하기 위함입니다. 타락한 인간에게 가장 어려운 일은 주님과 친하게 지내는 일입니다. 제자들은 성령을 받기 전까지 예수님을 능력과 부흥과 성공을 주시는 분으로 생각했습니다. 하지만 성령을 받은 후 그들은 예수님과 진정으로 친밀할 수 있었습니다.

예수께서 말씀하셨습니다. "나는 너희를 내 친구라 하리라" 요한복음 15:15. 진정한 친구는 이 땅에 흔치 않습니다. 진정한 우정이란 생각과 마음과 영이 같아지는 것을 말합니다. 제자의 삶이란 예수님과 친밀한 관계를 갖고 그 관계를 유지하는 것입니다. 당신은 주님에게서 복과 부흥과 능력을 받았지만, 참으로 그분을 친밀하게 알고 있습니까?

예수님께서는 "내가 떠나가는 것이 너희에게 유익이라" 요한복음 16:7고 말씀하셨습니다. 이는 제자들이 성령을 통해 주님과 가장 친밀하게 될 것을 의미하신 것입니다. 예수님의 기쁨은 제자들이 예수님과 더욱 친밀하게 되는 것입니다. 그러므로 제자의 열매 맺는 삶은 예수 그리스도와의 친밀한 관계가 외부로 자연스럽게 나타나는 현상일 뿐입니다.

예수 그리스도와 친밀할 때 우리는 외롭지 않습니다. 또한 누군가에게 동정을 받을 필요도 없습니다. 항상 주님으로 말미암아 사랑과 기쁨이 차고 넘치기에 자연스럽게 이웃들을 사랑하며 기뻐하게 됩니다. 예수님과 친밀한 관계를 유지하는 사람들은 다른 사람에게 자기 자신의 이미지를 남기지 않고 언제나 예수 그리스도의 흔적을 남깁니다. 또한 예수님과 친밀한 관계를 유지하는 사람은 말로 다 표현할 수 없는 주의 평강을 누립니다.

# 사탄의 목적



"그 중에 이 세상의 신이 믿지 아니하는 자들의 마음을 혼미하게 하여 그리스도의 영광의 복음의 광채가 비치지 못하게 함이니" 고린도후서 4:4

하나님의 허락 없이는 마귀와 악령들은 아무런 역사를 행할 수 없습니다. 하나님께서 악한 세력들의 활동을 허락하시는 이유는 주의 자녀를 하나님의 자녀답게 하기 위함이며 참된 의미에서 진정으로 축복하기 위해서입니다. 그러나 오늘날 그리스도인들은 하나님의 주권과 전능하심을 자주 망각하곤 합니다. 그러면서 마귀와 악령들의 무서운 역사를 보면서 망연자실하며 두려움과 절망에 빠져 무기력한 존재가 됩니다. 그러나 우리가 주 예수 그리스도의 십자가와 부활을 보면서 하나님이 전능자이시며 또한 우리를 얼마나 사랑하시는지를 확신하게 되면 더는 마귀와 악령들의 역사는 우리에게 아무 효력을 나타내지 못합니다. 주 안에 있는 주의 백성 앞에 마귀와 악령들은 꽁무니를 빼고 도망합니다.

사탄은 언제나 하나님의 말씀을 왜곡하여 자신의 사역을 합니다. 창세기 3장 5절은 이러한 사탄의 전략을 알려줍니다. "너희가 그것을 먹는 날에는 너희 눈이 밝아져 하나님과 같이 되어 선악을 알 줄 하나님이 아심이니라." 이렇듯 사탄은 하나님의 말씀을 변조하여 자신의 영광을 구하는 인간의 마음에 속삭입니다. 이때 사탄의 음성을 듣고 그 음성을 따르는 사람에게 나타나는 첫째 증상은 하나님의 절대적인 말씀을 상대적인 말씀으로 바꾼 후에 하나님 말씀의 권위를 무시합니다. 특히 사탄은 예수 그리스도와 그분이 흘리신 보혈의 복음을 변조함으로써 구원의 길을 막습니다. 따라서 예수 그리스도만이 구원의 길이 아니라, 모든 종교에 구원의 길이 있는 것으로 거짓 복음을 증거합니다. 마지막 때의 사탄은 적그리스도를 등장시켜 그를 그리스도(메시야)라고 하여 온 세계를 속일 것입니다. 그러므로 말씀을 바로 알고 깨어 있어야 합니다.

# 성도의 마음 자세

"뱀이 그 간계로 하와를 미혹한 것 같이 너희 마음이 그리스도를 향하는 진실함과 깨끗함에서 떠나 부패할까 두려워하노라" 고린도후서 11:3

성도의 마음 중심에는 두 개의 축이 있습니다. 첫째는 예수 그리스도를 인격적으로 믿는 믿음이며, 둘째는 하나님께서 창조하신 인간의 이성을 사용할 줄 아는 능력입니다. 그러나 많은 성도가 이성만을 중심으로 생각하려는 경향이 있습니다. 이러면 결과적으로 인간의 이성을 넘어서는 예수 그리스도의 계시를 무시하게 됩니다. 이것이 사탄의 간계에 빠지는 지름길입니다. 이렇게 성경이 심각하게 언급한 내용을 안일하게 생각하지 않도록 주의하십시오.

"내가 곧 길이요 진리요 생명이니"요한복음 14:6. 사람은 이러한 예수님 안에 있을 때 진실할 수 있습니다. 또한 인격적 믿음과 이성의 균형을 이루어갈 수 있습니다. 그러나 우리는 그리스도를 떠나 진실함을 버리고 인간의 간계를 따를 때가 많습니다. 그때 성도의 마음은 영적으로 부패하기 시작합니다. 이는 이성에만 치우치기 때문입니다. 하나님과 성도의 인격적 관계는 언제나 아버지와 자녀의 관계여야 합니다 마태복음 11:25.

당신이 믿음으로 깨달은 바를 논리적으로 정확하게 설명하려고 하지 마십시오. 만일 논리적으로 설명할 수 있다면 벌써 그것은 믿음이 아닙니다. 뱀이 하와를 속인 방법은 하나님을 믿는 인격적 믿음으로부터 자신의 이성적 판단을 믿도록 하는 것이었습니다. 우리가 예수님 대신 자신의 확신을 고집할 때 영적 혼동이 찾아옵니다. 현대 신학의 문제는 이성만을 중요하게 여기는 데 있습니다. 우리는 이성뿐만 아니라 믿음으로 주의 인도함을 받을 준비가 되어 있어야 합니다. 세상을 바르게 이해하는 길은 예수 그리스도의 인격에 나의 개인적인 삶을 연결하는 것입니다. 이러한 과정을 통해 성도는 하나님이 보시는 인생과 역사를 조금씩 더 알아가게 됩니다. 당신은 믿음 안에서 이성을 사용하고 있는지 생각해 보십시오!

# 본향을 향하는 나그네



"이 사람들은 다 믿음을 따라 죽었으며 약속을 받지 못하였으되 … 그들이 이같이 말하는 것은 자기들이 본향 찾는 자임을 나타냄이라" 히브리서 11:13~14

아브라함은 사랑하는 아내 사라가 죽자 매우 슬퍼하였습니다. 그는 슬픔을 가다듬고 헷 족속을 찾아가 매장지를 삽니다. 그러면서 아브라함은 "나는 당신들 중에 나그네요 거류하는 자"창세기 23:4라고 고백합니다. 아브라함이 사용한 '나그네요 거류하는 자'라는 표현으로부터 '히브리'라는 단어가 나왔습니다.

아브라함은 가나안이 본향이라고 말한 적이 없습니다. 그는 그가 태어난 갈대아 우르를 떠나면서 이 땅에서 거할 또 다른 고향을 찾은 것이 아닙니다. 그는 자신이 이 땅에서 '나그네'로 살 것을 알고 있었습니다. 그 이후로 아브라함의 후손들은 '히브리인'이라는 명칭을 갖게 되면서 이 땅에서 나그네라는 의식을 가지고 살았습니다. 그러므로 우리 그리스도인들은 이 땅에서 나그네이며 이방인입니다. 하나님의 성령이 임하는 자마다 그들의 본향은 이 땅이 아닌 것을 성령의 가르침으로 알게 됩니다. 베드로는 이러한 그리스도인들을 "흩어진 나그네 곧 하나님 아버지의 미리 아심을 따라 성령이 거룩하게 하심으로 순종함과 예수 그리스도의 피 뿌림을 얻기 위하여 택하심을 받은 자들"베드로전서 1:1~2이라고 정의합니다.

우리는 이 땅에서 나그네와 이방인으로 살며 보이지 않는 것들을 보는 믿음으로 삽니다. 믿음의 삶은 자기 자신을 부인하고 주 예수 그리스도의 나라를 바라보며 주를 위해 사는 것입니다. 특히 믿음의 삶은 매일의 삶에서 우리의 마음을 이 땅에 속한 것에 두지 않고 영원한 실체되시는 주 예수 그리스도께 두고 사는 것입니다. 당신은 이 땅에서 나그네와 이방인으로 살고 있습니까? 세상에 정드는 대신에 영원한 것을 위해 세상의 것을 투자하고 있습니까? 본향을 바라보는 나그네의 삶은 밭에 감춰진 보화를 얻기 위해 자기의 소유를 다 팔아 그 밭을 사는 것입니다 마태복음 13:44.

매일 묵상할 때 나무는 성장합니다.

# April

## 4월

## 주님과 사랑에 빠지십시오!

### 조바심과 염려가 엄습할 때

# 유혹의 가장 큰 특징



"그때에 예수께서 성령에게 이끌리어 마귀에게 시험을 받으러" 마태복음 4:1

예수님은 30년 동안을 무명으로 사셨습니다. 그 후 성령의 세례를 받으시면서 하늘 아버지의 허락을 받으시고 주의 공생애를 시작하셨습니다. 그러나 위의 말씀처럼 예수님은 성령에게 이끌리어 마귀에게 시험을 받으러 광야로 가셨습니다. 우리 신앙의 여정에서도 비슷한 일이 발생합니다. 성령의 세례를 받고 거듭나면 놀라운 믿음의 체험들을 하게 됩니다. 그러한 체험으로 이제 우리도 하나님을 위해 뭔가를 할 수 있는 준비가 되었다고 생각합니다. 이때 하나님께서는 의도적으로 우리를 거미줄과 먼지로 가득한 선반 위에 두십니다. 그러면 우리는 시험을 지나게 됩니다.

예수님은 광야에서 하나님의 뜻을 따라 시험을 지나셨습니다. 그리고 주님은 시험 가운데서 자신이 지나야 할 십자가와 역사의 먼 길, 그리고 주의 백성이 시대마다 겪게 될 고통을 보셨습니다. 이때 주님은 당장에라도 주의 능력으로 사탄을 멸하시고 십자가를 피하시고 역사의 길이를 줄이시고 주의 백성에게 고통을 면하게 하실 수 있으셨지만, 그렇게 한다면 주의 가족은 분노하지 않을 것이며 주의 조국 이스라엘은 성령을 훼방하지 않게 될 것을 아셨지만, 주님은 그렇게 하지 않고 하늘 아버지를 보셨습니다. 광야의 시험과 겟세마네의 시험을 허락하신 하나님의 뜻을 주님은 이해하셨으며 십자가에서 모든 시험에 승리하셨습니다.

우리는 예수 그리스도께 충성하는 한 자신의 희생에 대해 문제 삼지 않습니다. 오히려 주님을 위한 희생을 즐거움으로 여깁니다. 그러나 자신의 순종으로 말미암아 사랑하는 자들까지 희생의 길을 걸어야 한다는 사실을 알 때 우리는 '지름길'로 가고 싶은 유혹을 받습니다. 이러한 우리에게 예수님은 그분이 의도적으로 먼 길을 택하셨듯이요한계시록 3:10 주의 백성이 희생을 치르도록 내버려두십니다. 이때 우리가 예수 그리스도께서 당하신 시험의 내면을 이해한다면 우리는 인내하는 기운데 더욱 하늘 아버지를 바라보며 승리하게 될 것입니다.

# 구원과 영생의 문

"내가 문이니 누구든지 나로 말미암아 들어가면 구원을 받고 또는 들어가며 나오며 꼴을 얻으리라" 요한복음 10:9

우리가 주님의 문으로 들어가는 그림은 하나님의 자녀가 어떠한 삶을 살아야 하는지를 보여줍니다. 우리 주님은 문이십니다. 그러나 구원을 받기 위해 한 번 들어가는 문이 아니라, 일상생활에서 날마다 들어가야 하는 문입니다. 당신의 삶에 문제가 있습니까? 문으로 들어가 구원을 얻으십시오! 정신적으로 고통을 당하고 있습니까? 그 문으로 들어가 구원을 받으십시오! 인생은 수만 가지의 일로 가득 차 있습니다. 우리는 이 모든 일에서 문으로 들어가는 법을 배워야 합니다. 예수 그리스도의 이름으로 문으로 들어가는 것은 매일의 삶 가운데서 영생을 누릴 수 있는 비결입니다. 죄에서의 구원뿐만 아니라, 주님의 양으로서 하늘의 꼴을 먹는 풍성한 삶을 살 수 있는 비결입니다.

당신은 날마다 영생을 체험하고 있습니까? 아니면 예수 그리스도의 문으로 들어가는 일을 잊어버리고 살고 있습니까? 혹시 당신의 마음이 답답함과 어둠과 피곤과 문제로 가득 차 있는 것은 아닙니까? 이 세상에는 우리의 길을 막는 여러 어려움이 항상 즐비하게 있습니다. 그러나 당신은 언제든지 주님의 문으로 들어가 영생을 누릴 수 있습니다.

우리는 구원을 마치 갇힌 방에 들어가 자유를 빼앗기는 것으로 오해할 때가 있습니다. 이러한 개념은 주님이 가지셨던 구원의 개념이 아닙니다. 주님은 구원받은 양들이 '들어가며 나오며' 자유를 누릴 것을 말씀하셨습니다. 그러나 노예는 결코 자유롭게 문을 드나들 수 없습니다. 이 자유는 오직 하나님의 자녀만이 누릴 수 있습니다. "이제부터는 너희를 종이라 하지 아니하리니 … 너희를 친구라 하였노니 내가 내 아버지께 들은 것을 다 너희에게 알게 하였음이라" 요한복음 15:15. 당신은 날마다 주님의 문으로 들어가며 나옵니까? 그 문으로 들어가기만 하면 당신은 언제나 주님과 가장 가까워지게 됩니다.

# 다른 사람의 판단을 이기는 비결



"너희에게나 다른 사람에게나 판단 받는 것이 내게는 매우 작은 일이라 나도 나를 판단하지 아니하노니" 고린도전서 4:3

이 말씀은 짜증이 나 있거나 반항적인 그러한 분위기가 아닙니다. 이 말씀도 성령의 감동을 받아 쓰인 내용으로써 모든 그리스도인이 어떻게 자유로울 수 있는지 그 근본적인 진리를 알려주고 있습니다. 바울은 동료와 다른 사람에게 판단 받는 것을 가볍게 여겼습니다. 왜냐하면 오직 주님만이 판단자가 되신다는 사실을 알고 있었기 때문입니다.

바울은 자신과 관계없는 사람들에게도 판단을 받았고 가장 가까운 동료에게도 판단을 받았습니다. 그러나 그는 사람들의 모든 판단을 이겨냈습니다. 사실 동료가 아닌 다른 사람에게 오해를 받고 판단 받는 것은 그다지 중요하지 않습니다. 그러나 가장 가까운 친구들이 판단하고 오해할 때는 누구든지 견디기가 어렵습니다. 아마도 사람이라면 가장 가까운 친구들의 오해와 판단을 견뎌내기 어려울 것입니다. 하지만 오직 그 마음을 주께 드린 사람은 가장 가까운 사람의 오해와 판단과 비방마저 다 견뎌낼 수 있습니다.

믿음의 사람들의 자서전을 보면 한결같이 동료의 거친 비난과 판단으로 고통을 받았습니다. 그러나 또 한결같은 것은 그러한 오해와 비난과 판단 가운데서 바울의 자세를 취하여 승리하였다는 점입니다. 그들은 판단에 무감각한 것이 아니라, 오직 모든 것을 신원하실 주 예수 그리스도를 믿음으로 더 큰마음을 가지고 인내할 수 있었던 것입니다. "(사람을) 무서워하지 아니하고 곧 보이지 아니하는 자를 보는 것 같이 하여 참았으며" 히브리서 11:27.

# 성령의 생명력

"또한 너희 지체를 불의의 무기로 죄에게 내주지 말고 … 너희 지체를 의의 무기로 하나님께 드리라" 로마서 6:13

예수님께서는 우리가 영적인 사람이 되기 위해서는 자연적인 것을 희생 제물로 드려야 한다고 가르치셨습니다. 자연적인 것이란 삶 가운데서 신체적, 물리적인 것을 의미합니다. 주님의 삶에서 가장 중요한 원칙 가운데 하나는 자연적인 것은 도덕적이거나 비도덕적이지 않다는 사실입니다. 이 자연적인 것을 도덕적인 용도로나 비도덕적인 용도로 사용하는 것은 사람의 인격입니다. 우리는 자연적인 것을 기쁜 마음으로 하나님께 바쳐야 합니다. 그렇게 할 때 자연적인 것이 영적인 것이 됩니다.

아담이 실패한 부분이 바로 이 부분입니다. 그는 하나님의 음성에 순종하여 자연적인 자신을 주께 드림으로써 영적인 존재가 될 수 있었습니다. 그러나 그는 자연적인 자신을 희생하기를 거절하고 자기가 원하는 대로 자신을 다스리기 위해 자기 권리를 주장하는 죄를 범했습니다. 만일 우리가 "나는 자연적인 것들이 좋다. 나는 신령한 사람이 되기를 원치 않는다. 나는 영적인 것을 위해 자연적인 것을 희생할 수 없다"라고 말하면, 주께서는 우리가 영적인 삶을 스스로 포기하는 것이라고 애석해하십니다.

신령함이란 악한 사람이 시간이 부족해서 자신의 악함을 다 드러내지 못하는 것을 뜻하지 않습니다. 또는 악한 사람에게 남아 있는 어떤 건전한 성향을 뜻하는 것도 아닙니다. 신령함이란 하나님의 성령께서 주께 순종하는 자들에게 주시는 영적인 생명의 나타남입니다. 이러한 신령함은 가장 악하고 부패한 사람에게도 그가 믿음으로 순종하는 즉시 성령에 의해 임할 수 있는 생명력입니다. 이 생명력은 주님의 모든 말씀에 온전히 순종하고자 합니다.

# 가룃 유다의 정체



> "형제들아 성령이 다윗의 입을 통하여 예수 잡는 자들의 길잡이가 된 유다를 가리켜 미리 말씀하신 성경이 응하였으니 마땅하도다" 사도행전 1:16

만일 당신이 예수 그리스도께서 제자들을 만나는 장면들을 살펴보면 당신은 주님께서 그들에게 결단의 갈림길에 서게 하는 것을 발견하게 될 것입니다. 예를 들면, 베드로는 예수 그리스도를 자신의 주인으로 모시고 자기 자신에 대한 권리를 영원히 포기해야 한다는 것을 깨닫기 전에 자신의 모든 것을 내려놓아야 하는 위기에 처했습니다. 예수님께 사랑받았던 요한도 동일한 사건을 체험하였습니다. 그러나 가룃 유다만이 이 시험에 실패하였습니다.

당신이 강력한 부흥을 체험하고 하나님의 능력에 사로잡혀 기도를 통해 마귀를 내어 쫓은 경험이 있다고 해서 그것이 구원받은 증거가 되는 것은 아닙니다. 하나님은 당신이 무엇을 행하고 무엇을 말하는가로 판단하지 않으십니다. 또한 세상에서 우리의 평판이 어떠한지 관심이 없으십니다. 하나님은 그 누구도 할 수 없는 방법으로 우리를 판단하십니다. 즉, 우리의 가장 깊은 마음속 동기를 보십니다. 가룃 유다는 예수님의 사도가 될 기회를 부여받았습니다. 그는 3년 동안 예수님을 따라다니면서 매일 밤낮으로 함께했습니다. 그러나 그는 예수님과 함께 시간을 나눌수록 예수님을 미워하게 되었습니다. 한편 다른 제자들은 더욱 예수님을 사랑했습니다.

자기 자신에 대한 권리를 주께 양도하기를 싫어하는 자들은 주님과 시간을 나눌수록 갈등이 깊어 갑니다. 자신의 독자성을 주장하는 자들은 살아 계신 주 예수 그리스도를 더욱 피하게 됩니다. 그러나 자기의 마음과 삶을 진정으로 주님께 양도한 자들은 주님과 함께하면 할수록 더욱 예수 그리스도를 사랑하며 감사하게 됩니다. 당신의 신앙생활은 세월이 갈수록 날마다 예수님과 사랑에 빠져 들어갑니까? 아니면 멀어져갑니까?

# 내가 의지하고 신뢰할 유일한 분

"주 여호와여 주는 나의 소망이시요 내가 어릴 때부터 신뢰한 이시라" 시편 71:5

당신은 오랫동안 여호와께 도움을 구했지만, 아직 응답받지 못했습니까? 혹시 당신이 믿고 있는 것은 하나님이 아니라, 자신의 열심이나 정성이나 심지어 '순종했기 때문에'라는 근거가 아닙니까? 오직 주 예수 그리스도만을 의지하십시오. 주님은 말씀하셨습니다. "수고하고 무거운 짐 진 자들아 다 내게로 오라 내가 너희를 쉬게 하리라" 마태복음 11:28.

다른 것은 아무런 효력이 없습니다. 오직 주께서 행하시도록 주께 맡기는 당신의 결정만이 효력을 나타낼 수 있습니다. 당신은 아마도 당신이 이런저런 일들을 했다고 주님께 말할지도 모르겠습니다. 그러나 그렇게 말하기 전에 먼저 당신은 주께서 당신에게 하라고 하신 일들을 행했는지 생각해 보십시오. 주님의 음성을 듣고 행하는 가운데 주께서 당신의 삶을 변화시키도록 하십시오.

당신이 얼마나 간절한지는 중요하지 않습니다. 얼마나 강한 결심을 했으며 또한 의지가 얼마나 대단한지도 주께는 중요하지 않습니다. 많은 '지저분한 것'을 치웠다고 하여 대단한 것이 아닙니다. 가장 중요한 것은 온 맘과 뜻을 다해 당신의 모든 것을 주께 맡기는 믿음입니다. 이 길 외에는 아무런 소망이 없습니다. 당신이 구하는 전부가 오직 그리스도가 되게 하십시오. 오직 그분에게 소망과 믿음과 신뢰를 두십시오. "주 여호와여 주는 나의 소망이시요 내가 어릴 때부터 신뢰한 이시라."

이 나무는 당신입니다.

# 육체의 소욕을 죽이십시오!



> "육체의 소욕은 성령을 거스르고 성령은 육체를 거스르나니 이 둘이 서로 대적함으로 너희가 원하는 것을 하지 못하게 하려 함이니라" 갈라디아서 5:17

중생한 성도 안에는 두 가지의 속성이 있습니다. 사람이 거듭나면 자신 안에 생긴 영광스러운 새 생명을 의식하게 되면서 흥분하게 됩니다. 그 후에도 '이보다 더 엄청난 사건이 있을 수 있을까?'라는 생각을 종종 하게 됩니다. 그러나 세월이 지나면 중생한 영혼은 자신의 마음속에서 두 가지의 속성이 서로 다투는 갈등을 느끼게 됩니다. 이때 그는 자신의 옛사람이라는 죄성이 이미 사망하였다는 사망 진단서에 사인해야 합니다.

그리스도께서 자연인에게 처음으로 오실 때는 죄를 책망하시는 '요동케 하는 자Disturber'로 오십니다. 그 다음 죄를 깨달은 자에게 주께서 오실 때는 '구원주Deliverer'로 오셔서 구원하십니다. 그 다음에 거듭난 자에게 오실 때는 성령으로 오셔서 '처리자Disposer'의 일을 하십니다. '처리자'로서 성령이 하시는 일은 '완전 성결'로써 그 성도가 자신의 사망 진단서에 기꺼이 사인만 하면 그 사람의 과거의 죄성을 처리하시는 일을 하십니다.

이 땅에 하나님의 아들이 나타나신 것은 마귀의 일을 멸하기 위해서입니다요한일서 3:8. 마귀의 일이 무엇입니까? 죄성입니다. 예수 그리스도는 거듭난 성도가 기꺼이 마귀의 일을 제거하기를 원할 때 그 성도의 마음속에 있는 죄성을 처리해주십니다. 당신 안에 있는 죄성을 주님께서 처리하실 수 있도록 주께 당신의 마음을 드리십시오.

매일 묵상할 때 나무는 성장합니다.

# 다시 살아난 희생 제물

"이에 아브라함이 그곳에 제단을 쌓고 나무를 벌여 놓고 그의 아들 이삭을 결박하여 제단 나무 위에 놓고" 창세기 22:9

하나님께서 우리에게 원하는 마지막은 죽음의 희생이 아닙니다. 하나님은 아브라함이 그러한 잘못된 생각을 하지 않도록 이삭을 제단에 바치게 하셨습니다. 이때 하나님께서는 이삭을 죽이시기 위함이 아니라, 이삭을 다시 돌려주시기 위해 그 요구를 하셨습니다. 이처럼 하나님이 우리에게 희생을 요구하실 때 궁극적으로 뜻하시는 바는 우리 믿음의 희생을 통해 우리가 예수님의 영원한 사역에 동참하게 하기 위해서입니다. 즉, 죽음을 통해 우리의 삶이 하나님의 구속 역사를 계속 일으키는 것입니다. 우리가 진정으로 '나는 주와 함께 죽겠습니다'라는 마음을 가질 때 주님은 우리를 죽이시지 않고 영원히 살게 하십니다. 이는 우리의 삶 자체가 주의 영광이 되게 하신다는 뜻입니다. 주님께 당신의 모든 것을 다 바치십시오. 오직 그러할 때만이 주님을 위해서 다시 살 수 있습니다.

우리는 하나님이 궁극적으로 원하시는 것이 포기 그 자체로 생각하여 슬퍼할 때가 있습니다. 그러나 하나님께서는 아브라함에게 그러한 실수를 못하게 하셨습니다. 하나님께서 궁극적으로 원하시는 것은 주님과 함께 '살아나는' 것입니다. 이러한 주님과의 삶을 살기 위해서는 먼저 다른 모든 것을 포기해야 합니다. 주께 순종하기 위해 가장 중요한 것까지 희생할 수 있을 때 그때야 이삭을 다시 얻는 삶을 살게 된다는 뜻입니다. 주 예수 그리스도의 죽음과 함께하라는 것은 우리 자신에 대한 나의 권리 주장을 다 내려놓고 자신을 부인하라는 뜻입니다. 그때 비로소 하나님과 가장 친밀하게 되며 그 후 우리의 삶은 하나님께 산 제사로 드려질 수 있습니다. 죽음만을 위한 희생은 하나님께 아무런 가치가 없습니다. 하나님께서 궁극적으로 원하시는 것은 당신이 죽음을 통과하여 다시 살아나서 드리는 '산 제사'입니다. 예수님을 통해 구원받고 거룩하여진 당신의 모든 능력을 하나님께서 사용하시게 하십시오. 이러한 제사만이 하나님께서 받으시는 산 제사입니다.

이 나무는 당신입니다.

# 주의 사랑으로 경작하십시오!



"예수께서 이르시되 네 마음을 다하고 목숨을 다하고 뜻을 다하여 주 너의 하나님을 사랑하라 하셨으니 … 네 이웃을 네 자신 같이 사랑하라" 마태복음 22:37~39

우리가 하나님을 사랑할 수 있으려면 우리 안에 '하나님을 사랑하는 분', 즉 성령이 계셔야 합니다. 또한 성령께서 우리 마음속에 하나님의 사랑을 부으시면 우리는 그 사랑을 경작해야 합니다. 이 땅에서의 사람들 간의 사랑도 경작 없이 개발될 수 있는 사랑은 하나도 없습니다. 사랑을 개발하려면 우리는 사랑에 헌신해야 합니다. 주님을 향한 사랑이 있으면 우리의 마음은 다른 사람을 향한 하나님의 관심에 일치하게 됩니다. 하나님은 이미 당신과 나 같은 부족한 사람들에게 관심과 사랑을 보여주셨습니다. 따라서 주의 사랑이 내 안에서 개발되면 나도 나같이 부족한 다른 사람에게 관심과 사랑을 보이게 됩니다.

우리 안에 부은 바 된 주의 사랑을 경작할 때 우리가 가장 많이 주의해야 할 것은 '자연적인 애착'입니다. 자연적인 애착은 우리가 주의 사랑으로 사랑하지 못하게 하는 가장 큰 장애물입니다. 주의 백성이 주의 사랑을 경작하지 못하는 가장 큰 요인도 기질적이고 자연적인 애착으로 사람들을 편애하기 때문입니다. 그래서 우리는 사람들을 무시하거나 멸시하게 됩니다. 사람이 자연적인 애착에 따라 이끌리는 것은 인간의 본성이지만, 영적으로 볼 때 주의 사랑을 경작하기 위해서는 반드시 이 성향을 거부할 수 있어야 합니다. 우리가 자신을 부인하고 우리 자신에 대한 나의 권리를 주께 양도할 때 하나님은 우리에게 자연적인 호감이 가지 않는 사람들까지 사랑할 수 있는 마음을 주십니다. 과거에 당신이 사랑할 수 없었던 사람이 지금은 주의 사랑으로 말미암아 당신의 친구가 되어 있습니까? 하나님의 사랑은 자연적 애착에 뿌리를 내린 감정이 아닙니다. 내 안에 성령으로 부은 바 된 하나님의 사랑은 반드시 하나님이 사랑하는 다른 사람을 실제로 사랑하게 합니다. 사랑의 샘은 하나님께 있지 우리 안에 있지 않습니다. 하나님의 사랑의 샘이 우리 안에 있으려면 '하나님을 사랑하는 분', 즉 성령께서 우리 마음을 다스려야 합니다. 성령의 인도하심을 받는 가운데 주의 사랑을 경작하십시오!

# 돌밭

"돌밭에 뿌려졌다는 것은 말씀을 듣고 즉시 기쁨으로 받되 … 환난이나 박해가 일어날 때에는 곧 넘어지는 자요" 마태복음 13:20~21

많은 사람이 부흥회 또는 수련회를 다녀와서 고백하기를 자신은 회심하였고 이제 온전히 거룩하여졌다고 말합니다. 그들은 부흥회에서 큰 기쁨으로 하나님의 말씀을 받고 즐거워합니다. 그러나 얼마 지나지 않아 과거의 죄악 된 삶으로 다시 돌아갑니다. 이러한 사람들이 바로 돌밭에 해당합니다.

이들은 영적으로 얕은 상태로써 그 속에 뿌리가 없습니다. 따라서 환난이나 박해가 오면 말씀을 버리고 자기의 생각과 뜻을 따라갑니다. 성경은 자기의 뜻을 따르는 상태를 '넘어진 상태'로 기록하고 있습니다. 따라서 우리가 내릴 수 있는 결론은 돌밭은 중요한 순간에 결국 자기의 이기적인 뜻을 절대 내려놓지 않는 밭이라고 말할 수 있습니다.

돌밭은 겉으로 보기에는 부드러운 흙으로 덮여 있어서 옥토처럼 보이지만, 그 뿌리는 깊지 않습니다. 이러한 밭은 말씀을 받을 때 온 맘으로 받지 못합니다. 아마도 머리로, 또는 감정만으로, 또는 자신의 결단력만으로 말씀을 받을 것입니다. 이러한 그들의 눈에는 온 맘을 뿌리째 바꾸는 성령의 역사가 보이지 않습니다. 그래서 주님의 명성이 알려지고 로마 권력을 이길 수 있는 것처럼 보일 때 셀 수 없이 많은 사람이 주를 따랐지만, 주께서 십자가에 달리시자 그들 대부분은 고개를 흔들며 주를 부인했습니다. 그러므로 주님과의 연합이 우리의 온 맘을 드리는 성령의 역사로 나타나지 않을 때 그 마음은 돌밭에 가깝습니다. 처음에는 기쁨으로 말씀을 받지만, 그 말씀을 상황에 적용해야 할 때가 오면 생명의 뿌리가 없어서 낙오하게 됩니다. 당신의 밭이 돌밭이라면 주께 회개하고 옥토 밭으로 만들어주시기를 간절히 구하십시오.

# 성경적 자기 성찰



"너희의 온 영과 혼과 몸이 우리 주 예수 그리스도께서 강림하실 때에 흠 없게 보전되기를 원하노라" 데살로니가전서 5:23

성령의 신비한 역사는 우리 자신도 알 수 없는 가장 깊은 마음의 영역에서 이루어집니다. 당신은 하나님께서 우리의 의식 세계를 훨씬 초월하는 가장 깊은 마음의 영역까지 역사하시는 것을 믿습니까? 또한 하나님께서는 당신을 보호하실 때 당신의 그 깊은 영역까지 보호하신다는 것을 믿습니까? 주님의 보호하심은 우리가 생각하는 것보다 훨씬 더 높고 깊은 차원에서 진행됩니다.

"예수의 피가 우리를 모든 죄에서 깨끗하게 하실 것이요" 요한일서 1:7. 당신은 이 내용이 당신이 의식할 수 있는 죄악에만 적용된다고 생각합니까? 그렇다면 당신에게 하나님의 더 큰 자비가 임하여 바른 깨달음을 갖게 되기를 기도합니다. 그리스도의 피가 깨끗하게 하는 '모든 죄'는 당신이 다 헤아릴 수 없는 너무나 크고 깊고 넓은 차원에 속합니다.

사실 죄로 말미암아 인간은 이미 그 마음이 어두워졌습니다. 따라서 인간의 가장 큰 문제는 죄를 제대로 의식하지 못하는 데 있습니다. 성경에서 우리가 죄로부터 정결하게 되었다고 말을 할 때는 우리의 영의 깊이만큼 깊고 높은 차원의 의미가 담겨 있습니다. 오직 우리 마음속에서 성령의 역사가 있을 때 우리는 죄에 대해 온전하게 의식할 수 있게 됩니다.

온전히 빛 가운데 거하기 위해 예수 그리스도를 충만하게 채우셨던 바로 그 성령으로 당신의 영혼을 충만하게 채우십시오. 그러면 비로소 우리는 예수님께서 다시 오실 그날까지 성령이 거룩하게 하시는 강한 역사 가운데 우리의 영과 혼과 육이 하나님께서 보시기에 흠이 없이 보전될 것입니다.

매일 묵상할 때 나무는 성장합니다.

# 어린아이와 같은 믿음

"너희가 돌이켜 어린 아이들과 같이 되지 아니하면 결단코 천국에 들어가지 못하리라 … 어린 아이와 같이 자기를 낮추는 사람이 천국에서 큰 자니라" 마태복음 18:3~4

예수 그리스도께서는 친히 우리가 모두 어린아이처럼 되어야 한다고 말씀하셨습니다. 어린아이처럼 된다는 의미는 무엇입니까? 어린아이처럼 연약한 존재로서 오직 하나님만을 의지한다는 뜻입니다. 바울은 성도의 연약함에 대해 말했습니다. "하나님께서 세상의 미련한 것들을 택하사 지혜 있는 자들을 부끄럽게 하려 하시고 세상의 약한 것들을 택하사 강한 것들을 부끄럽게 하려 하시며 하나님께서 세상의 천한 것들과 멸시받는 것들과 없는 것들을 택하사 있는 것들을 폐하려 하시나니 이는 아무 육체도 하나님 앞에서 자랑하지 못하게 하려 하심이라" 고린도전서 1:27~29.

어린아이의 '연약함'을 많은 사람이 오해하고 있습니다. 어린아이의 연약함은 우리가 위로부터 거듭나야 할 필요를 철저하게 깨닫는 것을 의미합니다. 구원과 거룩에 있어서 자신의 영적 무능을 깨닫고 오직 성령을 의지하며 사는 것이 주께서 말씀하신 어린아이의 '연약함'입니다. 이러한 어린아이의 '연약함'을 통해 주 예수 그리스도께서 우리를 대신해서 사십니다.

주 예수 그리스도는 어린아이와 같이 주를 의지하는 백성에게 주님 자신의 형질을 부어 넣으십니다. 이 주님의 형질을 받은 이들은 주님의 교훈들을 이루어야 하지만, 그러나 주님의 교훈들은 우리 힘으로 이루어내야 할 어떤 표준들이 아닙니다. 그보다는 하나님께서 우리를 재창조하시고, 그분의 거룩하신 성령을 우리 안에 주셔서 우리로 하여금 성령의 인도하심을 따라 살게 하심으로써 하나님은 우리에게 그 교훈대로 살아갈 수 있도록 하십니다. 따라서 우리가 할 일은 우리의 삶의 모든 주권을 철저하게 주께 드리는 것입니다. 최상의 주님께 자신에 대한 모든 권리를 다 양도하는 것이 하나님의 자녀로서의 어린아이의 마음입니다.

# 언약적 믿음



"그 날에 여호와께서 아브람과 더불어 언약을 세워 이르시되" 창세기 15:18

예수 그리스도로 말미암아 믿음이 생겨난 사람은 하늘 아버지와 언약을 맺을 수 있습니다. 우리는 종종 "주께 내 자신을 드립니다"라는 결단을 하며 자기 자신과 언약을 맺는 일이 많습니다. 그러나 그러한 것은 하나님을 향한 자신의 결단과 진심을 우상으로 만드는 것입니다. 하나님과의 언약은 내가 하나님 앞에서 맺은 맹세를 지키느냐 마느냐 하는 문제가 아닙니다. 우리와 언약을 하신 하나님의 신실하심을 끝까지 의심하지 않고 믿느냐 하는 것입니다. 따라서 주님이 하신 언약은 주님의 신실하심 때문에 변할 수가 없습니다. 그러므로 우리 믿음의 확신은 오직 하나님의 성품과 그분의 언약을 믿을 때 가능합니다. 사실 우리가 얻은 구원도 하나님의 언약에 따른 것으로써 우리의 구원 여부는 우리의 영광에 앞서서 하나님의 영광과 관련됩니다.

자기 자신의 결단을 믿는 자는 많지만, 하나님을 믿는 믿음을 소유한 자는 많지 않습니다. 많은 사람이 보통 종교적으로 자기 자신과 엄중한 맹세를 한 후에 그것을 믿음으로 오해합니다. 하나님께서 원하시는 것을 하며 끝까지 주께 진실하겠다고 맹세합니다. 그러한 결심과 맹세를 유발하게 한 성경 구절들을 엄숙하게 기록해 둡니다. 그러나 사람이라면 그 누구도 자신의 다짐대로 다 지킬 수 없습니다. 하나님만이 하나님의 약속을 완벽하게 지키고 이루실 뿐입니다. 따라서 우리는 지속적으로 우리 자신이 뭔가를 약속하는 것 대신에 하나님의 약속에 우리 자신을 의탁해야 안전합니다. 우리 자신을 완전히 하나님께 맡겨버리는 것이야말로 우리의 확신이며 믿음입니다. 주님께서 약속의 선물로 우리에게 주신 믿음은 하나님과 우리 사이의 인격적 관계를 위한 것입니다. 주님께서는 "다 내게로 오라" 마태복음 11:28고 말씀하셨습니다. 우리가 주님께로 오는 것을 가장 확실하게 막는 것은 종교적인 '자기 우상'입니다. 자기 자신의 결단과 맹세를 믿는 것은 주께서 원하시는 믿음이 아닙니다. 우리는 오직 하나님의 신실하신 성품에 우리를 맡겨야 합니다. 그렇게 되면 주께서 우리를 어떻게 다루시든지 문제가 되지 않습니다.

# "그보다 큰일도 하리라"

"나를 믿는 자는 내가 하는 일을 그도 할 것이요 또한 그보다 큰일도 하리니" 요한복음 14:12

'그보다 큰일'이 이루어졌습니까? 분명히 이루어졌습니다. 주님께서 하신 이 말씀을 들은 제자들은 신약성경을 기록하였습니다. 그들이 신약성경을 기록할 수 있었던 것은 주님께서 영광을 받으시면서 또 다른 보혜사 성령을 보내주셨기 때문입니다. 영광을 받으신 예수님은 그분의 능력 가운데 성령을 보내심으로 주 예수 그리스도를 섬기게 하셨습니다. 이 성령은 이 땅에 '인격체'로 보냄을 받았습니다. 따라서 성령은 지금 이 시간까지 이 땅에 인격체로 계시며 사람들과 인격적인 교류를 하십니다.

그러나 '그보다 큰일'은 우리에게 무엇을 의미합니까? 우리가 예수님께서 하신 일보다 더 큰일을 할 수 있다는 의미입니까? 그렇습니다. 기도의 가장 중요한 기본자세는 주인으로부터 자기가 수행할 명령을 받아내는 것입니다. 주님께서는 기도에 모든 강조를 두셨습니다. 주님께서는 기도를 사역을 위한 준비나 감상이나 경건으로 만들지 않으셨습니다. 주께서는 기도를 '사역' 그 자체가 되게 하셨습니다.

최근에 기도 자체를 숭배하는 위험한 일이 나타나고 있습니다. 이는 주님으로부터 눈을 돌리면서 나타나는 위험한 현상으로써 명령을 내리신 '주님'보다 주께서 내리신 '명령'을 더 소중히 여기는 것입니다. 기도는 구속이라는 가장 위대한 근본 위에 서야 합니다. 우리 기도의 효력은 성령의 역사로 이 세상에서 그 효력을 나타냅니다. 그 효력은 예수 그리스도께서 영광을 받으심으로 주께서 이루신 구속의 효력이 성령의 역사를 통해 세상 끝날까지 나타나는 것입니다. 이것이 '그보다 큰일'입니다.

# 심령이 가난한 자의 복



**"그의 가난함으로 말미암아 너희를 부요하게 하려 하심이라"** 고린도후서 8:9

우리 주 예수 그리스도는 우리에게 삶의 본을 보이시기 위해 가난하여지신 것이 아닙니다. 주께서 가난하여지신 이유는 주께서 세우시는 하나님 나라의 비밀을 분명하게 알려주시기 위해서입니다. 진정한 기독교는 하나님께 우리의 소유를 드리는 것입니다. 예수 그리스도는 각 개인이 그리스도를 통해 하나님과 관계를 맺도록 하심으로 하나님의 나라를 세우셨습니다. 그러므로 하나님의 나라는 이 땅의 소유와 아무런 관계가 없습니다. 예수님의 제자는 소유에서 부자가 아니라, 영적으로 풍성한 자들입니다. 자발적인 가난은 예수님의 특징이었습니다. "예수께서 이르시되 여우도 굴이 있고 공중의 새도 집이 있으되 인자는 머리 둘 곳이 없도다"누가복음 9:58.

모든 시대에 하나님 자녀의 가난은 매우 중요한 주제였습니다. 오늘날 우리는 가난을 부끄러워하며 두려워합니다. 그래서 그런지 외적 가난 가운데 있는 내적 부유함에 대하여 거의 들을 수 없습니다. 바울과 예수님처럼 자발적으로 가난하여진 자들도 찾아볼 수 없습니다. 물질적 가난에 대한 두려움은 언제나 우리를 영적으로 무능하게 하여 하나님과 복음 편에 서지 못하게 합니다. 주님을 붙들고 주님과의 관계를 강하게 하십시오. 죽도록 가난하여질지라도 주님과의 관계를 놓치지 마십시오. 주님은 사람들을 얽어매는 이 세상의 모든 것으로부터 자유로우셨습니다. 따라서 주님은 아버지께서 원하는 곳이라면 어디든지 그리고 언제든지 떠나실 수 있었습니다. 복음은 자원의 승리가 아니라, 가난에 대한 하나님의 선물입니다. 우리가 하나님의 은혜를 길어내려면 심령이 궁핍한 자리로 내려가야 합니다. 심령의 궁핍은 물질적 가난에 대해 초월합니다. 그러므로 당신이 가지고 있는 최선의 것들을 이웃들과 나누기를 힘쓰십시오. 당신의 가진 최선을 쏟아 부으십시오. 그리고 언제나 가난한 자가 되십시오. 아무것도 아까워하지 마십시오. 언제나 '지금' 나눔으로 풍성하게 사는 것이 그리스도인의 삶의 비결임을 잊지 마십시오.

매일 묵상할 때 나무는 성장합니다.

# 두루마리를 펴기에 합당하신 다윗의 뿌리

**"그 두루마리를 펴거나 보거나 하기에 합당한 자가"** 요한계시록 5:4

하나님은 위대하시므로 선하든 악하든, 옳든 그르든 뭐든지 하실 수 있다고 생각해서는 안 됩니다. 이러한 개념은 비성경적입니다. 성경은 하나님은 완전하게 도덕적인 분이라고 말합니다야고보서 1:13, 17. 도덕적으로 합당한 분이라는 뜻은 뭔가 하실 수 없는 것이 있다는 뜻입니다. 예를 들어, 하나님은 거짓말을 하실 수 없고, 예수님도 자신의 거룩함에 어긋나는 행동을 하실 수 없으며, 자신의 정체와 다른 존재가 되실 수 없습니다.

우리에게 가장 심오한 진리는 예수 그리스도가 성육신하신 '하나님'이시기에 그 두루마리를 펴기에 합당하신 분이 아니라, '참 사람'이 되신 하나님이시기에 합당하시다는 사실입니다. 주님은 "자기를 비워 종의 형체를 가지사 사람들과 같이 되셨습니다"빌립보서 2:7. 우리 주님은 사람이 되심으로 '제한'되셨습니다. 그러나 주님은 사람으로서 이 땅에서 완벽히 거룩한 삶을 사셨습니다. 그러한 예수님에 대하여 나폴레옹은 주님은 모든 영혼이 주님을 바라보도록 하는데 성공하셨다고 말했습니다. 왜 그렇습니까? 주님은 거룩에 있어서 최고로 비범하셨기 때문입니다. 역사 속에는 위대한 전쟁의 용사들이 있었습니다. 지적 거인들이 있었으며 정치의 천재들도 있었습니다. 그러나 이들은 제한된 수의 사람에게 영향을 미쳤습니다. 오직 예수 그리스도만이 모든 사람 위에 무한한 영향을 미치십니다. 그 이유는 그분만이 하나님의 어린양으로서 구속을 이루신 다윗의 자손이기 때문입니다.

"내가 또 보니 … 한 어린 양이 서 있는데 일찍이 죽임을 당한 것 같더라"요한계시록 5:6 예수 그리스도는 이 세상의 죄를 위한 최고의 희생 제물이며 유일한 희생 제물입니다. 그분은 "세상 죄를 지고 가는 하나님의 어린 양"요한복음 1:29입니다. 당신은 왜 성경이 예수님의 죽음을 강조하는지 아십니까? 이는 인류의 죄를 대속하시는 주의 죽으심을 믿고 아는 자마다 주님의 생명을 소유하기 때문입니다.

이 나무는 당신입니다.

# 거룩하신 하나님의 용서



**"또 어떤 자를 불에서 끌어내어 구원하라 … 긍휼히 여기라" 유다서 1:23**

모든 사람은 인간의 속성 속에서 자연스럽게 공의가 무엇인지 알고 있습니다. 그래서 우리는 하나님께서 우리의 죄를 용서하신다는 말을 듣지만, 사실 하나님이라고 하셔도 아무런 근거 없이 우리를 용서할 수 없다는 사실을 압니다. 만일 하나님이 아무런 근거 없이 아무나 용서하신다면 우리의 양심은 그분을 더 이상 하나님으로 모실 수 없습니다. 이는 죄를 간과하시는 하나님은 있을 수 없기 때문입니다. 그러나 사람들은 하나님의 사랑에 대하여 오해하며 말합니다. "하나님은 사랑이시니 당신을 무조건 용서하십니다." 하지만 하나님의 사랑은 거룩한 사랑이기에 죄를 아무런 근거 없이 용서하실 수 없습니다. 그러므로 하나님이 우리를 용서하시려면 용서하실 수 있는 타당한 근거가 있어야 하는데, 그것이 바로 예수 그리스도의 십자가의 구속입니다.

하나님께서 거룩과 공의를 깨뜨리면서 악인을 용서하신다면 그 용서는 추하고 혐오스러운 것이 될 뿐만 아니라, 불의와 불공평을 합리화하는 뿌리가 될 것입니다. 성경에서 말하는 용서는 죄의 쓰레기 더미 위에 흰 눈을 쌓는 그러한 개념이 아닙니다. 하나님께서는 용서받는 사람들이 그들을 용서하시는 하나님의 기준에 맞도록 그들을 새롭게 하십니다. 그러므로 만일 내가 용서를 받았음에도 계속 같은 잘못된 행위에 머물러 있다면 이는 사실 용서가 이루어진 것이 아닙니다. 나아가 변화 없는 용서는 오히려 용서하신 하나님을 무가치하고 무능하신 분으로 만드는 것입니다. 이에 하나님께서는 어떤 사람을 용서하실 때 반드시 그에게 하나님 아들의 유전을 허락하십니다. 이 유전 없이는 그 누구도 예수 그리스도 안에서 완전한 자로 세워질 수 없기 때문입니다. 따라서 용서를 받은 자마다 구속의 바탕 위에서 하나님의 아들로서 살아가야 합니다. 또한 언제나 잊지 말아야 할 것은 내 죄악이 그렇게 쉽게 용서받을 수 있는 이유는 오직 하나님께서 예수 그리스도를 통해 무한한 대가를 치르셨기 때문이라는 사실입니다.

# 현재의 어려움 가운데
# 영적 유익을 얻으십시오!



고린도후서 11장 23~33절은 바울의 영적 일기입니다. 그 말씀들은 바울이 겪은 여러 외부의 어려움을 나열하고 있습니다. 하지만 그가 겪는 어려움은 바울 안에 있는 성령의 은혜를 더욱 드러내기 위한 온상이 될 뿐이었습니다.

당신이 하나님의 은혜를 누리고 있다는 가장 큰 증거는 당신이 아무리 모독을 당하여도 당신 안에 있는 은혜가 드러날 뿐 모독의 어떤 흔적도 전혀 남지 않는 것입니다. 이처럼 성도에게는 외적 어려움이 있을 때 성령으로 말미암은 내적 은혜가 함께합니다. 당신은 주께 성령의 은혜를 달라고 간절히 구합니까? 복음에 따라 살려고 하면 매우 심한 아픔을 겪는 그러한 상황에 닥치게 될 것입니다. 어떤 사람들은 아픈 상황 가운데서 이렇게 말합니다. "이런, 나는 하나님께 성령의 은혜와 체험을 간절히 구하였는데, 왜 매번 마귀가 나를 사로잡으려는 것일까!" 그러나 당신이 '마귀'라고 부르는 그것이 바로 하나님께서 당신 안에 있는 성령의 은혜를 드러내기 위해 사용하는 '상황'입니다.

하나님의 허용 가운데 우리 앞에 놓이는 용광로는 우리를 위한 것입니다. 따라서 우리는 용광로 때문에 영적으로 성장합니다. 이때 우리에게 필요한 것은 힘든 상황을 피하기 위한 지혜와 능력이 아니라, 그 상황을 사용할 줄 아는 지혜와 능력입니다. 어려운 상황을 당하면 먼 장래의 천년 왕국을 기다리는 것이 중요한 것이 아니라, 오히려 그 용광로의 상황 가운데서 성령의 은혜를 누리며 그 은혜를 나타내는 것이 더 중요합니다.

# 참된 안식을 얻는 유일한 길



*"나 전도자는 … 하늘 아래에서 행하는 모든 일을 연구하며"* 전도서 1:12~13

전도서는 인생을 체험한 이후에 고백한 내용입니다. 사람들은 인간 역사에 전쟁과 마귀와 고통이 사라지기를 바랍니다. 그러나 현실은 언제나 난리법석입니다. 우리가 구름 위에서 산다면 고통과 죄악을 피할 수 있을지 몰라도 이 땅에 사는 한 그럴 수 없습니다. 그래서 사람들은 현실의 딜레마 속에서 "이 땅에 내가 존재하지 않는다면 얼마나 좋을까!"라고 탄식합니다. 그러므로 우리는 모든 상황에서 대처할 수 있는 실천적인 지혜가 필요합니다.

우리가 거짓 신을 믿으며 거짓 가운데 살아가기보다 차라리 무신론자가 되는 것이 낫습니다. 볼테르Voltaire는 인간들 앞에서 가면을 쓴 거짓 신을 향해 장광설長廣舌을 폈습니다. 그는 인간의 공의로운 마음을 무너뜨리려는 신의 존재를 믿느니 차라리 신을 믿지 않는 것이 낫다고 주장하였습니다. 그러한 불의한 신의 구원을 받아들이는 것보다 차라리 그 신에게 '저주'를 당하는 것이 낫다고 하였습니다.

예수 그리스도께서 말씀하셨습니다. "내가 곧 길이요 진리요 생명이니" 요한복음 14:6. 당신은 주님을 보았습니까? 혹시 당신은 자신이 만든 허상을 하나님이라고 착각하고 있지는 않습니까? 당신은 하나님의 참된 성품인 거룩을 예수 그리스도 안에서 발견합니까? 우리는 사람들을 만날 때는 형식적이지만, 친구를 만날 경우는 서로 마음을 주고받습니다. 또한 서로의 마음이 어떠한지 금방 압니다. 하나님께서도 우리를 향하여 마찬가지입니다. 솔로몬은 이 모든 것을 이렇게 요약합니다. 당신이 당신의 생애 가운데 즐거움을 찾으려고 하면 결국 짜증과 비참으로 마칩니다. 지식적으로 만족하려고 하면 슬픔과 고통과 낙심만 커집니다. 오직 현실을 그대로 보고 바르게 해석하면서 참된 안식을 얻을 수 있는 유일한 길은 하나님께 믿음을 두는 것입니다. 사람의 제일가는 목적은 하나님을 영화롭게 하며 그분을 영원토록 즐거워하는 것임을 기억하십시오. 오직 예수 그리스도만이 우리가 접하는 모든 것을 허무에서 영원한 가치로 변화하게 하실 수 있는 분입니다.

# 사람들에게 영향력을 끼치는 그리스도인

**"내가 비옵는 것은 그들을 세상에서 데려가시기를 위함이 아니요 다만 악에 빠지지 않게 보전하시기를 위함이니이다"** 요한복음 17:15

그리스도인들은 문제가 있는 영혼을 대할 때마다 성령의 인도하심을 철저하게 의지해야 합니다. 당신의 기억이나 과거의 경험을 의지하지 마십시오. 오직 성령을 인정하고 의지하십시오. 특히 성령께서 그 사람에게 맞는 말씀을 당신의 기억에서 가져오시면 그 말을 하십시오. 하나님께서는 인간의 계산과 방법에 따라 역사하지 않으십니다. 만일 당신이 성령의 인도하심을 따르며 그분이 당신의 기억으로 가져다주시는 하나님의 말씀을 전하면 하나님은 당신을 통해 그 영혼에게 복음의 역사를 일으키실 것입니다. 그러므로 기억하십시오! 하나님과 올바른 관계에 있는 그리스도인들은 사람들을 대하면서 성령의 인도하심을 반드시 의지해야 합니다.

당신은 문제 있는 영혼들의 사정을 하나님께 기도합니까? 우리는 그들을 도와보려고 여러 가지 노력을 하지만, 정작 그들을 위해 중보 기도를 드리지 않을 때가 많습니다. 오히려 우리의 생각과 이론으로 도우려고 합니다. 그러나 사람들을 대할 때 이론으로 대해서는 안 됩니다. 사람들의 영적인 문제를 해결하려면 반드시 그들과 함께하며 인격적인 교류를 가져야 합니다. 만일 당신이 그들과 인격적인 교류를 나누는 가운데 하나님의 말씀을 효과적으로 사용할 줄 알고 성령께서 그 말씀을 적용하신다면 그들은 당신을 통해 반드시 변화될 것입니다. 그들이 천하고 그들을 대하는 일이 힘들다고 하여 회피하는 일이 없도록 하십시오. 모든 사람과 함께하십시오. 그러나 언제나 예수님과의 관계를 최우선으로 하면서 그들과 사귐을 가지십시오. 그러면 당신의 주변 사람이 하나둘씩 변하는 것을 보게 될 것입니다.

# 나의 순종이 다른 사람에게 폐가 될 때

"그들이 예수를 끌고 갈 때에 시몬이라는 구레네 사람이 시골에서 오는 것을 붙들어 그에게 십자가를 지워 예수를 따르게 하더라" 누가복음 23:26

내가 하나님께 순종하려고 할 때 나의 순종이 다른 사람과 연관되는 때가 있습니다. 이때 갈등이 생깁니다. 만일 나의 순종이 다른 사람과 관계되지 않는다면 주님께 순종하는 것은 어렵지 않습니다. 하지만 우리가 하나님께 순종할 때 다른 사람의 계획에 차질을 주는 때가 있습니다. 그때 그들은 빈정대며 말합니다. "하나님을 믿는 그 사람 때문에 이게 뭐람. 꼭 이딴 식으로 믿어야 하는 건가?" 이때 만일 우리가 불순종을 선택하면 그러한 불평은 듣지 않습니다. 하지만 하나님께 순종한다는 것은 다른 사람에게 희생이 주어지더라도 주의 뜻대로 행하는 것을 말합니다.

교만한 인간은 자신의 입장을 고수하기 위해 불순종을 선택합니다. "나는 절대로 다른 사람에게 피해를 주지 않을 테야." 따라서 그는 사람의 맘을 상하지 않게 하려고 하나님께 불순종합니다. 그러나 주님과의 관계보다 인간 관계를 더 고려하면 주님의 제자가 될 수 없습니다.

영적 침체는 인간 관계를 하나님과의 관계보다 더 중요시할 때 찾아옵니다. 사실 모든 신앙의 행위는 어떤 방법으로든 인간 관계에 영향을 미치게 되어 있습니다. 성도는 하나님의 우주적인 목적과 관련되어 있기 때문에 우리가 주께 순종하는 순간에 모든 사람과 우주에 영향을 주게 됩니다. 그러므로 자존심을 버리고 주께 충성하십시오. 다른 사람에게 피해를 주지 않겠다는 생각을 버리십시오. 사람 때문에 불순종을 택할 때 우리는 잠깐 불편한 상황을 피할 수는 있어도 하나님께는 근심을 끼치게 됩니다. 그러나 하나님께 순종하면 우리의 순종 때문에 부담을 느끼는 자들을 주께서 해결하여 주십니다.

# 성경에 대하여

"하나님의 말씀은 살아 있고" 히브리서 4:12

"왜 성경이 말한 것이면 믿어야 합니까?" 이 질문은 타당합니다. 당신이 성경을 믿어야 할 이유는 없습니다. 하지만 하나님의 인도하심을 받으려면 성경을 믿어야 합니다. 그 성경이 우리에게 효력이 있게 되는 시작은 오직 성령께서 우리의 의식 속에 말씀을 적용할 때부터입니다. 그리고 만일 외부의 어떤 절대 기준을 가지고 성경을 점검하려고 하는 것은 바르지 않습니다. 예수님께서는 성경에 대하여 "이 성경이 곧 내게 대하여 증언하는 것이니라 그러나 너희가 영생을 얻기 위하여 내게 오기를 원하지 아니하는도다" 요한복음 5:39~40라고 말씀하셨습니다.

성경에 대한 질문을 막기 위해서 '성경의 외적 증거를 찾아보자'라는 경향을 주의하십시오. 이러한 자세는 용기도 없고 성령의 능력에 대한 확신도 없는 것입니다. 성경은 말씀이 살아 있는 사람을 "마음에 쓴 편지"고린도후서 3:2라고 하였습니다. 문자는 성도를 만들어내지 못합니다. 문자는 단지 생명 없는 오랜 화석과 같습니다. 문자는 결코 주 예수님의 살아 있는 실체가 아닙니다. 성육신하신 말씀을 그대로 증거하는 증인은 바로 '마음에 쓴 편지' 대로 사는 사람들입니다.

우리가 성령을 받아 하나님께 온전하게 순종하면 하나님의 말씀은 우리에게 '살아 있고 활력이 있는' 말씀이 됩니다. 그리고 하나님의 말씀을 이해할 수 있는 유일한 길은 하나님의 말씀이신 예수 그리스도를 접하는 것입니다. 말씀 자체이신 우리 주님과 그분의 입에서 나온 기록된 말씀은 너무나 밀접하므로 이것을 따로 분리하는 것은 치명적인 실수가 됩니다. 왜냐하면 "살리는 것은 영이니 육은 무익하니라 내가 너희에게 이른 말은 영이요 생명이기" 때문입니다요한복음 6:63. 성경은 모든 사실을 계시하지는 않습니다. 우리는 상식을 통해 과학적인 사실을 찾아내야 하고 이성을 통해 상식에 속한 진리를 발견해야 합니다. 그러나 '그 진리'이신 우리 주님을 아는 것은 오직 복음을 통해 성령을 받아야만 가능합니다.

이 나무는 당신입니다.

# 주님과 사랑에 빠지십시오!





사랑은 자신을 잃을 정도가 되어야 사랑입니다. 사랑한다고 하면서 계산하고 있다면 이는 사랑이 아닙니다. 정욕이나 애착, 나아가 따스한 친절을 사랑의 본질로 오해하지 마십시오. 사랑이란 내 자신을 잃고 상대방에게 내 모든 것이 다 가 있는 것입니다. 내 자신의 유익을 위해 하나님께 나아가면서 하나님을 사랑한다고 말하지 마십시오. 하나님을 사랑한다는 것은 하나님이 어떤 분인 줄 알며 그분과 인격적인 친밀함이 반드시 있어야 합니다. 당신은 다른 이유가 아닌 오직 하나님과 사랑에 빠져 있기 때문에 주께 봉사합니까? 하나님과 사랑에 빠져 있다면 어떤 큰 행사나 종교 활동을 통해 나타나는 것이 아니라, 일상적이고 단순한 삶 속에서 그 증거가 나타납니다. 즉, 내 자신이 하나님께 완전히 드려진 바가 되었기 때문에 내가 하는 모든 일에 주를 사랑하는 모습이 나타나는 것입니다. 당신은 베다니의 마리아의 행위가 주님과 사랑에 빠진 자의 모습인 사실을 발견합니까?

하나님께서는 우리가 얼마나 진실하게 주를 사랑하는지, 그리고 얼마나 우리 자신을 다 포기하기까지 하나님을 사랑하는지를 아십니다. 하나님은 우리 인간의 중심을 다 아시기 때문에 절대로 속지 않으십니다. 사람들 앞에서 하나님을 사랑하는 척하지 마십시오. 하나님을 사랑한다고 떠벌리지 마십시오. 하나님께 자신을 온전하게 다 내어 드리는 것이 사랑입니다. 하나님을 사랑하는 것은 나의 개인적인 거룩을 구하는 것보다 앞섭니다. 개인적인 거룩은 우리의 관심을 자신의 정결함에 모으게 합니다. 걷는 자세, 말하는 자세, 심지어 외모까지 대단한 신경을 씁니다. 하나님을 화나게 하는 것은 아닐까 하고 항상 조바심을 냅니다. 그러나 하나님과 사랑에 빠지면 이러한 모든 염려가 사라집니다. 어느새 하나님의 거룩하심이 우리를 통해 나타납니다.

# 심판의 주님, 구원의 주님

"내가 온 것은 세상을 심판하려 함이 아니요 세상을 구원하려 함이로라" 요한복음 12:47

예수 그리스도는 심판을 선언하기 위해 오시지 않았습니다. 주님 자신이 심판 자체이십니다. 그래서 우리는 주님을 만날 때 사랑과 온유함을 느끼고 유익을 얻지만 부끄러움도 느낍니다. 이는 주의 나타나심이 우리로 하여금 심판을 느끼게 하기 때문입니다. 따라서 우리는 주님을 만나기를 바라지만 동시에 두려워합니다. 이는 우리가 만나는 사람 중에는 그가 아무 말을 하지 않아도 그와 함께 있는 것만으로 심판을 느끼는 것과 같습니다. 그의 말에 의해서가 아니라, 그의 뛰어난 성품 때문에 심판과 함께 부끄러움을 느낍니다.

여름에 양을 보면 대단히 하얗습니다. 그러나 첫눈이 온 땅을 덮었을 때 멀리서 양을 보면 마치 흰 도화지에 얼룩이 진 것처럼 보입니다. 이처럼 우리가 서로 비교하고 판단할 때는 아무런 죄책감을 느끼지 못합니다 고린도후서 10:12. 그러나 예수 그리스도를 배경으로 우리 자신을 비춰볼 때 그 즉시 심판을 느낍니다. 주님의 삶, 주님의 언어, 주님의 바라보심, 주님이 하신 일을 통해 주님을 알수록 우리는 심판을 느낍니다. "예수께서 가라사대 내가 심판하러 이 세상에 왔으니"요한복음 9:39. 예수 그리스도가 나타나시면 우리는 자신을 향하여 심판을 느끼게 되면서 부끄러움과 잘못을 깨닫게 됩니다. 그러면 심판에 해당하는 일들을 다시는 하지 않겠다고 결단합니다.

우리는 예수님을 만날 때 우리 자신이 눈먼 자라는 사실과 죄인이라는 사실을 깨닫게 됩니다. 그러나 주께서 오신 것은 나를 심판하기 위해 오신 것이 아니라, 나를 구원하기 위해 나의 죄를 드러내신다는 사실을 깨닫게 됩니다.

# 성령 세례



"볼지어다 내가 내 아버지께서 약속하신 것을 너희에게 보내리니" 누가복음 24:49

당신은 "오, 나는 주의 제자들이 다락방에서 기다렸던 것처럼 성령을 기다리고 있습니다"라고 말하며, 자신의 오순절을 기다립니까? 하지만 기다린다고 하여 누구나 성령 세례를 받는 것은 아닙니다. 이 성령 세례는 예수님께서 하나님 보좌 우편에 오르셔서 아버지로부터 성령의 약속을 받으셨다는 가장 분명한 표시입니다. 그런데 우리는 종종 성경이 분리하지 않은 것을 나누려 합니다. 성령 세례는 그리스도의 십자가와 분리하여 체험할 수 없습니다. 성령 세례는 예수님께서 영광을 얻으셨다는 증거로써 반드시 주 예수 그리스도의 구속을 깨닫고 의지할 때 임합니다. 그리고 사람을 변화하게 하는 것도 성령 세례가 아닙니다. 영광을 얻으신 그리스도의 능력이 성령을 수단으로 하여 그 사람에게 임할 때 그때 변화됩니다.

"너희는 위로부터 능력으로 입혀질 때까지 이 성에 머물라" 누가복음 24:49. '위로부터 내려오는 능력'이라는 말 때문에 얄팍한 사람들의 귀와 마음이 사로잡힙니다. 그러나 이 능력은 어떤 마술적인 능력이나 기적을 행하는 능력이 아니라, 사람의 성품을 거룩하게 변화하게 하는 주의 구속으로 인한 능력입니다. 예수님께서는 제자들에게 "오직 성령이 너희에게 임하시면 너희가 권능을 받고" 사도행전 1:8라고 말씀하셨습니다. 약속대로 제자들은 권능을 받았는데 그 권능은 그들을 주님과 닮게 하는 능력이었습니다 사도행전 4:13. 성령을 받으면 마술적인 힘이 생기는 것으로 생각하는 사람들이 있습니다. 그러나 그렇지 않습니다. 성령을 받는다는 것은 우리가 주님과 영적으로 일치하는 영을 받는 것입니다.

성령 세례에 대하여 사람들이 망각하는 것은 성령의 가장 중요한 역할은 그리스도의 십자가를 조명하는 일이라는 사실입니다. 신약성경이 강조하는 것은 언제나 십자가입니다. 성령 세례가 강조하는 것도 결국 십자가입니다. 십자가는 하나님 마음의 비밀이며, 하나님 아들의 위격의 비밀이고, 성령 사역의 비밀입니다. 이는 하나님께서는 오직 십자가로 말미암아 우리에게 영생의 선물을 주실 수 있기 때문입니다.

# 새벽에 주를 만나십시오!

"새벽 아직도 밝기 전에 예수께서 일어나 나가 한적한 곳으로 가사 거기서 기도하시더니" 마가복음 1:35

특정한 장소와 시간에 하나님과 교제하는 것은 중요합니다. 모든 시대에 걸쳐 하나님의 사람들이 새벽 일찍 일어나 기도한 것은 우연이 아닙니다. 영적인 삶에서 침체를 알려주는 첫째 증상도 새벽과 관련되어 있습니다. 우리가 무언가에 간절함을 갖게 되면 일찍 일어나 하루를 시작합니다.

하나님을 만나기가 가장 좋은 때가 새벽이라는 것은 우연이 아닙니다. 하나님께서 그렇게 정하신 것입니다. 만일 당신이 새벽에 기도하기 시작한다면 왜 지금까지는 그렇게 하지 못했는지 자신의 어리석음을 탄식하게 될 것입니다. 대낮 바쁜 시간에 주님과 깊은 교제를 나누기는 쉽지 않습니다. 조지 맥도널드George MacDonald는 "만일 새벽에 하나님께 나의 마음의 문을 활짝 열지 못하면 나의 남은 하루는 한계를 느끼며 잘못 살게 된다"라고 고백하였습니다. 새벽에 주님을 깊게 만날 수 있는 것은 분명한 영적 사실입니다. 하나님의 날이 오면 더 이상 밤은 없습니다. 언제나 새벽과 같은 밝은 하루가 있을 것입니다. 하나님의 날이 오면 자연 세계의 신음이 사라질 것입니다. 모든 것이 자유롭고 아름답게 조화를 이룰 것입니다요한계시록 22:5.

하나님께서 우리를 위해 정해주신 시간을 당신도 택하여 주님을 만나보도록 하십시오. 그러면 그때에 다른 시간보다 더 깊은 깨달음을 얻게 될 것입니다. 구약성경을 잘 살펴보면 '처음 것'은 하나님께 바쳐졌습니다. 선지자들은 이 사실을 강조하며 '처음 것'을 드리지 못하는 백성을 꾸짖었습니다말라기 3:8~9. 우리는 우리의 지성이 언제 최상의 상태인지 잘 알고 있습니다. 만일 그 시간을 하나님께 드리지 않고 우리 자신의 계발을 위해 사용한다면 우리는 하나님의 것을 도적질하는 것입니다. 나아가 하나님의 생명으로 우리의 삶을 풍성하게 할 기회를 놓치는 것입니다. 새벽 시간에 주를 만나서 주의 생명으로 충만하도록 하십시오.

# 염려하지 마십시오!



"내일 일을 위하여 염려하지 말라" 마태복음 6:34

주님께서 하신 이 말씀은 가장 혁명적인 말씀입니다. 그러나 우리는 주님의 말씀과 정확하게 반대로 생각합니다. 우리는 "먼저 내가 살아야지. 돈을 많이 벌어야 해. 그래야 먹고 입고 살지"라고 말합니다. 이렇듯 염려는 작은 데서 시작합니다. 어떻게 내 힘으로 먹고 살아가느냐 하는 것에 마음이 있을 때 염려가 생깁니다. 그러나 예수님은 순서를 바꾸라고 하십니다. 하나님과 먼저 바른 관계를 맺으라고 하십니다. 그리고 다른 어떤 것에 당신의 마음을 집중하지 말고 주님과의 관계를 유지하는 것을 가장 큰 관심사로 삼으라고 하십니다. 이 말씀을 당신의 삶에 적용하는 것은 매우 중요한 훈련이 될 것입니다.

만일 당신이 성령을 받은 후에 하나님보다 다른 것을 더 앞세우게 되면 당신은 혼돈에 빠지게 될 것입니다. 그때 성령은 강력하게 당신에게 말씀하십니다. "이 새로운 관계에서 하나님은 어디에 있느냐? 이 휴가철 계획에 주님을 고려하였느냐? 네가 오늘 구매한 이 책은 하나님과 어떠한 관계이냐?" 성령께서는 언제나 우리를 권하시면서 우리가 무엇을 하든지 가장 중요한 것은 하나님께 집중하는 것임을 알려주십니다.

염려는 그릇된 것일 뿐 아니라 심각한 불신앙입니다. 그 이유는 염려란 하나님께서 우리의 삶을 돌보실 수 없다고 믿는 것이기 때문입니다. 사실 이 세상에서 우리에게 염려를 줄 수 있는 것은 아무것도 없습니다. 주님은 우리 안에 넣어주신 말씀을 막히게 하는 것이 무엇인가를 말씀하셨습니다. 그것은 사탄일까요? 아닙니다. 세상에 대한 염려입니다. 염려는 불신앙이 시작되는 곳입니다. 포도원을 망치는 것이 작은 여우새끼인 것처럼, 작은 염려가 우리의 영적인 삶을 다 망칩니다. 불신앙의 최대 치유책은 성령께 순종하는 것입니다. 먹고 사는 문제에 집중하지 말고 하나님께 집중하도록 하십시오.

# 주님과 홀로 있기

"비유가 아니면 말씀하지 아니하시고 다만 혼자 계실 때에 그 제자들에게 모든 것을 해석하시더라" 마가복음 4:34

예수님께서는 군중에게 말씀하신 후 따로 제자들을 만나 그 말씀을 설명해주셨습니다. 하지만 홀로 만나서 설명해주셨고 그들이 이해할 수 있을 때 설명해주셨습니다. 주께서 설명하여 주실 때까지는 주의 말씀은 아무도 그 의미를 깨달을 수 없는 비유일 뿐이었습니다. 하나님께서는 우리를 홀로 만나 우리 영혼에 대하여 자세히 듣기를 원하십니다. 하지만 우리는 그 일을 가장 지겨워합니다. 주님과 홀로 만나 대화를 나누는 일을 인생 마치는 그날까지 싫어하는 사람들도 있습니다. 그러나 우리가 주께 쓰임을 받으려면 주님과 단둘의 대화를 통해 내 자신의 못난 성품을 주께서 만지도록 해야 합니다.

당신은 자기 자신을 잘 이해하고 있다고 착각하지 마십시오. 이 착각이 인간에게는 가장 큰 착각이며 영적생활에서의 큰 병입니다. 우리를 정확하게 아시는 분은 오직 하나님이십니다. 당신은 주를 홀로 만나 하나님의 불꽃 같은 눈으로 나를 볼 때 나는 어떤 존재인지를 볼 수 있도록 하십시오. 주의 눈으로 나를 본다면 우리는 너무나 비참하고 부끄러워서 "나는 아무 쓸모 없는 사람입니다"라는 말조차 하지 못하게 될 것입니다. 이에 하나님은 우리가 자신에게 속지 않도록 우리를 궁지에 처하게도 하시며, 모든 것을 잃게도 하시며, 많은 사람 앞에서 부끄러움을 당하게도 하십니다. 결국 주님은 어떤 모양이라도 우리가 주 앞에 홀로 서게 하십니다. 우리가 영적 착각에서 벗어난 그때가 주께서 주의 말씀을 설명하여 주시는 때입니다. 그때까지 주님은 아무것도 설명해주시지 않으십니다.

귀로 듣고 눈으로 보며 얻은 성경 지식과 정보를 자신의 신앙의 삶이라고 착각하지 마십시오. 오직 주께서 우리를 홀로 있게 하시고 그것을 설명해주실 때에야 우리는 주의 말씀이 무엇을 의미하는지 깊게 이해하게 됩니다.

# 하나님의 부르심



"내가 누구를 보내며 누가 우리를 위하여 갈꼬 하시니 그때에 내가 이르되 내가 여기 있나이다 나를 보내소서" 이사야 6:8

하나님께서는 이사야를 직접 부르지 않으셨습니다. 오히려 이사야가 하나님께서 하시는 "누가 우리를 위하여 갈꼬?"라는 말씀을 들었습니다. 하나님의 부르심은 어떤 특정한 사람을 부르시는 것이 아닙니다. 어떤 사람을 따로 떼어내어 "너는 지금 가라"고 말씀하지 않으십니다. 오히려 주의 부르심은 모든 사람을 위한 것입니다. 내가 하나님의 부르심을 듣고 못 듣는 것은 나의 마음의 귀 상태에 달렸습니다. 내가 무엇을 듣는지는 자신의 성향에 좌우됩니다.

"청함을 받은 자는 많되 택함을 입은 자는 적으니라"마태복음 22:14. 이 말씀은 택함 받은 자로 입증되는 사람은 소수라는 뜻입니다. 택함을 받은 사람은 다름 아닌 예수 그리스도를 통해 하나님과의 바른 관계에 들어가 그들의 성향이 바뀌고 귀가 열려서 "누가 우리를 위하여 갈꼬?"라는 주의 음성을 들은 자들입니다. 그들은 주의 음성을 분별한 후에 "주여, 나를 보내소서"라고 적극적으로 말합니다.

하나님께서 당신에게 따로 찾아오셔서 당신을 부르실 것이라는 착각을 버리십시오. 예수님께서 주의 제자들을 부르실 때도 따로 불러 강요하시지 않았습니다. 주님의 "나를 따르라"는 음성은 오직 주를 향해 깨어 있는 영혼에게만 들렸습니다. 만일 우리가 주의 성령을 통해 하나님과 가까이 뵙는다면 우리도 이사야가 들었던 아주 작은 하나님의 음성을 듣게 될 것입니다. 그때 우리는 참된 자유와 기쁨 가운데 "내가 여기 있나이다. 나를 보내소서"라고 말하게 될 것입니다.

# 세상에서의 소금의 역할

"너희는 세상의 소금이니" 마태복음 5:13

이 말씀을 어떤 현대 신학자들은 주님께서 "너희는 이 세상의 설탕이니"라고 말씀하신 것으로 생각합니다. 치유하는 역할 없이 단지 부드럽게 다른 사람의 관심을 끄는 것이 그리스도인의 삶이라고 생각합니다. 그러나 주님은 그리스도인을 소금으로 비유하셨습니다. 그 이유는 소금은 이 세상에서 가장 필요한 성분 중의 하나이기 때문입니다.

소금은 모든 것을 온전하게 보전하며 부패를 막습니다. 그러나 소금이 되면 불이익을 당합니다. 만일 당신이 상처에 소금을 바른다고 합시다. 그러면 소금은 상처 부위에 고통을 줍니다. 이처럼 하나님의 자녀가 하나님을 모르는 자들 사이에 끼게 되면 그들은 하나님의 자녀 때문에 고통을 당합니다. 그 이유는 하나님과 관계를 맺지 않아 상처가 그대로 있기 때문입니다. 그래서 그들은 하나님의 자녀로 방해 및 부담감을 느끼게 되고 아주 심술궂게 행동하거나 미움을 갖게 됩니다.

우리는 어떻게 해야 성도로서 건강하며 또한 사회 속에서 소금의 맛을 낼 수 있을까요? 이는 예수 그리스도를 통해 하나님과 바른 관계를 유지함으로 가능합니다. 주님의 제자들은 주님을 인정하지 않는 시대 속에서 그분의 가르침대로 살라고 부름을 받았습니다. 이 부름을 따르는 데에는 많은 제약과 함께 종종 심한 박해가 따랐습니다. 이 시대는 성도들이 모욕을 당하는 시대입니다. 그러나 주님의 재림 이후의 세대는 성도가 영광을 누리는 세대가 될 것입니다. 주님의 영원한 나라에서 영광을 누리는 길은 썩어가는 이 세상에서 소금의 역할을 감당하는 것입니다.

이 나무는 당신입니다.

# May

5월

당신은 주님을 위해 제물이 될 수 있습니까?

안일하고 영웅심에 빠져 있을 때

# 예수님을 최고의 자리에 두십시오!



> "내가 이 두루마리의 예언의 말씀을 듣는 모든 사람에게 증언하노니 만일 누구든지 이것들 외에 더하면 … 제하여 버리시리라" 요한계시록 22:18~19

성경은 하나님의 말씀으로서 위로부터 거듭나 빛 가운데 행하는 자들에게 생명과 능력을 줍니다. 하나님의 말씀이신 우리 주 예수 그리스도와 하나님의 '말씀들'인 성경은 함께 서고 함께 무너집니다. 이 둘은 결코 분리될 수 없습니다. 만일 하나라도 무시되면 함께 무시되고 함께 무너집니다. 그러므로 우리 주님에 대한 자세는 성경에 대한 자세와 같습니다.

위로부터 거듭나지 않는 자들에게 하나님의 '말씀들'은 아무런 의미가 없습니다. 그들에게 성경은 단지 뛰어난 문학작품일 뿐입니다. 세상 사람들은 성경을 하나님의 말씀으로 인식하지 못한 채 어둠 가운데 있습니다. 만일 우리가 세속적인 사람에게 하나님의 진주를 제시하면 그들은 발로 그 진주를 짓밟을 것입니다. 우리를 발로 짓밟는다면 별문제가 아니겠지만, 그들은 하나님의 진리를 짓밟습니다. 성경의 말씀은 사람의 말이 아니라, 예수 그리스도의 말씀이며 성령만이 우리에게 그 말씀이 무슨 의미인지를 가르치실 수 있습니다.

성경에서 분명하게 가르친 것이 있다면 구원과 거룩의 길입니다. 그 후의 깨달음은 어떻게 온전히 빛 가운데 걷느냐에 달렸습니다. 그러나 어리석은 사람들은 계속 하나님의 말씀을 물을 탄 것처럼 묽게 해서 세상에 맞추어갑니다. 그래서 결국은 하나님의 말씀이 돼지의 발아래 짓밟히게 합니다.

하나님의 거룩한 것을 개들, 곧 세상 사람들에게 주지 말라고 하신 예수님의 말씀을 주의하십시오. 당신의 거룩한 것을 그들 앞에 던지지도 말고 하나님의 진리의 진주를 '돼지' 같은 사람들에게 주지 마십시오. 성경보다 당신의 체험이나 사상이나 생각을 앞세우지 마십시오. 그것이 바로 진주를 진흙탕에 처박는 것입니다. 성경과 주 예수 그리스도를 언제나 최고의 자리에 모십시오. 진주를 진주답게 소중히 여기십시오.

매일 묵상할 때 나무는 성장합니다.

# 개별성과 인격성

"하나님이 아브라함에게 이르시되 네 아이나 네 여종으로 말미암아 근심하지 말고 사라가 네게 이른 말을 다 들으라" 창세기 21:12

만일 우리가 하나님께 순종하면 하나님과의 인격적인 관계에서 딜레마에 빠지지 않게 됩니다. 그러나 고집을 부리며 불순종할 때 하나님과 우리의 관계 사이에 많은 딜레마가 발생합니다. 영적으로 딜레마에 빠지는 이유는 훈련받기를 거절하기 때문입니다. 나의 자연적인 생명을 훈련하기를 거절할 때마다 우리는 그리스도를 닮는 인격이 되기보다 더욱 건방지고 교만한 개별적인 사람이 됩니다.

개별성은 거듭나지 않은 자연인의 특징이며, 인격성은 거듭난 영적인 사람의 특징입니다. 바로 이러한 이유 때문에 주님은 개별성에 의해 정의될 수 없고 오직 인격성에 의해서만 정의될 수 있습니다. 개별성은 영적으로 미성숙한 영적 어린아이의 특징이기도 합니다. 또한 각 개인의 인격성의 껍질이라고 할 수 있습니다. 사람들은 개별성에 의해 구별되고 서로 나뉩니다. 서로 분열되고 비교하는 가운데 열등감을 느끼거나 교만을 느낍니다. 반면에 사람들은 인격성에 의해 합쳐집니다. 개별성이라는 보호막은 하나님께서 각 인격을 보호하기 위해 창조하신 덮개라고 할 수 있습니다. 그러나 인격적인 생명이 하나님과 교제하려면 개별성이라는 껍질은 깨어져야 합니다. "이는 우리가 하나가 된 것 같이 그들도 하나가 되게 하려 함이니이다" 요한복음 17:22.

만일 당신이 예수님의 말씀에 의해 상처를 받은 적이 없다면 정말로 당신이 그리스도인인지 의심해 보십시오. 예수 그리스도는 사람이 하나님을 섬기는 데 있어서 방해되는 그 어떤 것에 대해서도 조금이라도 용납하지 않으십니다. 특히 각 개인에게 그들의 개별성을 철저하게 주 앞에 내려놓을 것을 명하십니다. 만일 성령께서 당신에게 마음을 아프게 하는 주님의 말씀을 기억나게 하시면 반드시 그 말씀대로 순종하십시오. 그러할 때 우리는 우리의 개별성에서 벗어나 주님과 하나로 연합되는 인격성으로 나아가게 됩니다.

# 그리스도를 믿는 성도의 인간관계



"이는 그 목수의 아들이 아니냐 그 어머니는 마리아, 그 형제들은 야고보, 요셉, 시몬, 유다라 하지 않느냐 그 누이들은 다 우리와 함께 있지 아니하냐" 마태복음 13:55~56

이 말씀에 나온 사람들은 주님께서 이 땅에 계실 때 함께 살았던 가까운 사람들입니다. 우리는 이것을 보면서 "오, 주님께는 매우 행복하고 유쾌한 가족이 있었네요"라고 말합니다. 그러나 그렇지 않습니다. 주님은 너무나 힘든 가정생활을 하셨습니다. 예수 그리스도께 가장 가까웠던 형제들과 누이들은 예수님을 믿지 않았습니다. 예수님은 힘든 사람들과 사셨지만, 하나님과 온전한 관계를 유지하셨던 분입니다. 그래서 주님은 거듭난 주의 백성이 주님처럼 하나님과 온전한 관계의 삶을 살기를 원하십니다. 또한 주님은 나사렛으로 내려가셔서 가까운 사람들에게 순종하셨습니다. 이 얼마나 놀라운 겸손입니까! 당신이 혹시 까다롭고 악한 사람을 보면서 분노가 치밀면 마귀의 종인 가룟 유다와 3년 동안이나 함께하셨던 예수 그리스도를 기억하십시오.

우리 주님께서는 공식적인 첫째 설교를 고향에서 하셨습니다. 고향 사람들은 예수님을 너무나 잘 알고 있었습니다. 그들은 주님의 설교를 듣고 분노하더니 예수님을 죽이려고 하였습니다. 우리 중에는 "내가 구원받고 거룩하여지면 나의 대인 관계는 다 잘 될 거야"라고 말하는 사람들이 있습니다. 하지만 주의 어머니가 예수님을 오해하였고, 또한 주의 형제들과 동네 사람들이 예수님을 믿지 않았듯이, 우리가 예수님을 믿으며 살아갈 때도 똑같은 일들이 발생할 것입니다. 따라서 우리는 다른 사람이 우리를 오해해도 이상하게 생각할 필요는 없습니다. 역사 속에서 예수 그리스도께 나타났던 일들은 그분이 우리 안에 계실 때 주님을 마음에 모시고 사는 우리에게 실제로 나타나게 될 것입니다. 하나님의 아들이 당신 안에 아직 형성되지 않았다면 당신에게 나타날 전혀 알 수 없는 고난을 각오하십시오. 그러나 두려워하지 마십시오. 그러한 고난 가운데 믿음으로 행할 때 우리를 통해 그리스도의 생명의 역사가 크게 나타날 것입니다.

# 당신의 지체를 하나님께 드리십시오!

"또한 너희 지체를 불의의 무기로 죄에게 내주지 말고 … 너희 지체를 의의 무기로 하나님께 드리라" 로마서 6:13

사람이 거듭난다고 해서 인간의 속성이 바뀌는 것은 아닙니다. 인간의 속성은 전과 똑같습니다. 신체도 바뀌지 않으며 환경도 바뀌지 않습니다. 그러나 거듭나면 내 중심이 바뀌게 되며 나의 모든 지체가 새로운 성향에 의해 지배를 받게 됩니다.

이 세상에는 오직 한 가지 종류의 인간 속성이 있습니다. 모든 사람에게 이 속성이 있습니다. 그리고 이 우주에는 오직 한 가지 종류의 거룩이 있습니다. 그 거룩은 바로 예수 그리스도의 거룩입니다. 당신의 '마음의 보좌'를 주께 드리십시오. 그러면 주께서 당신을 통해 주님 자신을 드러내실 것이며, 다른 사람은 당신을 통해 주님을 인식하게 될 것입니다. 이러할 때 서로 너무나 잘 아는 사람은 착각하지 않습니다. 그들은 우리를 통해 나타나는 그러한 특징이 우리 안에 내재하시는 예수님으로부터 온 것임을 알기 때문입니다. 그 특징은 인간의 고상함과 다릅니다. 오직 예수 그리스도와 닮은 꼴의 특징입니다. 따라서 우리를 통해 나타나는 선함은 주님의 '친절'이요, 주님의 '인내'이며, 주님의 '순결'입니다. 결코 사람의 것이 아닙니다. 경건이란 다름 아닌 나의 인간적 속성이 뒤로 물러나고 새로운 성향이 그 자리를 대신하여 주의 성품을 드러내는 것입니다.

우리는 "주의 발걸음을 따르라"는 말을 듣습니다. 그러나 주의 발걸음을 따르는 것은 인간의 힘으로는 불가능합니다. 우리의 인간적인 본성으로는 그렇게 할 수 없습니다. 만일 내가 하나님께서 빛 가운데 행하심 같이 행하고자 한다면 예수님의 거룩한 속성이 내 안에 있어야 합니다. 이는 신의 속성을 부여받아 나 자신의 힘이 아닌 주님의 힘으로 사는 것을 말합니다. 이 모든 시작을 가능하게 하려면 성령으로 거듭나서 예수 그리스도의 성향을 받아야 합니다.

# 사명을 받은 제자의 자세



"늙어서는 네 팔을 벌리리니 남이 네게 띠 띠우고 원하지 아니하는 곳으로 데려가리라"
요한복음 21:18

주님께서는 베드로를 사도직에 다시 복위시켜주셨습니다. 그리고 그에게 사도직은 주를 향한 사랑에 근거해야 한다고 사도직의 기본을 명확하게 가르쳐주셨습니다. "네가 이 사람들보다 나를 더 사랑하느냐?" 베드로는 더 이상 자기 자신에 대하여 조그마한 망상도 없었습니다. 그는 자신을 신뢰하는 자세에 완전한 종지부를 찍었습니다요한복음 13:37. 그리고 그는 주님의 질문에 자신이 주님을 얼마나 사랑하는지 고백하였습니다. "내가 주님을 사랑하는 줄 주님께서 아시나이다"요한복음 21:16.

사랑이란 나의 인격이 다른 인격에게 최상의 것을 주는 것입니다. 예수님은 우리를 사랑하셔서 성령을 주셨습니다. 이 우주에서 예수님을 가장 사랑하는 분은 성령이십니다로마서 5:5. 그 성령이 우리 안에 계시다는 것은 주님이 우리에게 최상의 것을 주신 것입니다. 그러므로 사람이 그 성령을 받음으로 예수 그리스도와 인격적인 관계에 들어가면 그에게 가장 먼저 나타나는 특징은 예수님을 사랑하는 것입니다. 그 후 성령은 예수님을 믿는 양들에게 영양분을 공급하십니다. 그러한 그에게 주께서 물으십니다. "네가 나를 사랑하느냐?" "그렇다면 나의 양을 먹이라." 이것이 우리가 구원받은 목적이며 또한 오직 성령에 사로잡혀 주의 복음을 전하고 먹이는 것이 구원받은 그리스도인의 사명입니다.

영적으로 어릴 때는 우리가 원하는 곳으로 가려고 합니다. 그러나 예수님께서는 "늙어서는 네 팔을 벌리리니 남이 네게 띠 띠우고 원하지 아니하는 곳으로 데려가리라"고 말씀하셨습니다. 물론 이 내용은 베드로가 십자가에 거꾸로 못 박혀 순교할 것을 말씀하신 것이지만, 동시에 제자들의 내면세계가 어떠해야 하는지를 알려주신 것입니다. "그리스도께서 자기를 기쁘게 하지 아니하신 것 같이"로마서 15:3 그리스도의 영을 가진 자는 자신을 기쁘게 하지 이니하는 훈련을 해야 합니다. 이 부분이 제자도에 있어서 가장 중요한 부분이며 자기 자신에 대한 자기 권리를 내려놓는 것을 의미합니다누가복음 14:26~27, 33.

# 나를 사로잡는 그리스도의 사랑

**"그리스도의 사랑이 우리를 강권하시는도다" 고린도후서 5:14**

바울은 예수 그리스도의 사랑에 사로잡혀 그 사랑으로 주를 위해 사역하였습니다. 하나님의 사랑에 사로잡혀 살아가는 사람은 많지 않습니다. 보통 대부분의 사람은 자신의 체험에 사로잡혀 살아갑니다. 그러나 바울은 오직 하나님의 사랑에 사로잡혀 있었습니다. 그리스도의 사랑에 사로잡힌 사람은 누가 보아도 쉽게 알아볼 수 있습니다. 그 이유는 하나님의 성령이 그 사람을 통해 자유롭게 역사하시기 때문입니다.

거듭난 사람들의 주된 간증은 하나님께서 자신에게 어떤 일들을 해주셨다는 내용입니다. 그러나 성령 세례를 받고 나면 그러한 간증은 사라지고 "내 증인이 되리라"는 예수님의 말씀을 깨닫고 예수님께서 자신에게 베푸신 능력을 증거하기보다는 자신을 통해 예수님이 나타나도록 합니다. 따라서 주의 증인된 삶은 사람들로부터 영광을 받든지 비난을 받든지 내 안에 계신 예수님께서 나를 통해 반응하는 삶입니다.

이러한 증인된 삶은 예수님의 사랑에 사로잡히지 않으면 가능하지 않습니다. 이 부분이 주의 백성이 깨달아야 하는 가장 중요한 부분입니다. 그러나 주의 백성이 가장 깨닫지 못한 부분도 이 부분입니다. 바울은 하나님의 사랑에 사로잡혔기 때문에 그의 모든 행동은 그 사랑으로부터 나오는 반응일 뿐이었습니다. 사람들이 그를 미쳤느니 정신이 온전하지 못하느니 말이 많아도 그는 별로 신경을 쓰지 않았습니다. 그가 살아가는 단 한 가지 이유가 사람들에게 하나님의 심판과 예수 그리스도의 사랑을 알리는 것이었기 때문입니다. 그리스도의 사랑에 우리를 완전하게 내어 맡기는 것만이 우리의 삶에 성령의 열매를 맺는 비결입니다. 이러한 삶은 자신을 거룩하게 드러내려는 동기가 없고 단지 주의 사랑 때문에 하나님의 능력과 주의 거룩함이 나를 통해 나타나는 삶입니다.

# 그리스도의 남은 고난에 동참하십시오!

주님의 고난에 동참하려면 "주께서 너희를 위하여 고난을 받으셨다"는 사실을 깨달아야 합니다. 당신은 다른 사람 때문에 또는 다른 사람을 위해 고통을 당하고 있습니까? 당신은 아마도 당신을 아프게 하고 불편하게 하고 힘들게 하는 것 때문에 뼈를 깎는 기도를 드린 적이 있을 것입니다. 그러나 이러한 고난은 '그리스도의 고난에 동참'하는 것은 아닙니다. 하지만 당신의 마음이 하나님을 사랑하기 때문에 다른 사람을 위한 하나님의 고통을 알고 그들을 대신하여 고통을 당한다면 당신은 그리스도의 남은 고난에 동참하고 있는 것입니다.

"그리스도의 남은 고난을 그의 몸된 교회를 위하여 내 육체에 채우노라"골로새서 1:24. 어떻게 우리는 그리스도의 남은 고난을 내 육체에 채울 수 있을까요? 이를 위해 꼭 해야 하는 것 중의 하나는 중보 기도입니다. 그렇습니다. 남을 위해 중보 기도하는 시간을 갖기는 그리 쉽지 않습니다. 자신의 가시와 고난 때문에 자신을 위해 기도하기는 쉽지만, 다른 사람을 향한 하나님의 마음과 관점을 가지고 그들을 위해 기도하기는 쉽지 않습니다. 그러나 하나님께서 보시는 대로 이웃을 보면서 그들을 위해 중보 기도할 때 바로 그 기도가 그리스도의 남은 고난을 내 육체에 채우는 것입니다.

성도의 헌신은 다른 사람을 향한 하나님의 관심에 자신의 마음을 일치시키는 데에서 나타납니다. 주님은 우리가 사람들을 향한 주님의 마음을 알고 그 마음에 하나가 되기를 원하십니다. "말씀하시되 나를 따라오라 내가 너희를 사람을 낚는 어부가 되게 하리라"마태복음 4:19.

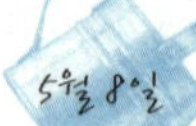

# 마지막 때의 특징

"경건의 모양은 있으나 경건의 능력은 부인하니 이 같은 자들에게서 네가 돌아서라" 디모데후서 3:5

물질주의는 세상의 끝이 올 때 힘을 잃을 것입니다. 그러나 영성주의는 세상 끝에서 가장 강력한 힘을 나타낼 것입니다. 모든 인류는 '보이지 않는 것'에 온 마음을 쏟게 될 것입니다. 이때 이러한 영성주의 운동의 특징은 경건의 모양이 될 것입니다. 즉, 겉으로 보기에는 순결하며 많은 이로운 일을 할 것입니다. 따라서 택함 받은 자마저도 깨어 있지 않으면 이러한 영성주의 운동에 속아 넘어갈 것입니다. 그러나 그 안에는 예수 그리스도의 구속 능력이 없습니다. 십자가의 대속과 성령의 거듭나게 하는 역사가 없습니다.

세상의 끝이 점점 다가오고 있습니다. 앞으로 우리는 지금까지 보지 못했던 더 고결한 도덕 운동과 거룩 운동을 보게 될 것입니다. 더 유익을 주는 듯한 정부 체제, 인류에게 유익을 주는 듯한 발전된 문명, 위대한 과학적 발견과 지적 지식, 특히 신체적인 건강과 계발은 마지막 때의 특징이 될 것입니다. 그러나 갑자기 모든 것이 가루가 됩니다. 주 예수 그리스도의 재림으로 이 모든 인간의 '안녕과 평화'가 잿더미가 될 것입니다. 당신은 이 시대의 영에 속지 않도록 하십시오. 주님의 재림을 바라며 기다리십시오. 롯의 아내처럼 세상의 안일에 물들거나 정들지 마십시오.

이 나무는 당신입니다.

# 거룩하게 되는 삶을 멈추지 마십시오!

"하나님께로부터 난 자마다 죄를 짓지 아니하나니 이는 하나님의 씨가 그의 속에 거함이요 그도 범죄하지 못하는 것은 하나님께로부터 났음이라" 요한일서 3:9


바울이 로마서 7장에서 설명하고 있는 것은 거듭난 자의 속성 안에는 서로 다른 두 가지 성향이 다투고 있다는 사실입니다. 한 가지 성향은 육체의 정욕을 이루려는 것이고, 다른 성향은 모든 상황에서 성령께 순종하려는 것입니다.

많은 사람이 예수 그리스도의 속죄를 통해 경험할 수 있는 최고의 은혜는 이 두 가지 성향이 다투고 있는 '상태'라고 생각합니다. 그들은 예수님께서 이루신 모든 것은 인간의 의식을 깨워 인간의 어리석은 착각과 안일함을 흔들어 놓는 것으로 생각합니다. 따라서 매일의 영적 갈등을 당연하게 여깁니다. 그러나 그렇지 않습니다. 중생한 생명은 올라갔다가 떨어지는 것을 반복하는 생명이 아닙니다. 거듭난 생명은 언제나 올라가기만 합니다. 중생은 육체의 소욕과 성령의 소욕을 분리하고 우리의 속성 안에 죄를 짓지 아니하는 생명을 만들어냅니다 요한일서 3:9. 죄를 짓지 아니하는 생명은 성령의 소욕을 온전하게 따릅니다. 이 사건은 성결의 사건과 연결되어 있습니다. 중생과 성결은 구원의 서로 다른 면입니다. 성결은 내면을 거룩하게 하고, 중생은 거룩한 삶을 사는 생명을 줍니다. 그러므로 성령으로 거듭난 자마다 죄와의 갈등이 아니라, 이미 죄에 승리한 상태에 있습니다.

주의 은혜는 우리가 영적으로 승리하는 데 이미 충분합니다. 나아가 거룩한 삶을 사는 능력의 생명이 이미 우리 안에 있습니다. 오직 우리에게 필요한 것은 거듭난 생명으로 사는 일만 남아 있습니다. 당신은 내적 갈등을 타당하게 여김으로 그리스도께서 당신을 통해 온전히 나타나시는 것을 막는 일이 없도록 하십시오.

# 영적으로 흔들리지 않는 훈련



불굴은 인내보다 더 많은 의미가 있습니다. 우리가 바라보는 것이 반드시 실현될 것이라는 절대 확신과 함께 그 소망을 바라며 인내하면서 계속 소망을 향해 나아가는 것을 불굴이라고 합니다. 불굴은 실패할까 두려워 매달려 있는 상태가 아닙니다. 영적인 불굴은 그가 믿는 주 예수 그리스도께서 패배하지 않으실 것을 강하게 믿고 앞으로 나아가는 것입니다. 제자들의 가장 큰 두려움은 자신들이 망하게 되는 것이 아니었습니다. 그들이 모든 것을 버리고 따른 주 예수 그리스도께서 혹시 패배하실지도 모른다는 두려움이었습니다.

성도들이 믿음생활을 하면서 세상이나 불신자들을 통해 사탄의 음성을 듣게 되면 잠시 동안 자신이 믿는 성경과 주 예수 그리스도께서 참이 아니면 어떻게 하지라는 의심과 두려움이 임할 때가 있습니다. 혹은 주께서 보장하셨던 사랑, 공의, 용서, 자비가 결국 승리하지 못하고 수포로 돌아갈지도 모른다는 염려가 들 수도 있습니다. 이때 성경을 펼쳐서 기도하십시오. 십자가를 기억하며 부활의 객관적 증거들을 점검하십시오. 무엇보다 당신 안에 주께서 거듭나게 하신 새 생명이 실재하며 또한 성령께서 당신과 함께 있음을 기억하십시오. 그 가운데 주 예수 그리스도를 바라보면 주님으로부터 당신의 영적 불굴을 촉구하는 음성이 들립니다. "가만히 있어 내가 하나님 됨을 알지어다." 이는 가만히 견디라는 음성이 아니라, 살아 계신 하나님은 절대로 패배하지 않는 분이라는 확신 가운데 주께서 맡기신 일을 구체적으로 진행하여 나아가라는 음성입니다. 이 음성을 듣게 되면 모든 의심을 떨치게 되면서 불굴의 마음이 다시 서며 주를 향해 달리게 됩니다.

만일 당신의 소망이 지금 난관을 겪고 있다면 이는 그 소망이 더욱 정결하여지고 있다는 증거입니다. 인생에서 제일 힘든 것 중의 하나는 하나님을 기다리는 것입니다. 주께서 말씀하셨습니다. "네가 나의 인내의 말씀을 지켰은즉 내가 또한 너를 지켜 시험의 때를 면하게 하리니" 요한계시록 3:10. 그러므로 영적 불굴의 자세를 갖고 앞으로 나아가십시오.

# 우리가 기뻐해야 할 것



"귀신들이 너희에게 항복하는 것으로 기뻐하지 말고 너희 이름이 하늘에 기록된 것으로 기뻐하라" 누가복음 10:20

예수 그리스도께서는 우리에게 사역의 성공으로 기뻐하지 말라고 강조하셨습니다. "귀신들이 너희에게 항복하는 것으로 기뻐하지 마라." 참된 영성에 거슬러 행하는 성도들은 귀신이 쫓겨나는 것으로 기뻐하고 사람들이 치유 받는 것으로 즐거워합니다. 그러나 예수님께서는 '성공적인 사역'으로 기뻐하기보다 주님과의 관계에서 기뻐하라고 말씀하셨습니다. "너희 이름이 어린 양의 책에 기록된 것으로 기뻐하라." 제자들은 주님께서 부활하신 이후에야 이 의미를 깨달았습니다. 당신과 나도 성령을 받기 전까지는 이 의미를 깨달을 수 없습니다.

당신은 성공적인 사역을 추구하다가 타락의 길로 떨어지는 사역자들을 본 적이 있습니까? 사람들이 보기에 이미 성공적인 사역을 이루어 놓았지만, 그 영혼은 그리스도의 성품과 거리가 먼 그러한 사역자를 알고 있습니까? 이러한 타락은 의도적인 죄악으로 말미암은 것이 아니라, 성공적인 사역을 즐거워하며 추구하는 과정에서 자신도 모르게 곁길로 빠지게 됩니다. 또한 성공적인 사역이 이루어지면 사탄의 교만이 들기 일쑤입니다.

당신을 통해 이루어진 일이 있다면 주님께만 감사하십시오. 주님 안에서만 기뻐하며 주님만 바라보십시오. 그렇지 않으면 성공을 바라보면서 주님을 놓치고 덫에 빠지게 됩니다. 그러나 주님과의 교제에 집중하는 성도에게는 사역의 성패란 있을 수 없으며 언제나 주께 순종할 뿐입니다. 그러므로 언제나 주 안에 거하는 것만을 즐거워하도록 하십시오.

# 주님을 사랑함으로 양을 치십시오!

"베드로가 근심하여 이르되 주님 모든 것을 아시오매 내가 주님을 사랑하는 줄을 주님께서 아시나이다 예수께서 이르시되 내 양을 먹이라" 요한복음 21:17

당신이 참된 목자 되신 주 예수 그리스도와 친밀한 관계를 맺고 있지 않으면 하나님의 양들을 먹일 수 없습니다. 당신은 하나님의 진리를 선포할 수는 있어도 하나님의 양들에게 영양분을 공급할 수는 없습니다. 그러나 오직 당신이 하나님께 사로잡혀 주의 양들을 위한 찢긴 빵과 부어진 포도주가 될 때 하나님의 양들을 먹일 수 있습니다. 베드로는 자신의 힘으로 양들을 먹이고자 했습니다. 그러나 그는 양을 먹일 수 있는 영원한 영양분이 어디서 나오는지 알지 못했습니다. 베드로 자신은 단지 주님께서 사용하시는 도구일 뿐, 양들을 먹이는 영양분은 주님에게서 오는 것을 잊고 있었습니다. 그러나 주님과 사랑하는 관계로 회복되어 다시 연합되었을 때 그는 주의 양들을 먹이는 역할을 감당할 수 있었습니다.

예수 그리스도께서 당신에게 다른 사람을 위한 영양분이 어떻게 될 수 있는지를 가르치셨습니다. 그것은 주님의 손에 쥐어진 찢긴 빵과 부어진 포도주입니다. 이러한 자리까지 오기 위해 당신은 베드로처럼, 당신이 이해할 수 없는 실패와 시련들을 겪을 수 있습니다. 그러나 그러한 과정은 주께서 당신에게 어떻게 하나님의 양들을 먹이며 하나님의 양 떼를 칠 수 있는지를 가르치고 계신 것입니다.

성경을 펴고 하나님께서 양을 치는 일에 대해 무엇을 말씀하시는지 살펴보십시오. 양을 먹이고 돌보는 일은 당신이 양을 좋아한다는 이유만으로 그 일을 감당할 수 있는 것은 아닙니다. 당신에게는 양을 좋아하는 그 이상의 사랑이 있어야 합니다. 그것은 당신의 가장 위대하신 목자, 주 예수 그리스도를 향한 타오르는 사랑이 있어야 합니다. 주를 향한 타오르는 열정을 구하십시오! 주께서는 예수 그리스도를 갈망하는 당신을 통해 주의 양들이 태어나게 하고 당신으로 하여금 그들에게 영양분을 주어 자라나게 하실 것입니다.

# 당신은 주님을 위해 제물이 될 수 있습니까?

"만일 너희 믿음의 제물과 섬김 위에 내가 나를 전제로 드릴지라도 나는 기뻐하고 너희 무리와 함께 기뻐하리니" 빌립보서 2:17

바울은 지금 감옥에 있으며 언제라도 처형을 당할 상황에 있습니다. 그가 감옥에 갇히게 된 이유는 복음을 전하였기 때문입니다. 바울은 구약에서 희생 제물 위에 포도주나 올리브기름을 붓는 전제를 생각하며, 빌립보 교인들의 희생에 자신을 전제로 드릴지라도 기뻐하겠다고 말하고 있습니다. 이는 그들이 주께 나아갈 수만 있다면 자신의 생명을 바치겠다는 뜻입니다. 당신은 바울처럼 주께서 맡기신 사역을 위해 자신을 전제로 드릴 수 있습니까? 당신의 삶과 생명을 다른 사람의 믿음을 위한 전제로 부을 수 있습니까?

우리는 주를 위해 희생할 각오는 하지 않고 오직 안일하고 풍성한 삶만을 원합니다. "나는 아직 내 자신을 다 드릴 수는 없다. 나는 하나님께서 나를 축복하시길 원하지 내게 희생을 요구하는 것을 원치 않는다. 하나님께서 구체적인 희생을 원하시면 나는 자신이 없어서 도망갈 것 같다. 나는 사람들에게 칭찬받는 일만 했으면 좋겠다."

영웅심에 빠져서 믿음생활을 하는 것과 하나님의 뜻을 위해 다른 사람을 섬기는 것은 서로 다릅니다. 하나님은 참된 믿음생활을 위해 당신에게 남에게 천시받고 낮아지는 비결을 가르치십니다. 당신은 그 가르침에 순종할 준비가 되어 있습니까? 현재 당신이 처한 위치에서 주님을 위해 희생될 각오가 되어 있습니까? 특히 세상이 알아주지 않는 사람들, 전혀 당신에게 세상적으로 도움이 되지 않는 사람들, 오히려 관계를 맺게 되면 끊임없는 손해와 희생을 치러야 하는 사람들을 위해 그들이 주를 바라볼 수 있도록 당신의 삶을 바칠 수 있습니까? 많은 성도가 복은 원하면서도 다른 사람이 주님을 섬길 수 있도록 먼저 자신을 희생하거나 천하고 궂은일들을 하는 것을 싫어합니다. 자신들의 품위에 어울리지 않는다는 것입니다. 당신은 어떠합니까?

# 어둠의 때에 주의 음성을 듣는 방법



"주 여호와 이스라엘의 거룩하신 이가 이같이 말씀하시되 너희가 돌이켜 조용히 있어야 구원을 얻을 것이요 잠잠하고 신뢰하여야 힘을 얻을 것이거늘" 이사야 30:15

모든 그리스도인은 그들의 인생 가운데 무엇을 해야 할지 모를 때가 종종 있습니다. 모든 것이 불투명하고 매우 어렵기만 합니다. 친구여, 그러한 어둠의 때가 당신의 삶에 찾아온다면 그때는 다름 아닌 하나님께서 당신의 성품을 훈련하는 때임을 믿으십시오. 그 어둠의 때는 당신으로 하여금 주님을 더 친밀하게 알 수 있도록 도울 것입니다. 중요한 것은 이러한 어둠의 기간에는 당신이 말하는 때가 아니라 들어야 하는 때라는 사실입니다.

어둠의 때에는 당신의 눈에 주님도, 그분의 손길도 보이지 않습니다. 그러나 그 어둠의 때에 주께서 당신과 함께하신다는 사실을 조금도 의심하지 마십시오. 주님은 당신 곁에 계시며 모든 사정과 상황을 완전하게 알고 계십니다. 어둠의 그때는 당신이 이해할 수 없고 파악할 수 없는 상황이겠지만, 그때가 바로 믿음으로 하나님의 인도함을 받는다는 것이 무엇인지를 배우는 때입니다. 그때가 믿음으로 사는 법을 철저하게 배우는 때입니다.

어둠이 당신의 삶을 둘러쌀 때 오직 하나님과의 관계를 최고 중요한 관건으로 삼으십시오. 만일 그때 주님의 음성을 듣지 못한다면 당신의 삶은 끝없는 혼돈에 빠져 길을 잃을 수 있습니다. 어둠의 때에는 하나님께서 당신에게 하실 말씀이 있는 것이기 때문에 당신을 둘러싼 어둠의 상황을 주님께 아뢰려는 조급함을 내려놓고 먼저 주의 음성을 들으려는 자세를 가지십시오. 이를 위해 반드시 주님을 기다리는 인내가 필요합니다. 어둠의 때에 자기 연민의 음성을 듣지 말며, 다른 사람 동정의 음성도 듣지 마십시오. 오직 어둠의 때에는 주의 음성만을 듣도록 하십시오.

# 복음 때문에 세상의 찌꺼기 같이 된 우리

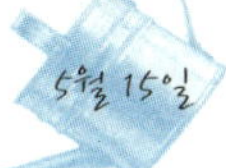


"우리가 지금까지 세상의 더러운 것과 만물의 찌꺼기 같이 되었도다" 고린도전서 4:13

오늘날 복음을 전하는 사람들이 세상의 더러운 것과 만물의 찌꺼기 같이 되지 않는 이유는 시대가 바뀌어서 그러한 것이 아닙니다. 그들에게 여전히 세상을 향한 애착이 많이 남아 있어서 본인들 스스로 복음을 위해 고난받기를 거절하기 때문입니다. 거듭났다고 해서 누구나 그리스도의 남은 고난에 동참하는 것은 아닙니다. 오직 복음을 위해 자신을 다 드리는 자가 그리스도의 남은 고난을 채우게 됩니다.

베드로는 "너희를 연단하려고 오는 불 시험을 이상한 일 당하는 것 같이 이상히 여기지 말라"베드로전서 4:12고 당부합니다. 만일 그리스도를 믿는 믿음 때문에 고난을 겪는다면 겁을 내지 말며 또한 그 고난을 이상하게 생각하지 마십시오. 물론 당신이 원하기만 하면 불 시험을 피할 수 있습니다. 그러나 그리스도의 남은 고난에는 절대 참여하지 못합니다. "나는 복음 때문에 부끄러움을 당하고 싶지 않아. 나는 사람들에게 억울하게 당하고 싶지 않아." 물론 당신은 그럴 필요가 없습니다. 어쩌면 간신히 구원도 받게 될 것입니다. 당신은 얼마든지 복음을 위해 고난받기를 거절할 수 있습니다.

반면 당신은 바울처럼 "복음이 증거되기만 한다면 나는 이 땅에서 찌꺼기 같이 대우받아도 상관없다"라고 말할 수도 있습니다. 예수 그리스도의 종이란 하나님의 복음을 위해 순교할 각오를 한 자들입니다. 복음과 상관없이 단지 도덕적이기만 한 사람들은 부끄러움이나 배신이나 억울한 일을 당하게 될 때 분노하거나 절망하게 됩니다. 그러나 복음을 위하는 사람은 어떠한 불의와 부끄러움과 억울한 일을 당해도 하나님께서 자신을 인정하시는 것을 알기 때문에 인내하며 감당합니다. 바울은 자신이 얼마나 훌륭한 사람인지를 보여주기 위해 세상에서 찌꺼기 같이 된 것이 아닙니다. 그는 자신 안에 계신 하나님의 아들을 보여주기 위해 어떤 험한 일이라도 다 감당하였던 것입니다. 당신도 바울처럼 복음 때문이라면 세상에서 찌꺼기 같이 여겨져도 참을 수 있겠습니까?

# 주님께 내려놓음



하나님의 뜻이 우리의 삶을 통해 이루어지게 하려면 우리는 우리의 모든 일을 주께 맡겨야 합니다. 특히 그리스도인은 예수 그리스도께 모든 것을 내려놓아야 그리스도의 향기가 될 수 있습니다. 주께 맡긴다는 것은 내 눈으로 내 자신의 흠을 찾아 고치는 것을 의미하지 않으며, 내 힘으로 뭔가를 이루어 주를 기쁘시게 하는 것을 의미하지 않습니다. 주께 내 자신을 내려놓는다는 것은 내게 주어지는 모든 관계와 사건에 대해 주님의 깊으신 뜻이 있음을 믿고 나는 단지 주님을 믿고 순종하는 것을 말합니다. 우리가 주님께 내려놓지 않을 때 우리의 삶에는 야망이 생깁니다. 하지만 그 야망이 이루어지지 않으면 우리는 공포와 불안과 염려에 빠집니다. 염려가 생기는 것은 주께 내려놓지 않았을 때 나타나는 가장 흔한 영적 현상입니다.

예수 그리스도께서 제자들에게 말씀하신 가장 위대한 단어는 '내려놓음'입니다. 하나님께서 우리를 주의 제자로 만드실 때 제일 먼저 하시는 일은 우리의 삶을 주께 내려놓게 하는 것입니다. 주님께 내려놓은 제자들의 삶은 그들의 짧은 인생이 오직 주를 위해 있음을 고백합니다. 그러므로 주님께 내려놓은 삶은 주님 외에는 삶의 다른 목적이 있을 수 없으며, 또한 주님의 역사 외에는 다른 인간적인 꾀와 방법을 사용하지 않게 됩니다. 이러한 믿음의 삶을 통해 하나님께서는 그를 이 세상에 보내신 주의 뜻을 이루어 내십니다. 그리고 주의 뜻이 이루어지는 인생은 전혀 후회가 없는 가장 보람되고 영광된 삶을 살게 됩니다. 주님을 믿고 그분께 당신의 모든 것을 던지십시오. 당신 자신에 대한 당신의 권리를 주께 양도하십시오. 그리고 주님이 하라는 대로 무조건 따르십시오. 당신을 향한 주의 뜻이 온전히 이루어지게 될 것입니다.

# "내가 너희를 사랑한 것 같이"



"새 계명을 너희에게 주노니 서로 사랑하라 내가 너희를 사랑한 것 같이 너희도 서로 사랑하라" 요한복음 13:34

인간에게 사람과의 관계만큼 더 중요한 주제가 없을 것입니다. 불신자들에게 하나님을 제일 먼저 사랑하고 최고로 사랑해야 한다고 말하면 그들은 발끈합니다. 그러나 예수님께서는 "네 마음을 다하고 목숨을 다하고 뜻을 다하여 주 너의 하나님을 사랑하라 하셨으니 이것이 크고 첫째 되는 계명"마태복음 22:37~38이라고 말씀하셨습니다. 당신은 삶의 위기 속에서 하나님을 가장 먼저 사랑합니까? 갈등과 혼동 가운데서 하나님께서 제일 먼저 당신을 인도하시도록 합니까?

"둘째도 그와 같으니 네 이웃을 네 자신 같이 사랑하라 하셨으니"마태복음 22:39. 그리스도인으로서 이웃을 사랑할 때 주께서 말씀하신 "내가 너를 사랑한 것 같이"라는 기준을 항상 기억하십시오. 이러한 기준에 따라 살아가는 사람들이 지금 얼마나 있을까요? 우리는 얼마나 사람을 혐오하며 또한 사람들과의 관계를 쉽게 끊어버리는지 모릅니다. 그러나 "내가 너를 사랑한 것 같이"라는 주님의 말씀이 생각나면 우리는 부끄러움과 꾸지람을 느낍니다. 예수 그리스도의 말씀을 항상 기억하는 습관을 지니려면 고된 훈련이 필요합니다. 우리는 종종 주의 말씀보다는 우리의 충동을 따라 행동합니다.

당신은 그리스도처럼 생각하기 위해 얼마나 많이 노력하며 훈련합니까? 주님의 마음에 합당하게 생각할 줄 아는 성도는 감각으로 가득 찬 이 세상에서 참으로 귀하고 드뭅니다. 세상 사람들은 생각이 깊은 성도를 미워합니다. 그들은 생각 없는 성도를 노리개로 삼을 수 있지만, 생각하는 성도는 삶이 옳을 뿐만 아니라 바르게 생각하기 때문에 세상 사람들에게 귀찮은 존재가 됩니다. 이 세상에 변화를 가져오는 성도는 그리스도의 마음을 형성하고 그리스도의 마음을 나타내는 성도입니다. 우리는 다 함께 "모든 생각을 사로잡아 그리스도께 복종하겠다"고린도후서 10:5는 다짐을 합시다.

# "하나님은 사랑이심이라"

"사랑하지 아니하는 자는 하나님을 알지 못하나니 이는 하나님은 사랑이심이라" 요한일서 4:8

오직 하나님만이 이 세상에서 참된 사랑을 나타내실 수 있습니다. 우리는 제한된 이 세상에서 많은 죄악을 체험하면서 오직 사랑의 모순들만 보게 됩니다. 따라서 사람들은 우리가 "하나님은 사랑이시라"고 선포하면 배를 잡고 조롱합니다. 망가지고 깨어진 인생들은 그러한 선포를 들을 때 모순을 느끼며 분노하기도 합니다. 심지어 세상 사람들은 이 세상에서 널려 있는 살인, 전쟁, 정욕, 질병 및 모든 이기적인 잔인함을 보면서 하나님의 사랑을 말하는 우리를 얼빠진 정신 나간 사람들이라고 부릅니다. 그러나 아브라함과 같은 고결한 믿음의 사람들은 그들의 삶에서 하나님은 사랑이심을 믿고 살아갔습니다. 그들은 그들의 고백과는 전혀 상반되어 보이는 이 세상의 상황에서도 하나님은 사랑이시라고 확신하고 행동하였습니다.

하나님의 은혜가 당신에게 보여주는 대로 당신 자신의 인생을 돌아보십시오. 그러면 단 한 가지 중요한 사실이 보이는 데 그것은 바로 하나님은 사랑이시라는 사실입니다. 하나님의 사랑에 대한 당신의 믿음이 아무리 어두웠더라도, 당신의 마음이 어둠 가운데 많은 고통과 어려움을 겪었을지라도, 가장 뚜렷하게 당신의 삶 가운데 드러나는 증거는 하나님은 사랑이시라는 것입니다. 미래에 역경과 어려움이 당신을 기다린다고 해도 조금도 두려워하지 마십시오. 하나님은 사랑이시라는 믿음을 잃지 마십시오. 어두운 시간에도 이 귀한 진리를 당신의 마음에 속삭이십시오. 이 세상의 구석에 처박히게 되어도 이 진리를 마음속에 외치십시오. 늘 이 믿음을 가지고 살아가십시오. 아름답고 연단된 행복한 삶을 지날 때 이 진리를 선포하십시오. 가장 평강한 기쁨의 순간에도 따로 구별된 시간을 가지고 하나님의 사랑을 노래하십시오. 당신 주변에 있는 모든 사람이 소망을 가지고 더 이상 두려워하지 않을 때까지 이 진리를 노래하십시오. "하나님은 사랑이시라."

# 믿을 때 나타나는 주의 구원의 능력



"그들이 믿지 않음으로 말미암아 거기서 많은 능력을 행하지 아니하시니라" 마태복음 13:58

그리스도인들이 갖는 믿음에서 가장 중요한 내용은 역사 가운데 발생한 가장 위대한 외부적 사건인 예수님의 십자가 구속 사건입니다. 구속은 각 개인의 구원 체험과 관련될 뿐만 아니라, 사고의 바탕에도 영향을 끼칩니다. 구속의 계시가 의미하는 바는 예수께서 이곳에 오셔서 십자가상의 죽음을 수단으로 하여 모든 인류를 구속의 바탕에 둠으로써 하나님과 완벽한 교제를 나눌 수 있는 가능성을 마련하였다는 것입니다. "아버지께서 내게 하라고 주신 일을 내가 이루어 아버지를 이 세상에서 영화롭게 하였사오니"요한복음 17:4. 예수님은 무엇을 이루셨습니까? 주님은 이 세상의 구속을 이루셨습니다. 그러므로 사람들이 구속을 받게 되는 것이 아닙니다. 그들은 이미 구속받았습니다. 그 이유는 주께서 "다 이루었다"요한복음 19:30고 말씀하셨기 때문입니다. 이는 당신과 나의 개인적인 구원을 이루셨다는 뜻이 아니라, 모든 인류가 구속의 바탕 위에 서도록 주께 맡겨진 사명을 완성하셨다는 뜻입니다.

당신은 구속을 믿습니까? 당신이 아는 가장 악한 사람을 생각해 보십시오. 조금도 애착이 가지 않는 사람을 떠올려보십시오. 당신의 삶에 끊임없이 고통을 주는 가시와 같은 사람을 상상해 보십시오. 당신은 그 사람이 그리스도 예수 안에서 완전한 자로 세움을 받을 수 있다고 믿습니까? 그렇게 믿는다면 당신은 기독교적 사고를 시작한 것입니다. 그러나 정말로 내 주변의 모든 사람을 향해 진심으로 그렇게 믿습니까? 만일 당신이 적극적으로 복음을 전파하는 사람이라면 가장 악한 사람을 만날 때 "오, 그렇습니다. 하나님께서 당신을 구원하실 수 있음을 믿습니다"라고 말할 것입니다. 그러나 당신의 마음속에는 그가 구원받을 가능성은 전혀 없다고 생각할 것입니다. 바로 이러한 우리의 불신앙이 우리 주변의 영혼들을 향하여 예수 그리스도께서 역사하시는 것을 막는 가장 큰 장애물입니다. 그러나 우리 자신의 더딘 믿음을 극복하고 예수 그리스도의 구원 능력이 우리를 통해 나타나도록 순종한다면, 그때 우리는 다른 사람에게 주님의 능력을 전달하는 발전기가 됩니다.

# 왜 기도합니까?

"너희가 내 안에 거하고 내 말이 너희 안에 거하면 무엇이든지 원하는 대로 구하라 그리하면 이루리라" 요한복음 15:7

사람들은 고통을 막기 위해 기도해야 한다고 말합니다. 그러나 과연 하나님께서 그러한 의도로 기도를 허락하신 것일까요? 사실 기도는 개인적인 야망의 걸림돌입니다. 그래서 자신의 야망을 향하여 달리느라 바쁜 사람은 기도할 시간이 없습니다. 기도하지 않으면 기도하지 않는 그 사람이 고통스러운 게 아니라, 그의 안에 거하는 하나님의 생명이 고통을 당합니다. 그 생명은 음식이 아니라, 기도에 의해 영양분을 섭취하기 때문입니다. 만일 기도를 자기계발을 위한 수단으로 여긴다면, 이는 비성경적일 뿐 아니라 절대 그렇게 되지도 않습니다. 기도는 단순한 명상 이상으로 우리 안에 있는 하나님의 생명을 자라게 합니다.

사람이 위로부터 거듭나면 하나님 아들의 생명이 그 사람 안에서 시작됩니다. 이때 그는 이 생명을 굶주리게 할 수도 있고 이 생명에게 영양분을 공급할 수도 있습니다. 기도는 하나님의 생명이 영양분을 공급받는 수단입니다. 우리 주님께서는 주님 안에 있는 하나님의 생명에게 기도를 통해 영양분을 공급하셨습니다. 주님은 기도로 하나님 아버지와 지속적으로 교류하셨습니다.

우리는 일반적으로 기도를 자신을 위해 뭔가를 얻기 위한 수단으로 여기지만, 성경적인 기도의 개념은 각 개인의 계획이 아니라 하나님의 거룩, 하나님의 목적, 하나님의 지혜로우신 계획이 이루어지는 것입니다. "구하기 전에 너희에게 있어야 할 것을 하나님 너희 아버지께서 아시느니라" 마태복음 6:8. 그렇다면 기도는 왜 합니까? 분명히 이 말씀은 우리의 기도 개념과 예수 그리스도의 기도 개념이 같지 않다는 것을 보여줍니다. 예수님께 기도란 하나님으로부터 뭔가를 얻기 위한 수단이 아니라, 하나님을 알기 위한 수단이었습니다. 그러므로 기도의 목적은 언제 어디서나 모든 상황 가운데 하나님의 뜻이 나타나야 합니다. 당신도 주님처럼 기도로 주의 뜻이 무엇인지를 알고 그의 뜻대로 순종하십시오.

# 영적인 생명과 자연적인 생명

5월 21일



자연적인 생명의 특징은 모든 것으로부터 독립하여 자기 영역을 확보하려고 합니다. 우리의 삶 속에 큰 혼잡을 만드는 것은 죄악도 있지만, 최선에 대항하는 차선도 있습니다. 차선은 최선 아래 있을 때에 아름답습니다. 그러나 차선이 최선이 되려고 하면 차선은 최선의 가장 큰 원수가 됩니다. 죄가 인류 속에 들어온 이후 인간의 차선은 언제나 최선이 되려고 합니다. 따라서 인간의 차선은 하나님과 다른 사람 앞에서 '자신을 드러내고 주장하려고' 노력합니다. 하갈과 그녀의 아들 이스마엘이 하나님의 보호와 복을 받게 되는 것을 볼 때 하갈은 죄를 상징하지 않습니다. 하갈은 단지 자연적인 생명을 대표합니다. 그러나 그 생명이 본래 있어야 할 자리에서 벗어날 때 사라로 상징되는 영적인 생명보다 앞서게 되면서 죄악이 됩니다. 우리의 자연적인 생명은 영적인 것에 순복하고 영적인 것에 완전한 다스림을 받아야 아름답습니다. 자연적인 것들은 어떠한 상황에서도 순종을 통해 영적인 것들로 승화되어야 합니다.

성령의 역사로 우리가 거듭나면 우리의 몸은 새로운 조건에 처하게 됩니다. 이때 우리의 자연적인 생명은 우리 안에 있는 하나님의 성령의 지시에 순복해야 합니다. 우리의 몸이 우리 안에 있는 주님의 생명에게 한 번 순복했다고 해서 계속 순복하리라고 안심해서는 안 됩니다. 따라서 계속적인 회심은 자연적인 생명에게 가장 좋은 자세입니다. 성도의 삶은 모든 영역에서 끊임없이 하나님을 의지해야 합니다. 금욕주의자는 자연적인 것을 나쁘다고 여기고 멀리합니다. 세속적인 사람들은 자연적인 것들에 노예가 되어 감각과 충동으로 살아갑니다. 하지만 이 두 자세 모두 틀린 것입니다. 영적인 삶을 방해하는 것은 우리의 자연적인 생명이 계속해서 주께 순종하지 않고 완고한 교만 가운데 하나님께 도전할 때입니다. 인간은 스스로 자기 자신에게 주인이 될 수 없습니다. 스스로 자신의 주인이 되려는 사람들은 자기보다 더 큰 힘을 가진 사탄의 종이 되기 마련입니다. 당신의 삶에서 모든 자연적인 영역의 것들이 주께 순복하도록 "내 몸을 쳐 복종하게" 고린도전서 9:27 하십시오.

# 응답받는 기도의 자세

**"구하기 전에 너희에게 있어야 할 것을 하나님 너희 아버지께서 아시느니라" 마태복음 6:8**

상식적인 사람들은 말합니다. "하나님께서 미리 다 아신다면 왜 기도하라는 것일까?" 우리가 기도를 처음 할 때는 하나님께 무엇을 얻기 위해 기도합니다. 그러나 이러한 기도는 신앙의 초기 상태의 기도입니다. 기도의 핵심은 하나님과 완벽한 교제를 하기 위한 것입니다. 나는 주께서 이미 아시는 바를 기도합니다. 그 이유는 그분이 나를 아신다는 것을 내가 알기 때문입니다. 위의 예수님의 말씀은 "하늘 아버지는 너희 아버지이니 대화를 차단한 자녀가 되지 말고 아버지께 기도로 말씀드려라. 그리고 주님께 말씀하실 시간을 주라"는 것입니다.

하나님은 우리의 기도를 응답하기 위해 존재하는 분이 아니십니다. 그러나 우리는 기도를 통해 하나님의 마음을 분별할 수 있고, 기도를 통해 우리는 주님께서 아버지와 하나인 것 같이 주님과 하나가 됩니다. 하나님께서 반드시 응답하셔야 하는 기도가 있습니다. 그 기도는 예수 그리스도께서 드린 요한복음 17장의 기도입니다. 우리가 얼마나 완전하고 불완전한지는 중요하지 않습니다. 우리의 기도가 주님의 기도와 일치될 때 우리의 기도는 반드시 응답됩니다.

대부분의 사람은 기도할 때 하나님을 의지하기보다 자신의 간절함을 의지하는 큰 실수를 범합니다. 기도에서 가장 중요한 것은 예수님께 대한 신뢰입니다. 당신은 기도할 때 하나님을 의지합니까? 아니면 자신의 간절함을 의지합니까? 하나님은 우리의 간절함에 전혀 감동하지 않으십니다. 우리의 기도를 하나님께서 들으시는 이유는 우리가 간절하고 열심히 기도해서가 아니라, 바로 주 예수 그리스도의 구속 때문입니다. 따라서 우리는 오직 "예수의 피를 힘입어 성소에 들어갈 담력을" 얻게 되는 것입니다히브리서 10:19. 당신은 오직 그리스도 안에서 기도하십시오.

# "너희 구원을 이루라"



"항상 복종하여 두렵고 떨림으로 너희 구원을 이루라" 빌립보서 2:12

주님께서는 그리스도의 경건한 삶은 이상이 아니라, 실제 가능한 삶임을 강조하셨습니다. 이를 위해 특히 제자로서의 결단을 해야 한다고 말씀하셨습니다. 물론 아무리 많은 결단을 한다고 해도 하나님의 새로운 생명을 얻게 되는 것은 아닙니다. 하나님의 생명은 '선물'입니다. 우리의 결단이 필요한 때는 하나님의 생명을 얻은 후 옛사람이 아니라, 우리가 받은 새 생명이 살도록 하는 때입니다. 그러한 결단을 통해 우리의 새 생명은 그리스도의 표준에 맞게 역사합니다. 우리는 종종 우리가 할 수 있는 것과 할 수 없는 것을 혼동합니다. 우리는 우리 자신을 구원할 수 없으며 거룩하게 할 수 없고 우리 자신에게 성령을 줄 수도 없습니다. 이러한 일들은 오직 하나님만이 하실 수 있습니다. 그리고 우리가 해야 하는 일들을 하나님이 하실 것으로 생각해서는 안 됩니다. 우리는 하나님께서 우리를 빛 가운데 걷게 하실 것으로 생각합니다. 그러나 하나님은 그렇게 하지 않으십니다. 그 이유는 빛 가운데 걸어야 하는 사람은 바로 당신이기 때문입니다. 하나님은 우리에게 빛 가운데 걸을 수 있는 생명과 능력을 주십니다. 그러면 우리는 우리 자신이 주께서 주신 생명과 능력으로 살아가고 있는지 잘 살펴보아야 합니다.

하나님께서는 우리 안에 생명과 능력을 넣어주시고 성령으로 우리를 충만케 하십니다. 그러나 그 생명과 능력이 현실 속에 나타나도록 해야 하는 것은 우리의 책임입니다. 바울은 "항상 복종하여 두렵고 떨림으로 너희 구원을 이루라"빌립보서 2:12고 말했습니다. 이 말은 당신이 구원을 얻기 위해 수고하라는 뜻이 아니라, 이미 주어진 구원을 밖으로 나타내라는 뜻입니다. 그러한 수고를 할 때 우리는 제자의 삶은 어렵지만 고결하며 영광스럽다는 것을 깨닫게 됩니다. 경건한 삶을 사는 것은 자신을 부인해야 하므로 어렵습니다. 그러나 그 어려움은 우리에게 실망과 낙망을 주기보다는 오히려 도전을 주고 우리를 일으켜 더욱 주님을 의지하게 합니다. 우리의 삶이 고결한 생애가 되려면 반드시 이러한 노력이 필요합니다. 날마다 좁은 문으로 들어가기를 힘써야 합니다.

# 썩지 않는 영원한 유업

"썩지 않고 더럽지 않고 쇠하지 아니하는 유업을 잇게 하시나니 곧 너희를 위하여 하늘에 간직하신 것이라" 베드로전서 1:4

이 말씀은 성경에서 대단히 많이 강조되지만, 현대 교회는 그 내용을 잊고 있습니다. 현대인들이 가진 천국의 개념은 대부분 이방 종교로부터 온 허상입니다. 그들이 가진 천국의 개념은 그들이 삶 가운데서 겪는 고통을 잠깐 가리기 위한 덮개일 뿐입니다. 현대인들이 가진 잘못된 천국의 개념 중에는 천국은 상태이지 장소가 아니라고 생각합니다. 이러한 개념은 틀린 주장입니다. 그 이유는 장소가 없는 축복의 상태란 있을 수 없기 때문입니다. 천국에 관한 성경의 가르침은 죄가 사라진 '이후'에 완전한 의와 함께 임하는 새 하늘과 새 땅입니다. 이 개념은 우리의 모든 생각을 초월합니다.

베드로는 모든 그리스도인에게 "더럽지 않고 쇠하지 아니하는 유업"이 우리를 기다리고 있다고 알려주고 있습니다. 그 유업은 우리가 소망하던 모든 것, 꿈꾸던 모든 것, 상상하던 가장 좋은 모든 것입니다. 그것은 아직 우리에게 임하지 않았습니다. 그러므로 그리스도인들은 언제나 '더 좋은 것이 올 것'을 기대하며 마침내 '가장 좋은 최상의 것들'이 올 것을 확신해야 합니다.

사람을 구원하는 일은 하나님께 속한 일입니다. 예수 그리스도께서는 인류가 구속함을 받았다는 것을 계시하십니다. 그 이유는 주께서 맡겨진 사명을 '다 이루었기' 때문입니다. 그러므로 누구든지 예수 그리스도의 십자가를 믿음으로 구원을 얻는 것이 허락되었습니다. 지금 이 내용은 만인 구원설Universalism과 다릅니다. 구속은 전 우주적으로 적용될 수 있도록 허락되었습니다. 그러나 이 뜻이 인간의 책임이 없어졌다는 뜻은 아닙니다. 예수 그리스도께서는 주께서 이루신 구속을 적극적으로 거부하거나 소극적으로 무시하는 자들을 향해 영원한 저주가 임하게 될 것을 분명하게 말씀하셨습니다. 오직 빛 되신 예수 그리스도를 택하여 믿음으로 순종하는 자들만이 영원한 유업인 새 하늘과 새 땅을 상속받게 됩니다.

# 우리를 보내시는 목적



"그리스도께서 나를 보내심은 세례를 베풀게 하려 하심이 아니요 오직 복음을 전하게 하려 하심이로되" 고린도전서 1:17

바울은 하나님께서 자신을 보내심은 세례를 베풀게 하기 위함이 아니라, 복음을 전하게 하기 위함이라고 분명하게 말합니다. 바울이 말하는 복음의 핵심은 우리 주 예수 그리스도께서 주의 보혈로 이루신 구속을 의미합니다. 우리는 자신의 거룩함을 복음의 주된 목적으로 삼으려는 경향이 있습니다. 그러나 바울은 복음을 설명하기 위해 자신의 구원이나 거룩의 체험을 예로 들 뿐이지, 결코 구원의 체험을 선포의 목적으로 삼은 적이 없습니다. 우리는 우리 자신의 구원이나 거룩을 드러내도록 부탁받은 적이 없습니다. 우리가 의탁 받은 것은 오직 예수 그리스도를 높이는 것입니다.

예수 그리스도께서 이루신 구속을 내 구원과 거룩 등 나만을 중심으로 적용하지 않도록 주의하십시오. 그러한 적용은 주의 구속의 큰 그림과 핵심을 놓치는 우스꽝스러운 주장이 되기에 십상입니다. 예수님께서 구속의 고난을 당하신 이유는 우리를 포함한 온 세상과 모든 피조물을 구속하기 위함입니다. 이 세상의 모든 잘못된 것을 고치시고 다시 새롭게 하신 후에 하나님의 보좌 앞에 드리기 위함입니다. 구속이 우리 각 개인에게 체험될 수 있다는 사실은 주께서 이루신 구속에 하나님의 능력이 있다는 것을 증명합니다. 하지만 그러한 우리의 체험이 구속의 목표는 아닙니다. 우리가 복음의 주인공이신 예수 그리스도께 우리의 마음을 둘 때 더 이상 우리는 자기중심적인 신앙에 머물지 않고 그 자리에서 벗어나 자연스럽게 온 세상에 복음을 전하는 역할을 하게 될 것입니다.

바울이 가진 한 가지 열정은 하나님의 복음을 전파하는 것이었습니다. 이를 위해 그는 어떠한 고통이나 환난이든 다 환영하였습니다. 바울에게는 고난마저도 하나님의 복음을 온 세상에 전파하는 기회일 뿐이었습니다.

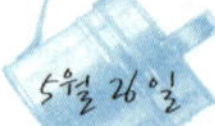



# "그 중에 제일은 사랑이라"

"그런즉 믿음, 소망, 사랑, 이 세 가지는 항상 있을 것인데 그 중의 제일은 사랑이라" 고린도전서 13:13

사랑은 성도의 처음이며 과정이며 끝입니다. 사랑은 성도의 표시이며 인印이고 특징입니다. 죽음보다 강하고 지옥보다 깊고 하늘보다 높은 것은 우리를 향한 하나님의 사랑입니다. 그 사랑이 우리 안에 임할 때 우리 또한 죽음보다 강하고 지옥보다 깊고 하늘보다 높은 사랑으로 주 예수 그리스도를 사랑하게 됩니다. 이 우주의 그 무엇도 예수님을 향한 우리의 인격적, 열정적 사랑을 막을 수 없습니다.

당신은 예수님께서 하나님과 하나인 것처럼, 당신도 예수님과 하나가 될 수 있다는 것을 깨닫고 있습니까? 그리스도의 인내와 거룩과 순결과 온유와 믿음이 또한 당신의 것이 될 수 있다는 것을 알고 있습니까? 바울은 "이제 내가 사는 것은 내가 아니요 내 안에 계신 그리스도가 사시는 것이라" 갈라디아서 2:20고 말했습니다. 이 비밀은 오직 사랑으로 가능한 실제입니다. 사랑은 감상이 아닙니다. 사랑은 사실입니다. 주께서 우리를 먼저 사랑하셔서 그 사랑이 우리 안에 임하게 되었습니다. 그러면 우리도 그 사랑으로 하나님을 사랑하게 됩니다. 주를 향한 우리의 사랑은 헌신으로 나타납니다. 주를 향한 희생으로 나타납니다. 그 희생은 내 자신에 대한 나의 권리를 주님께 완전하게 양도하는 것입니다.

성경이 말하는 영생은 영원히 존재하는 것을 의미하기보다 영원히 그리스도를 아는 것을 뜻합니다. 하나님을 아는 영원한 지식은 깊음보다 더 깊고 높음보다 더 높습니다. 하나님을 향한 뜨거운 사랑으로 이어지지 아니하는 내적 신비 체험을 주의하십시오. 당신은 온 맘을 다해 주를 사랑합니까?

# 주님이 주시는 평강



"평안을 너희에게 끼치노니 곧 나의 평안을 너희에게 주노라 내가 너희에게 주는 것은 세상이 주는 것 같지 아니하니라" 요한복음 14:27

오늘날 대부분 사람의 마음에는 평안이 없습니다. 그러나 사람들 중에는 더러 현실에 대하여 무지하므로 마음의 평안을 누리는 자들이 있습니다. 하지만 자신들의 인생 속에 파도와 같은 무서운 위협이 있다는 사실을 알게 되면 주님으로부터의 평안을 받지 않는 한 절대로 마음의 평안을 누리지 못합니다.

우리 주님의 평강의 말씀은 주의 평강을 창조합니다. 그분의 말씀은 생명이요 영입니다. 당신은 주의 말씀을 받았습니까? 죄 사함으로 인한 평강과 양심의 평강은 주님의 평강으로부터 오는 부수적 선물입니다. 죄 사함의 평강은 주님을 믿고 순종하면 당장 우리 마음속에 나타나는 결과입니다. 그러나 그러한 평강도 예수님의 평강과는 다릅니다. 주님이 주시는 평강은 주님 자신의 평강입니다. 즉, 용서받을 죄도 없으시며 치유해야 할 양심의 가책도 없으신 주님의 평강입니다. 당신은 주님의 평강을 받았습니까?

당신이 하나님과 바른 관계에 있을 때 주님에게서 평강을 받게 됩니다. 이 평강은 주님의 얼굴을 바라봄으로 오는 평강이요, 어떠한 상황에서도 조금도 흔들림이 없는 주님의 평강입니다. 마음이 근심되고 두렵습니까? 풍랑과 파도로 인하여 고통을 당하고 있습니까? 그렇다면 위를 바라보고 주의 얼굴을 보십시오. 그때 아무도 앗아갈 수 없는 우리 주 예수 그리스도의 평강을 받게 될 것입니다. 그 어떠한 고통과 어려움 속에서도, 심지어 전쟁 속에서도 위에 계신 우리 주님을 만나십시오. 만유를 다스리시는 주께서 구하는 자에게 모든 것을 초월하는 주의 평강을 내리실 것입니다.

# 찢긴 떡과 부어진 포도주

"나는 하늘에서 내려온 살아 있는 떡이니 사람이 이 떡을 먹으면 영생하리라 내가 줄 떡은 곧 세상의 생명을 위한 내 살이니라" 요한복음 6:51

밀은 빵이 아닙니다. 밀을 그냥 먹으면 배탈이 납니다. 밀은 갈아서 빻은 후에 반죽하고 구워야 빵이 됩니다. 구울 때도 충분히 구워야 먹을 수 있습니다. 밀 껍질이 벗겨지고 알맹이가 모이면 우리는 모든 것이 다 됐다고 생각하기 쉽습니다. 그러나 그 과정은 시작일 뿐입니다. 한자리에 모인 밀 알갱이가 빵은 아닙니다. 사람들은 한 줌의 밀 알갱이를 먹을 수 없으며, 따라서 그 알갱이에서 영양분을 섭취할 수도 없습니다. 밀이 빵이 되기 위해서는 아직 다른 과정이 더 필요합니다.

이 과정을 거룩하여진 성도의 삶에 적용해 보십시오. 거룩하여진 후에 오는 어려움은 우리 자신을 정결하게 하기 위한 것이라기보다 주님의 손안에서 우리가 다른 사람의 영양분이 되기 위해 찢긴 빵이 되도록 합니다. 성도 중에는 마치 에브라임처럼 "뒤집지 않은 전병"호세아 7:8이 되어 하나님께 아무런 쓸모가 없는 자들이 있습니다. 그들은 찢긴 빵과 부어진 포도주가 되기를 회피하고 자신의 왕국과 이득을 위해 유행을 좇으며 방향 없이 우왕좌왕합니다. 만일 그들이 사람들 사이에 들어가게 되면 영양분을 주는 것이 아니라 소화 불량을 만듭니다.

예수 그리스도는 우리를 위해 찢긴 빵과 부어진 포도주가 되셨습니다. 주님은 우리가 주의 손에서 다른 사람을 위한 찢긴 빵과 부어진 포도주가 되기를 원하십니다. 만일 잘 구워지지 않으면 아직 빵이 아니라, 반죽이기 때문에 사람들에게 소화 불량을 일으키게 됩니다. 우리는 다른 사람을 위한 좋은 영양분이 되어야 합니다. 하나님께서 우리에게 허락하시는 상황들은 우리가 다른 사람을 위한 좋은 빵이 되도록 하기 위함입니다. 모든 상황에서 주님이 주시는 떡과 포도주를 먹고 마십시오. 그러면 우리의 고백뿐만이 아니라 우리의 성품과 삶이 골고루 잘 익게 되어 우리 주변의 모든 사람에게 하늘의 영양분이 될 것입니다.

이 나무는 당신입니다.

# 그리스도를 소개할 때



"사람이 나를 섬기려면 나를 따르라 나 있는 곳에 나를 섬기는 자도 거기 있으리니 사람이 나를 섬기면 내 아버지께서 그를 귀히 여기시리라" 요한복음 12:26

수로보니게 여인이 예수 그리스도를 보기 원했습니다. 그녀는 제자들이나 그들의 가르침에 조금도 관심이 없었습니다. 그녀는 주 예수 그리스도만을 원했습니다. 요한복음 12장 20절 이하에는 몇몇 헬라인이 빌립에게 찾아와서 부탁하는 장면이 나옵니다. "우리가 예수를 뵈옵고자 하나이다"21절. 그러자 빌립은 안드레에게 말하고 안드레와 빌립은 함께 예수께 가서 말씀드렸습니다. 자, 이 장면에서 예수를 뵙고자 하는 자를 만난 제자들은 무엇을 하였습니까? 제자들은 예수께 가서 몇몇 헬라인이 예수님을 뵙고 싶어 한다고 말씀드렸습니다. 만일 누군가가 "우리는 예수님을 보길 원합니다"라고 말할 때 당신은 그들의 요청에 대해 어떻게 하겠습니까? 혹시 그들에게 먼저 어떤 교리와 가르침으로 설득하면서 받아들이라고 말하지는 않습니까? 빌립과 안드레가 한 일을 기억하십시오. 그들은 예수께 가서 그들의 요청을 알려 드렸습니다.

사람들이 당신에게 와서 예수님을 찾는 것을 도와달라고 하면 "첫째로, 둘째로, 셋째로… 이것을 믿어야 합니다"라고 말하는 것으로 도우려고 하지 마십시오. 먼저 당신이 예수님께 직접 가서 말씀하십시오. "주님, 이 사람들이 주님을 뵙기를 원합니다." 성령께서 당신을 돕기를 의지하십시오. 하나님의 말씀대로 살면서 사람들과 함께하십시오. 그러면 사람들이 당신을 통해 예수 그리스도를 인식하게 될 것입니다. 죄인들을 만져주시는 유일한 분은 주 예수 그리스도이심을 잊지 마십시오. 오늘날 그리스도인들은 죄인들에게 예수 그리스도를 전하기 매우 어렵다고 말합니다. 당연히 그렇습니다! 사실 어려운 정도가 아니라 불가능합니다. 오직 내재하시는 성령의 능력 외에는 이 일을 할 수 없습니다. 당신 안에 계신 성령께서 이 일을 하시도록 당신 자신을 주님께 온전히 맡기고 성령께서 하라는 대로 따르십시오.

# 당신은 복음을 체험하였습니까?

"하나님의 복음을 위하여 택정함을 입었으니" 로마서 1:1

주께서 우리를 부르신 주된 목적은 거룩한 사람을 만들기 위한 것이 아니라, 하나님의 복음을 선포하는 자가 되게 하기 위해서입니다. 복음을 선포하는 자가 되기 위해 가장 중요한 것은 하나님의 복음을 통해 예수 그리스도를 만나 그분을 체험해야 합니다. 예수 그리스도는 인간의 선행이나 거룩이 아닙니다. 천국이나 지옥도 아닙니다. 그분은 인격체이며 우리를 구원하기 위해 인류의 역사 가운데 십자가에서 보혈을 흘리신 하나님의 아들입니다. 현재 그리스도인들에게 가장 필요한 것이 있다면 그것은 구속에 대한 깊은 깨달음입니다. 또한 그리스도인에게 가장 중요한 사명은 십자가의 구속을 외치는 것입니다.

각 개인의 거룩은 단지 구속으로 말미암은 결과이어야 합니다. 그렇지 않고 스스로 거룩하려할 때 오히려 철저하게 무너집니다. 바울은 자기 스스로 거룩하여졌다고 말하지 않습니다. "내 어머니의 태로부터 나를 택정하시고 그의 은혜로 나를 부르신 이가 그의 아들을 이방에 전하기 위하여 그를 내 속에 나타내시기를 기뻐하셨을 때에"갈라디아서 1:15~16. 바울은 자신의 성품에 대하여 지나친 관심을 갖지 않았습니다. 자신의 의로움에만 신경을 쓰는 자는 구속의 주인공이신 주 예수 그리스도를 놓치기 쉽습니다. 성도들이 실패하여 쓰러지는 이유는 그들의 소원이 하나님께 있지 않고 자신의 의로움을 보이려는 데 있기 때문입니다. 이들은 아직 주 예수 그리스도의 복음을 깨닫지 못한 자들입니다. 자신을 바라보는 대신에 오직 주 예수 그리스도만 바라보는 것이 복음을 깨달은 자들의 한결같은 마음의 자세입니다. 바울은 한 가지 목적을 위해 거룩하게 구별되었습니다. 그것은 자기 자신을 의식하지 못할 정도로 하나님의 복음, 곧 주 예수 그리스도의 십자가를 전파하는 것이었습니다.

# 성경과 이성



"먼저 알 것은 성경의 모든 예언은 사사로이 풀 것이 아니니 … 오직 성령의 감동하심을 받은 사람들이 하나님께 받아 말한 것임이라" 베드로후서 1:20~21

성경은 가장 위대한 많은 사건을 설명할 뿐만 아니라, 이 세상에서 발생하는 모든 사건을 정확한 관점에서 볼 수 있도록 하는 유일한 바탕입니다. 성경을 모르면 세상에 발생하는 사건을 결코 설명할 수 없습니다. 그러나 성경 안에서 이 세상의 모든 사건은 바르게 설명됩니다.

성경은 거듭난 지성이 가장 고상한 활동을 할 수 있도록 터전을 마련해 주며 성령으로 난 사람들의 손에서 모든 신비를 설명하는 열쇠가 됩니다. 또한 성경은 이성과 상충하지 않으며 오히려 이성이 바르게 활동할 수 있도록 이끄는 방향키입니다. 그리고 성경은 이성이 보지 못하는 세계를 소개함으로써 이성이 발휘할 수 있는 가장 뛰어난 기능을 나타내도록 합니다.

가뭄이 지난 후 하늘에서 내리는 비를 볼 때 시인이라면 그 아름다움을 다 표현하고 싶을 것입니다. 마찬가지로 어려움과 혼동의 기간을 지난 영혼이 하나님의 말씀이 주는 통찰력으로 새로워질 때 그 흥분과 기쁨은 말로 다 표현할 수 없습니다.

성경은 "사람의 뜻에서 나온 것이 아니며 오직 성령의 감동을 받은 사람들이 하나님께 받아 말한" 하나님의 말씀입니다. 성경의 권위를 무너뜨리려는 자들을 주의하십시오. 성경에서 언제나 주 예수 그리스도를 만날 수 있도록 성령의 도움을 구하며, 또한 항상 믿음 안에서 당신의 이성을 사용하는 법을 배우십시오.

매일 묵상할 때 나무는 성장합니다.

# June

## 6월

**주님의 마음으로 갑옷을 삼으십시오!**

자기 연민에 빠져 주께 날아오르지 못할 때

# 간증의 목표



"여자의 말이 내가 행한 모든 것을 그가 내게 말하였다 … 이는 우리가 친히 듣고 그가 참으로 세상의 구주신 줄 앎이라 하였더라" 요한복음 4:39~42

하나님께서 당신을 위해 어떤 일을 하셨는지를 다른 사람에게 말하는 것이 간증입니다. 그러나 당신이 체험한 것보다, 또는 다른 사람이 체험한 그 어떤 것보다 그 이상을 선포해야 합니다. 즉, 예수 그리스도를 선포해야 합니다. 당신은 믿음의 대상인 주 예수님을 제시하고 그분을 높이십시오. 이러한 마음가짐으로 간증하십시오. 뭔가를 말하는 것은 그것을 믿기 시작하는 확실한 방법입니다. 이러한 이유 때문에 예수 그리스도께서 당신을 위해 하신 일을 간증할 필요가 있습니다.

당신이 이 세상을 향해 주께서 쓰신 서신이라는 사실을 알고 간증하십시오. 사람들은 하나님과 동행하는 사람이 간증할 때마다 그의 간증을 통해 그리스도를 만나게 됩니다. 왜냐하면 참된 간증은 진리를 추구하는 모든 사람을 사로잡기 때문입니다.

당신은 간증을 위해 삽니까? 아니면 주님의 말씀 가운데 거합니까? 몇몇 간증 집회의 위험은 그리스도의 십자가를 통해 하나님께 영광을 돌리기보다 성경의 기준에서 벗어난 황당하고 숨 막히는 체험들을 증거합니다. 그러한 집회의 위험은 사람들을 흥분상태로 만들어 병적인 발작 증세에 빠져들게 합니다. 그리스도를 만나본 후에 우리가 해야 할 일은 하나님 앞에서 자신을 점검하는 것이며 주의 복음이 우리에게 실제가 되도록 해야 합니다. 당신은 날마다 주의 복음의 능력을 체험하는 가운데 주를 간증하며 살고 있습니까?

매일 묵상할 때 나무는 성장합니다.

# 일상적인 삶에서 승리의 비결

"일어나라 빛을 발하라" 이사야 60:1

당신의 첫걸음을 뗄 때는 하나님의 도움 없이 떼는 것처럼 떼어야 합니다. 하나님께서는 당신의 발까지 떼어주지는 않습니다. 아무것도 하지 않으면서 하나님께서 도와주기만을 기다리는 것을 믿음이라고 오해하지 마십시오. 그러한 믿음은 죽은 믿음과 망상입니다. 이러한 경우는 하나님께서 도와주지 않으십니다. 그러나 우리가 일어나면 그 즉시 하나님께서는 주의 팔을 벌리십니다. 죽은 나무토막처럼 가만히 누워 있지 말고 일어나서 주께서 마련하여 두신 은혜와 사랑과 능력을 맛보십시오. 가만히 있지 말고 믿음으로 나아가십시오. 일어나 빛을 발하십시오. 그러면 죽은 것들이 당신으로 말미암아 생명을 얻게 될 것입니다.

일상적인 삶은 사람의 성품을 그대로 알 수 있는 가장 확실한 시금석입니다. 매일 반복되는 일은 사소한 일들로 여겨지지만, 하나님께서는 우리가 일상적인 삶에서 일어나 빛을 발하길 원하십니다. 사실 일상적인 삶을 우리가 어떻게 사는지에 따라 우리가 영적인 사람인지 아닌지 드러납니다. 특별한 사건에서는 자신을 속일 수 있지만, 매일 반복되는 일상적인 삶에서 자신을 속이는 것은 불가능하기 때문입니다.

요한복음 13장을 보면 성육신하신 예수님께서 소위 가장 천하고 지겨운 일로써 어부들의 발을 씻어주십니다. 그러면서 주께서는 제자들도 다른 사람의 발을 씻겨야 마땅하다고 말씀하셨습니다. 이는 평범하고 지겨운 일들 가운데 주의 빛을 나타내라는 것입니다. 그것이 그리스도인의 신분입니다. "너는 세상의 빛이라." 하나님의 영으로 충만한 사람들이 일어나 빛을 발하면 신기하게도 천하고 일상적인 세상의 일들이 거룩하여집니다. 가장 진부하고 가장 평범한 일들이 생명력이 흐르면서 어느새 천국이 임합니다. 주께서는 우리를 통해 평범하고 지겨운 일들을 영적인 것들로 승화하게 하십니다. 우리 주님께서는 인간의 천한 몸을 입으시고 그 몸을 변화시켜 놓으셨습니다. 그 후 모든 믿는 자의 몸을 성령께서 거하시는 성전으로 만들어 놓으시고 그들로 하여금 빛을 발하게 하셨습니다.

# 생수의 강이 흐르려면



"나를 믿는 자는 성경에 이름과 같이 그 배에서 생수의 강이 흘러나오리라" 요한복음 7:38

우리는 구속의 계시와 중생의 체험을 구분할 수 있어야 합니다. 생명은 체험이 아닙니다. 우리는 생명이 있기 때문에 살아 있으며 생명이 있기 때문에 체험합니다. 마찬가지로 구속 그 자체는 체험이 아닙니다. 우리가 체험하는 것은 중생입니다. 다시 말하면, 우리는 중생을 통해 하나님의 생명이 우리 인간의 속성 안에 들어오는 것을 체험합니다. 하나님의 생명이 우리 안에 들어오면 우리는 그 사건을 즉시 의식하게 됩니다. 주 예수 그리스도를 인격적으로 체험하게 되면 우리의 온 인격, 즉 우리의 감정과 의지와 지식이 주님의 인격 앞에서 반응하게 됩니다. 그러나 구속은 사람이 의식하는 차원을 훨씬 초월합니다. 구속은 모든 인류를 위한 것일 뿐만 아니라, 우주를 위한 것이며 우리가 밟고 사는 이 땅을 위한 것이기도 합니다. 죄와 마귀로 말미암아 망가진 모든 것이 예수 그리스도의 구속에 의해 완전하게 회복되었으며 그 구속의 실체는 앞으로 우리의 현실 가운데 나타날 것입니다. 바로 새로운 인류와 함께 '새 하늘과 새 땅'이 임할 것입니다.

또한 우리는 구속과 중생을 혼동해서는 안 됩니다. 대부분의 사람은 중생의 체험에 대해서는 깊은 관심이 있지만, 이 중생을 가능케 하는 그리스도의 구속에 대해서는 깊이 생각하지 않습니다. 그래서 구속의 위대한 계시적 사건을 설명하면 오해합니다. 각 사람이 체험하는 모든 것은 예수님을 믿음으로 말미암아 오는 것입니다. 이때 이러한 체험은 하나님을 아는 지식의 놀라움과 경이함으로 들어가는 입구일 뿐입니다. "다른 이로써는 구원을 받을 수 없나니 천하 사람 중에 구원을 받을 만한 다른 이름을 우리에게 주신 일이 없음이라" 사도행전 4:12. 우리를 구원할 수 있게 하는 구속은 예수 그리스도의 보혈로 이루어졌습니다. 따라서 아무도 예수님의 이 유일한 역할을 대신할 수 없습니다! 당신은 주께서 이루신 구속 위에 흔들리지 않는 믿음을 두고 있습니까? 구속에 기초한 적극적인 믿음을 통해서만이 생수의 강이 흐르게 되므로 당신은 언제나 당신의 체험보다 그 체험을 가능하게 한 그리스도의 십자가를 바라보십시오.

# 준비된 그릇



집에 있는 그릇은 지음을 받은 목적대로 주인에게 쓰일 때 그 그릇에게 영광이 됩니다. 성도는 주인에게 쓰임 받는 것을 최고의 영광으로 삼아야 합니다. 또한 그 단 한 가지의 목표를 위해 자신을 성별해야 합니다. 주께서 원하시는 대로 나를 사용할 수 있도록.

당신이 주를 섬기는 데 있어서 다른 사람의 섬김을 모방하지 마십시오. 그러한 모방은 당신에게 실패를 안겨줄 뿐입니다. 당신은 주를 섬기면서 다른 사람의 영향을 받고 섬깁니까? 아니면 하나님에게서 직접 음성을 들으며 섬기고 있습니까? 우리는 이 땅에서 오직 한 가지 목적만을 위해 존재합니다. 곧 주인의 쓰임에 합당한 그릇이 되는 것입니다. 또한 하나님을 위해 무엇을 할지 스스로 선택하지 마십시오. 단지 하나님께서 나를 사로잡으시도록 하십시오. 선천적 재능은 우리의 섬김과 관계가 없습니다. 따라서 "오, 내 재능은 이 일에 맞지 않구나"라고 말하지 마십시오.

신학을 하였기 때문에 주의 종이 될 수 있다고 착각하지 마십시오. 주인의 쓰심에 합당하게 되는 것은 학문으로 되는 것이 아닙니다. 오직 세상에 물들지 않고 믿음으로 주님을 순종함으로 주를 많이 닮아있을 때 주께서 쓰시는 그릇이 될 수 있습니다. 신학은 나와 주님과의 관계를 돕는 수단이어야 하고 또한 사람들로 하여금 주님 앞에 순종함을 깨닫게 하는 지식이어야 합니다. 하나님께서 당신의 삶에 역사하고 계십니까? 혹시 어떤 종교적 틀과 개념에 의해 사로잡혀 있는 것은 아닙니까? 하나님께서는 우리의 삶을 책임지길 원하십니다. 성도가 해야 할 가장 중요한 일은 전적으로 주를 가까이하며 의지하는 것입니다.

# 자아 중심적인 삶의 특징



**"무례하고 교만한 자를 이름하여 망령된 자라 하나니"** 잠언 21:24

인생에서 교만이 싹트는 결정적인 순간은 자신이 다른 사람과 개인적으로 분리되어 있다는 사실을 깨달을 때입니다. 내가 다른 사람과 분리되어 있다고 느낄 때 나는 다른 사람과 다르다고 생각하기 시작합니다. 그리고 이 생각이 드는 순간부터 나는 자신에게 스스로 법이 됩니다. 이 의미는 내가 하는 모든 일에 내 나름의 이유가 있으며, 그 이유는 타당하다는 것입니다. 그러나 다른 사람이 하는 일에는 그들의 타당성을 인정하지 않습니다. 이제 교만은 다른 사람이 모르는 것을 나는 알고 있다는 느낌으로 발전합니다. 내게는 특별한 직감이 있다고 확신합니다. 이러한 확신은 영적 기만으로 나아가기에 십상입니다. 종교적 속성을 띤 영적 기만은 자연적인 속성에서의 지적 교만과 견줄 수 있습니다. 교만한 사람이 외로움을 느끼면 잘못된 애착에 빠지게 되며, 이때 세상과 육체와 마귀의 힘은 교만한 영혼의 마음을 흔들어 사로잡게 됩니다.

교회가 복음을 잃으면 보이지 않는 영적 세계보다 인간의 의를 부추기는 도덕적인 면이 더 강조됩니다. 이는 교회가 복음을 잃으면서 세상의 함정에 빠지는 것입니다. 그래서 교회 내의 봉사는 도덕과 권력을 쌓는 기준이 되고, 사람들은 교회 내에서 외로움을 느끼면서 스스로 자리를 차지하려고 다투게 됩니다. 또한 종종 아무도 자신을 알아주지 않는다는 외로움에 빠집니다. 그러면 억울한 마음이 들면서 동료를 구하게 되는 데 사탄이 그 사람의 필요를 채우기 위해 그 자리에서 기다리고 있습니다. 그 후 그의 신앙생활은 오직 자신을 드러내고 자신의 힘을 쌓기 위한 수단으로 전락하고 맙니다.

교만한 마음이 가진 가장 큰 목표는 자아실현입니다. 나는 개별적인 존재이기에 나를 인정하지 않는 그 누구에게도 배우려 하지 않습니다. 내 영혼을 아끼는 대상에 대해 강한 애착을 느끼지만, 나를 멀리하는 자들을 지독히 미워합니다. 이처럼 교만은 언제나 자기 자신을 우상으로 만듭니다. 당신은 영적으로 고립되지 말고 주님과 연합하여 복음 안에 있는 동료와 함께하십시오.

# 실제 세계에서 보는 현실

"신령한 자는 모든 것을 판단하나 자기는 아무에게도 판단을 받지 아니하느니라 … 그러나 우리가 그리스도의 마음을 가졌느니라" 고린도전서 2:15~16

'현실적'이라는 말은 우리가 감각으로 접하는 것을 의미하며, '실제적'이라는 말은 우리가 감각으로는 접할 수 없더라도 어딘가에 항상 존재하는 것을 말합니다. 광신자는 보이지 않는 실제를 위해 보이는 현실을 무시합니다. 유물론자는 보이는 현실만 보고 보이지 않는 실제를 무시합니다.

이 땅을 걸었던 분 중에 현실과 실제 사이에서 가장 완전한 조화를 이루었던 유일한 분은 예수 그리스도이십니다. 왜냐하면 그분 안에서 현실과 실제는 하나였기 때문입니다. 우리는 예수 그리스도께서 현실 세계에 나타나기 이전에 실제 세계에 서 계신 분임을 알아야 합니다. 그분은 실제 세계에서 오신 분입니다. 바로 이러한 이유 때문에 세상에 속한 사람들은 예수님에 대해 생각해보려고 하지 않습니다. "육에 속한 사람은 하나님의 성령의 일들을 받지 아니하나니 이는 그것들이 그에게는 어리석게 보임이요"고린도전서 2:14.

사람이 위로부터 거듭나야 실제 세계의 빛 가운데서 현실 세계를 볼 수 있습니다. 우리는 기도가 현실을 바꾼다고 말하지만, 정확히 말해 기도는 '현실'이 아니라 현실을 바라보는 '사람'을 바꿉니다. 즉, 현실을 '실제' 세계에서 보기 시작하는 것입니다. 그러므로 거듭난 사람 안에서는 예수님과 같이 실제와 현실이 조화를 이루게 됩니다. 사람은 자기가 생각해본 것이 아니면 어떤 것도 시작할 수 없습니다. 마찬가지로 사람이 거듭나지 않으면 예수님께서 말씀하신 것은 그에게 아무런 의미가 없습니다. 성경은 전 우주적 계시지만 사람이 위로부터 거듭나지 않으면 그 계시에 대해 아무것도 알 수 없습니다. 우리가 거듭난 후에야 전에 보지 못했던 것을 보게 됩니다. 또한 우리는 예수님께서 거하시는 실제의 영역으로 높이 올리어지고 거기서 주께서 현실을 보시는 대로 우리도 현실을 보기 시작합니다. 당신은 영원한 주의 관점에서 이 세상을 보는 훈련을 하십시오.

# 주님이 겪으신 시험



**"너희는 나의 모든 시험 중에 항상 나와 함께 한 자들인즉" 누가복음 22:28**

예수 그리스도는 인생을 하나의 시험으로 보셨습니다. 주님은 이 땅에서 친히 육신의 몸을 입고 시험을 당하셨습니다. 지금도 주님은 우리 안에 계시면서 영적으로 같은 시험을 지나십니다. 기독교의 근본은 하나님의 아들이 우리 안에 '살며 기동'하는 것입니다. 영적 성장이란 우리의 죽을 육체를 통해 주께서 자신을 드러내시는 기회가 많아지는 것을 의미합니다. 예수님께서 당하신 시험은 세상 사람들이 받는 유혹과는 다릅니다. 그분이 받으신 시험은 하나님이 '인자(사람의 아들)'로서 받으신 시험입니다. 우리가 위로부터 거듭나 주님의 형제가 되면 그때 우리의 당하는 시험은 주님의 것과 같아집니다. 우리가 중생할 때 하나님의 아들이 우리 안에 형성됩니다. 그후 하나님의 아들은 그분이 이 땅에 계셨을 때처럼 이제는 내 안에서 그때처럼 시험을 받으십니다.

유혹이란 우리가 최고라고 생각하는 것을 내 나름의 지름길로 얻게 하는 것입니다. 사탄은 우리 주님께 광명의 천사로 찾아와 시험하였습니다. "당신이 하나님의 아들이라면 하나님의 일을 당신의 방법대로 이루십시오. 사람의 필요를 먼저 채우십시오. 먼저 사람들을 먹이고 병을 치유하십시오. 그러면 그들이 당신에게 왕관을 씌울 것입니다." 그러나 우리 주님은 사탄의 방법으로 왕이 되려 하지 않으셨습니다. 주님은 마귀가 제안한 지름길을 거절하셨으며, 조금도 고생을 피하려 하지 않고 먼 길을 택하셨습니다요한복음 6:15.

주님께 순종하십시오. 내 안의 주님의 음성을 따르기 위해 나의 편견과 생각과 결정을 주님 발 앞에 내려놓는 것이 사탄의 유혹을 이기는 비결입니다. 거듭난 사람을 향한 사탄의 궁극적인 유혹은 내 자신에 대한 나의 권리를 주께 양도하지 말라는 음성입니다. 이는 새 생명으로 살지 말고 당신의 옛사람으로 살라는 유혹과 정확하게 같은 것입니다. "시험에 들지 않게 일어나 기도하라" 누가복음 22:46.

# 순종의 딜레마

**"사무엘이 … 그 이상을 엘리에게 알게 하기를 두려워하더니" 사무엘상 3:15**

하나님의 음성이 분명하게 들리지 않을 때가 있습니다. 그때 우리는 하나님의 음성을 오해하기 쉽습니다. 그러나 하나님께서는 섭리를 통해 그 뜻을 밝히 말씀하십니다. 따라서 우리는 주의 음성과 섭리를 함께 살펴야 합니다. 당신은 당신에게 발생하는 상황을 우연으로 보십니까? 절대 그렇지 않습니다. 주의 자녀에게는 우연이란 없기 때문입니다. 따라서 주어진 상황에서 언제나 주의 음성을 분별하는 훈련을 하도록 하십시오. "주님, 말씀하소서"라고 말하는 습관을 기르십시오. 그러면 당신의 인생은 하나님과의 사랑의 연주곡이 될 것입니다. 특히 어려운 일이 닥칠 때 "주님, 말씀하소서"라고 말하십시오. 평소에 주의 음성을 듣는 시간을 따로 가지십시오. 그렇게 하면 예수님처럼 하나님의 음성을 항상 듣게 될 것입니다.

하나님이 내게 보여주신 것을 나의 '엘리 제사장'에게 말하는 것이 좋을까요? 이 부분이 순종의 딜레마에 빠지는 부분입니다. 우리는 자기에게 가장 가까운 '엘리 제사장'의 마음을 상하지 않게 하려다가 하나님께 불순종할 때가 많습니다. 사무엘은 하나님에게서 엘리 대제사장에게 어떻게 하라는 지시를 받지 못했습니다. 따라서 사무엘은 이 문제를 스스로 결정해야 했습니다. 당신을 향한 하나님의 부르심은 어쩌면 당신의 '엘리 제사장'에게 아픔을 줄지도 모릅니다. 그러나 다른 사람 때문에 당신과 하나님의 관계가 차단될 수 있음을 잊지 마십시오. 오른손과 오른쪽 눈을 만족하게 하려다가 생명마저 잃을 수 있습니다.

하나님께서 당신 스스로 하나님 앞에서 결정하도록 요구하신 일들에 대해 다른 사람의 조언을 얻으려 하지 마십시오. 분명하게 확정하고 밀고 나아가지 않으면 당신은 다른 사람의 조언을 듣다가 거의 언제나 사탄의 편에 서게 될 것입니다. "그를 내 속에 나타내시기를 기뻐하셨을 때에 내가 곧 혈육과 의논하지 아니하고" 갈라디아서 1:16.

# 십자가에서의 절규



"나의 하나님, 나의 하나님, 어찌하여 나를 버리셨나이까" 마태복음 27:46

　　예수님께서 흘리신 피는 순교의 피도 아니고 염소나 송아지의 피도 아니며 '그리스도의 피'입니다. 하나님의 생명이 육체를 입으시고 세상을 위해 흘리신 피입니다. 성경의 "하나님이 자기 피로 사신 교회"사도행전 20:28라는 표현을 보십시오! 그 피에는 완전하신 하나님의 모든 근본적인 속성들이 있고, 인류가 얻을 수 있는 가장 거룩한 것들이 있습니다. 예수님의 죽음은 인간의 속성이 저지를 수 있는 가장 깊은 죄의 자리까지 닿습니다. 이러한 면은 대부분의 사람이 생각해낼 수 없는 심오한 영적 차원입니다.

　　'십자가상의 절규'를 우리가 헤아릴 수 있을까요? 그 고통의 절규를 조금이나마 가깝게 느껴본 사람이 있다면 누구일까요? 순교자들은 아닙니다. 그들은 하나님께서 자신들을 버리시지 않으셨음을 알고 있었기 때문입니다. 선교지에서 사람들에게 버려져 죽게 된 외로운 선교사들도 아닙니다. 사람들이 그들을 버렸을지라도 하나님께서 그들을 버리지 않았음을 알기에 그들은 놀라운 기쁨을 체험할 수 있기 때문입니다. 하나님께 버림받은 느낌을 조금이나마 맛본 자가 있다면 아마 가인이나 에서 혹은 가룟 유다와 같은 자들일 것입니다. "가인이 여호와께 아뢰되 내 죄짐을 지기가 너무 무거우니이다"창세기 4:13. "에서가 그의 아버지의 말을 듣고 소리 내어 울며"창세기 27:34. 그러나 그 누구보다 예수 그리스도야말로 죄로 말미암아 하나님께 버림받는다는 것이 무엇인지를 깊게 체험한 분입니다. 만일 예수님이 단지 순교자였다면 우리의 구원은 신화가 됩니다. 그리스도의 절규가 의미하는 것처럼 성육신하신 하나님께서 주의 백성을 지옥과 저주로부터 구원하기 위해 죄와 일치되신 것이 아니라면, 우리는 매우 간교하게 조작된 신화를 따르고 있는 셈입니다. 그 누구도 예수님의 절규의 깊이를 헤아릴 수 없습니다. 우리가 얻은 구원의 깊이와 높이는 오직 하늘 보좌에 앉으신 전능하신 하나님과 지옥의 중심까지 경험하신 예수 그리스도만이 측량하실 수 있습니다. 우리를 구원하기 위한 하나님의 사랑의 구속을 감사하십시오.

# 주님의 고통과 우리의 기도 관계

"내 마음이 매우 고민하여 죽게 되었으니" 마태복음 26:38

당신은 한순간이라도 예수님의 기도 장면을 본 적이 있습니까? 당신은 성령과 주님께서 왜 그렇게 겟세마네의 고통을 예외적으로 묘사하고 있는지 이해합니까? 겟세마네의 고통은 순교자의 고통이나 사람의 고통이 아닙니다. 그 고통은 '인자로서' 하나님이 겪으신 고통이며, 인류의 구속을 완성하기 위해 겪으신 최고의 고통이었습니다.

우리는 성령의 역사에 대한 가장 간단하고 근본적인 진리를 붙들어야 합니다. 그 진리는 성령의 역사는 우리를 언제나 구속의 진리로 이끈다는 사실입니다. 이 성령은 전능하신 인격체이신 예수님께 집중합니다. 기억하십시오! 기도가 쉬운 이유는 우리의 언변이나 이해력 때문이 아니라, 구속을 위해 하나님께서 엄청난 대가를 치르셨기 때문입니다. 어떤 것의 가치는 그것을 위해 무엇이 지불되었는가에 따라 달라집니다. 우리의 기도에 응답하시기 위해 하나님께서 치르신 것은 하나님의 아들입니다. 이에 어린아이들도 기도할 수 있고 아무라도 기도할 수 있게 된 것입니다. 또한 주의 이름을 부르는 자들이 주께 기도드리게 될 때 그 기도를 위해 주께서 친히 지불된 대가가 무엇인지 알아야 합니다. 그 비밀을 알리는 말씀이 바로 "내 마음이 매우 고민하여 죽게 되었으니"라는 말씀입니다. 이 말씀은 주님께서 친히 어떤 고통을 치를 것인지에 대하여 말씀하신 것입니다. 우리는 그 고통이 어떠한 것인지 전혀 헤아릴 수 없습니다.

주께서 사탄에게 당하신 시험마태복음 4장에서 겟세마네의 비밀을 알아낼 수 있는 열쇠를 얻을 수 있습니다. 그 시험은 이제 겟세마네에서 전보다 더 무섭고 깊은 차원으로 다시 찾아왔습니다. 주께서 겟세마네에서 당하신 시험은 우리가 당하는 시험의 종류와는 다릅니다. 그 시험은 '인자로서' 하나님께서 역사적 구속을 마지막으로 마무리하는 과정에서 당하신 시험입니다. 그러므로 주께 기도를 드릴 때마다 절대로 우리가 어떤 대가를 치러야 하는가에 초점을 맞추지 말고 하나님께서 우리를 위해 어떤 대가를 치르셨는가에 초점을 맞추어야 합니다.

# 사탄의 역사



**"아무도 꾸며낸 겸손과 천사 숭배를 이유로 너희를 정죄하지 못하게 하라"** 골로새서 2:18

황홀경은 우리의 마음이 주변의 상황과는 관계없이 넘치는 기쁨을 의식하는 것입니다. 이러한 황홀경의 상태는 하나님을 향한 또는 마귀를 향한 열린 입구가 됩니다. 만일 사람이 노력으로 황홀경을 추구할 때 마귀는 그가 추구하는 황홀경을 주면서 사람을 사로잡을 것입니다. 그러나 주께 순종하며 충성하는 삶 가운데서, 또한 평범한 사람과 평범한 일들 가운데 하나님의 임재로 말미암은 황홀경이라면 그 황홀경은 주님과의 만남을 체험적으로 의식할 수 있게 됩니다. 십자가의 보혈을 통한 죄 사함을 무시하는 황홀경은 성령의 역사로 말미암은 황홀경일 수 없습니다. 그 이유는 성령의 역사는 사람의 체험을 위한 것이 아니라, 오직 그리스도와 그의 십자가의 보혈을 증거하기 위함이기 때문입니다.

창세기 3장을 보면, 사탄은 하와에게 접근하여 하나님께서 베푸신 모든 복보다는 하나님께서 금하신 단 한 가지의 조항에 초점을 맞추어 하나님의 사랑을 의심하게 합니다. "뱀이 여자에게 물어 이르되 하나님이 참으로 너희에게 동산 모든 나무의 열매를 먹지 말라 하시더냐"창세기 3:1. 이때 만 가지의 축복을 받아도 한 가지가 부족하여 신이 될 수 없다고 느낀 인간은 사탄에게 속아서 타락하게 됩니다. 타락한 이후의 모든 인간의 본성은 하나님을 감사하지 않고 사랑하지 않고 신뢰하지 않는 것입니다. 이것이 인간이 타락한 죄인이라는 가장 확실한 증거입니다.

하나님을 향하여 죄인들에게 나타나는 가장 큰 오해는 언제나 아담과 하와가 저질렀던 첫 번째 죄의 뿌리와 같습니다. 이는 삶의 문제와 어려움이 닥칠 때, 또한 자신의 뜻대로 이루어지지 않을 때 하나님을 비방하는 것입니다. 모든 재난과 저주와 비참이 하나님 때문이라고 하며 하나님을 향하여 원망합니다. 이러한 하나님을 향한 원망 및 하나님을 비방하는 자리에 인간이 나아가는 것이 사탄의 목적입니다. 따라서 하나님을 향한 원망 뒤에는 언제나 간교한 사탄의 꾐과 속임수가 있습니다. 사탄에게 속으면 우리는 더욱 하나님을 믿을 수 없다고 생각하며 하나님을 미워하게 됩니다.

매일 묵상할 때 나무는 성장합니다.

# 계시의 세계이신 예수 그리스도

**"이를 네게 알게 한 이는 혈육이 아니요 하늘에 계신 내 아버지시니라" 마태복음 16:17**

성경은 하나님의 계시의 세계이며, 자연적 세상은 이성과 상식의 세계입니다. 이 두 세계와 통하는 우리의 수단은 각각 다릅니다. 자연적 세계는 상식으로 접하지만, 하나님의 계시의 세계는 오직 믿음으로만 접할 수 있습니다. 우리의 지성은 호기심이 있어야 합니다. 체계적 상식인 과학적 지식은 강력한 지적 호기심에 그 뿌리를 두고 있습니다. 자연적 세계에서의 호기심은 잘못된 것이 아니라 바람직한 것입니다. 만일 우리에게 지적인 호기심이 없다면 우리는 아무것도 모를 것입니다. 하나님은 절대로 자연적 세계에 대한 지적 게으름을 바라지 않으십니다. 그러나 하나님에 대한 계시의 사실들인 성경의 세계는 지적 호기심이 전혀 쓸모 없습니다. 이곳에서는 우리의 감각들이 도움이 되지 않습니다. 예를 들면, 하나님은 인간의 탐색으로 알아낼 수 있는 분이 아니십니다. 물론 상식적 생각으로 '하나님'이라는 추상적 개념을 만들어낼 수 있지만, 그러한 생각들은 허구일 뿐입니다. 우리는 믿음에 의해서만 성경에 계시된 사실들을 이해할 수 있습니다. 이때 믿음은 나의 인격적 영이 하나님의 말씀을 믿고 순종하는 것을 말합니다.

과학적 지식을 얻기 위해서는 상식을 사용해야 합니다. 그러나 성경은 상식의 사실들을 다루지 않습니다. 성경은 우리의 상식으로는 이해할 수 없는 계시의 사실들을 다룹니다. 예를 들어 예수 그리스도, 죄, 마귀, 성령 등은 계시의 사실들입니다. 이 중 어느 것도 상식적인 영역에 속한 것은 없습니다. 예수 그리스도께서 다루시는 하나님의 나라에 속한 것들을 알고자 한다면 우리는 계시된 사실들을 믿어야 합니다. 따라서 성경은 주께서 거하시는 영역을 접하려면 그전에 반드시 거듭나야 한다고 주장합니다. "내가 네게 거듭나야 하겠다 하는 말을 놀랍게 여기지 말라"요한복음 3:7. 성령을 받은 후에야 우리는 베드로처럼 하나님의 계시의 세계를 접하는 부류에 속하게 됩니다. 예수 그리스도는 계시입니다. 그분은 우리의 상식으로는 깨달을 수도, 알 수도 없는 존재입니다. 당신은 성령을 받았습니까? 당신은 거듭났습니까?

# 주님을 떠나지 않으려면



"시몬 베드로가 대답하되 주여 영생의 말씀이 주께 있사오니 우리가 누구에게로 가오리이까" 요한복음 6:68

요한복음 6장은 예수님을 따르던 많은 군중으로부터 제자들이 추려지는 과정을 설명하고 있습니다. 결국 열두 명의 제자만 남게 됩니다. 예수님께서는 그 남은 자들에게 질문하셨습니다. "너희도 가려느냐"67절. 사실 예수님을 따랐던 많은 사람이 이 질문을 받기 훨씬 전에 이미 떠났습니다. "그의 제자 중에서 많은 사람이 떠나가고 다시 그와 함께 다니지 아니하더라"66절. 그러나 베드로는 떠나지 않았습니다. "주여, 우리가 누구에게로 가오리이까?" 우리의 신앙 여정에는 이러한 단계가 있습니다. 우리는 우리 앞의 인도자를 보지 못합니다. 주님의 기쁨을 느끼지도 못합니다. 주님을 따르는 것이 신이 나지도 않습니다. 그럼에도 아직은 완전히 떠난 것은 아닙니다. 이제 주를 따를 것인지 떠날 것인지 결정해야 합니다.

우리의 영적인 삶은 '무덤'을 계속 지나는 삶으로 묘사될 수 있습니다. 우리의 자기 의지가 영적인 죽음을 통과할 때 우리는 비로소 주님께 헌신되어 있음을 발견할 수 있습니다. 주께 내 자신을 헌신하고 나면 내 속에 무덤을 지나야 하는 것들이 훨씬 더 많이 보입니다. 신앙의 초기에는 그리스도를 대적하는 것만을 나쁘다고 생각했습니다. 그러나 자아가 무덤을 지나고 나면 기존의 삶에서 매력을 느끼던 것들, 깨끗하고 정열적이지만 이방 종교에 속한 것들, 여러 도덕적인 덕목이 무덤을 지나야 한다는 사실을 깨닫게 됩니다. 사람 눈에 선해 보이는 것들마저 무덤을 지나야 하는 이유는 그것들은 영적인 것과 어울릴 수 없기 때문입니다. 따라서 성도의 삶을 살아가려면 내게 속한 모든 것이 영적인 죽음을 지나 일단 끝나야 합니다. 그때 자연적인 것들이 영적인 것으로 바뀌게 됩니다. 그러면 우리는 주님과의 온전한 연합을 체험하게 됩니다.

매일 묵상할 때 나무는 성장합니다.

# 가장 위대한 사역

"또한 그보다 큰일도 하리니 이는 내가 아버지께로 감이니라 … 이는 아버지로 하여금 아들로 말미암아 영광을 얻으시게 하려 함이라" 요한복음 14:12~13

기도는 단순하며 초자연적입니다. 주 예수 그리스도와 인격적인 관계가 형성되지 않은 자들에게 기도는 매우 어리석게 보입니다. 그들에게는 하나님이 우리의 기도에 따라 응답하신다는 것이 이해가 되지 않습니다. 그러나 주님은 분명히 우리의 기도에 응답하시겠다고 약속하셨습니다. 우리 주님은 우리의 기도에 근거하여 행하십니다. 따라서 그리스도인으로서 우리의 모든 사역의 열쇠는 '기도하는 것'입니다.

우리가 다른 사람을 위해 중보 기도하면 성령께서는 그들의 무의식의 영역에서 일하기 시작하십니다. 그러나 우리는 성령께서 그들을 향해 어떻게 역사하실 것인지에 대해서는 전혀 알 수 없습니다. 또한 우리의 중보 대상도 성령께서 어떻게 일하실지 아무것도 알 수 없습니다. 하지만 시간이 지나면서 우리의 중보 기도 대상에게 효과가 나타나기 시작합니다. 그들의 의식 세계 속에서 아주 불편하고 불안한 징조들이 나타나기 시작합니다. 하지만 우리는 이런 일이 있도록 지칠 만큼 그 대상에게 권면해도 조금의 변화도 나타나지 않을 때 실망하며 포기할 때도 있을 것입니다. 그러나 그 대상을 위해 포기하지 않고 계속 기도해 왔다면 어느 날 그를 만났을 때 그에게서 어떤 변화가 있었다는 것을 느낄 수 있게 됩니다. 그가 무엇인가 알기를 원하는 것을 보게 됩니다.

사탄의 왕국에 가장 큰 피해를 주는 것은 바로 중보 기도의 사역입니다. 처음에는 중보 기도의 효력이 매우 약해 보이고 아무런 힘이 없어 보이지만, 그러나 바로 이러한 중보 기도가 성경이 가장 강조하는 사역입니다. 물론 사람들의 눈에는 전혀 보이지 않는 사역입니다. 당신은 '누구에게' 기도하는지를 기억하십시오. 하나님은 사람들이 헤아릴 수 없는 무의식의 영역까지 다스리시는 분입니다. 그분께 우리가 기도하는 것입니다. 또한 그분이 바로 우리에게 기도하라고 말씀하신 분입니다. 당신은 한 영혼이 주께 돌아오도록 중보 기도에 힘쓰십시오.

# 영원한 젊음



"예수께서 이르시되 … 아브라함이 나기 전부터 내가 있느니라" 요한복음 8:58

　　사람이 어린 시절을 지나 청소년이 되면 정신적으로 큰 변화가 나타납니다. 그 변화 중에는 문학, 시, 종교 등에 관심을 둡니다. 그러나 이러한 변화는 영적인 거듭남은 아니며 성령의 역사와도 무관합니다. 청소년들은 이러한 변화 과정에서 하나님께 위대한 헌신을 할 수도 있고 기독교 봉사에 관여할 수도 있습니다. 사람들 중에는 종종 이러한 변화의 모습을 성령의 역사로 오해하는 사람들이 있습니다. 하지만 사실은 자연적 생명의 성장 과정의 한 부분일 뿐입니다. 자연적 생명의 변화는 언제나 신체적 성장과 정신적, 도덕적 성장이 함께합니다. 청소년들은 어른들보다 더 순수하고 분명하게 봅니다. 청소년 시절처럼 모든 것이 신이 나고 또한 분명하게 보이는 때가 없습니다. 일반적으로 30세를 성숙의 나이라고 말합니다. 사람이 보통 30세 전후가 되면 신체적으로 그리고 인격적으로 가장 성숙한 때가 됩니다. 아무튼 평범한 자연적 생명에게는 이러한 성숙의 단계가 있습니다. 이것이 물리적인 영역에서 사람에게 나타나는 현상입니다.

　　하지만 영적으로는 늙는다는 것이 없습니다. 세월이 지날수록 영적 생명은 영원한 청춘입니다. 이 점에서 영적 생명은 자연적 생명과 정반대입니다. "나는 알파와 오메가요 처음과 나중이요" 요한계시록 22:13. 예수님은 '옛적부터 항상 계신 자'의 영원한 아들입니다. 전능하신 하나님께서는 친히 창조하신 피조물 중에 가장 연약한 존재인 갓난아기로 오셨습니다. 그분이 새 출생을 통해 우리 안에 들어오시면 우리는 우리 안의 계신 주님의 생명을 죽이든지, 아니면 성령의 인도하심을 따라 주의 생명에게 좋은 영양분을 섭취하게 하여 그리스도의 장성한 분량까지 자라날 수 있습니다. 성숙한 성도는 마치 어린아이처럼 절대적으로 단순하며 기쁨과 생동력이 넘칩니다. 이러한 삶은 당신에게 놀랄만한 젊음을 줄 것입니다. 만일 당신이 매우 늙었다는 느낌이 든다면 다시 거듭나 자라나도록 하십시오.

매일 묵상할 때 나무는 성장합니다.

# 주의 음성을 직접 들으십시오!



"모세에게 이르되 당신이 우리에게 말씀하소서 우리가 들으리이다 하나님이 우리에게 말씀하시지 말게 하소서 우리가 죽을까 하나이다" 출애굽기 20:19

그리스도인들이 의도적이라기보다 주의 명령을 몰라서 하나님께 불순종하는 때가 많습니다. 이는 하나님의 말씀에 신경을 쓰지 않기 때문입니다. 하나님께서는 우리에게 명령을 주셨습니다. 그런데 우리는 그 명령에 신경을 쓰지 않습니다. 주께 신경을 쓰지 않는 것은 하나님을 사랑하지도 않고 두려워하지도 않는 증거입니다. "너희가 나를 사랑하면 나의 계명을 지키리라"요한복음 14:15. 주의 계명을 지키기 위해서는 하나님을 업신여기고 등한시 여기는 마음의 자세부터 바뀌어야 합니다. 하나님 앞에 이러한 마음의 자세가 얼마나 악한지를 진정으로 깨달아야 부끄러움을 느끼는 가운데 회개하게 됩니다.

우리는 하나님의 말씀을 간접적으로 듣는 것을 좋아하지만, 하나님의 음성을 직접 듣는 것은 싫어합니다. 우리는 사람들의 간증 듣기를 좋아하지만, 성경을 읽으며 성령의 음성 듣기는 싫어합니다. 하나님의 음성을 직접 듣는 것을 왜 그토록 싫어할까요? 그 이유는 하나님께서 말씀하시면 뒤로 미루지 못하고 순종이나 불순종 간에 양자택일을 해야 하기 때문입니다. 그러나 하나님의 음성을 걸러서 듣게 되면 "아! 그 내용은 비록 하나님의 진리처럼 들리기는 해도 아마 당신의 생각이지요"라고 말하며 얼마든지 순종을 연기할 수 있기 때문입니다.

기도와 성경을 통해 주의 음성을 직접 들으십시오. 주의 음성을 직접 들으면 언제나 비참과 비통을 느끼게 될 것입니다. 그러나 회개의 길만이 주님의 음성을 듣고 순종하며 진정한 기쁨을 누리는 가장 복된 길입니다. 하나님은 당신을 귀한 자녀로 대하시는 데 당신은 하나님을 무시하며 모독하지는 않습니까? 주님을 모독하였던 당신의 자세에 대하여 큰 부끄러움을 느끼게 되길 바랍니다. "주님, 저의 어리석음과 고집을 용서해주시고 치유해주소서"라고 회개하길 바랍니다.

# 기도를 더욱 해야 할 때



"모든 기도와 간구를 하되 항상 성령 안에서 기도하고 이를 위하여 깨어 구하기를 항상 힘쓰며 여러 성도를 위하여 구하라" 에베소서 6:18

기도란 무엇입니까? 영적 전쟁을 위한 준비가 기도입니까? 절대 그렇지 않습니다. 기도는 영적 전쟁 그 자체입니다. 그러면 언제 기도해야 합니까? 예수님의 삶은 기도의 비밀을 보여줍니다. 예수님은 홀로 여러 밤을 기도로 보내셨기 때문에 '승리의 순간들'을 누리셨습니다. 주님께서 언제 홀로 기도하시며 밤을 지새우셨는지 살펴보십시오. 보통 승리의 날 직후였습니다. 우리는 주님처럼 승리를 얻기 위해 기도하고 또한 승리를 얻은 이후에도 기도하기를 잊지 말아야 합니다.

나는 친구와 함께 알프스 산에 오른 적이 있습니다. 안내원과 함께 매우 높은 산 정상에 올랐습니다. 정상에 오르자 나의 친구는 아무도 오르지 않은 또 다른 정상에 오르겠다고 도전했습니다. 마침내 그는 훨씬 더 높은 정상에 올랐습니다. 그는 너무나 기뻐서 뛰기 시작했습니다. 그러자 안내원이 그를 급하게 말리며 그 자리에서 무릎을 꿇고 몸을 숙이지 않으면 바람에 밀려 낭떠러지로 떨어진다고 말해주었습니다.

영적 승리의 고지에 이를 때 우리는 기도로 무릎을 꿇고 몸을 숙일 줄 알아야 합니다. 승리한 직후에 기도하십시오. 하나님과의 교제를 계속 누리십시오. 다른 사람에게 승리를 외치기 위해 날뛰지 마십시오. 승리의 좋은 소식이 많을수록 우리는 더욱 주 앞에 무릎을 꿇고 기도할 줄 알아야 합니다.

# 넉넉히 이기는 믿음의 비결

"이 모든 일에 우리를 사랑하시는 이로 말미암아 우리가 넉넉히 이기느니라" 로마서 8:37

인생길을 가다 보면 감당할 수 없는 어려움과 상황들을 겪을 때가 있습니다. 이때 바울의 말씀을 기억하십시오. "이 모든 일에 우리를 사랑하시는 이로 말미암아 우리가 넉넉히 이기느니라." 그리스도인의 소명은 그리스도 때문에 어떠한 어려운 상황이라도 이기는 것입니다. 예수 그리스도께서는 제자도나 고난을 언급하실 때마다 "나로 인하여"라고 말씀하셨습니다. 이는 주님 때문에 고난을 이겨야 한다는 말씀입니다. 성도의 가장 깊은 뿌리는 주님과의 인격적 관계입니다. 성도가 어떠한 상황에서도 그리스도의 빛을 발하려면 자기 개인에 대한 관심을 버리고 오직 온 맘으로 주 예수 그리스도께 완벽하게 헌신해야 합니다.

성도가 하나님의 뜻을 확신하게 될 때 어떠한 환난과 고통도 그를 흔들지 못합니다. 바울은 권면하길, 인간의 지혜와 능력으로 풀 수 없는 상황에서도 십자가로 나아가 죄를 회개하며 오직 그리스도를 통한 하나님의 사랑을 받아들이고 더욱 예수 그리스도께 충성하라고 하였습니다. 이것이야말로 영적 침체 및 영적 불안을 치유하는 최고의 방법입니다. 주님 앞에 모든 어려움과 상실과 슬픔을 내려놓고 주의 음성을 들으십시오. "너희는 마음에 근심하지 말라" 요한복음 14:1.

당신은 모든 공포 가운데서 당신의 소명을 지킬 수 있습니까? 바울은 우리가 지킬 수 있다고 알려줍니다. 그 이유는 이 우주에 그 어떠한 것도 하나님의 사랑에서 우리를 끊을 수 없기 때문입니다. "누가 우리를 그리스도의 사랑에서 끊으리요 환난이나 곤고나 핍박이나 기근이나 적신이나 위험이나 칼이랴" 로마서 8:35.

# 성경의 예언자



"여호와께서 구름 가운데 강림하사 모세에게 말씀하시고 … 여호와께서 그의 영을 그의 모든 백성에게 주사 다 선지자가 되게 하시기를 원하노라" 민수기 11:25, 29

성경이 말하는 예언이란 무엇입니까? 일반적으로 알려진 개념에 의하면 미래를 말하는 자를 예언자라고 봅니다. 따라서 이러한 개념에 의하면 미래를 점치는 자가 예언자인 셈입니다. 이러한 예언에 대한 잘못된 개념 때문에 현재 기독교 공동체 내에 감당할 수 없는 혼란과 속임수가 난무하고 있습니다. 성경의 관점에서 볼 때 예언자란 하나님의 직접적인 영감을 받아 가르치는 자를 말합니다. 물론 성경의 예언자들은 주의 백성에게 하나님의 뜻을 알리고 그들에게 경고하기 위해 미래에 임할 심판이나 불순종할 때 발생할 일들을 미리 알려주곤 하였습니다. 그러나 하나님의 예언자 중에는 자신들의 입술을 통해 나온 하나님의 말씀을 처음부터 끝까지 완전하게 다 이해한 사람은 아무도 없었습니다. 그들은 하나님의 말씀을 대언할 뿐이었습니다.

하나님의 예언자는 살과 피가 있는 유한한 선지자로서 우리와 똑같은 사람들입니다. 단지 하나님께서 오실 메시야를 알리시기 위해 선택하여 사용하셨던 자들이었습니다. 종종 사람들은 예언자는 "하나님의 영감을 받은 자들"이라고 말합니다. 그렇습니다. 그러나 이러한 표현이 사람들을 크게 잘못 이끌 수 있습니다. 그 이유는 '영감'이라는 단어를 사람마다 아무렇게나 정의하기 때문입니다. 어떤 사람은 '영감'을 감정이 고조된 상태로 오해합니다. 또 어떤 사람은 '영감'이란 정신이 나간 어떤 황홀경을 의미하기도 합니다. 그러나 성경이 말하는 영감은 성경에서 벗어나지 않는 성령의 영감을 의미합니다. 성경의 예언자들은 자기 임의대로 말하는 자들이 아니었습니다. 지금 시대에 이러한 거짓 예언자들이 참으로 많습니다. 그러나 하나님의 예언자들은 성령에 이끌려 주 예수 그리스도를 증거하는 자들이었습니다.

# 참된 겸손의 길

"그러므로 누구든지 이 어린 아이와 같이 자기를 낮추는 사람이 천국에서 큰 자니라"
마태복음 18:4

겸손은 사람이 다다를 이상이 아닙니다. 겸손은 하나님과 바른 관계를 맺고 주님을 중심으로 하여 살아갈 때 무의식적으로 나타나는 결과입니다. 겸손한 사람의 눈은 자신이 한 일이나 사역에 있지 않고 언제나 구세주이신 주님께 있습니다. 그는 주님의 은혜를 알기 때문입니다. 사람을 의식하며 겸손한 척하는 것은 참으로 끔찍한 것입니다. 이러한 의식적인 겸손은 교만이 양의 탈을 쓴 것과 같으며 사탄이 광명의 천사로 가장하여 속이는 것과 같습니다. 사람 앞에서 겸손한 척하는 사람은 자연스럽게 악을 드러내는 악인보다 더 악합니다.

우리 열정의 중심이 하나님의 영광에 있을 때 우리는 겸손하게 됩니다. 그리스도의 보혈 앞에서 자신이 얼마나 무서운 죄인인지를 깨달을 때 겸손하게 됩니다. 십자가에서 하나님의 지혜의 광대함을 희미하게라도 느낀다면 겸손하여집니다. 주님이 가르치신 어린아이와 같은 겸손은 그리스도를 중심으로 하지 않은 일반 사람들에게는 결코 이해될 수 없습니다. 그러나 주 예수 그리스도는 참된 겸손의 자세가 어디서 흘러나오는지를 알고 계십니다. 그것으로 바로 주님과의 깊은 관계에서 겸손이 흘러나옵니다. 예수 그리스도는 겸손을 사람들의 이상으로 들어 올리시지 않으셨습니다. 주님은 단지 겸손하게 사셨습니다. 사람들에게 인정받으려는 의도가 아니라, 오직 주 예수 그리스도의 영광만을 위해 다른 사람을 섬긴다면 우리는 주님처럼 겸손하게 됩니다.

이 나무는 당신입니다.

# 거짓 선지자 6월 21일

"거짓 선지자들을 삼가라 양의 옷을 입고 … 노략질하는 이리라" 마태복음 7:15

거짓 선지자들은 항상 양의 옷을 입고 있기 때문에 성령에 의한 영적 분별력이 없이는 그들을 분간하기가 매우 어렵습니다. 오히려 처음에는 더욱 의롭고 바른 선지자로 보입니다. 그러나 그들에게는 지울 수 없는 특징이 있는데 바로 위선입니다. 위선이란 '두 얼굴'로써 숨은 의도와 행동이 다른 것을 말합니다. 거짓 선지자들은 하나님의 복음으로 양들을 구원하고 풍성하게 하려고 온 사람들이 아닙니다. 오히려 그들은 하나님의 양들을 속여 사탄의 노략물로 삼기 위해 이 땅에 온 이리들입니다. 따라서 거짓 선지자들은 참된 진리를 말하는 것 같지만, 그 속에는 사탄의 영이 있습니다. 주님께서는 이러한 거짓 선지자들을 조심하라고 하셨습니다.

그들에게 시간이 지나면서 드러나는 열매는 그들의 정체를 말해줍니다. 가시나무의 열매는 반드시 가시나무에서 납니다. 물론 처음에는 전문가가 아니고서는 장미나무와 가시나무를 구별할 수 없습니다. 그러나 열매가 나타날 때까지 기다리면 반드시 그 열매를 보고 나무의 정체를 알 수 있습니다. 거짓 선지자들은 언제나 다른 복음, 다른 예수, 다른 영의 열매를 내어 거짓 그리스도에게로 이끕니다.

거짓 선지자들의 또 다른 특징은 진짜를 모방합니다. 경건의 능력은 없지만, 경건의 모양을 갖춥니다. 그러나 중요한 차이점은 거짓 선지자들의 사역에는 그리스도의 생명의 역사가 없다는 사실입니다. 사람이 성령을 모방하는 것에는 한계가 있습니다. 따라서 성령을 모방하려는 자들은 자신들의 모습을 감추기 위해 언제나 자신을 차단할 필요가 생기므로 위선자가 될 수밖에 없습니다. 예수 그리스도는 공적으로 드러나는 열매로 사람을 판단하라고 말씀하셨습니다. 이는 거짓 선지자들이 내는 열매는 결국 공적인 것이 될 것이기 때문입니다. 그들의 공적인 가르침과 고백과 열매는 성경의 복음의 빛으로 비출 때 가짜로 판명됩니다. 따라서 공적으로 열매가 한번 드러난 거짓 선지자들이 있다면 무조건 멀리하십시오.

# 그리스도인의 형통

"그리스도를 위하여 받는 수모를 애굽의 모든 보화보다 더 큰 재물로 여겼으니 이는 상 주심을 바라봄이라" 히브리서 11:26

어떤 사람의 꿈이 무엇인지를 알면 그 사람이 말하는 형통이 무엇인지를 쉽게 알 수 있습니다. 그의 꿈이 이루어지면 그는 형통했다고 말합니다. 그러나 성경이 말하는 그리스도인의 꿈은 하나님과 연합입니다. 따라서 그리스도인의 형통은 이 꿈으로 평가되어야 합니다. 즉, 이 세상에서의 신분과 결과와 상황이 어떠하든 만일 어떤 그리스도인이 하나님과 연합되어 있으면 그는 형통한 것입니다. 세상은 우리 그리스도인들이 형통이라고 부르는 것을 실패라고 부를지도 모릅니다. 한편 우리 그리스도인은 하나님을 떠난 형통은 오히려 재난이라고 말합니다.

예수 그리스도는 하나님과 온전히 동행하셨으니 하나님이 보시기에 형통하셨습니다. 그러나 세상이 보기에는 그분은 형통이 아니라 실패자였습니다. 왜냐하면 주님은 죄인으로 간주되어 매를 맞으셨으며 멸시를 받으셨기 때문입니다. 그러나 하나님 아버지께서는 주님을 형통하신 분으로 여기시고 그를 통해 온 세상에 하나님의 풍성하심을 부으셨습니다.

당신은 주님의 형통 안에서 형통을 원합니까? 아니면 세상의 형통을 원합니까? 주님의 즐거움이 되기를 원합니까? 아니면 나의 욕심을 채우려는 쾌락을 추구합니까? 주 안에서 형통한 자는 주님의 즐거움을 구하게 됩니다. 그 즐거움이란 중생과 거룩하여짐을 통해 많은 사람이 하나님의 자녀가 되는 것을 보는 즐거움입니다.

# 땅의 지체를 죽이는 방법



"그러므로 땅에 있는 지체를 죽이라 곧 음란과 부정과 사욕과 악한 정욕과 탐심이니 탐심은 우상 숭배니라" 골로새서 3:5

이 말씀에서 바울은 인간의 속성 안으로 들어와 있는 쓰레기 같은 것들을 언급하고 있습니다. 그러한 것들 때문에 인간은 하나님 앞에서 더러운 존재가 됩니다. 바울은 "땅에 있는 지체를 죽이라. 이런저런 것들을 '방치함으로' 죽게 내버려두라"고 말합니다. 여기서 바울이 보여주는 그림은 어떤 '죄'라는 인격체가 있는데 손이나 발, 눈, 코, 귀 등의 지체가 있습니다. 그런데 그 '죄'가 죽어가면서 손, 발, 코, 귀 등이 그 역할을 하지 못하는 그림입니다. 그러다가 결국 굶주려서 말라비틀어져 사라지는 그림입니다. 요약하면, 죄를 죽이려면 싸워서 죽이는 것이 아니라 '공급하지 않음'으로 죽이는 것입니다. 물론 로마서를 중심으로 한 다른 성경과 함께 볼 때 죄 죽이기와 반드시 병행되어야 하는 것은 성령의 역사입니다. 그럼에도 성도가 해야 할 일 중의 하나는 '죄'에게 아무것도 공급하지 말아야 한다는 것입니다.

결론적으로 말하면, 우리 몸의 지체를 통해 죄에 영양분을 줄 수 있는 그 어떤 요소라도 다 차단해야 합니다. 대화, 만남, 눈으로 보는 것, 귀로 듣는 것, 미움, 증오, 음욕, 탐심 등 죄에 영양분을 주어서는 안 됩니다. 특히 우리의 생각이 죄에 관심을 두어서는 안 됩니다. 기도마저도 죄에 관심을 두게 하는 기도는 드려서는 안 됩니다. 인간은 참으로 간사하기에 기도를 통해서도 죄에 영양분을 공급합니다. 그러므로 죄에 에너지를 공급하지 않기 위해서는 우리의 강한 의지적 결단이 필요합니다. 무엇보다도 죄에 영양분을 줄 만한 외적 요소들을 차단해야 합니다. 그렇지 않고서는 우리는 우리 속의 죄의 정욕을 이길 수 없습니다. 죄를 죽이고 싶습니까? 그렇다면 죄를 굶주려 죽도록 하십시오. 그 대신 더욱 성령님을 구하여 우리 속의 속사람을 강하게 하십시오. 반드시 새 생명의 성장과 함께 참된 자유를 얻게 될 것입니다.

# 주님의 마음으로 갑옷을 삼으십시오!

"너희도 같은 마음으로 갑옷을 삼으라" 베드로전서 4:1

어떤 사람은 순결이라는 갑옷을 입고 있습니다. 다른 어떤 사람은 사랑의 갑옷을 입고 있습니다. 그러나 바울은 우리에게 "하나님의 전신 갑주를 입으라"고 말합니다. 그의 말처럼 우리는 세상 것들이나 자신의 능력을 의지해서는 안 됩니다. 오직 하나님과의 관계로 옷 입고 그 관계를 끝까지 유지해야 합니다. 만일 당신이 하나님의 갑옷으로 무장하지 않는다면 당신은 당신이 다스릴 수 없는 초자연적인 악한 세력들에 의해 공격을 당하게 될 것입니다. 그러나 갑옷을 입고 하나님과 살아 있는 관계를 갖는다면 당신의 의식 세계뿐만 아니라, 당신의 깊은 영의 세계까지 보호를 받게 될 것입니다.

바울은 "항상 기도하라"고 당부합니다 에베소서 6:18. 우리가 기도할 때마다 지경이 넓어지고, 발생한 상황에 대한 우리의 자세가 바뀌기 때문입니다. 그러나 비참한 것은 우리는 기도하지 않는다는 사실입니다. 하지만 분명히 기도는 우리에게 완벽한 자유를 주며 우리를 영적으로 날아오르게 합니다. 당신이 다른 사람의 마음과 기도로 하나가 되면 언제나 서로 영적으로 통하는 역사가 나타납니다. 그리고 우리가 위로부터 거듭나면 하나님과 한마음이 되어 교제할 수 있습니다. 그래서 베드로는 우리에게 하나님과의 교제에 '항상 힘쓰라'고 부탁하였습니다.

당신은 기도생활을 게을리하고 있습니까? 다른 것이 혹시 소홀하더라도 기도의 끈만은 놓쳐서는 안 됩니다. 지금 당장 모든 우선순위를 바로 세우십시오. 그렇지 않으면 당신은 당신 주변의 사람에게 위험한 영적 영향을 미치게 될 것입니다. 그리고 언제나 자기 연민을 조심하십시오. '내가 왜 이런 고통을 당해야 하지?' 이러한 생각이 들 때도 주의하십시오. 이때는 당신이 매우 위험한 순간에 있는 것입니다. 이때 기도로 갑옷을 입지 못하면 우리는 주님을 매우 슬프게 할 수 있습니다. 말해서는 안 될 말을 주님께 내뱉으며 불손하고 불경한 자세를 갖기 쉽습니다. 이는 우리가 예수님의 마음으로 무장하는 것을 잊었기 때문입니다. "너희도 같은 마음으로 갑옷을 삼으라."

# 시련의 상황에서 시험을 이기십시오!



**"시험을 참는 자는 복이 있나니 … 생명의 면류관을 얻을 것이기 때문이라" 야고보서 1:12**

믿음을 갖는다는 것은 연단 가운데서 우리가 무엇을 가장 소중히 여기는가를 시험받는 것입니다. 시련을 당할 때 사람들은 자신이 무엇을 가장 소중히 여기는지 그 본심을 드러냅니다. 그러므로 믿음이란 우리에게 가장 소중한 것은 구원과 영생이며 또한 구원과 영생을 주신 주 예수 그리스도를 절대로 내려놓지 않는 것입니다.

우리의 삶에는 믿음과 상충하는 상황이 찾아올 때가 있습니다. 또한 주변의 많은 사람은 오직 상식으로 살아가고 있습니다. 이때 당신은 그리스도를 통해 자신의 성품을 드러내신 하나님만을 믿고 그 믿음 위에 든든히 설 수 있겠습니까? 그 일은 결코 쉽지 않습니다. 그 이유는 우리에게 많은 시험이 찾아오기 때문입니다. 예수님께서는 아버지 하나님은 사랑과 공의와 진리의 하나님이라고 말씀하셨습니다. 그러나 우리의 현실 속에서 발생하는 일들을 보면 그러한 하나님이 아닌 것처럼 느껴질 때가 많습니다. 이때 당신은 하나님은 선하시다는 계시를 계속 붙들 수 있겠습니까? 현실 속에서 어떠한 일들이 발생할지라도 주님의 명예를 높이기에 합당한 일만 하겠습니까? 그렇게 할 때 우리는 시험 가운데서 계시의 세계와 상식의 세계가 완벽한 조화 가운데 있음을 깨닫게 됩니다. 그러나 슬프게도 대부분의 그리스도인은 위기가 닥칠 때 이방인이 됩니다. 이방인처럼 생각하고 말하고 행동합니다. 오직 백 명 중 한 사람만이 위기 가운데서 하나님의 성품을 믿고 확신합니다.

영적인 일들을 이해하기 위한 황금률은 지식이 아니라 순종입니다. 상식의 세계에서는 지식으로 이해하지만, 영의 세계를 분별하는 길은 오직 믿음과 순종밖에는 없습니다. 영적으로 어두워진다는 것은 순종하려는 마음을 포기하고 있음을 의미합니다. 그 이유는 지적 어둠은 무지로 말미암아 만들어지지만, 영적 어둠은 의도적인 불신앙과 불순종에 의해 발생하기 때문입니다. 시험을 이기십시오. 이기는 자는 주님이 약속하신 생명의 면류관을 얻게 될 것입니다.

# 시험을 이긴 믿음

**"오직 여호와를 앙망하는 자는 새 힘을 얻으리니 독수리가 날개 치며" 이사야 40:31**

당신이 영적으로 퇴보하는 이유는 두 가지 중 하나입니다. 자연의 법을 무시하였던지, 아니면 하나님과의 교류가 차단되었기 때문입니다. 영적으로 곤비하다는 것은 이미 뭔가 잘못된 것입니다. 사실 주께서는 놀랍도록 계속 부드럽게 경고해 오셨습니다. "그렇게 해서는 안 된다. 그 일을 그만 멈추고 내려놓아라." 그러나 주의 음성을 무시하고 계속 앞으로 나아가기 때문에 영적 피곤이 밀려오는 것입니다.

만일 당신이 탈진하였을 때 사람들로부터 따뜻한 우유를 기대하는 대신에 하나님을 의탁하십시오. 당신에게서 피곤이나 신경질이 나타나는 것은 당신이 목표를 잃었기 때문입니다. 현재 많은 그리스도인이 봉사라고 불리는 행사 때문에 믿음의 목표를 잃고 영적 질병에 걸려들고 있습니다. 그들은 힘의 근원이신 여호와를 의지하는 대신에 봉사로 자신들의 연약함을 포장하려고 합니다. 그러나 하나님의 사역에는 피곤이라는 것이 없습니다. 만일 당신이 주님과 함께하는 기쁨을 누린다면 당신은 주님을 섬길수록 더 많은 기쁨을 누릴 것입니다. 하나님에게서 받은 새 생명으로 사십시오. 그러면 당신의 모든 순간은 신비한 에너지로 가득하여질 것입니다. 그때 당신에게 넘치는 그 생동력은 이 세상의 그 어떤 것도 막을 수 없는 초자연적인 힘으로부터 온 것입니다.

영적인 힘이란 외부에서 침입하는 유혹을 이길 수 있는 내적 힘을 말합니다. 이때 이 내적 힘은 우리 자신에게 있지 않고 우리 안에 계신 예수 그리스도께 있습니다. 따라서 우리 안에 계신 주님과 연합할 때 우리는 내적으로 강하게 되어 영적인 사람이 됩니다. 하지만 세속적인 것들은 주님께 속한 영적인 것들을 없애려고 합니다. 그러나 예수님께서는 우리에게 "담대하라. 내가 세상을 이기었노라"고 말씀하십니다. 우리가 주님의 이 귀한 말씀을 이해한다면 우리는 우리를 대항하는 세력을 만났을 때도 완전한 기쁨 가운데 즐거워할 수 있습니다. 그리고 우리는 우리를 대항하는 세력들을 믿음으로 이겨냄으로써 독수리 같이 날개 치며 주를 향해 날아오를 것입니다.

이 나무는 당신입니다.

# 자연적인 것과 신령한 것



"그러나 먼저는 신령한 사람이 아니요 육의 사람이요 그 다음에 신령한 사람이니라" 고린도전서 15:46

이 말씀은 먼저는 자연적인 것이요 그다음에 영적인 것이라고 말합니다. 인간의 인격성은 자연적인 삶을 희생하여 영적인 삶으로 바꾸기 위해 있습니다. 그러나 성경은 한 번도 자연적인 삶을 죄악된 것이라고 말하지 않았습니다. 단지 영적인 삶과 대조가 된다고 말할 뿐입니다.

하나님께서는 인류의 언약 대표인 아담을 설계하실 때 스스로 발전할 수 있도록 하셨습니다. 전인격적인 연속적인 순종의 선택 과정을 통해 자연적인 삶을 영적인 삶으로 바꾸도록 의도하셨습니다. 따라서 자연적인 삶은 영적인 삶을 위한 희생 '양'이었습니다. 자연적인 삶은 완벽하게 합법적이고 좋은 것입니다. 그러나 사람은 자연적인 삶 그 자체에 빠져서는 안 되며 오히려 순종을 통해 자연적인 것을 희생하여 영적으로 변화하게 해야 합니다. 이 방법만이 사람의 인격성이 올바른 형태 안에서 드러나는 길입니다.

자연적인 삶은 죄와 아무런 상관이 없습니다. 그러나 하나님께서 죄가 들어온 이후에는 자연적인 것은 희생을 통해 영적인 것이 되도록 하셨습니다. 예를 들어, 우리 주님이 사람의 몸을 입으신 것은 죄가 아닙니다. 주님이 음식을 드신 것도 죄가 아닙니다. 그러나 광야에서 사십일을 머무는 동안에 음식을 드셨다면 죄가 되었을 것입니다. 그 이유는 아버지의 뜻이 그러하였기 때문입니다.

우리 주님은 하나님이 보시기에 정상적인 사람을 대표합니다. 그러한 주의 생명이 우리가 중생할 때 우리 안에 형성하게 됩니다. 그러면 우리는 하나님의 뜻에 순종함으로써 우리의 자연적인 삶을 영적인 삶으로 변화하게 할 수 있습니다. 당신은 당신의 자연적인 모든 것이 주 예수 그리스도의 생명에 복종하도록 희생하게 하십시오.

# 영원한 기쁨



기쁨은 성경 전반에 걸쳐 흐르는 주요 관심사입니다. 기쁨이라고 할 때 우리는 기분이 좋거나 건강이 좋아서 느끼는 기분을 생각합니다. 그러나 하나님이 주시는 기쁨은 사람의 삶과 환경과 그가 처한 조건과 상관없습니다. 예수님은 사람에게 "힘내!"라고 말씀하지 않으십니다. 대신 하나님의 속성에 속한 기쁨을 그 사람 안에 심어주십니다. 기독교의 믿음의 요새는 '하나님의 기쁨'이지 하나님 안에서의 '나의 기쁨'이 아닙니다. 하나님의 기쁨을 믿는 것은 위대한 일입니다. 하나님의 기쁨을 앗아갈 수 있는 것은 이 세상에 아무것도 없습니다. 하나님은 다스리시며 통치하시고 기뻐하십니다. 그분의 기쁨은 나의 힘입니다. 기독교 신앙생활의 기적은 외적으로는 비참한 상황에 있어도 하나님의 기쁨을 누릴 수 있다는 데 있습니다. 그 기쁨은 비참이 다 사라질 때까지 견딜힘을 줍니다. 그러나 기쁨은 행복과 다릅니다. 행복은 상황에 의존하지만, 기쁨은 어쩔 수 없는 상황에서도 상황과 관계없이 기뻐합니다.

"내가 이것을 너희에게 이름은 내 기쁨이 너희 안에 있어 너희 기쁨을 충만하게 하려 함이라"요한복음 15:11. 예수님의 기쁨이 무엇이었습니까? 하나님의 뜻을 행하는 것이었습니다. 주님께서는 그 기쁨이 우리의 기쁨이 되길 원하십니다. 당신은 예수님의 기쁨을 누리고 있습니까? 아니면 흥분 상태의 황홀함만을 좋아합니까? 예수님의 기쁨을 누리는 것은 기적입니다. 이 기쁨은 내가 행한 것이나 나의 선함의 결과가 아닙니다. 예수님의 기쁨을 누리게 되는 것은 하나님의 생명을 받음으로 인해 나타나는 결과입니다. 예수님을 떠난 모든 인간의 체험에는 기쁨을 방해하는 요소들이 있습니다. 그러므로 내가 야망을 이룬다고 할지라도, 돈과 명예와 인기를 가진다고 할지라도 완성되지 못한, 덜 찬, 옳지 않은 그러한 느낌이 들게 됩니다. 따라서 진정한 영원한 기쁨을 누리지 못합니다. 사람이 기쁨으로 충만할 때는 오직 하나님께서 그를 창조하신 목적이 이루어질 때입니다. 이러한 기쁨은 절대로 사라지지 않고 영원합니다.

# 대속의 진리의 실제적인 효력



"하나님이 죄를 알지도 못하신 이를 우리를 대신하여 죄로 삼으신 것은 우리로 하여금 그 안에서 하나님의 의가 되게 하려 하심이라" 고린도후서 5:21

대속에 관한 일반적인 생각은 예수 그리스도께서 나를 위해 형벌을 받으셨기 때문에 나는 자유자가 되었다는 것입니다. 하지만 성경에서 말하는 대속은 언제나 두 가지 면이 있습니다. 하나는 법적인 면으로써 역사 가운데 그리스도께서 나를 대신하여 형벌을 받으신 사실이고, 다른 하나는 실제적인 면으로써 그리스도께서 내 안에서 나를 대신하여 사신다는 점입니다. 따라서 만일 내 안에 그리스도가 없다면 내게는 나를 위해 형벌을 받으신 그리스도도 없습니다. 대속의 진리는 이 세상에서 가장 중요한 진리이며 복음의 핵심입니다. 또한 대속의 진리는 법적 효력에 멈추지 않고 우리 마음의 뿌리까지 변화하게 하는 역사를 일으키는 가장 실천적인 진리입니다. 우리가 잘 알듯이 대속의 진리는 주님 가르침의 가장 중요한 핵심이며 기독교의 반석입니다. "예수께서 이르시되 내가 진실로 진실로 너희에게 이르노니 인자의 살을 먹지 아니하고 인자의 피를 마시지 아니하면 너희 속에 생명이 없느니라" 요한복음 6:53.

사도 요한이 "의를 행하는 자는 의롭다"고 말할 때 그 의는 도덕적인 의가 아니라, 하나님께 재조정되지 않으면 인간으로서는 이룰 수 없는 불가능한 의입니다 요한일서 3:7. 즉, 그 의는 내 안에 있는 그리스도가 나타나는 의로서 나는 하나님 아버지를 주 예수 그리스도 안에서 인격적으로 느끼며 순종하는 의입니다. 이 의를 바울은 하나님께서 "그의 아들을 내 속에 나타내시기를 기뻐하셨을 때" 갈라디아서 1:16라고 말합니다. 그러므로 대속의 진리는 '나는 성부와 성자와 성령을 믿는다'라는 지적 동의를 하면서 여전히 이기적이고 비뚤어진 비참한 존재로 있는 것을 허용하지 않습니다. 대속의 진리는 내 안에 '하나님의 아들'이 거하게 되는 하나님의 약속입니다. 그러므로 우리는 우리의 마음을 주께 드리기만 하면 하나님께서 명령하시는 모든 것을 할 수 있게 됩니다. 내 안에 계신 주님께 나의 모든 것을 양도하고 따를 때 우리의 죽을 몸으로 우리가 하나님의 명령을 지킬 수 있습니다.

# "말씀하옵소서"

"말씀하옵소서 주의 종이 듣겠나이다" 사무엘상 3:10

하나님의 한 가지 음성을 확실하게 들었다고 해서 주의 말씀을 다 알아 듣게 되는 것은 아닙니다. 주의 말씀에 내 마음과 생각이 무디어져 있다면 이는 내가 하나님을 사랑하지도 않고 존경하지도 않는 증거입니다. 만일 내가 나의 친구를 사랑하면 나는 직감적으로 그가 무엇을 원하는지 알 수 있습니다. 예수님께서는 "너는 나의 친구라"요한복음 15:14고 말씀하셨습니다. 당신은 주의 친구로서 주의 마음을 잘 압니까? 주께서 원하시는 것과 주님의 뜻하시는 것을 압니까? 친구이신 주님의 뜻에 잘 따릅니까? 그러나 우리 대부분은 주의 말씀을 듣지 않을 정도로 주를 무시합니다. 하나님께서 내게 한 번도 말씀하시지 않은 것처럼 행동합니다.

우리의 영적인 목표는 예수 그리스도와 하나가 되는 것입니다. 언제나 예수 그리스도의 음성을 듣는 것입니다. 또한 언제나 주님께 당신의 생각과 마음을 알리며 당신의 뜻을 간구하는 것입니다. 이때 당신이 예수 그리스도와 연합하여 있다면 당신의 마음은 언제나 하나님의 음성을 듣고 싶어 할 것입니다. 따라서 꽃과 나무 등 온 자연을 보아도, 또한 주의 신실한 종들을 만나도 항상 하나님의 메시지를 듣게 됩니다. 그러나 당신이 뭔가 우상에 사로잡혀서 주님과의 연합이 깨져 있으면 당신은 어디서도 주의 메시지를 들을 수 없습니다. 주의 자녀의 바른 자세는 언제나 어린아이와 같이 "주여, 말씀하소서. 주의 종이 듣겠나이다"라고 말하는 것입니다. 당신은 평소에 영적인 훈련을 통해 주의 음성을 항상 듣는 자세를 계발하십시오. 특히 우상에 마음이 사로잡히지 않도록 당신의 마음이 항상 주 예수께 있게 하십시오. 그렇지 않으면 하나님의 음성을 전혀 듣지 못하게 됩니다. 당신은 하나님의 자녀답게 살아갑니까? 오늘도 하나님의 음성을 듣고 있습니까?

이 나무는 당신입니다.

# July

## 7월

## 그리스도의 생명으로 사십시오!

모방하려는 마음과 자아 의지가 싹틀 때

# 이방인의 기도를 드리지 마십시오!



"기도할 때에 이방인과 같이 중언부언하지 말라" 마태복음 6:7

세상 종교의 기도의 기교를 배우지 마십시오. 그러한 기교는 사람에게 유익을 주는 것처럼 보여도 주님의 교훈과는 어긋납니다. 예수님께서 이 말씀을 하실 때 이방 종교인들은 접었다 펴는 긴 두루마리 모양의 기도문들을 가져와서는 그 기도문을 읽었습니다. 이러한 기도 방법은 매우 감상적이며 우리의 타락한 본성에 어울릴지 모르겠지만, 주께서는 그 기도 방법을 거절하셨습니다.

우리 주님은 겟세마네 동산에서 같은 단어를 사용하셔서 똑같은 기도를 세 번이나 하셨고, 제자들에게는 주의 기도로 '기도의 본'을 보여주시면서 그 기도가 교회 역사에서 한없이 되풀이될 것도 아셨습니다. 따라서 예수님께서 지적하시는 기도의 문제점은 '기도의 반복'이 아니라, 그들의 기도에 관한 생각입니다. "그들은 말을 많이 하여야 들으실 줄 생각하느니라." 이것이 문제의 핵심입니다. 이러한 그들의 생각에 주께서는 기도를 하나님이 듣게 되시는 이유가 자신의 열심에 있다고 오해하지 말라고 하셨습니다. 이 부분은 많은 주의가 요구됩니다. 그 이유는 기도에서 가장 많이 속는 부분이기 때문입니다.

한번은 스코틀랜드의 위대한 복음주의자 존 맥닐John McNeil 목사님이 자루에서 빠진 도끼를 잃어버린 엘리사의 제자들에 대하여 말씀하신 적이 있습니다 열왕기하 6:1~7. "만일 엘리사가 이 시대에 왔다면 우리의 기도의 열심이 너무나 커서 나뭇가지를 베어 물에 던져 도끼를 떠오르게 하기보다는, '기도의 힘으로 도끼를 물 위에 떠오르게 하라'고 하였을 것입니다! 그러나 기도의 열심이 역사하는 것이 아닙니다." 열심은 절대로 모든 것을 해결할 수 없습니다. 열심이라는 것이 종종 우리의 신앙 속에 침투하는 '종교 자아 우상'의 형태이기도 합니다. 그 이유는 우리의 마음이 주께 사로잡히는 것이 아니라, 종교적 방법에 사로잡히기 때문입니다. 당신은 열심 때문에 기도가 응답된다고 오해하지 마십시오. 오직 예수님의 보혈 때문에 우리의 기도가 응답된다는 사실을 절대로 잊지 마십시오.

# 연약한 인간과 하나님의 십자가

"베드로가 이르되 내가 주와 함께 죽을지언정 주를 부인하지 않겠나이다" 마태복음 26:35

많은 사람이 개인적인 거룩한 의식이나 자기 의를 믿음생활로 착각합니다. 이들은 사람들 앞에서 당당하며 자신감이 넘칩니다. 예수 그리스도에게 많은 호감과 매력을 느끼며 주께로 가까이 오기도 합니다. 그러나 그들은 주님을 타인으로 여기며 종종 예수님을 기독교라는 종교의 창시자로 여깁니다. 성경을 읽기도 하고 설교도 듣고 기도도 하지만, 그러나 그들의 내면에는 영적 실체이신 성령이 계시지 않습니다. 그들은 언제든지 주를 버리고 떠날 수 있으며 다시는 주께로 돌아오지 않을 수 있습니다. 그들은 아직 자신의 죄악을 깨닫지 못하고 있습니다. 많은 그리스도인이 진정으로 그리스도를 사랑하지만, 자신의 연약함을 깨닫지 못하는 그리스도인들이 있습니다. 그래서 베드로처럼 장담합니다. 그들의 장담은 진심에서 나온 것입니다. 그러나 그들이 아직 깨닫지 못한 것은 인간에게는 믿음을 유지하는 힘이 없다는 사실입니다. "그가 저주하며 맹세하여 이르되 나는 그 사람을 알지 못하노라 하니 곧 닭이 울더라 이에 베드로가 예수의 말씀에 닭 울기 전에 네가 세 번 나를 부인하리라 하심이 생각나서 밖에 나가서 심히 통곡하니라" 마태복음 26:74~75.

그리스도인 중에는 의로운 일들을 하기 위해 최선을 다하지만, 항상 죄악을 범함으로 실패를 체험하는 사람이 있습니다. 그러면 그들은 예수 그리스도께서 자신의 삶 가운데 주께서 약속하신 바를 이루실 수 없다고 착각합니다. 이때 그들에게 필요한 것은 회개와 성령의 역사입니다. 성령의 역사는 무엇보다 그 사람에게 인간의 연약함으로 말미암아 하나님께서 마련하신 십자가의 의미가 무엇인지를 깨닫게 합니다. 베드로는 전에 그리스도의 십자가를 깨닫지 못했습니다. 그래서 장담했습니다. 그러나 실패를 통해 자기 자신을 알게 되면서 오직 십자가 외에는 다른 길이 없음을 알게 되었습니다. 십자가를 통한 주님의 은혜가 없이는 이 세상 그 누구도 하나님 앞에 의롭게 설 수 없다는 사실을 깨달았습니다. 나아가 십자가를 붙들 때 주 예수 그리스도의 부활 생명이 우리를 통해 흐르게 된다는 사실을 체험하게 됩니다.

# 자신과의 싸움에서 이기십시오!



"좁은 문으로 들어가기를 힘쓰라" 누가복음 13:24

　　신앙의 가장 중요한 싸움은 자기 자신과의 싸움입니다. 좁은 문으로 들어가기를 힘쓴다는 것은 자기와의 싸움을 의미합니다. 인간의 이기심, 자기 유익을 구함, 자기도취 등은 좁은 문으로 들어갈 수 없습니다. 그러나 다른 사람이 올바르게 설 수 있도록 영적으로 도움을 주는 사람은 자신이 먼저 좁은 문으로 들어가기를 힘쓰는 자들입니다.

　　당신이 자신과의 영적 갈등에서 승리를 얻는다면 당신은 주변 사람에게 유익을 주게 됩니다. 그러나 당신이 영적인 갈등마저 포기한 사람이라면 오히려 영적 전염병을 퍼뜨리는 사람이 될 것입니다. 절제된 삶을 살며 특히 감정을 절제하십시오. 아무도 인식하지 못 하는 당신의 내면의 갈등에서 이기고 서십시오. 그래야만 다른 사람에게 영적 유익을 끼칠 수 있습니다. 하나님은 사람에게 속지 않으십니다. 또한 이기심에 지지 마십시오. 자신을 철저히 다스리십시오. 그러면 당신은 주변 사람에게 큰 도움을 주는 사람이 될 수 있습니다. 그러나 영적인 게으름과 자아도취에 빠진다면 당신은 주변 사람에게 장애만 될 것입니다. 항상 당신이 주변 사람에게 좋은 영향을 끼칠 것인지, 나쁜 영향을 끼칠 것인지는 당신의 내면의 갈등에서의 영적 승패에 달렸음을 잊지 마십시오.

　　당신만이 좁은 문에 들어가기를 힘쓰는 사람이 아닙니다. 당신이 좁은 문으로 들어가려고 할 때 당신은 당신보다 더 많이 훈련된 사람들을 만나게 될 것입니다. 내게 영감을 주며 도움을 주는 그 사람들은 나보다 앞서 좁은 문에 들어가기를 힘썼던 사람들입니다. 자기주장을 내려놓으십시오. 자기주장은 넓은 문으로 가는 자들의 특징으로써 좁은 문과는 가장 거리가 멉니다. 좁은 문으로 들어가기 위해서는 철저하게 자기주장을 내려놓고 더욱 주께 우리 자신을 드려야 합니다.

# 주님의 음성 듣기

"내가 너희에게 어두운 데서 이르는 것을 광명한 데서 말하며" 마태복음 10:27

이 말씀에서 주님께서 말씀하시는 어둠은 죄 또는 불순종으로 말미암은 어둠이 아니라, 너무나 광명한 빛으로 인하여 상대적으로 만들어지는 어둠입니다. 모든 제자의 삶의 과정에는 불투명하며 어려운 때가 있습니다. 그때에는 무엇을 해야 할지 또는 무엇을 말해야 할지 전혀 알 수 없습니다. 그러한 어둠의 때는 주께서 제자들의 인격을 훈련하는 때로써 제자들은 주님을 더욱 더 풍성하게 체험하여 아는 때입니다. 그러한 어둠의 때는 말을 할 때가 아니라 기다림의 때입니다. 성경은 하나님과의 친교에서 이러한 어둠의 기간은 평범한 것이라고 말합니다 베드로전서 1:6~7. 그리고 주님은 의도적으로 제자들에게 어둠의 시간을 허락하시지만, 그러나 중요한 사실은 주님은 우리가 있는 어두운 그곳에 함께 계신다는 사실입니다. 그분은 어둠에 대하여 다 알고 계십니다.

주님과의 친교에는 언제나 신비함이 있습니다. 그 신비함은 우리로 하여금 우리보다 모든 것을 더 많이 아시는 주님께 더욱 순종하게 합니다. 변화산상에서 너무나 광명한 빛으로 인하여 상대적인 어둠이 드러났습니다. "이 말 할 즈음에 구름이 와서 그들을 덮는지라 구름 속으로 들어갈 때에 그들이 무서워하더니" 누가복음 9:34. 그러나 그 구름 속에서 소리가 났습니다. "구름 속에서 소리가 나서 이르되 이는 나의 아들 곧 택함을 받은 자니 너희는 그의 말을 들으라 하고 소리가 그치매 오직 예수만 보이더라" 누가복음 9:35~36.

주님과의 사귐에서 이러한 어둠의 과정을 지날 때 빛이 없다고 불평하거나 초조해하면 안 됩니다. 또한 자신의 노력을 앞세워서도 안 되고 자신의 불을 지피기로 작정해서도 안 됩니다. 이러한 자세를 갖게 되면 결국 어둠 속에서 혼란에 빠지게 되고 하나님께서 말씀하시는 것을 듣지 못하고 놓치게 됩니다. 그러므로 이때는 "잠잠하고 신뢰하여야 힘을 얻을" 수 있습니다 이사야 30:15.

# 주는 자가 복이 있습니다!

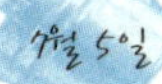


"가난한 자 같으나 많은 사람을 부요하게 하고 아무것도 없는 자 같으나 모든 것을 가진 자로다" 고린도후서 6:10

하나님의 은혜가 넘치면 넘칠수록 우리는 자발적으로 더욱 주는 삶을 살게 됩니다. 항상 기회가 있을 때마다 당신이 가진 최고의 것들을 주십시오. 당신이 보기에 자격이 되는 사람에게 주려고 하지 말고 당신의 도움을 필요로 하는 사람에게 당신의 것을 취할 수 있도록 허용하십시오. 당신은 줌으로써 가난한 자가 되십시오. 아까워하지 마십시오. 마음속으로 계산하며 주는 일이 없도록 하십시오. 우리가 남에게 주는 삶을 살 때 참된 영적인 풍요를 누리게 될 것입니다.

예수님께서는 구하는 자에게 주라고 하셨습니다. 왜 우리는 언제나 주님의 주라는 말씀을 '돈'으로만 연결하려고 하는지 모르겠습니다. 주께서 우리에게 '주라'고 당부하실 때 구체적으로 돈을 언급하지는 않으셨습니다. 그러나 대부분 사람의 마음은 본능적으로 돈을 생각하는 것 같습니다. 베드로는 없는 자에게 자선을 베풀었습니다. 그러나 베드로는 "은과 금은 내게 없거니와 내게 있는 것으로 네게 주노니 곧 나사렛 예수 그리스도의 이름으로 걸으라" 사도행전 3:6고 말했습니다. 중요한 사실은 그리스도인의 베풂은 타고난 성격 때문이 아니라, 성령의 감동으로 이루어진다는 점입니다. 예수님께서 주라고 명령하셨기 때문에 순종하여 주는 것입니다.

구걸하는 자에게 예수 그리스도의 말씀에 순종하여 주십시오. 그러면 당신은 당신에게 찾아와 구하는 사람도 하나님의 강권에 의해 구하고 있다는 사실을 발견하게 될 것입니다. 우리가 하나님과 바른 관계를 맺고 있으면 하나님은 상황을 통해 우리를 강권하시고 성령께서는 우리 마음에 베풀라는 말씀을 기억나게 하실 때가 있습니다. 이때 놓치지 말고 순종하십시오. 그때 순종하면 하나님께서 다스리시는 완전한 섭리의 역사를 보게 될 것입니다.

# 성령의 중보

"서로 기도하라 의인의 간구는 역사하는 힘이 큼이니라" 야고보서 5:16

다른 사람을 위한 중보 기도는 역사하는 힘이 큽니다. 물론 이러한 역사하는 힘은 우리 주님의 속죄와 내재하시는 성령에 의해 나타납니다. 즉, 주의 보혈로 거룩하여진 우리가 중보 기도의 역할을 감당하면 성령께서 중보의 사역을 하십니다. 당신은 성령께서 하나님의 뜻을 쉽게 이루실 수 있도록 당신의 역할을 감당하고 있습니까? 아니면 세상의 헛된 간구를 끊임없이 드림으로 성령님을 한쪽으로 밀쳐내고 있습니까? 우리는 자신을 쳐 복종시켜서 우리의 모든 생각과 마음을 주 예수 그리스도께 사로잡히게 해야 합니다. 그렇게 할 때 성령께서 우리의 기도를 통해 마음껏 역사하실 수 있습니다.

당신의 중보 기도 내용과 나의 중보 기도 내용은 서로 다르다는 것을 기억하기 바랍니다. 당신의 중보 기도는 당신이 해야 할 몫입니다. 나의 것은 내 몫입니다. 그러나 성령께서는 언제나 우리를 위해 중보하십니다. 만일 성령의 중보가 없다면 우리는 모두 메말라 멸망하게 될 것입니다. 따라서 우리는 성령의 중보 사역에 따라 우리 각자에게 주어진 중보 기도에 힘써야 합니다. 그 기도에 따라 역사하실 성령의 위대하고 장엄한 중보 사역의 깊이와 높이를 기억하십시오.

우리의 모든 상황은 하나님의 손에 있습니다. 그리고 성령께서는 우리의 상황에 대하여 영적인 의미를 부여하며 예수 그리스도의 고난을 이해할 수 있도록 도우십니다. 당신은 이 사실을 기억하고 당신 주변의 특별한 사람들과 상황을 하나님의 보좌에 올려 드리십시오. 그러면 성령께서 친히 그들을 위해 중보하실 것입니다. 이것이 바로 하나님께서 주의 성도들의 기도에 의해 전 세계를 어루만지시는 방법입니다.

# 주님의 뜻에 따르는 충성



*"그의 뜻대로 부르심을 입은 자들에게는 모든 것이 합력하여 선을 이루느니라"* 로마서 8:28

예수님께서 '나를' 구원하시고 '나를' 거룩하게 하려고 오셨다는 생각은 자칫 영적 이기심에 빠질 수 있기 때문에 위험할 수 있습니다. 오히려 우리는 주님께서 나를 구원하시고 거룩하게 구별하셔서 '주의 종'으로 삼기 위해 오셨다고 믿어야 합니다. 우리가 구원을 받아 거룩하여진 이유는 주님께 순종하도록 하기 위해서입니다. 이러한 깨달음은 다음과 같은 주의 음성을 듣는 것 같을 것입니다. "나는 너를 나를 섬기는 자로 특별히 불렀다. 너는 절대로 불평해서는 안 되며 나는 너에게 설명할 필요가 없다." 그러나 대부분의 구원받은 성도는 주님께 따집니다. "왜 내가 이것을 하지 말아야 합니까? 이것은 내 권한이 아닙니까?" 이러한 자세는 주의 뜻대로 부르심을 입은 자들에게 나타나서는 안 됩니다.

충성스런 성도들은 하나님께서 모든 상황을 조성하신다는 사실을 믿습니다. 따라서 그들은 그 어떠한 상황에서도 불평하거나 따지는 대신에 그리스도 안에서 참된 자유를 누립니다. 그러나 그들 중에는 하나님께서 모든 것을 주장하신다고 말하면서도 실제로는 그렇게 믿지 않는 자들이 있습니다. 그들은 자신들에게 발생하는 상황이 마치 사람들에 의해 조장되는 것으로 생각하고 대처합니다. 이때 그들은 믿음에서 떠나 자신들의 힘으로 살아갑니다.

모든 상황 가운데 하나님께 신실하다는 뜻은 우리의 마음이 오직 주님께 있어 주께 충성을 다하는 것을 말합니다. 문제는 성도 대부분이 자기 멋대로 하나님이 무엇을 원하실 것으로 추측하고 그 추측에 충성한다는 사실입니다. 이러한 충성은 주의 음성이 임하여도 듣지 못합니다. 이는 결국 자신이 원하는 것에 충성하는 것이지 주께 충성하는 것이 아닙니다. 자신이 원하는 것에 충성하는 경우 하나님께서 허락하시는 기쁨, 축복, 어려움, 비참의 여러 상황에서 하나님의 뜻을 인식하지 못합니다. 그러므로 결국 하나님의 부르심에 불충성하게 됩니다. 주를 향한 충성은 언제나 이 부분에서 넘어지기 쉽습니다. 자신의 생각에 대한 충성은 언제나 주 예수 그리스도께 불충성하는 결과를 빚어냅니다.

# 영적 성장의 비결

"너희가 더욱 힘써 너희 믿음에 덕을 … 형제 우애에 사랑을 더하라" 베드로후서 1:5~7

우리는 영적으로 성장하는 과정에서의 연약함과 영적으로 장성한 사람의 죄성을 구별할 수 있어야 합니다. 하나님께서는 영적으로 장성한 사람의 죄성에 대해서는 냉혹하십니다. 만일 당신이 영적으로 성장한 상태라면 당신의 죄성에 대해 냉혹하여지기 바랍니다. 그러나 성장하는 과정에 있는 사람들을 향해 하나님처럼 오래 참으며 관용하십시오. 그들을 향해 믿음이 강한 사람들의 책임은 중보 기도입니다. 하나님은 우리의 성품을 만들지 않으십니다. 단지 하나님은 우리 안에 하나님 아들의 성향을 넣어주실 뿐입니다. 그러면 우리는 그 기반 위에서 성품을 쌓아가야 합니다. 성품을 쌓기 위해서는 예수 그리스도의 성향과 일치하는 일들을 하는 습관을 길러야 합니다. 이는 기도하는 습관과 성경을 대하는 습관, 그리고 주신 말씀대로 실천하는 습관입니다. 이러한 습관을 기르면 하나님의 은혜가 우리를 붙들기 시작합니다. 모든 좋은 습관은 그 습관이 익숙해질 때까지 어려운 과정을 겪게 되어 있습니다. 그러나 익숙하여지면 우리는 무의식 가운데 좋은 습관대로 행동하게 되며 그러한 습관은 우리의 성품이 됩니다.

하나님과 바른 관계에 있는 성도는 본능적으로 옳은 일을 하게 됩니다. 주님과의 온전한 관계를 유지하는 가운데 시간이 지나면 옳은 일을 하는 것이 무의식이 될 정도로 자연스러운 습관이 됩니다. 그러면서 우리는 자신도 모르는 사이에 그리스도의 성품을 닮았음을 알게 됩니다. 당신은 세월이 흐를수록 더욱 고상하여지고 겸손하며 그리스도의 성품으로 자라나고 있습니까? 아니면 자기주장이 더 강하여지고 쉽게 분노하며 자기 맘대로 하려는 성향이 더 커지고 있습니까? 지금이라도 하나님의 사랑을 의지하십시오. 하나님 사랑의 중심에는 거룩이 있기 때문입니다. 예수 그리스도를 인격적으로 체험하기 위해 우리 자신의 관점과 모든 주장을 내려놓고 무조건 순종하십시오. 이러한 습관을 지닐 때 성도들은 영적으로 성장할 수 있는 은혜를 공급받게 됩니다. 언제나 예수 그리스도께 충성하는 것만이 영적으로 성장하는 유일한 비결입니다.

# 돌이킬 수 없는 현실



**"욥이 입을 열어 이르되 내가 난 날이 멸망하였더라면"** 욥기 3:2~3

욥은 슬픈 일을 당하였습니다. 그는 자신이 이 땅에 태어난 사실에 대해 비참을 느끼며 한탄하고 있습니다. 자신이 존재하고 있다는 사실에 대해 괴로워하고 있습니다. 많은 사람이 어려운 일과 슬픈 일을 당할 때 그 고통 가운데서 욥과 같은 생각을 합니다. '차라리 나지 않았더라면….' 욥은 인간의 영혼이 겪을 수 있는 최대의 고통을 체험하고 있습니다. 그러나 이러한 괴로움의 표현은 믿음의 사람들에게 적절하지 않습니다. 오히려 영생을 얻지 못한 사람들이 해야 할 표현입니다. 예수님께서는 가룟 유다를 가리켜 "차라리 태어나지 아니하였더라면 좋을 뻔한" 마태복음 26:24 사람이라고 말씀하셨습니다.

우리는 사람의 힘으로 바꿀 수 없는 상황이나 과거에 대해 한탄과 후회를 쏟아놓기 쉽습니다. 특히 지난 과거에 지은 죄악이나 실수로 말미암아 돌이킬 수 없는 현실을 볼 때 끝없는 상념에 빠지기 쉽습니다. 이러한 상태는 인간의 영혼에 가장 고통스러운 순간들이 됩니다. 아담과 하와는 선악과를 따먹은 후 다시는 돌아갈 수 없는 에덴동산을 바라보면서 가장 고통스러운 상념에 잠겼습니다. 가인은 동생 아벨을 죽인 후에 양심의 가책이 너무 커서 "여호와께 아뢰되 내 죄짐을 지기가 너무 무거우니이다" 창세기 4:13 라고 고백하였습니다. 분명히 우리 인생 가운데는 돌이킬 수 없는 실수들과 인간의 힘으로 어쩔 수 없는 상황들이 있습니다. 그때 사람들은 '차라리 나지 않았더라면' 하고 생각하고 불신앙의 그 자리에서 멈추어 버릴 때가 많습니다.

하지만 욥은 대속자의 살아 계심을 확신하며 다시 믿음으로 일어서서 고백합니다. "나의 대속자가 살아 계시니 마침내 그가 땅 위에 서실 것이라" 욥기 19:25. "내가 가는 길을 그가 아시나니 그가 나를 단련하신 후에는 내가 순금 같이 되어 나오리라" 욥기 23:10. 돌이킬 수 없는 현실 가운데서도 주님은 우리 앞에 계십니다. 당신이 믿음으로 손을 내밀기만 하면 지금까지의 실수를 다 회복할 수 있는 새로운 길을 여십니다. 대속자 주 예수 그리스도를 바라보며 다시 일어나 앞으로 달려가십시오.

# 성도에게 우연은 없습니다!



항상 마음에 두어야 하는 것은 하나님의 작정은 우리의 입장에서 볼 때 우연한 상황으로 발생한다는 사실입니다. 우리는 나름대로 계획을 하고 그 계획을 우리 힘으로 이루려고 하지만 기대하지 않은 사건들이 발생하면서 우리의 뜻대로 되지 않습니다. 이때 우리는 하나님의 작정과 우리의 계획 사이에서 큰 차이를 느끼게 됩니다. 이러할 때 하나님을 모르는 자들은 자신의 지혜와 예측만을 의지하며 하나님의 작정과 무관한 삶을 살아갑니다. 그러나 성도는 자신의 프로그램을 준비하는 대신에 하나님의 지혜를 신뢰하고 가장 가까이 놓인 의무부터 주께 순종해야 합니다. 때가 차면 하나님의 역사를 체험하게 되면서 그분의 작정을 이해할 수 있기 때문입니다. 그러나 성도일지라도 믿음을 잃은 상태로 하나님을 신뢰하기보다 스스로 시간을 조정하고 만남을 주관하면서 상황을 풀어가려고 한다면 일들은 자신의 뜻대로 진행될 수는 있어도 주어진 상황을 허락하신 하나님의 작정은 알 수 없습니다.

하나님을 가장 분명하게 체험하는 때는 일상적인 삶을 살아갈 때입니다. 특별히 하나님을 찾을 때는 주님이 보이지 않습니다. 그러나 하나님을 찾지 않는 때에 마치 반가운 편지처럼, 또는 날씨의 변화처럼 하나님이 나타나십니다. 그러면 갑자기 하나님과 얼굴과 얼굴로 대하게 됩니다. 예수 그리스도의 삶은 언제나 이러하셨습니다. 사람들은 예기치 않은 때에 우연히 예수님을 만났습니다. 사마리아로 지나가시는 예수님의 모습은 평범한 모습입니다. 그러나 평범한 그때에 하나님의 작정에 있는 사람들은 예수님을 만나 하나님의 역사를 체험하게 됩니다. 우리의 삶에서 하나님의 작정을 인식하려면 무엇보다 먼저 예수님께서 말씀하신 대로 위로부터 거듭나야 합니다. 거듭난 자에게 하나님의 작정은 그들의 일상적인 우연한 상황에서 발생합니다. 즉, 우리에게 주어진 평범한 모든 상황이 우리를 향하신 특별한 하나님의 작정에 의해 발생하고 있는 것입니다. 당신은 모든 현실 속에서 언제나 하나님의 손길을 읽을 수 있도록 하십시오.

# 당신은 주의 증인된 삶을 삽니까?



**"우리 중에 누구든지 자기를 위하여 사는 자가 없고" 로마서 14:7**

당신은 다른 사람의 신앙을 생각하고 헤아리며 살아갑니까? 하나님 앞에서 당신의 삶은 언제나 다른 사람에게 신앙을 격려해야 하는 삶이어야 합니다. 당신이 하나님에게서 멀어지면 당신의 주변 사람도 영향을 받게 됩니다. 우리는 하나님 안에서 한가족이기 때문에 당신이 연약하여지면 다른 사람에게 영적인 손해를 끼치게 됩니다. 당신이 이기적일 때, 불평이 가득할 때, 영적으로 무디어질 때, 당신 때문에 주변 사람이 고통을 당하게 됩니다. 당신은 종종 주변 사람의 신앙을 위해 하나님 앞에서 바르게 서야 한다는 주장에 대해 너무 심하다고 생각하지만, 그러나 하나님 때문에 그렇게 살아야 하는 것이 당신이 하나님의 능력과 사랑을 받은 이유입니다. 오직 주 예수 그리스도의 생명으로 사십시오. 그러할 때 주변 사람의 신앙을 세우는 삶을 살 수 있습니다.

"내 증인이 되리라" 사도행전 1:8. 당신은 하나님께서 당신에게 주신 모든 신체적, 정신적, 도덕적, 영적 에너지를 오직 주 예수 그리스도를 위해 사용합니까? 이것이 성경이 의미하는 '증인'이라는 뜻입니다. 그러나 이러한 증인이 되기까지는 많은 훈련이 필요합니다. 특히 성령을 받아 성령으로 충만해야 합니다. 당신에게 증인된 삶이 부족해도 다시 도전하십시오. 온전한 '증인'이 되는 데는 오랜 시간이 걸리기 때문입니다. 왜 하나님께서 우리를 이 땅에 남겨두셨을까요? 스스로 구원받고 거룩하여지기 위함일까요? 그렇지 않습니다. 주께서 주의 뜻대로 우리를 맘껏 사용하시기 위해서입니다. 당신은 진심으로 주를 위해 찢긴 빵과 부어지는 포도주가 될 수 있습니까? 다른 사람을 주 예수 그리스도의 제자로 만들 수 있다면 이 세상의 온갖 천대와 멸시를 받아도 괜찮습니까? 주님의 증인된 삶이란 말로 다 표현할 수 없는 주의 구원의 은혜에 나의 감사하는 마음을 표현하는 삶을 말합니다. 따라서 당신은 주의 사랑을 깨닫는 만큼 주의 증인된 삶을 살 수 있습니다. 성령은 주 예수 그리스도의 사랑을 가장 깊이 깨달으시는 영입니다. 그러므로 성령의 충만을 구하십시오.

매일 묵상할 때 나무는 성장합니다.

# 그리스도의 생명으로 사십시오!

"자기 아들을 죄 있는 육신의 모양으로 보내어 육신에 죄를 정하사" 로마서 8:3

하나님은 우리가 예수님을 '모방'하는 것을 원치 않으십니다. 토마스 아 켐피스Thomas à Kempis의 《그리스도를 본받아》는 사람들에게 예수님을 모방하도록 교훈하지만, 복음을 통한 거듭남을 강조하지 않는다면 그러한 교훈은 사람들에게 아무런 도움이 되지 않습니다. 하나님께서 우리에게 기대하시는 것은 예수의 생명이 우리의 죽을 육체를 통해 나타나는 것입니다. 이를 위해 하나님께서는 아무도 우리를 도울 수 없는 그런 어려운 상황으로 인도하십니다. 그러면 우리는 그 상황 속에서 예수님의 생명을 드러내든지, 아니면 겁쟁이가 되는 수밖에 없습니다. 만일 어떤 성도가 "나는 이러한 상황에서 하나님의 생명을 나타낼 수 없다"라고 말한다면, 그는 그 상황에서 하나님의 영광을 욕되게 합니다. 그러나 그러한 상황에서 자신 안에 있는 하나님의 생명을 나타낸다면(당신이 허락해야만 하나님의 생명이 나타날 수 있습니다), 이것이 바로 주께서 우리를 부르신 목적이며 이렇게 할 때 하나님께서 영광을 받으시는 것입니다.

'모방'하지 않고 그리스도의 생명을 나타내려면 우리 자신의 종교적인 자아 의지를 반드시 죽여야 합니다. 우리 주님께서는 종교적인 자아 의지를 거절하셨습니다. 이에 바리새인들이 흥분하며 분노하였던 것입니다. 사람은 본래 종교적으로 자아 의지적입니다. 이 의미는 하나님의 생명이 우리를 대신하여 살게 하려는 의도가 없다는 뜻입니다. 그 대신 사람은 자신의 종교적인 이상에 집중하고자 합니다. 자아 의지적인 종교는 거룩한 삶이 어떠해야 한다고 스스로 결정합니다. 그리스도인도 자아 의지적인 경향 때문에 하나님의 생명이 그를 통해 역사할 기회를 얻지 못할 때가 많습니다. 사람은 가만히 있으면 자연스럽게 자아 의지적으로 흐르게 되어 있습니다. 그러나 종교적으로 자기중심이 될 때 더는 하나님과 교제를 나눌 수 없습니다. 당신은 자아 의지를 철저히 죽임으로써 자신의 종교에서 벗어나 우리 안에 계신 그리스도의 생명이 나타나도록 하십시오.

이 나무는 당신입니다.

# 성령으로 인한 죄의 책망



"그는 거룩하신 하나님이시요 질투하시는 하나님이시니" 여호수아 24:19

당신은 하나님의 영이 당신의 양심을 통해 죄를 책망하는 것을 체험한 적이 있습니까? 만일 그렇다면 당신은 '하나님은 하나님이시기에' 절대로 당신을 용서하실 수 없다는 사실을 깨닫게 될 것입니다. 그러나 사람들은 "하나님은 사랑이시기 때문에 우리를 용서하신다"는 말을 합니다. 이 말은 참으로 감상적인 말이지만, 전혀 성경적 근거가 없습니다. 오히려 하나님은 참으로 거룩하시기에 죄를 용서하실 수 없으시며 거룩하지 않은 모든 것을 멸망시키신다고 말해야 합니다.

하나님께서 죄를 용서하시는 길은 오직 십자가의 구속을 통한 방법밖에 없습니다. 십자가상에서 하나님의 사랑과 공의는 함께 나타납니다. 그러나 구속은 하나님이 죄인을 용서하시기 때문에 마음껏 죄를 지어도 죄를 용서하신다는 뜻이 아닙니다. 구속은 하나님께서 죄인을 구원하여 그를 성도로 변화하게 하셨음을 의미합니다. 그러므로 우리는 구속을 통해 변화된 양심을 갖게 되며 새로운 양심을 통해 하나님께서 원하시는 일들을 할 수 있게 됩니다. 그리고 당신이 그리스도인으로서 성장하면 사람들이 죄로 말미암은 고통을 증언할 때 그들이 성령에 의해 책망을 받아서 증언하는 것인지, 아니면 잘못을 저질렀기 때문에 마음의 평정을 잃어서 고통을 받는 것인지 분별할 수 있게 됩니다. 어떤 사람이 하나님의 영에 의해 죄의 책망을 느끼게 되면 그는 사람들과의 불편한 관계마저 단지 어린아이 장난처럼 여겨지게 됩니다. 가장 지독한 원수가 신은 신발의 먼지라도 기꺼이 털어줄 수 있게 됩니다.

성령에 의해 죄의 책망을 받으면 우리는 인간에게 가장 큰 고통은 다름 아닌 하나님과의 관계가 깨진 상태인 것을 깨닫게 됩니다. 그래서 다윗도 성령으로 책망을 받은 후 고백하였습니다. "나를 주 앞에서 쫓아내지 마시며 주의 성령을 내게서 거두지 마소서" 시편 51:11. 우리가 하나님의 사랑에서 벗어나 있을 때 거룩하신 하나님께서 나를 찾아오신다는 생각은 말로 다 표현할 수 없는 두려움과 함께 감당할 수 없는 죄의 책망을 우리의 양심 안에 일으킵니다.

# 흑암 중에 숨겨진 보화

"네게 흑암 중의 보화와 은밀한 곳에 숨은 재물을 주어" 이사야 45:3

하나님은 주의 보화를 난처한 상황 가운데 숨겨두십니다. 이 사실을 깨닫기 전에는 우리는 하나님의 보화가 그곳에 있을 줄은 꿈에도 생각하지 못합니다. 그러나 우리가 당한 난처한 상황을 이길 때 비로소 우리는 하나님의 보화가 그곳에 있음을 발견하게 됩니다. 사실 끝없는 태양빛은 우리를 피곤하게 합니다. 영적으로도 마찬가지입니다. 난처한 상황은 우리를 피곤하게 합니다. 그러나 그림자가 있는 계곡은 우리에게 돌아볼 기회를 줍니다. 그곳에서 우리는 하나님을 만나게 되고, 그로 말미암아 우리의 영혼은 소생하게 됩니다. 그리고 그 계곡으로 말미암아 하나님을 찬양하게 됩니다. 이처럼 하나님은 그림자가 있는 계곡에서 하나님의 자비를 새롭게 깨닫게 하십니다.

당신은 영적으로 전진하게 되었던 때가 언제였습니까? 그때가 아무 염려도 없이 모든 것이 평탄한 가운데 날마다 태양빛으로 가득 찬 푸른 초장의 때였습니까? 그렇지 않습니다. 물론 그러한 때도 중요합니다. 그러나 우리의 믿음과 인격을 가장 많이 성장하게 한 때는 구름이 꼈던 힘들고 지친 시절입니다. 그 기간에는 앞길이 보이지 않았으며 오직 참고 기다리며 인내해야만 했던 때였습니다. 이 기간에 하나님께서는 우리가 결코 예측할 수 없는 방법으로 찾아오셔서 우리를 위로하시고 힘을 주시고 회복시켜주셨습니다. 하나님께서는 실망이라는 과정을 통해 우리를 훈련하십시다. 우리의 삶은 마치 폭풍 같아서 언제라도 실망이라는 난관에 부딪히게 되어 있습니다. 그러나 인생을 통해 우리가 배우게 되는 것은 하나님께서는 어둠 속에 그분의 보화들을 숨겨 놓으셨다는 사실입니다. 그래서 전에는 보이지 않던 별들이 어둠이 오면 밝게 드러나기 시작합니다. 거친 인생을 지난 성도들에게서 당신은 보화를 발견할 것입니다. 그들은 "하나님 앞에 값진 온유하고 안정된 심령"을 소유하고 있습니다 베드로전서 3:4. 그들은 실망스러운 상황 가운데 하나님의 보화를 발견하고 "주께서는 내가 곤란 중에 있을 때 나의 지경을 넓히셨다" 시편 4:1 라고 고백하는 자들입니다.

# 죄 사함과 거룩



"우리는 그리스도 안에서 그의 은혜의 풍성함을 따라 그의 피로 말미암아 속량 곧 죄 사함을 받았느니라" 에베소서 1:7

죄 사함은 하나님의 선물입니다. 죄 사함은 지극히 거룩한 보좌에 나아갈 수 있는 입구로써 하나님의 선물입니다. 거룩도 하나님의 선물입니다. 사람은 자신의 영혼을 스스로 구원하거나 자신의 죄를 용서할 수 없습니다. 자신의 힘으로 기도를 통해 하나님을 불러낼 수 없습니다. 자기 자신을 거룩하게 할 수도 없습니다. 그러나 하나님께서는 구속을 통해 이 모든 것을 행하십니다. 당신은 주님께서 이루신 것만을 의지합니까? 그렇다면 구속을 통해 새로운 능력이 당신에게 풍성하게 흐를 것입니다. 그 측량할 수 없는 은혜의 풍성함이 당신의 실질적인 삶에서 나타날 것입니다. 그리스도인의 믿음이란 그리스도께서 이루신 역사의 효력에 확신과 신뢰를 두는 것을 의미합니다.

하나님께서는 우리가 그리스도의 피로 말미암아 구속을 얻었다고 말씀하십니다. 당신은 주님의 말씀을 전적으로 의지하고 당신 자신을 하나님께 의탁합니까? 주의 말씀에 "우리가 예수의 피를 힘입어 성소에 들어갈 담력을 얻었다"고 하시니 당신은 믿음으로 더욱 하나님께 가까이 나아갑니까? 주님께서 주의 피로 우리를 거룩하게 하셨으니 우리는 언제든지 가장 거룩한 보좌로 나아갈 수 있습니다. "그러므로 예수도 자기 피로써 백성을 거룩하게 하려고 성문 밖에서 고난을 받으셨느니라" 히브리서 13:12.

당신은 예수님을 믿습니까? 예수님께서 당신을 거룩하게 하셨기 때문에 이제 당신은 바울이 말한 것을 실제로 이해하게 됩니다. "너희는 하나님께로부터 나서 그리스도 예수 안에 있고 예수는 하나님으로부터 나와서 우리에게 지혜와 의로움과 거룩함과 구속함이 되셨으니" 고린도전서 1:30. 거룩은 우리가 예수님을 흉내 내서 되는 것이 아닙니다. 거룩은 주님으로부터 부여받는 선물입니다. 사실 거룩은 '당신 안에 형성되신 그리스도'가 거룩입니다. 예수님은 우리에게 주님 자신 안에 있었던 생명을 선물로 주셨습니다.

# "오래 참으라"



우리가 거듭난 후에 하나님께서 우리에게 허락하시는 체험 중에 가장 놀라운 것은 대인 관계에서의 변화입니다. 하나님께서는 우리의 마음을 변화하게 하여 다른 사람을 대할 때 과거와는 전혀 다르게 반응하도록 하십니다.

거듭나기 전에는 다른 사람이 우리를 어떻게 생각하는지에 대단히 예민했습니다. 하지만 거듭난 후에는 세상이 우리를 어떻게 생각하든 전혀 개의치 않게 됩니다. 대신 우리는 우리를 거듭나게 하신 분, 주 예수 그리스도께서 우리를 어떻게 생각하실지에 대해 예민하여집니다. 궁극적으로는 하나님께서 나를 어떻게 여기실지에 대해서만 예민하게 됩니다.

주님께 우리의 마음이 예민하여지면 우리는 모든 사람을 향해 오래 참게 됩니다. 과거에 나를 대하신 주님의 자세는 어느새 모든 사람을 향한 나의 자세가 됩니다. "할 수 있거든 너희로서는 모든 사람과 더불어 화목하라 … 네 원수가 주리거든 먹이고 목마르거든 마시게 하라" 로마서 12:18, 20. 주님께 예민할 때 우리는 모든 사람을 향해 오래 참으며 항상 선으로 대하게 됩니다. 당신은 당신의 대인 관계 속에서 주님을 의식하며 모든 사람을 대합니까? 그렇다면 당신은 사람들과의 관계 속에서 승리를 얻을 것입니다.

# 주님을 향한 비전이 희미해질 때



"주께서 심지가 견고한 자를 평강하고 평강하도록 지키시리니 이는 그가 주를 신뢰함이니이다" 이사야 26:3

당신의 마음이 주께 고정되어 있을 때는 평강하고 평강합니다. 그러나 주님을 멀리하고 우상을 바라볼 때는 당신의 마음은 기갈 하게 됩니다. 마음이 기갈 하면 당신의 삶은 지치고 힘들 수밖에 없습니다. 만일 지금 당신의 마음이 기갈 되어 있다면 당장 다시 마음을 붙들어서 주께 고정하십시오. 주께서 당신의 마음속에 임하실 때까지 당신 영혼의 눈을 주에게서 떼지 마십시오. 이때 주를 보기 위해서는 당신의 마음속에 있는 우상을 먼저 제거하고 멀리해야 합니다. 그러면 기갈 한 영혼에 단비가 내립니다.

거듭난 마음은 하나님께서 우리에게 주신 최고의 선물입니다. 당신이 당신의 마음을 완전히 주께 드릴 때 거듭난 생명은 생동력을 얻기 시작합니다. 그러므로 당신의 모든 생각을 사로잡아 그리스도께 순종하게 하십시오. 당신의 감정을 주께 드리십시오. 당신의 뜻을 주의 뜻에 굴복하게 하십시오. 그러면 당신의 믿음과 함께 하나님의 성령이 당신의 마음속에서 역사하실 것이며 속사람이 강건하여질 것이고 따라서 어떠한 어려움이 와도 능히 이길 수 있게 됩니다.

당신의 마음이 평강을 누릴 때 이전에 잠이 들었던 그 장소에 당신을 찌를 수 있는 송곳을 준비하십시오. 당신의 영혼이 믿음 안에서 맑을 때 당신의 다짐을 금으로 만든 일기장에 적어두십시오. 지금 이 시간에도 주님은 분명하게 말씀하십니다. 그 말씀들을 기록하십시오. 언제나 당신이 누구의 것이며 당신이 누구를 섬겨야 하는지 잊지 마십시오. 영적으로 기갈 할 때 당신이 믿음으로 행하던 때를 기억하며 주를 다시 바라보십시오. 그러면 당장 당신 자신을 일으켜 세울 수 있을 것이며 하나님을 향한 사랑은 열 배나 늘어날 것입니다. 어느새 당신의 마음은 다시 평강하고 평강하며 힘과 열정이 넘치게 될 것입니다. 또한 당신의 소망은 말로 표현할 수 없을 정도로 환하게 비치게 될 것입니다. 오직 주를 바라며 주를 신뢰하십시오.

# 천국 시민의 삶

"내가 너희에게 이르노니 너희 의가 서기관과 바리새인보다 더 낫지 못하면 결코 천국에 들어가지 못하리라" 마태복음 5:20

복음이 우리의 도덕적 삶의 기준을 낮춘다고 오해하지 마십시오. 오히려 복음은 우리의 도덕적 삶의 기준을 이 세상의 그 어떤 도덕적 기준보다 가장 높게 만듭니다. 그 이유는 하나님의 은혜 없이 살아가는 자들의 도덕보다 하나님의 은혜로 살아가는 자들의 도덕이 결코 더 낮을 수 없기 때문입니다. 심지어 복음은 외적으로 보이는 행위뿐만 아니라, 마음의 동기까지 의로워야 한다고 그 기준을 높입니다. 생각의 깊은 곳까지 맑고 거룩해야 한다고 요구합니다. 그러므로 사람의 마음이 근본적으로 변화되지 않고는 복음의 요구를 결코 만족하게 할 수 없습니다.

성령으로 거듭나야만 사람의 마음은 변화됩니다. 거듭날 때 사람의 마음의 동기와 뿌리까지 완전하게 의로워집니다. 생각의 깊은 곳까지 맑고 거룩하여집니다. 따라서 하나님의 은혜로 거듭난 자들은 생각과 동기와 감정과 지식과 뜻에서 서기관들과 바리새인들보다 못할 수 없습니다. 문제는 거듭난 생명으로 살지 않는 것이며 성령을 따르지 않는 것입니다. 만일 성령을 의지하고 순종하면 언제나 천국 시민으로서 조금도 부족함이 없는 의를 행하며 살게 될 것입니다.

# 날마다 성경을 읽으십시오!



"예수께서 대답하여 이르시되 너희가 성경도, 하나님의 능력도 알지 못하는 고로 오해하였도다" 마태복음 22:29

주님께서는 주의 백성이 성경 읽기를 요구하십니다. 또한 성경 그 자체도 사람들이 성경 읽기를 요청합니다. 성경 안에는 당신의 마음을 흔드는 것이 있고, 감동을 주는 것이 있고, 깜짝 놀랄 깨달음을 주는 것들이 있습니다. 또한 성경 안에는 당신이 피하고 싶은 진리를 정면으로 대하게 하는 내용이 있습니다. 그리고 우리 매일의 삶에서 두려움을 주는 상황들과 혼동되는 상황들, 슬픔과 괴로움과 함께 기쁨과 감동을 주는 일들을 만나는데 그때마다 성경은 우리에게 삶에 대한 모든 지혜와 자세를 알맞게 알려줍니다.

우리가 삶 가운데 영생을 누리며 하나님의 뜻을 알고 따르려면 절대 성경을 무시해서는 안 됩니다. 성경을 통해 주 예수 그리스도의 음성을 들으며 삶을 대할 때만이 삶의 수수께끼들이 풀리기 시작합니다. 사람의 눈으로 볼 때 너무 복잡하게 얽혀 있어도 성경을 대하며 주의 음성을 듣고 순종하다 보면 결국 하나님의 뜻만이 이루어지게 됩니다. 그러므로 성경을 매일 기회가 닿는 대로 읽으십시오. 구원의 지혜도 성경에서 오며 오늘의 삶을 살아가는 구원의 권능도 성경에서 옵니다. 이는 참된 지식이 하나님의 말씀 성경에 있다는 증거입니다.

예수 그리스도께서 말씀하셨습니다. "기록되었으되 사람이 떡으로만 살 것이 아니요 하나님의 입으로부터 나오는 모든 말씀으로 살 것이라" 마태복음 4:4. 예수님의 이 말씀은 신명기 8장 3절의 만나에 대한 말씀을 인용한 것입니다. 그리스도께서 말씀하신 하나님의 입에서 나온 말씀은 사람에게 있어서 떡에 비유되었습니다. 이는 우리의 육체가 떡을 먹듯이 우리의 속사람은 매일 하나님의 말씀을 먹어야 한다는 말씀입니다. 하나님의 양식을 매일 먹을 때 성경을 알 수 있습니다. 그리고 성경은 우리로 하여금 참된 음료와 양식이신 주 예수 그리스도를 먹고 마시게 합니다. 따라서 날마다 성경을 읽어야 합니다.

# 좋은 땅

"더러는 좋은 땅에 떨어지매 자라 무성하여 결실하였으니 삼십 배나 육십 배나 백 배가 되었느니라" 마가복음 4:8

많은 사람이 하나님의 말씀을 들을 때 감정만 움직입니다. 감상에 젖어 눈물을 흘리고 자신의 악함을 탄식합니다. 일반적으로 주의 복음이 바르게 증거되지 못하고 종교 분위기에 따라 도덕적인 설교를 들을 때 감정만 움직일 때가 많습니다. 또한 어떤 사람들은 지식만 늘어납니다. 점점 더 많은 말씀을 지식으로는 알아 가는데 전혀 삶에 변화가 없습니다. 비뚤어진 마음과 거짓과 욕심이 그대로 남아 있습니다. 또한 어떤 사람들은 말씀을 읽으면서 결심합니다. 그 결심은 며칠 이어지는 것 같습니다. 그러나 시간이 지나면서 그 결심은 어느새 사라지고 여전히 말씀의 열매는 보이지 않습니다.

좋은 땅에 좋은 씨가 떨어지는 사건은 성령의 역사가 복음과 함께 나타나는 역사입니다. 복음과 함께하는 성령의 역사가 나타나면 그 사람의 온 인격이 변화됩니다. 나아가 성령이 그를 통해 복음의 결실을 삼십 배, 육십 배, 백 배로 나타냅니다. 그러나 성경은 모든 사람이 좋은 땅이라고 말하지 않습니다. 오히려 25퍼센트 정도가 좋은 땅일 것이라고 말합니다. 이는 복음을 전하는 자가 복음의 씨앗을 뿌릴 때 적은 사람만이 반응하여 복음의 열매를 맺는다는 것입니다. 그래도 하나님은 25퍼센트의 좋은 땅을 통해 하나님의 나라를 확장하십니다.

좋은 땅은 하나님의 말씀을 받을 준비가 되어 있는 마음입니다. 바울은 아그립바 왕에게 주께서 자신을 사람들을 향해 "그 눈을 뜨게 하여 어둠에서 빛으로, 사탄의 권세에서 하나님께로 돌아오게 하고 죄 사함과 나를 믿어 거룩하게 된 무리 가운데서 기업을 얻게" 사도행전 26:18 하기 위해 보내셨다고 말합니다. 당신의 밭은 좋은 땅입니까?

# "안심하라 내니 두려워하지 말라"



**"안심하라 내니 두려워하지 말라"** 마가복음 6:50

갈릴리 바다에는 갑작스러운 풍랑이 잦은 곳입니다. 그러나 이 장면은 분명히 예수 그리스도께서 제자들의 삶에 풍랑을 허락하신 것입니다. 그 솟구치는 풍랑은 당장에라도 그들의 배를 뒤엎을 것만 같았습니다. 그들은 풍랑 가운데 공포에 빠졌습니다. 왜 하나님께서는 그러한 끔찍한 상황을 주의 백성에게 허락하시는 걸까요? 우리의 삶에서 풍랑의 요인이 무엇이든지, 우리는 풍랑 가운데서 우리의 영혼이 좌절되지 않도록 해야 합니다. 혹시 지은 죄로 말미암은 풍랑일지라도 '영원히 용서받지 못할 죄'인 것처럼 무너지지 마십시오. 어떤 상황에서라도 주의 백성에게는 부드러운 주님의 음성이 들여오게 되어 있습니다. "안심하라 내니 두려워하지 말라."

많은 제자가 자신들의 믿음을 믿으며 상황 가운데서 즐거움과 안정을 얻으려고 합니다. 그러나 주님은 주의 제자들이 주님을 믿으며 상황을 초월하여 오직 주님 안에서 즐거움과 안정을 누릴 수 있기를 원하십니다. 믿음으로 누리는 이러한 평강과 즐거움만이 모든 환경을 초월하는 하나님의 평강입니다. 우리의 인생 가운데 반드시 있는 영적 풍랑을 이기는 비결은 하나님을 향한 믿음과 사랑입니다. 만일 주님을 향한 믿음과 사랑이 우리에게 없다면, 문제는 주의 위로의 음성이 들리더라도 그 음성을 인식하지 못한다는 사실입니다. 그러나 주님의 음성을 알아차리기만 한다면 우리는 모든 상황 가운데서도 노래할 수 있습니다. "하나님은 우리의 피난처시요 힘이시니 환난 중에 만날 큰 도움이시라 그러므로 땅이 변하든지 산이 흔들려 바다 가운데에 빠지든지 바닷물이 솟아나고 뛰놀든지 그것이 넘침으로 산이 흔들릴지라도 우리는 두려워하지 아니하리로다 … 이르시기를 너희는 가만히 있어 내가 하나님 됨을 알지어다 내가 뭇 나라 중에서 높임을 받으리라 내가 세계 중에서 높임을 받으리라 하시도다" 시편 46:1~3, 10.

# 주님의 응답

"예수께서 이르시되 네가 온전하고자 할진대 가서 네 소유를 팔아 가난한 자들에게 주라 그리하면 하늘에서 보화가 네게 있으리라" 마태복음 19:21

많은 사람이 하나님과 흥정을 합니다. 그 흥정 중에는 매우 거룩하게 들리는 흥정이 많습니다. "하나님께서 나를 거룩하게 해주시기를 기도했는데 아직 응답하지 않으셨어." 주님은 물론 응답하지 않으실 것입니다! 우리는 성경에서 "주님, 나를 거룩하게 해주소서"라고 기도하는 것을 읽은 일이 없습니다! 성경은 우리가 주께 희생으로 드린 것을 하나님께서 거룩하게 하신다고 말합니다. 그러므로 조건 없는 '내어 맡김'이 거룩의 조건이지, 내 자신을 위해 무엇을 요구하는 것이 거룩의 조건이 아닙니다.

사람들은 이 부분을 깨닫지 못하여 비성경적인 거룩을 추구하게 됩니다. 즉, 영적인 체험으로써의 거룩을 하나님께 요구합니다. 그러나 우리는 오직 한 가지 조건에 의해 하나님께 응답받을 수 있습니다. 그것은 주님께 우리 자신의 모든 것을 다 맡기고 아무것도 요구하지 않을 때입니다. 우리는 요구함으로 더 많은 것을 요구하게 되고, 결국 하나님께 요구하는 것이 신앙생활인 줄 착각하게 됩니다. 참된 신앙은 요구가 아니라 나의 모든 것을 주께 드리는 것입니다. 심지어 내 자신에 대한 나의 권리마저 다 드리고 주님께서 주의 뜻대로 나를 사용하시도록 하는 것이 참된 신앙입니다. 부자 청년은 사람들이 보기에 훌륭하고 모범이 된 삶을 살았습니다. 종교적으로도 다른 사람보다 훨씬 열성이 있는 생활을 했습니다. 그러나 그가 하지 못한 것은 자신을 주께 다 내려놓는 일이었습니다.

주님의 응답은 우리가 요구하기 때문에 주시는 것이 아닙니다. 주님의 응답은 우리로 하여금 주님의 죽음과 함께 우리가 세례받게 하는 것이며, 나아가 주의 생명으로 우리가 살도록 하는 것입니다. 주님의 응답은 우리가 주의 손과 발이 될 때 이루어지는 것이지, 내 요구가 이루어진다고 하여 주의 응답이 이루어진 것이 아닙니다. 그러므로 당신의 모든 것을 주께 드리고 주께 다 내려놓으십시오!

# 자신의 눈 속에 있는 들보를 깨달으십시오!



"어찌하여 형제의 눈 속에 있는 티는 보고 네 눈 속에 있는 들보는 깨닫지 못하느냐" 마태복음 7:3

우리는 다른 형제의 눈에 있는 티를 지적할 만큼 간교합니다. 이러한 티를 발견하면 우리는 우월감을 갖게 되고 그 사람보다 자신이 더 영적인 사람이라고 생각하며 기뻐합니다. 그러나 성령께서는 어떤 사람을 책망하실 때 그 사람과 직접적으로 관계하지 않은 다른 성도를 통해 역사하십니다. 성령은 거울을 통해 빛이 통과하는 것처럼 당신의 모습을 보여주십니다. 이것을 이해하지 못하면 당신은 설교자가 항상 당신을 비판한다고 생각할 것입니다. 그러나 당신을 책망하는 자는 설교자가 아니라, 설교자 안에 계신 성령께서 당신의 잘못을 지적해주시는 것입니다.

그리스도인에게 있어서 가장 도움이 되지 않는 사람은 언제나 간섭하며 탓하는 사람입니다. 그 사람은 자기가 없으면 다른 사람이 아무것도 할 수 없다고 생각합니다. 공동체에서 이러한 사람을 주의하지 않으면 그 사람 때문에 공동체가 잘못된 길로 가기 쉽습니다. 예수 그리스도는 그러한 사람을 혹독하게 책망하셨습니다. "외식하는 자여 먼저 네 눈 속에서 들보를 빼어라 그 후에야 밝히 보고 형제의 눈 속에서 티를 빼리라" 마태복음 7:5.

우리는 우리의 깊은 곳까지 아시는 예수 그리스도를 속일 수 없습니다. 만일 내가 다른 형제의 눈의 티를 본다면 이는 사실 내 안에 들보가 있다는 뜻입니다. 만일 내가 하나님으로 하여금 그분의 전능하신 능력에 의해 내 눈 안에 있는 들보를 제거하도록 한다면 우리의 눈은 밝아지면서 나의 들보가 보이고 다른 사람은 기껏해야 쪼개진 나뭇조각만 가지고 있음을 보게 됩니다. 우리는 하나님께서 나를 변화시켰다는 사실로 말미암아 너무 놀라게 되고 동시에 그 어떤 사람에게도 실망하지 않게 됩니다.

# 깨끗한 양심을 얻는 길

**"흠 없는 자기를 하나님께 드린 그리스도의 피가 어찌 너희 양심을 죽은 행실에서 깨끗하게 하고 살아 계신 하나님을 섬기게 하지 못하겠느냐"** 히브리서 9:14

우리가 구원을 받고 거룩해지면 우리의 양심은 어떻게 될까요? 예수님의 구속을 깨닫지 못한 채 양심이 병적으로 예민한 사람들이 있습니다. 그들은 뭔가 잘못을 저지른 후에 심한 양심의 가책을 느낍니다. "하나님이라도 나를 용서하실 수 없어. 십자가의 용서마저 내게는 허용이 안 돼. 나는 너무 비열하고 악해. 나는 내 자신을 용서할 수 없어." 이렇게 말하는 사람은 매우 고결해 보이지만, 사실 이러한 교만이 예수 그리스도를 십자가에 못 박았습니다.

양심에서 가장 큰 문제는 잘못된 행위보다 잘못된 관계입니다. 깨어진 관계 때문에 많은 정신병자가 생깁니다. 그러나 예수 그리스도의 죽으심이 무엇을 의미하는지를 깨닫게 되면 정신적 고통이 치유됩니다. 또한 성령에 의해 양심이 살아나면 이웃과의 깨어진 관계를 돌아보게 됩니다. 과거를 생각하게 됩니다. 풀리지 않은 인간 관계가 정확하게 우리의 신경이 마비되는 곳이요 사탄의 굴레가 역사하는 곳임을 깨닫게 됩니다. 성령께서 이러한 깨어진 관계를 노골적으로 보여주시기 시작하면 신기한 부담이 생깁니다. "그 관계를 어떻게 회복할 수 있을까?" 그 후 성령이 알려주시는 지혜에 따라 행동하게 되고 무엇보다 깨어진 관계의 대상을 위해 주께 중보 기도를 시작합니다.

이제 우리는 그저 모든 것을 내려놓으면 됩니다. "나의 하나님! 내 안에 있는 모든 것이 죽어 마땅합니다. 십자가의 그 참혹한 죽음이 내게 마땅합니다. 주님, 그 십자가에 못 박혀야 하는 대상은 예수 그리스도가 아니라, 내 자신이며 내 죄입니다." 이렇게 고백하며 모든 것을 내려놓을 때 그리스도의 보혈이 우리의 양심을 씻깁니다. 우리 안에는 무엇으로도 지울 수 없는 놀라운 자유함이 깃듭니다.

# 주님의 구속이 필요한 영혼들





주님은 어떤 종류의 사람이든 상관없이 침착하고 쉽게 다가선 것 같습니다. 주님은 가룟 유다의 수준까지 내려간 사람을 만났을 때도 냉소적이 된다든지 또는 용기를 잃거나 실망하지 않으셨습니다. 사도 요한과 같은 사랑스럽고 충성스러운 사람을 만났을 때도 너무 기분이 좋아져서 과찬하지 않으셨습니다. 그러나 우리는 예외적으로 선한 사람을 대하게 될 때 모든 사람을 향하여 놀라울 정도의 소망을 느낍니다. 그러나 예외적으로 악한 사람을 만나면 그 반대가 됩니다. 하지만 예수님은 "사람의 속에 있는 것을" 아셨습니다. 그 사람이 정확하게 어떠한 존재인지, 그들에게 무엇이 필요한지 아셨습니다. 주님은 그들 안에서 아무도 볼 수 없는 것을 보았습니다. 가장 부패한 자들에게서도 소망을 보았습니다. 주님은 모든 인간에게서 주의 구속을 통해 하나님의 자녀가 될 수 있는 잠재력을 보았습니다.

예수 그리스도께서 사람에 대하여 어떻게 생각하셨는지는 잃은 양의 비유에서 요약됩니다. 사람에 관한 예수 그리스도의 생각은 사람은 실종되었다는 것입니다. 그리고 오직 주님만이 그를 찾을 수 있는 유일하신 분입니다. "인자가 온 것은 잃어버린 자를 찾아 구원하려 함이니라"누가복음 19:10. 구원이란 누구든지 뒤를 돌아 십자가를 바라보기만 하면 예수님께서 그를 잘못된 성향의 늪에서, 악의 세력이나 모든 허물에서 구출하시는 것을 말합니다. 누구든지 십자가를 향하여 돌아설 수 있습니다. 예수님은 사람에게 돌아설 수 있는 능력이 있다고 하셨습니다. "아버지께서 내게 주시는 자는 다 내게로 올 것이요 … 내가 결코 내쫓지 아니하리라"요한복음 6:37. 사람이 돌아오기만 하면 하나님께서 그를 발견하시고 구원을 허락하십니다. 그리스도의 십자가는 이 땅에서 가장 많이 절망한 죄인에게도 소망을 줍니다. "인자가 세상에서 죄를 사하는 권능이 있는 줄을 너희로 알게 하려 하노라" 마태복음 9:6. 우리도 예수님처럼 이 세상의 모든 사람이 주의 구속이 필요하다는 사실과 그들 모두가 주의 구속을 통해 하나님의 자녀가 될 가능성이 있다는 점을 볼 수 있어야 합니다.

# 하나님을 사랑하는 증거

"나는 이제 너희를 위하여 받는 괴로움을 기뻐하고 그리스도의 남은 고난을 그의 몸된 교회를 위하여 내 육체에 채우노라" 골로새서 1:24

그리스도의 남은 고난을 내 육체에 채운다는 것은 아무런 잘못 없이 세상으로부터 받는 조소와 고난들을 받는 것을 의미합니다. 이 고난은 그리스도의 고난과 같은 것은 아니지만, 그리스도를 위한 고난입니다. 이 고난은 구속을 이루기 위한 고난은 아닙니다. 구속은 이미 완성되었기 때문에 우리는 구속과 관련하여 아무것도 할 것이 없습니다.

우리가 그리스도의 십자가에서 주님과 일치되는 체험을 한 후에는 마태복음 11장 29절의 내용을 실천해야 합니다. "나는 마음이 온유하고 겸손하니 나의 멍에를 메고 내게 배우라." 우리가 예수님께 배울 때 우리는 우리가 이해할 수 없는 하나님의 섭리에 대해 '투덜거리지' 않게 됩니다. 또한 우리는 자아 연민에 빠져 "왜 이런 일이 내게 일어나야 합니까?"라고 말하지 않게 됩니다. 예수님께서는 우리에게 "자기 십자가를 지고 나를 따르라"고 말씀하셨습니다. 이 의미는 고린도전서 13장을 실천해야 한다는 뜻으로써 온 맘을 다해 다른 사람을 향한 하나님의 관심에 내 자신을 일치하게 하라는 뜻입니다. 이를 위해 우리는 전인격적인 결정을 내려야 합니다.

하나님께서는 우리가 하나님께 보였던 모습을 그대로 보여주는 사람들을 우리의 삶의 여정 가운데 만나게 하십니다. 고집 세고, 교만하고, 위선적이고, 편견이 심하고, 정욕적이고, 모진 사람들을 만나게 하십니다. 그러면서 하나님은 "이제 내가 너를 사랑한 것같이 그들을 사랑하라"고 말씀하십니다. 주의 제자란 자기 자신의 명예가 아니라, 주님의 명예가 자기의 삶에 놓여 있다는 사실을 깨닫는 자입니다. 우리가 하나님을 사랑하고 있는 증거는 하나님께서 다른 사람에게 관심을 두시는 것을 우리 자신에게 일치시키는 것이며, 또한 어떠한 상황에서도 주께서 내게 하신 대로 행함으로써 주의 명예를 드높이는 것입니다.

# 구원을 이루는 조건 7월 27일



"그 눈을 뜨게 하여 어둠에서 빛으로, 사탄의 권세에서 하나님께로 돌아오게 하고 죄 사함과 나를 믿어 거룩하게 된 무리 가운데서 기업을 얻게 하리라" 사도행전 26:18

어떤 사람이 그리스도인의 체험을 하려면 영적으로 하나님께로부터 뭔가를 받아야 합니다. 구원을 받는다는 것은 예수 그리스도께로부터 뭔가를 받는 것을 말하기 때문입니다. 하나님을 섬기는 일꾼의 역할은 사람들의 눈을 뜨게 하여 어둠 속에서 빛을 보게 하는 것입니다. 이것은 구원은 아니지만, 그들이 빛을 볼 때에 자신의 어둠을 보며 마음이 흔들리게 됩니다. 우리가 복음의 빛으로 사람들을 자극할 때 나타나는 인간들의 반응은 비참과 부끄러움입니다. 부자 청년은 빛 되신 주님을 보았을 때 그 마음이 부끄러움을 느끼며 흔들렸습니다. 하지만 구원받지 못했습니다. 나는 대부분의 형식적인 성도가 부자 청년의 자리에 서 있다고 봅니다. 그들은 복음을 듣고 빛을 보며 부끄러움을 느끼지만, 아직 주께로부터 아무것도 받지 못했기 때문입니다.

사람들에게 빛을 보여주는 이 부분이 오늘날 교회의 가르침에서 가장 무시되는 것 중의 하나입니다. 사람이 거듭나는 것은 바른 삶을 살기로 결단한다고 되는 것이 아닙니다. 도덕을 말하고 예의범절을 가르치는 것이 교회의 사명이 아닙니다. 성도와 교회가 할 일은 빛을 보여주는 것입니다. 사람이 거듭난다는 것은 자신에게는 구원받을 만한 것이 아무것도 없다는 것을 깨닫고 오직 하나님의 긍휼을 구걸하는 가장 낮은 자리에 내려갔을 때 전능하신 하나님께서 뭔가를 선물로 주시는 것입니다. 그것이 구원입니다. 서약과 맹세와 다짐을 구원으로 오해하지 마십시오. 반드시 빛을 본 후에 가난한 심령이 되어야 주께로부터 뭔가를 받을 수 있습니다. 이때 하나님께서 거저 주시는 것은 '죄 사함'과 '그리스도의 생명'입니다. 이것이 구원입니다. 빛을 본 사람이 이 자리까지 오는 데 가장 중요한 것은 내 자신의 권리를 주께 완전히 양도하는 것입니다. 교회와 성도들은 사람들이 이러한 마음의 자세를 갖도록 언제나 빛을 알리며 빛을 보여주어야 합니다.

# 목숨보다 귀한 것은 없습니다!

"목숨을 위하여 무엇을 먹을까 무엇을 마실까 몸을 위하여 무엇을 입을까 염려하지 말라 목숨이 음식보다 중하지 아니하며 몸이 의복보다 중하지 아니하냐" 마태복음 6:25

세상에 대한 염려는 우리 안에 계신 새 생명을 질식하게 합니다. 물론 우리가 이 세상에 살면서 염려로부터 완전하게 자유로울 수는 없습니다. 옷과 음식 문제는 아닐지라도 친구 문제, 교육 문제, 대인 관계, 건강 등 말로 다할 수 없는 많은 어려움이 닥쳐옵니다. 이러한 인생의 어려움은 우리가 일생을 마치는 그날까지 밀물같이 밀려올 것입니다. 만일 우리가 하나님의 성령으로 우리 마음을 보호하지 않으면 어느새 세상 염려는 우리 마음속에 비집고 들어와 새 생명을 질식하게 합니다.

주께서는 목숨을 위해 염려하지 말라고 말씀하셨습니다. 목숨이 음식과 의복보다 중요하다고 알려주셨습니다. 이는 음식과 의복에 대해 염려하면 목숨이 끊어진다는 뜻입니다. 왜 목숨이 끊어집니까? 세상 염려는 생명의 근원이신 주님과 나의 관계를 끊어놓기 때문입니다. 한편 믿음은 주님과 나의 관계를 유지하게 합니다.

주께서는 우리보다 우리의 상황을 훨씬 더 잘 아십니다. 또한 주님은 우리가 할 수 없는 방법으로 우리의 문제들을 해결할 수 있습니다. 따라서 주께서는 우리가 처한 상황에 대해 염려하기보다 주님과의 관계를 유지하는 일을 더 염려하라고 말씀하셨습니다. 주님과의 관계만 염려하라고 하셨습니다. 오직 그러할 때만이 세상의 염려가 우리의 마음속에 들어오지 못합니다. 세상의 염려와 주님에 대한 믿음이 우리의 마음속에서 경쟁할 때 하나님과의 관계에 최고 우선순위를 두십시오. 아무것도 염려하지 마십시오. 오직 오늘 하루도 주님과 친밀하게 지내는 일에 온 맘을 기울이십시오. 그러한 삶은 날마다 하나님 앞에서 충분한 삶이 될 것이며 가장 보람된 삶이 될 것입니다.

이 나무는 당신입니다.

# 속죄의 궁극적인 의미



"우리가 그를 힘입어 살며 기동하며 존재하느니라" 사도행전 17:28

하나님에 대한 바른 개념을 가지려면 우리는 하나님에게서 오는 계시를 통해 하나님을 받아들여야 합니다. 그때 인간의 마음은 단지 개념에만 머물지 않고 살아 계신 참 하나님에게서 크고 숭고한 삶을 살 수 있는 능력을 받게 됩니다. 그러나 인간 스스로 하나님에 대한 개념을 가질 때 그 개념은 분명하지 않습니다. 성경은 우리의 확신이나 본능에 따라 행하라고 가르친 적이 없습니다. 우리가 주님의 빛 가운데서 행하여야 한다고 가르칠 뿐입니다. 우리는 예수님을 통하지 않고는 하나님에 대하여 아무것도 알 수 없습니다. "내 아버지께서 모든 것을 내게 주셨으니 아버지 외에는 아들을 아는 자가 없고 아들과 또 아들의 소원대로 계시를 받는 자 외에는 아버지를 아는 자가 없느니라" 마태복음 11:27. 또한 예수님을 통하지 않고는 우리는 뜨거운 사랑으로 하나님을 사랑할 수 없습니다. 속죄의 의미는 자신을 사랑하는 이기심의 우상을 깨뜨리고, 자기 유익을 추구하는 독을 빼고, 우리의 마음과 영혼과 힘과 뜻을 다해 하나님을 사랑할 수 있도록 하나님의 신성이 우리에게 임하는 것입니다. 그러므로 예수 그리스도로 말미암아 죄 사함을 받은 사람은 하나님을 사랑하게 됩니다.

성경은 우리가 하나님께 흡수되어 동화된다고 가르치지 않습니다. 우리는 하나님과 영원히 구별되지만, 주 예수 그리스도를 통해 하나님을 뜨겁게 사랑하는 존재들이 됩니다. 그 누구도 스스로 신이 되도록 지음을 받지 않았습니다. 또한 그 누구도 다른 사람의 신이 되도록 지음을 받은 것도 아닙니다. 어떠한 개념 체계라도 그 개념이 신이 되어 사람을 구속해서도 안 됩니다. 오직 신은 '한 분 하나님'이시며 그 하나님은 예수님 안에서 성육신하셨습니다. 이처럼 놀라우신 하나님께서 영원과 시간의 영역에서 우리를 다스리십니다. 시간의 영역과 영원의 영역을 가르는 문턱은 다시는 밤이 없는 영원한 낮의 새벽이 임할 때 무너지게 될 것입니다. 하나님께서 "그들과 함께 계셔서 모든 눈물을 그 눈에서 닦아주실 때" 요한계시록 21:3~4 하늘은 땅과 하나가 될 것입니다.

# 무엇을 믿습니까?

"그들에게 이르시되 호수 저편으로 건너가자 하시매 이에 떠나" 누가복음 8:22

예수님께 순종하면 형통의 삶이 약속되어 있다고 말하는 사람들이 있습니다. 그러나 그렇지 않습니다. 제자들이 호수 건너편으로 건너가라는 예수님의 요청에 순종하자 그들은 오히려 큰 풍랑을 맞게 되었습니다. 이때 사람들은 말합니다. "내가 예수님께 순종하였는데 이렇게 힘든 상황이 닥치다니…." 당신이 하나님과 동행할 때 어려운 일이 발생할 것을 미리 생각하십시오. 당신이 순종할 때 풍랑이 발생하면 당연하게 여기십시오.

많은 그리스도인이 풍랑을 만나면 의심을 품습니다. "하나님의 말씀을 듣지 않았더라면 이러한 풍랑을 만나지 않았을 텐데. 이러한 풍랑을 만나는 것을 보니 호수 저편으로 가라는 음성은 하나님의 음성이 아니었어." 이때 우리는 풍랑 속에서 하나님의 신실하심을 믿고 나아가든지, 아니면 마귀가 심어주는 의심을 품고 이제부터 나름대로 행할 것인지를 결정해야 합니다. 이때 주님을 믿지 않는 자는 자기 자신을 믿었더라면 이러한 풍랑의 자리에 오지 않았으리라고 후회합니다. "나는 내 자신의 생각을 따르지 않았어. 의도적으로 예수님이 하라고 하시는 대로 믿고 따랐지만, 이렇게 어둠과 깊음과 절망에 처하게 되었구나."

주님께서는 풍랑 앞에서 당황하고 두려워하는 제자들을 꾸짖으셨습니다. 만일 예수 그리스도께서 단지 나사렛의 목수라면 그분께 내 인생의 조정키를 드리는 것은 어리석은 것입니다. 그러나 예수님이 하나님의 아들이시고 우리와 함께하신다면 풍랑 가운데서 놀라며 후회할 이유가 있겠습니까? 예수 그리스도는 하나님이십니다. 그러나 당신은 참으로 풍랑 속에서 그분을 믿습니까? 우리의 신앙 여정에서 현실적으로 닥치는 풍랑들이 있습니다. 하나님께서 안일한 곳에 머무는 우리를 끄집어내셔서 풍랑이 이는 곳으로 인도하실 때가 있습니다. 이때 모든 것을 흔드는 풍랑 가운데서 우리의 믿음이 드러납니다. 형통을 위해서 예수 그리스도를 믿지 말고 어떤 상황에서도 오직 예수 그리스도만을 신뢰하는 믿음을 가지십시오.

# 성숙한 성도가 되려면



"너는 그리스도 예수의 좋은 병사로 나와 함께 고난을 받으라" 디모데후서 2:3

성숙한 성도에게 가장 중요한 요구사항은 예수님과의 진정한 사랑에 빠지는 것입니다. 열정적으로 일하는 사람이 되기는 비교적 쉽지만, 항상 온 맘과 뜻을 다해 예수님과 진정한 사랑에 빠지기는 쉽지 않습니다. 주님을 진실로 사랑하게 되면 우리는 주께서 원하시는 영적 훈련에 동참하게 됩니다.

영적 훈련이란 하나님께서 우리에게 주신 주님의 생명으로 살면서 하늘의 무한한 은혜를 누리는 것을 말합니다. 성도의 훈련은 자신을 계발하기 위한 목적으로 하는 것이 아니라, 대장 되시는 예수님의 목적을 이루기 위해 훈련합니다. 성도들이 영적 훈련 과정에서 실패하는 이유는 단 한 가지 목적, 즉 주 예수 그리스도께 충성하기 위해 훈련받고 있다는 사실을 잊기 때문입니다. 군인이 죽을 준비가 되어 있지 않다면 군인이 될 자격이 없는 것처럼, 주님의 성숙한 자녀가 되려면 모든 것을 주께 드려야 합니다. 하나님께 충성할 수 있는 유일한 방법은 예수 그리스도께 끊임없이 관심을 가지며 그분과 사랑에 빠지는 것입니다. 그러나 많은 성도의 관심이 예수님보다는 소위 '봉사'에 있게 되면서 영적 훈련의 자리에서 벗어납니다.

훈련된 삶이란 세 가지를 의미합니다. 주님의 최고 목표를 나의 목표로 삼는 것, 대장 되시는 예수 그리스도의 명령을 그대로 따르는 것, 마음과 뜻을 다해 말씀과 성령에 사로잡히는 것입니다. 이를 위해 우리는 우리의 모든 충동과 감정이 철저하게 다스려져야 합니다. 우리의 모든 생각과 깨달음이 하나님의 말씀에 어울리는가를 항상 철저하게 점검하고 그렇지 않으면 당장 버려야 합니다.

# August

## 8월

**과거와 현재의 나를 기억하십시오!**

진실함을 상실하고 자신의 자리에 불평이 생길 때

# 주님과 친구가 되십시오!



"너희는 내가 명하는 대로 행하면 곧 나의 친구라" 요한복음 15:14

하나님은 사람을 친구로 삼기 위해 창조하셨습니다. 이 일은 어렵지만, 하나님께서는 예수님을 이 땅에 보내주시므로 가능하게 하셨습니다. 만일 우리가 예수님의 친구라면 우리는 온 맘과 뜻을 다해 우리의 삶을 주를 위해 드려야 합니다. 예수님과 친구가 되는 것이 무엇인지 이해한다면 우리는 주께서 우리에게 보이신 사랑과 우정을 내 주변의 모든 사람에게 보이게 될 것입니다.

하나님께서 당신의 삶 가운데 어떤 사람들을 만나게 하시는지 주목하십시오. 당신은 당신이 과거에 하나님께 어떤 사람이었는지를 기억나게 하는 많은 사람을 만나게 될 것입니다. 하나님은 그들을 우리에게 이끄시며 당부하십니다. "너는 나의 자녀이며 내 독생자 예수의 친구로구나. 그렇다면 네가 나에게 얼마나 무례하게 굴었는지, 배은망덕하게 행했는지, 또한 나를 얼마나 무시하며 불순종했는지 네가 만나는 사람을 보며 알라. 그러나 동시에 그러한 네게 내가 어떻게 대했는가를 기억하고 네 주변 사람에게 그대로 행하라. 그것이 바로 내 아들 예수의 친구의 조건이란다." 우리는 내 주변 사람이 나의 과거의 모습에 대한 거울이라는 사실을 잊지 말아야 합니다.

사람들 앞에서 당신이 주님의 친구라는 사실을 자랑스러워하십시오. 그러려면 주께서 말씀하신 대로 순종해야 합니다. 바로 하나님께서 내게 베푸신 대로 나도 사람들에게 그대로 행하는 것입니다. 그때 사람들은 당신을 보며 하나님의 은혜를 볼 수 있게 될 것입니다. 나아가 예수님을 보게 될 것입니다. "나는 너희에게 이르노니 너희 원수를 사랑하며 너희를 박해하는 자를 위하여 기도하라 … 하늘에 계신 너희 아버지의 온전하심과 같이 너희도 온전하라" 마태복음 5:44, 48.

# 경건의 능력이란?

**"그러나 자족하는 마음이 있으면 경건은 큰 이익이 되느니라"** 디모데전서 6:6

그리스도인의 성품의 궁극적인 표현은 사람들이 보기에 착한 행동을 하는 그 정도가 아니라 신의 성품, 즉 경건이 나타나는 것입니다. 만일 하나님의 성령이 당신을 변화하게 했다면 당신은 인간의 선한 특징뿐만 아니라, 당신의 생명 안에 있는 하나님의 선한 특징이 나타나야 합니다. 이러한 관점에서 볼 때 착하고 바른 것만으로 충분하지 않습니다. 당신의 삶은 반드시 예수 그리스도의 서명이 찍혀 있는 선함이 나타나야 합니다.

그리스도인의 성품의 모든 비결은 당신의 삶에서 하나님의 은혜로 말미암아 초자연적인 것들이 자연적으로 되는 것입니다. 즉, 하나님의 초자연적인 것들이 자연적인 인간의 삶에 영향을 미치는 것입니다. 이러한 영향은 하나님과의 비밀스러운 교제 가운데서 나타날 뿐만 아니라, 우리 매일의 현실의 삶에서 나타납니다.

이러한 영향은 우리에게서 어떤 결과를 나타냅니까? 문제가 닥쳐왔을 때 우리는 놀랍게도 과거에 우리에게 없었던 능력이 지금 우리에게 있는 것을 발견하게 됩니다. 모든 문제와 역경 가운데서 놀라울 만큼 우리를 지키는 능력이 우리 안에 있는 것을 발견합니다. 이는 바로 하나님의 초자연적인 은혜가 우리 안에서, 그리고 우리를 통해 역사하고 있기 때문에 나타나는 현상들입니다. 경건에 힘쓰십시오. 자신을 부인하고 늘 그리스도의 생명으로 살도록 훈련하십시오.

이 나무는 당신입니다.

# 영적으로 회복되려면 일어나십시오!



"잠자는 자여 깨어서 죽은 자들 가운데서 일어나라" 에베소서 5:14

사람이 자리를 박차고 일어나는 데 꼭 성령의 역사가 필요한 것은 아닙니다. 친구나 스승이 용기를 북돋아 주어 일어날 수 있고, 경제적인 문제나 직업 문제, 또는 대인 관계가 해결됨으로써 다시 힘차게 살아갈 수 있습니다. 또는 갑자기 생각이 바뀌어 용기를 내어 일어서기도 하며 삶의 다른 방향으로 희망을 갖게 되면서 새로운 삶을 시작할 수도 있습니다. 그러나 이러한 일어섬은 성령에 의한 것이 아닙니다. 그 이유는 일어나는 목적과 일어난 힘이 하나님과 관련되어 있지 않기 때문입니다. 세상 사람들도 얼마든지 일어날 수 있습니다. 그러나 그들이 일어나서 달리는 목적지는 여전히 세상입니다. 성령께서 오셔서 우리를 일으키실 때는 십자가를 바라보게 하시며 십자가를 통해 일어나게 하십니다. 그리고 일어나서 바라보는 것은 이 세상이 아니라, 영원한 하나님의 나라이며 특히 일어선 이후에는 더욱 주 예수 그리스도를 사랑하며 그분으로 말미암아 삽니다.

어렸을 적에 우리에게는 많은 꿈과 소망이 있었습니다. 그러나 복음 안에서 보면 그러한 꿈과 소망은 세상을 향한 야망이라고 볼 수 있습니다. 따라서 신앙이 자라나면서 그러한 꿈과 소망이 무너지는 것을 체험하게 됩니다. 그 후 야망이 아닌 주께서 주시는 비전을 얻게 됩니다. 그러나 주께서 주신 비전을 이루는 데 있어서 우리에게는 아무런 능력이 없음을 깨닫게 됩니다. 그러면 우리는 좌절하여 쓰러집니다. 이때 주께서 오셔서 말씀하십니다. "잠자는 자여 깨어서 죽은 자들 가운데서 일어나라." 중요한 사실은 주께서 일으키실 때 우리도 일어나야 한다는 점입니다. "죽은 자들 가운데서 일어나라"고 주께서 말씀하실 때 우리가 일어나야 하나님의 능력이 나타나기 때문입니다. 주께서 손 마른 자에게 "네 손을 내밀라"고 하셨을 때 그 사람이 손을 내밀므로 능력이 나타났던 것처럼, 주께서 우리에게 일어나라고 하실 때 일어나야 합니다. 그러면 하나님께서 당장 생명을 주십니다. 그 후 우리는 그 생명으로 주께서 주신 비전을 이룰 수 있습니다.

# 그리스도인에게 가장 중요한 의무

"우리가 다 수건을 벗은 얼굴로 거울을 보는 것 같이 주의 영광을 보매 그와 같은 형상으로 변화하여 영광에서 영광에 이르니 곧 주의 영으로 말미암음이니라" 고린도후서 3:18

진정한 그리스도인의 가장 뚜렷한 특징은 하나님 앞에서 정직한 것입니다. 하나님 앞에서의 정직함은 결국 우리의 삶을 다른 사람이 보는 거울이 되게 합니다. 마찬가지로 성령 충만은 우리를 변화시켜 우리의 영혼을 바라보는 자들에게 하나님의 모습을 보게 하는 거울의 역할을 하게 합니다. 하나님의 영광을 계속 바라보는 사람은 자신도 모르는 사이에 하나님의 성품이 그를 통해 반사됩니다. 따라서 그를 보는 자마다 그의 영혼을 통해 투영되는 하나님의 영광을 느끼게 됩니다.

당신 안에 있는 영혼의 거울이 더러워지지 않도록 주의하십시오. 그리스도인이 지켜야 할 가장 중요한 의무는 언제나 그 마음이 주 예수 그리스도를 향해 집중하는 것입니다. 이 한 가지만 중요하게 여기고 다른 모든 것은 부수적으로 여기십시오. 생명을 유지하게 하는 복들마저 마음에 두지 마십시오. 당신이 하나님 다음으로 귀히 여기는 것들이 당신의 영혼을 더럽힐 때가 많습니다. 가장 소중한 인간 관계도 주를 향한 당신의 집중을 방해하는 요인이 되어서는 안 됩니다. 이 세상에서 아무리 좋은 것들도 만일 그것이 그리스도를 향한 당신의 집중을 흐리게 하는 것이라면 결국 저주가 될 것입니다.

잠깐 있다 없어지는 모든 것은 당신이 집중할 대상이 아닙니다. 다른 사람의 비판과 수군거림, 심지어 칭찬마저도 마음속에 두지 마십시오. 오직 예수님과 함께 하나님 안에 숨겨진 생명이 자라날 수 있도록 영원한 나라와 주 예수 그리스도만 바라보십시오. 급한 일이 발생하더라도 마음이 조급하여져서 주 안에서 벗어나는 일이 없도록 하십시오. 이 세상에서 끔찍하고 소란한 일들이 발생해도 만일 주를 향한 집중을 놓치지 않는다면 당신의 마음은 조금도 동요하지 않을 것입니다. 그리스도인이 지켜야 할 가장 중요한 의무이며 또한 가장 어려운 훈련은 우리의 마음의 눈이 쉬지 않고 우리 주를 바라보는 것입니다.

# 아버지의 뜻대로 행하는 자



"나더러 주여 주여 하는 자마다 다 천국에 들어갈 것이 아니요 다만 하늘에 계신 내 아버지의 뜻대로 행하는 자라야 들어가리라" 마태복음 7:21

인간은 간판을 좋아합니다. 간판이 많을수록 자신의 존재 의미를 더욱 의식하는 것 같습니다. 따라서 어울리지도 않는 간판을 서로 주기도 하며 받기도 합니다. 더 높고 유명한 간판을 얻고자 다투고 경쟁합니다. 특히 인간은 '선'이라는 간판을 좋아합니다. 그래서 더 많은 사람에게 자신을 의롭게 보이고자 많은 선한 행위를 합니다. 그러나 그들의 선한 행위는 자기를 높이려는 더 높은 차원의 행위일 뿐입니다. 우리 예수님은 선이란 "내 아버지의 뜻대로 행하는" 것이라고 말씀하셨습니다. 이는 예수 그리스도와의 관계 속에서 하늘 아버지의 자녀가 되어 그분의 뜻을 알고 순종해야 선이 되는 것을 말합니다. 그러므로 우리는 하나님을 인격적으로 의식하면서 하나님의 뜻을 순종하며 선을 나타내면서 하나님께서 말씀하신 선의 기준으로 사람들의 선함을 측정할 수 있어야 합니다.

기독교의 제자도는 결국 성품과 행위에서 나타나게 되어 있습니다. 그리스도인으로서의 믿음이 참인지 거짓인지는 궁극적으로 예수 그리스도와 바른 관계를 맺고 있는지 아닌지에 따라 판단됩니다. 그러나 예수 그리스도와 바른 관계를 맺고 있다면 그 사람의 삶에서는 사적이든 공적이든 삶의 모든 면에서 '선'이 나타나게 되어 있습니다. 당신은 주 예수 그리스도를 통해 하늘 아버지의 자녀가 되었습니까? 그렇다면 말로만 주님을 부르지 말고 마음으로 주님을 사랑하면서 하늘에 계신 예수 그리스도의 아버지의 뜻대로 행하는 자가 되십시오.

# 주 예수를 믿으십시오!

"주 예수를 믿으라 그리하면 너와 네 집이 구원을 받으리라" 사도행전 16:31

인간은 아무리 많은 연구를 한다고 해도 완전한 지식을 소유할 수 없습니다. 인간 자신의 지식이나 확신이나 신념을 믿는 것은 기독교의 믿음과 전혀 상관없는 믿음입니다. 기독교의 믿음은 '주 예수 그리스도'를 인격적으로 믿는 믿음입니다. 하나님을 인격적으로 아는 지식은 우리의 지식이 아니라, 마음으로 아는 것입니다. 우리의 전인격이 하나님을 알고 믿는 것입니다. 하나님을 인격적으로 만나 체험하는 것은 오직 주 예수 그리스도를 통해서만 가능합니다.

중국에서 한창 권투가 유행할 때의 사건입니다. 내가 아는 어떤 여인이 살인자로 드러났습니다. 그녀는 남편과 두 자녀를 죽인 후에 그들의 머리와 몸을 여러 토막으로 잘라 쓰레기통에 버렸습니다. 이렇게 무서운 일을 저지른 후에 경찰에게 잡힌 이 여인이 고백하였습니다. "나는 하나님께 기도할 수도 없었고, 하나님을 붙들 수도 없었다. 그러나 나는 내가 한 일을 하나님께서 기뻐하신다고 믿는다."

대단히 많은 사람이 자신의 믿음을 믿습니다. 자신들의 신념을 믿으며 자신들이 확신한 바를 확신합니다. 그러나 구원하는 믿음은 하나님과의 인격적 교제가 실재하는 믿음이며 성경과 성령의 역사를 통해 하나님의 뜻을 확인하는 믿음입니다. 특히 우리의 믿음은 주 예수를 믿는 믿음입니다. 믿음 때문에 구원을 얻음이 아니라, 주 예수를 믿음으로 구원받게 됩니다. 주 예수를 믿는 믿음이 아니면 이 세상의 그 어떤 믿음도 아무런 소용이 없습니다. 주 예수를 믿는 믿음, 주 예수를 확신하는 확신, 주 예수를 신뢰하는 신뢰만이 하나님과 인격적으로 연결되면서 우리의 믿음은 살아 있는 믿음, 그리고 역사하는 믿음이 됩니다. 주 예수 그리스도를 통한 하나님과의 인격적 관계가 없이는 그 어떤 영원한 참된 평강과 기쁨이 불가능합니다.

# 하나님의 정죄



"그 정죄는 이것이니 곧 빛이 세상에 왔으되 사람들이 자기 행위가 악하므로 빛보다 어둠을 더 사랑한 것이니라" 요한복음 3:19

이 우주에는 크게 두 마음이 있습니다. 죄에 오염된 마음과 그렇지 않은 마음입니다. 죄에 오염된 마음은 거듭나지 않은 모든 사람이 가진 마음입니다. 한편 성령으로부터 거듭난 사람에게는 죄로 오염되지 않은 그리스도의 마음이 주어집니다. 당신은 어떤 종류의 마음을 가지고 살아갑니까?

죄로 오염된 마음의 가장 큰 특징은 자기중심적이며 절대로 빛 되신 하나님을 주인으로 모시려 하지 않습니다. "곧 빛이 세상에 왔으되 사람들이 자기 행위가 악하므로 빛보다 어둠을 더 사랑"합니다. 죄로 오염된 마음은 하나님을 거부함으로써 결국 남는 것은 정죄와 심판밖에 없습니다. 사람이 궁극적으로 하나님께 심판을 받는 이유는 나쁜 존재이기 때문이 아닙니다. 또한 나쁜 행동 때문도 아닙니다. 그 이유는 그를 구원하시려는 예수 그리스도를 끝까지 믿지 않고 자기주장만 하기 때문입니다.

친구여, 주의하십시오. 당신이 세상에서 아무리 착한 사람으로 일컬어져도, 또는 지금까지 흠 없는 삶을 살았더라도 아직 빛을 받아들이지 않았다면 당신의 삶은 결국 정죄와 심판으로 마치게 됩니다. 가룟 유다처럼 예수 그리스도와 오랜 기간을 밤낮으로 함께 했어도 당신은 예수님께로부터 버림을 받아 정죄와 멸망에 처할 수 있습니다. 가룟 유다는 분명히 외적으로는 예수님과 함께하며 주님을 섬겼지만, 결국 예수님의 원수로 드러났습니다. 당신은 누구입니까? 어떤 마음에 속하여 있습니까? 빛을 사랑합니까? 혹은 빛 근처에 있지만 실제로는 빛을 구세주와 왕으로 모시지 않고 살아가는 것은 아닙니까? 이 질문에 대한 대답은 오직 하나님 앞에서 당신이 해야 하는 대답입니다.

# 하나님의 기도 응답



영적인 삶에서 하나님께서 친구가 아닌 것처럼 느껴질 때가 있습니다. 한동안 하나님과의 관계에서 모든 것이 분명하고 쉽게 이해가 갔지만, 갑자기 어둠과 황폐함이 우리에게 찾아오면 그때는 하나님과 관계가 분명하지 않고 그분이 친구가 아닌 것처럼 여겨지기도 합니다. 그래서 '강청하는 친구'의 비유 누가복음 11:5~10에서 예수님께서도 사람이 영적인 혼동 가운데 빠지게 되면 하나님이 보살피지 않는 분으로 보이게 된다고 하였습니다.

어려움을 당하면 우리는 우리의 친구이신 하나님 아버지께 나아갑니다. 우리의 친구들과 친족들이 어려움을 당할 때도 우리는 하나님 아버지께 나아갑니다. 그런데 예수님께서 말씀하신 것처럼 하나님께서는 아무것도 해 주지 않으십니다. 아무것도 돕지 않으십니다. 그때는 친구가 아닌 낯선 사람처럼 보입니다. 이때 주님께서는 하늘 아버지께서 이상하게 보일지라도 포기하지 말라고 하셨습니다. 주께서 하신 말씀을 기억하십시오. "구하는 이마다 받을 것이요" 누가복음 11:10. 응답을 받기 전까지는 친구이신 하나님은 이상하게 보일 것입니다. 그 기간에는 아무것도 이해가 가지 않고 혼동만 있을 것입니다. 그러나 하나님과의 관계를 계속 유지하십시오. 주님을 향한 신뢰를 놓치지 마십시오. 때가 차면 모든 것이 설명될 것입니다. 우리는 오직 이러한 혼동의 과정을 거쳐야만 모든 것이 하나님께서 원하시는 대로 된다는 사실을 깨닫게 됩니다.

"구하는 이마다 받을 것이요." 그러나 우리는 말합니다. "구하였지만 못 받았습니다." 기도 응답을 받지 못한 이유는 당신이 영적으로 혼동된 상태에서 구하였기 때문입니다. 예수님께서 야고보와 요한에게 말씀하셨습니다. "너희는 너희가 구하는 것을 알지 못하는도다" 마가복음 10:38. 결국 그들은 자신들이 전혀 기대하지 않은 응답을 얻게 되었는데, 그것은 바로 예수 그리스도의 잔과 세례를 주님과 함께 나누게 되는 참된 우정이었습니다. 당신이 어려움에 있을 때 기도하는 것을 주님이 외면한다고 생각하지 마십시오. 그때도 주님은 당신의 기도를 들으십니다.

# 주님이 주신 비전을 이루는 비결



"내가 네게 나타난 것은 곧 네가 나를 본 일과 장차 내가 네게 나타날 일에 너로 종과 증인을 삼으려 함이니" 사도행전 26:16

바울이 다메섹 도상에서 본 비전은 어떤 황홀한 체험이 아닙니다. 그 비전은 부활하신 주 예수 그리스도를 직접 눈으로 본 비전으로써 바울에게 매우 분명하고 확실한 삶의 방향을 제시해주었습니다. 그러면서 주님은 바울에게 "너의 모든 삶이 내게 사로잡혀야 한다"고 말씀하셨습니다. 바울은 그 비전으로 삶을 살면서 "하늘에서 보이신 것을 내가 거스르지 아니했다"사도행전 26:19라고 담대히 말했습니다.

거듭난 사람들은 전부 비전을 갖게 됩니다. 또한 성령으로 충만하면 예수님께서 무엇을 원하시는지 구체적으로 알게 됩니다. 주께로부터 비전을 받을 때에 불순종하지 마십시오. 그 비전을 이루는 것이 불가능하다고 생각하지 마십시오. 당신은 구원을 받은 것으로 끝나는 것이 아닙니다. 구원받은 후부터 당신이 가장 소중히 해야 할 일은 계속 하나님과 깊은 인격적 관계를 누리는 것입니다. 바울은 구원을 받고 끝난 것이 아니었습니다. 그는 구원을 받은 후에 그의 남은 평생을 살아 계신 주 예수 그리스도께 사로잡혀 주께서 주신 비전을 이루었습니다.

"내가 너로 종과 증인을 삼으려 함이니라"사도행전 26:16. 주께서 주신 이 비전은 주님과의 인격적 관계가 없이는 아무런 의미가 없습니다. 바울은 주께 인격적으로 헌신한 것이지 어떤 다른 동기가 있어서 헌신한 것이 아닙니다. 당신의 헌신은 무엇을 위한 것입니까? 참으로 주님을 향하는 헌신입니까? 그렇다면 헌신을 하는 당신은 반드시 주님과 가장 친밀한 관계에 있어야 합니다. 바울은 완벽하게 주님의 것이었습니다. 그는 다른 비전을 본 적이 없으며 다른 것을 위해 산 적이 없습니다. "내가 너희 중에서 예수 그리스도와 그가 십자가에 못 박히신 것 외에는 아무것도 알지 아니하기로 작정하였음이라" 고린도전서 2:2.

# 영적 기갈의 치유책

**"너희는 눈을 높이 들어 누가 이 모든 것을 창조하였나 보라"** 이사야 40:26

이사야 선지자가 이 글을 쓸 당시의 하나님의 백성은 우상을 바라보느라 그들의 심령은 기갈 되어 있었습니다. 이때 이사야는 그들로 하여금 하늘을 바라보게 하면서 정신을 차리게 하고 있습니다. 자연은 종종 성도들에게 영적 영양분을 줍니다. 하나님의 자녀가 자연을 제대로 사용하면 그 안에서 영적 보화를 얻을 수 있습니다. 산들바람 속에서, 밤과 낮 가운데서, 하늘의 별들 속에서, 식물들의 피고 짐을 보면서, 우리는 마음을 열고 하나님을 바라보게 됩니다. 그러면 주께서 친히 우리에게 다가오시는 것을 체험할 수 있습니다.

영적 집중력이란 마음을 한 곳으로 모으는 것입니다. 당신은 우상을 바라보고 있습니까? 당신 자신이 우상은 아닙니까? 당신의 사역이 혹시 우상이 되어 있는 것은 아닙니까? 사역에 대한 당신의 철학이 우상이 될 수 있습니다. 심지어 당신의 구원과 거룩의 체험마저 우상이 될 수 있습니다. 그것이 무엇이든 주 여호와께 우리의 마음을 집중하지 못하도록 방해하는 것은 어느새 우리의 우상이 됩니다.

우상에 빠질 때 나타나는 현상은 영적 기갈입니다. 영적 기갈에 빠지면 삶의 어려움과 죄의 능력을 이길 수 없습니다. 따라서 어둠 가운데 머물게 됩니다. 만일 당신의 영혼이 기갈 되어 있다면 경험을 돌아보려고 하지 마십시오. 지금 당신에게 필요한 것은 하나님께 집중하는 것입니다. 따라서 주께 집중하는 것을 막는 모든 우상을 멀리하십시오. 집중을 갉아먹는 모든 방해꾼을 집어던지십시오. 이사야의 말씀을 붙들고 스스로 일어나 온 힘을 다해 당신의 마음을 주께 집중하십시오. 기도는 집중하는 데 그 힘이 있습니다. 사람들을 직접 만나는 것도 좋지만 때로는 그들을 위한 중보 기도가 우리가 그들을 위해 찢긴 빵과 부어진 포도주가 되는 지름길입니다. 기도에 집중하게 될 때 보통 우리는 하나님과 새로운 인격적 관계에 들어가게 됩니다.

# 언제나 주님만을 섬기십시오!



"무슨 일을 하든지 마음을 다하여 주께 하듯 하고 사람에게 하듯 하지 말라 이는 기업의 상을 주께 받을 줄 아나니 너희는 주 그리스도를 섬기느니라" 골로새서 3:23~24

성령께서는 우리가 재물과 돈, 그리고 이 땅에 속한 모든 물질적인 것을 다룰 때 우리의 생각을 하나님의 생각에 맞추라고 가르치십니다. 그리고 주님께서는 우리의 진짜 보물은 하늘에 있다고 말씀해주셨습니다. 그러므로 보물을 땅에 쌓는 자들은 하늘에 그의 보물이 없습니다. "오직 너희를 위해 보물을 하늘에 쌓아두라" 마태복음 6:20. 이 말씀은 당신의 은행계좌는 이 땅이 아니라 하늘에 있다는 뜻입니다. 상식을 의지하기보다 하나님께 확신을 두고 믿음의 시련을 통과하십시오. 그러면 당신은 하늘의 은행계좌에 많은 부를 쌓게 될 것입니다. 더 많은 믿음의 시련을 지날수록 당신의 하늘 은행계좌는 점점 풍요해질 것입니다. 그래서 마침내 당신은 기쁨으로 고난을 통과할 수 있게 되고, 주변 사람은 당신의 엄청난 믿음의 부유함이 어디서 왔는지 의아해할 것입니다.

그리스도인은 죄 때문에 고통을 받아서는 안 되고, 오직 평범한 삶을 영적인 삶으로 변화하기 위해 수고를 해야 합니다. 이 과정에서 고통을 받으면 그 고통은 믿음의 시련이 됩니다. 평범한 삶은 그 자체가 죄악된 것이 아닙니다. 그러나 그 평범한 삶을 주관하는 마음속 성향은 죄악으로 가득합니다. 오직 하나님께서 그 성향을 바꾸실 때에만 우리는 꾸준하게 하나님께 순종하는 과정을 통해 우리의 일반적인 삶을 영적인 삶으로 바꿀 수 있습니다.

만일 당신이 이 세상에서 어떤 일에 성공하려면 그 일에 집중해야 하고 연습해야 합니다. 영적으로도 마찬가지입니다. 만일 당신이 하나님께 집중하면 다른 사람에게는 전혀 문제가 되지 않는 일인데도 당신이 해서는 안 될 일이 많아지게 됩니다. 대인 관계를 잘 유지하되 항상 하나님께 집중하도록 노력하십시오. 무슨 일을 하든지 주님을 의식하여 행하십시오. 당신이 뭔가에 대해 의심이 생기면 성경적 사고로 이치를 따져보십시오. "이것은 주께서 추구하는 것인가, 아니면 사탄이 추구하는 것인가?" 어떤 상황에서든지 주 그리스도만을 섬기십시오.

# 예수님과의 관계를 무너뜨리는 것을 버리십시오!

"만일 네 오른 눈이 너로 실족하게 하거든 빼어 내버리라 … 온 몸이 지옥에 던져지지 않는 것이 유익하니라" 마태복음 5:29~30

예수 그리스도와 당신 사이의 인격적 관계는 어떠합니까? 당신 안에 '새로운 피조물'로서의 속성이 있습니까? 아니면 혹시 당신이 가장 소중히 여기는 것이 '종교적 체험'이라는 감상적 쓰레기는 아닙니까? 제자는 하나님의 진리를 선포할 뿐만 아니라, 더 이상 자신은 자기의 것이 아니라 "값으로 산 것이 되었음"고린도전서 6:20을 항상 의식하는 자입니다.

우리의 섬김은 예수 그리스도께 산 제사가 됩니다. 그러나 모든 섬김이 산 제사가 되는 것은 아닙니다. 우리의 마음이 그리스도와 함께 고난과 죽음과 부활의 권능에 참여해야 산 제사가 됩니다. 섬김에서 가장 중요한 것은 예수님과의 관계에서 우리의 마음이 어디에 있는가 하는 것입니다. 당신이 예수 그리스도와의 관계에 진실하면 맞고 틀리는 것은 더는 문제가 되지 않습니다. 옳은 것이라도 주님이 원하시는 사람이 되는 것을 막는 것이라면 그것은 문제가 됩니다. 진정한 성도의 표시는 눈과 손처럼 내게 좋은 것들이라도 멀리할 수 있는 마음입니다. 전혀 악한 것이 담겨 있지 않은 좋은 것들이라도 예수님의 제자이기 때문에 마귀를 피하듯이 피하여야만 하는 것들이 이 세상에는 수백 수천 가지가 있습니다. 아무리 내게 선하게 보이고 유익을 주더라도 만일 주님과의 관계를 소홀하게 하는 것이라면 버려야 합니다.

예수님께 나오면 삶이 쉬워지는 것이 아니라, 하나님과의 관계가 쉬워집니다. 내면의 관계는 외면의 관계보다 더 중요합니다. 만일 외적인 것을 가장 소중하게 여긴다면 당신은 하나님을 의심하게 될 것입니다. 오직 진실한 마음으로 주와의 관계를 친밀하게 유지하는 것을 당신의 삶에서 가장 소중히 여기십시오.

# 주님의 제자가 되기 위한 조건



“예수께서 … 내가 마시려는 잔을 너희가 마실 수 있느냐” 마태복음 20:22

제자들은 주님께 자신들의 진정한 헌신을 보여주고 싶어 했습니다. 이들의 헌신은 마음에서 우러나오는 진실한 것이었습니다. 하지만 무지로 말미암은 병든 헌신이었습니다. 결국 그들은 자신들이 원하는 대로 행하지 못하고 어찌할 바를 몰라 하더니 모두 주님을 버리고 도망쳤습니다. 예수님께서는 제자들이 자신들이 어떠한 존재인지를 알게 하려고 위기를 지나게 하셨습니다. 그리고 성령을 받을 수 있는 자리로 인도하셨습니다. 그들은 자신들이 영적으로 ‘거지’라는 사실을 깨달음으로써 성령을 받을 필요를 느끼게 되었습니다.

예수님께서 장담하는 베드로에게 말씀하셨습니다. “시몬아, 시몬아, 보라 사탄이 너희를 밀 까부르듯 하려고 요구하였으나” 누가복음 22:31. 예수님께서는 베드로가 주를 부인하며 영적인 낭떠러지에 떨어지는 것을 허락하셨습니다. 그 이유는 무엇이 베드로로 하여금 예수님의 제자가 되게 하는지를 깨닫게 하기 위해서입니다. 물론 모든 사람이 베드로가 지나갔던 ‘밀 까부르는’ 자리까지 갈 필요는 없을 것입니다. 그럼에도 각자에게 해당하는 ‘밀 까부르는’ 과정은 반드시 거쳐야 합니다. 교훈을 통해 사람의 기질을 개선하려는 설교는 예수 그리스도의 진정한 제자를 만들 수 없습니다. 예수님은 주의 제자를 만드시기 전에 그들이 자신들이 어떤 존재인지를 깨닫게 하는 과정을 반드시 지나게 하십니다.

주님을 처음으로 만난 제자들은 정직하였고 진지하였으며 열정이 뜨거웠습니다. 그들은 예수님을 따르기 위해 모든 것을 버렸으며 그들의 영웅의식은 대단하였습니다. 그러나 그 끝은 “제자들이 다 예수를 버리고 도망” 마가복음 14:50하는 것이었습니다. 그들의 어떤 간절함과 진지함도 예수님의 제자가 되는데 아무 쓸모가 없었습니다. 부활 사건 이후에 예수님께서는 실패한 제자들에게 “성령을 받으라” 요한복음 20:22고 말씀하셨습니다. 그들은 비로소 성령을 통해 주의 제자가 될 수 있었습니다. 그러므로 주님의 제자가 되려면 무엇보다 자신의 영적 무능을 깨닫고 성령을 철저하게 필요로 하는 자리로 나아가야 합니다.

# 적극적인 무지

**"주님 누구시니이까"** 사도행전 26:15

주께서 말씀하실 때에는 피할 길이 없습니다. 그분은 언제나 분명하게 이해되도록 말씀하시기 때문입니다. 당신은 하나님께서 직접 들려주시는 주의 음성을 들은 적이 있습니까? 만일 있다면 당신은 주의 뜻을 분명하게 알 것입니다. 더욱이 주님은 당신의 귀에도 말씀하시지만, 환경으로도 확인하여 주십니다.

우리가 자신의 신념을 고집할 때 하나님께서는 우리의 신념을 부수십니다. 우리가 자기 생각대로 주를 섬기려 할 때 주께서는 그 섬김을 거절하십니다. 그리고 갑자기 주의 음성이 들리며 내 확신과 생각이 주의 뜻과 전혀 다르다는 것을 깨닫게 됩니다. 하나님을 내 방식대로 섬기겠다고 할 때 이는 주님을 향한 우리의 무지를 드러내는 것입니다. 내 영이 아닌 그리스도의 영으로 주를 섬기십시오. 그렇지 않으면 주를 섬긴다고 설치면서 오히려 주께 피해와 상처를 주게 될 것입니다. 심지어 주의 요청을 이루어야 한다고 하면서 악한 영을 가지고 밀고 나갈 수도 있습니다. 그래서 입술은 옳은 말을 하는데 마음은 미움으로 가득할 때가 있습니다. 주님을 섬겨야 할 자의 마음이 어떤 상태여야 하는지 고린도전서 13장에서 잘 말씀해주고 있습니다.

당신은 열성이 있지만, 당신 방식을 고집함으로써 오히려 예수님을 박해하고 있는 것은 아닙니까? 의무를 수행하면서 불평을 쌓는 것은 아닙니까? 주를 기쁘게 하려고 성도들을 미워하고 있는 것은 아닙니까? 주를 섬긴다는 것은 내 만족이 아니라, 오직 겸손과 온유 가운데 주님을 기쁘시게 하는 것입니다. 우리는 '의무'를 달갑지 않은 것으로 여깁니다. 하지만 하나님의 영이 역사할 때는 의무란 나의 기쁨임을 고백합니다.

# 죄의 뿌리



"바벨이라 하니 이는 여호와께서 거기서 온 땅의 언어를 혼잡하게 하셨음이니라" 창세기 11:9

문명은 매우 멋지고 귀합니다. 인간은 문명으로 말미암아 편안하고 안정된 삶을 삽니다. 문명은 불편과 위험으로부터 인간을 보호합니다. 그러나 문명의 뿌리는 선하지 않습니다. 문명은 경쟁과 살인에 그 기초를 두고 있습니다. 문명의 기반에는 항상 경쟁이 있습니다. 따라서 경쟁의 문제가 해결되지 않는 한 문명은 인류에게 가장 위험한 적입니다. 오늘날 사람마다 질문합니다. "전쟁은 사탄에게 속한 것인가, 아니면 하나님께 속한 것인가?" 그러나 답은 전쟁은 사람에게 속합니다. 물론 그 배후에는 사탄과 하나님이 관련됩니다. 개인적 싸움이든지 나라 간의 전쟁이든지 모든 싸움은 인간 의지의 충돌입니다. 의지와 의지가 충돌하므로 싸움이 발생합니다. 세상 나라들은 다른 나라 위에 군림하며 자기 멋대로 다스리길 원합니다. 따라서 정치적으로 자기 나라의 주장이 다른 나라에 먹혀들지 않으면 그 마지막 수단으로 사용하는 것이 전쟁입니다. 예수 그리스도께서는 주께서 이 땅에 주의 나라를 세우시기 전까지는 이 세상에는 전쟁이 쉬지 않으리라고 말씀하셨습니다.

안정과 문명을 누리는 인간이 하나님을 더 멀리하는 것은 아이러니합니다. 문명을 누리는 인간의 마음이 하나님을 향해 강퍅하여질 때 당신은 하나님의 입장에 서서 괴로워한 적이 있습니까? 인간을 흔들어 놓는 것은 전쟁과 파멸이지만, 하나님의 마음을 흔들어 놓는 것은 인간의 교만입니다. 문명을 누리는 안정된 나라와 사회가 더욱 하나님을 멸시할 때 하나님의 마음에 더 큰 고통이 만들어지고 있습니다.

인간의 소망에는 언젠가 인류가 서로 사랑하면서 모든 나라가 연합하고 모든 종교가 하나가 되는 꿈을 가지고 있습니다. 그러한 날이 오면 위대하고 우주적인 형제애가 전 우주에 있게 될 것이라고 믿고 있습니다. 그러나 그러한 사상들은 잠깐 인간에게 정신적 위안을 줄 수 있을지 몰라도 사실 하나님의 입장에서 볼 때 하나님을 향한 반란입니다. 하나님을 대항하는 바벨 정신은 언제나 하나님의 도움 없이 인류의 유토피아를 건설하자는 정신입니다. 이 정신이 바로 죄의 뿌리입니다.

# 그리스도와 연결되는 중보 기도

"오직 성령이 말할 수 없는 탄식으로 우리를 위하여 친히 간구하시느니라" 로마서 8:26

당신의 성품에 지나치게 관심을 갖지 않도록 주의하십시오. 또한 당신의 성품을 계발하기 위한 수단으로 하나님을 믿으려는 자세도 주의하십시오. 동시에 하나님과의 관계를 방해하는 그 어떠한 것도 용납하지 마십시오. 당신과 하나님과의 관계에 문제가 생기면 하나님께서 당신을 통해 다른 영혼에게 다가가는 것이 방해된다는 사실을 기억하십시오. 항상 하나님과의 관계를 재점검하십시오. 특히 절대로 당신 자신의 충성을 장담하지 말고 오직 하나님만이 신실하심을 확신하십시오. 반대로 "내가 충성하지 못하게 될까 참 걱정이야.", "하나님이 원하시는 그러한 사람이 되지 못할까 두려워"라고 말하며 염려하는 모습들이 있는데, 이러한 염려와 까다로움은 자신의 고상한 모습에만 신경을 쏟을 때 발생합니다. 항상 '실체'에 닿도록 하십시오. '실체' 되시는 주 예수 그리스도에게서 눈을 떼지 마십시오. 그러면 더 이상 당신의 기분은 당신에게 중요하지 않게 될 것입니다. 당신의 모든 관심이 언제나 유일한 '실체'이신 주 하나님과 예수 그리스도께 있게 하십시오.

예수 그리스도와의 관계를 항상 유지하는 비결은 중보 기도입니다. 중보 기도는 어떤 특별 대상을 향한 주님의 마음에 내 마음이 맞추어져서 간절히 기도하는 것을 말합니다. 이것이 우리가 할 일입니다. 그러나 아이러니하게도 우리는 많은 활동을 하는 일꾼이 되기 위해 중보 기도를 드릴 시간조차 마련하지 못합니다. 우리는 일정에 따라 많은 일을 하지만, 전혀 영적인 함정이 없는 중보 기도만은 하려 하지 않습니다. 하지만 중보 기도만이 항상 하나님과의 관계를 열어 놓습니다. 구속을 믿지 않는 사람은 바른 중보 기도를 드릴 수 없습니다. 이러한 사람은 중보 기도를 사람들을 향한 부질없는 동정심으로 오해합니다. 사람들을 향한 이러한 동정심은 오히려 하나님과의 관계가 깨어진 사람을 두둔하게 됩니다. 하지만 참된 중보 기도는 기도 대상을 향한 그리스도의 마음을 가지며 또한 '그리스도의 남은 고난'을 채우는 일입니다. 이러한 이유 때문에 중보 기도자들이 매우 적습니다.

# 하나님의 기쁨이 되는 사역



"내가 너희에게 이르노니 이와 같이 죄인 한 사람이 회개하면 하나님의 사자들 앞에 기쁨이 되느니라" 누가복음 15:10

당신이 주의 일꾼이라면 당신의 마음속에 예수 그리스도보다 더 앞서는 것이 아무것도 없도록 주의하십시오. 만일 사람들의 필요를 가장 먼저 앞세우게 된다면 당신은 하나님의 능력을 사용할 수 없게 될 것입니다. 그 이유는 당신과 하나님 사이에 거리가 생기기 때문입니다. 오직 예수 그리스도의 얼굴을 꾸준히 대하십시오. 그래야만 하나님의 능력이 당신이 의식하지 못하는 가운데서도 당신의 삶과 말과 헌신을 통해 나타나게 될 것입니다. 예수 그리스도와 당신 사이에 아무것도 끼어들지 못하게 하십시오.

주님과 깊은 교제 가운데 있으면 성령께서 당신의 가르침과 삶을 통해 사람들의 필요를 친히 채우십니다. 사람들에게 필요한 메시지는 인간적인 차원에서 동정하는 메시지나 다른 사람을 위로하는 그러한 메시지가 아닙니다. 그들에게 필요한 메시지는 성령의 메시지입니다. 오직 한 분만이 모든 사람의 깊은 사정을 아십니다. 바로 성령이십니다. 성령은 또한 주 예수 그리스도를 온전히 아십니다. 그러므로 당신의 온 마음을 성령께 열고 그분에게서 메시지를 받도록 하십시오. 그러면 그 메시지는 사람들의 필요를 채우는 능력이 될 것입니다.

하나님은 당신에게 당신이 전하는 메시지에 의해 믿음과 확신을 얻게 될 사람들을 보내실 것입니다. 그러면 당신은 그들이 싫든 좋든 상관없이 그들을 대해야 합니다. 이때 당신은 그들의 모든 상황을 하나님께 가져가야 합니다. 그러면 하나님께서 도우실 것입니다! 우리가 헌신하는 다양한 사역 가운데서 언제나 주께서 맡기신 영혼들을 그리스도로 채우십시오. 특히 인내를 가지고 주께 느릴 영혼들을 계속 찾아 나서십시오. 우리 주님이 가장 기뻐하시는 때는 한 영혼이 주께로 돌아오는 때입니다.

# 사람의 숫자를 향한 열정

"내가 … 여러 모습이 된 것은 아무쪼록 몇 사람이라도 구원하고자 함이니" 고린도전서 9:22

바울은 "내가 얼마나 멋진 사람인지를 보여주기 위해 나는 여러 사람에게 여러 모습을 나타냈다"라고 말하지 않았습니다. 이러한 삶의 자세는 약삭빠른 현대인의 모습입니다. 인기와 명예를 누리는 자 중에는 마음이 관대해서 모든 세속적인 문화와 종교를 다 수용하는 자들이 있습니다. 그들의 온유함과 인내는 여러 사람에게 여러 모습으로 나타납니다. 따라서 누가 보아도 흠 잡을 것이 없는 사람들이 있습니다. 그러나 바울은 이러한 종류의 사람이 아니었습니다. 또한 바울의 동기는 사람들에게 비칠 자신의 모습이 아니었습니다. 그의 동기는 오직 단 한 가지로써 주 예수 그리스도를 알려 사람들을 구원하려는 것이었습니다. 따라서 그는 모든 사람에게 여러 모습으로 나타났으나 그의 삶은 한 번도 십자가의 복음을 양보하거나 타협한 적이 없었습니다. 그는 오히려 자신의 모습이 세상에 어떻게 비치던 상관하지 않았습니다.

바울의 자세는 '영혼을 향한 참된 열정'이 무엇인지를 보여줍니다. 최근에 사람들이 가지고 있는 소위 '영혼을 향한 열정'은 하나님의 사랑에서 시작된 것이 아니라, 명예와 권력과 부귀와 조직을 위한 열정일 때가 더 많습니다. 성경에 이러한 부패한 정욕의 예가 있습니다. "화 있을진저 외식하는 서기관들과 바리새인들이여 너희는 교인 한 사람을 얻기 위하여 바다와 육지를 두루 다니다가 생기면 너희보다 배나 더 지옥 자식이 되게 하는도다" 마태복음 23:15. 교인 한 사람을 더 얻기 위한 열정은 바울이 가졌던 '영혼을 향한 열정'과는 거리가 멉니다. 예수님께서 말씀하시는 '교인 한 사람에 대한 바리새인들의 열정'은 오히려 마귀의 인이 찍힌 열정입니다. 바리새인들은 그 열정이 대단했습니다. 그러나 성경은 그들의 열정은 교인 하나를 모아 무리를 만들고자 하는 열정이라고 말합니다. "그 다음 안식일에는 온 시민이 거의 다 하나님의 말씀을 듣고자 하여 모이니 유대인들이 그 무리를 보고 시기가 가득하여 바울이 말한 것을 반박하고 비방하거늘" 사도행전 13:44~45. 당신은 예수 그리스도를 향한 사랑에 의해 주의 마음을 따라 바른 열정을 가지도록 하십시오.

# 다른 사람을 주님의 제자로 만드는 비결

"형제들아 너희는 함께 나를 본받으라 그리고 너희가 우리를 본받은 것처럼 그와 같이 행하는 자들을 눈여겨 보라" 빌립보서 3:17

성경에서 하나님의 양 떼들의 본이 된다는 것은 무엇을 의미합니까? 당신이 양 떼들의 본이 된다는 것은 사람들이 알든 모르든 당신은 언제나 당신이 믿는 것을 삶으로 보여주어야 한다는 뜻입니다. 하나님께서는 당신을 철저하게 점검하고 계속 변화하게 함으로써 하나님께서 사람들을 향해 어떤 일을 행하시는지를 보여주는 뚜렷한 표본이 되게 하실 것입니다. 그 후 하나님께서 당신을 점검하고 허락하시면 주께서는 당신을 모든 족속을 제자로 삼는 일을 맡기시고 세상으로 내보내실 것입니다.

사람이 거듭나서 하나님의 나라에 들어갈 때마다 그리스도께서는 한없이 기뻐하십니다. 또한 그리스도의 마음을 가진 교회마다 한 영혼이 주께로 돌아올 때 가장 기뻐합니다. 하나님께서 당신에게 사람들을 만나게 하실 때 당신은 무엇을 해야 합니까? 그들을 그리스도의 제자로 훈련하십시오. 당신의 관점과 똑같은 관점을 갖는 그러한 사람들로 개종하려고 하지 마십시오. 오직 그들을 주님의 제자로 만드는 데 온 맘을 쏟으십시오. 이를 위해 유일하며 가장 좋은 방법은 예수님께서 당신에게 명하신 그대로 행함으로써 그들을 가르치는 것입니다.

"당신은 내가 말한 대로 하세요. 그러나 내가 하는 대로는 따라 하지 마세요." 아직도 이렇게 말하여야만 하는 상태에 있다면 당신은 다른 사람에게 당신의 관점을 전할 수는 있어도 그 사람들을 주의 제자로는 만들 자격은 없습니다. 온 맘을 주께 더 드려 주의 제자가 먼저 되십시오. 당신이 사람들을 주의 제자로 만들 수 있는 영적 지도자가 되기 위해서는 당신은 당신이 가르치는 그대로 먼저 행할 수 있어야 합니다. 그 후 "형제들아, 너희는 함께 나를 본받으라"고 말할 수 있어야 합니다.

# 영생의 본능으로 행하십시오!

"오늘 있다가 내일 아궁이에 던져지는 들풀도 하나님이 이렇게 입히시거든 하물며 너희일까보냐 믿음이 작은 자들아" 마태복음 6:30

주님께 진실하지 않은 사람에게는 주의 진실하신 말씀도 수수께끼 같아집니다. 자신의 간교함을 이기고 진실하여지려면 옛사람을 십자가에 못 박고 주의 성령을 따라 순종하는 길밖에 없습니다. 특히 성령을 의식하는 가운데 성령께서 하나님의 말씀을 생각나게 하시면 당장 그 즉시 순종해야 하나님께 진실할 수 있습니다.

공중의 새들은 본능으로 삽니다. 하나님께서는 본능으로 사는 새들을 보살피십니다. 하나님은 당신이 주께서 당신 안에 넣어주신 그리스도의 생명의 본능으로 행할 때 당신의 모든 것을 보살피실 것입니다. 또한 들에 피는 백합들은 심어진 곳에서 자라납니다. 백합들은 심어진 그곳에서 하나님께서 백합에게 맡기신 일을 충실하게 해냅니다. 그러나 우리 인간은 주께서 심겨준 자리에 불만을 토하며 다른 자리를 원합니다. 결국 인간은 자기 자리에 대해 불평하느라 아무 곳에도 뿌리를 내리지 못하고 하나님께서 맡기신 일을 해내지 못합니다.

"하물며 너희일까 보냐!" 우리에게 주신 새 생명은 공중의 새들과 백합들과는 비교할 수 없는 하나님 아들의 생명입니다. 하물며 그 생명을 가진 자들이 그 생명의 본능으로 행할 때 하나님께서 어찌 돌보지 않으시겠습니까? 새 생명의 본능으로 행할 때 어찌 우리에게 고민과 염려 가운데 불평할 틈이 생기겠습니까? 당신의 눈을 오직 그리스도만 향하게 하십시오. 그렇지 않으면 우리는 새 생명의 본능이 아니라, 옛사람의 본능을 따라 하나님을 대적하며 불평하게 됩니다. 믿음이란 주께 진실한 것입니다. 이는 오직 주께서 주신 새 생명의 본성에 따라 자연스럽게 행하는 것입니다. 당신은 주께 진실하기 위해 매일의 삶 속에서 옛사람을 죽이고 그리스도의 생명에게 모든 마음을 따로 드립니까?

# 하나님의 속성을 나타내는 주의 부르심

많은 사람이 주의 부르심을 확인할 때 옳지 않은 방법을 사용할 때가 있습니다. 꿈이나 환상이나 황홀한 감정이나 환청이나 요행을 의지합니다. 하지만 주의 부르심을 아는데 가장 중요한 것은 과연 나는 부르시는 분을 아느냐 하는 것입니다. 부르시는 그분을 아는 것이 그분의 부르심을 가장 분명하게 알아들을 수 있는 지름길입니다.

주의 부름은 언제나 특정 소수의 사람에게만 들립니다. 그 이유는 주의 부름은 언제나 주님을 잘 아는 사람에게 들리기 때문입니다. 참으로 주를 잘 아는 자들은 주께서 그들을 부르실 때 그 음성을 놓치지 않습니다. 그리고 주님은 부르실 때 그 음성이 잘 들릴 수 있도록 완벽하게 상황을 섭리하십니다. 따라서 우리 각 사람은 자신을 향한 하나님의 부르심을 하나님의 완전하신 섭리 가운데 분명하게 인식할 수 있습니다. 이때 우리는 다른 사람과 상담한다고 해서 주의 부르심을 확인할 수 있는 것이 아닙니다. 오직 우리의 영혼이 하나님과 깊은 관계에 있을 때 우리는 하나님의 섭리 가운데서 들려오는 우리만을 위한 하나님의 음성을 분별할 수 있습니다.

하나님의 부르심은 내가 주께 맞추기 위한 것이지 주께서 내게 맞추시기 위한 것이 아닙니다. 그러므로 주의 부르심은 각 개인의 기호와 상관이 없습니다. 만일 우리가 내 기호에 맞는 주의 부르심을 들으려고 한다면 우리는 평생 주의 부르심을 듣지 못할 것입니다. 주께 초점을 맞추십시오. 그분의 뜻이 무엇인지, 그분이 좋아하고 싫어하는 것이 무엇인지, 그분의 성격이 어떠한지 성경을 통해 배우며 성령 안에서 주와 교제함으로 알아가십시오. 자신에게 조점을 맞출 때는 하나님의 부르심을 놓치는 경우가 흔합니다. 당신이 하나님의 부르심을 놓치지 않으려면 당신의 관심과 마음이 계속 주께 있도록 하십시오.

# 아버지께로 돌아가십시오!

"내가 그들의 반역을 고치고 기쁘게 그들을 사랑하리니 나의 진노가 그에게서 떠났음이니라" 호세아 14:4

하나님은 은혜가 많으시고 자비하시므로 죄악에 빠진 자들을 용서하십니다. 우리는 누가복음 15장의 탕자의 비유를 마음속에 기억해야 합니다. 물론 그 비유로부터 여러 가지 메시지를 끄집어낼 수 있습니다. 하지만 나는 탕자의 모습, 즉 죄악에 빠진 주의 백성에 대한 교훈을 봅니다.

그 비유에는 큰아들과 작은아들이 등장합니다. 작은아들은 자신의 분깃을 얻어 먼 나라에 가서 방탕한 생활로 모든 것을 탕진했습니다. 한편 큰아들은 아버지의 집에 거합니다. 둘 다 똑같이 부족하고 악합니다. 사실 집에 있는 형의 마음 자세는 먼 나라로 떠난 탕자의 마음 자세보다 더 선하다고 볼 수 없습니다. 이 상황에서 아버지는 어떤 행동을 했을까요? 먼 나라에 있는 탕자에게 어떤 메시지라도 보냈을까요? 그러나 아버지가 먼 나라까지 가서 탕자를 찾거나 메시지를 보냈다는 기록이 없습니다. 그렇다면 작은아들은 비참 가운데 어떻게 해야 했습니까? 그는 정확하게 호세아 14장에 기록된 대로 하였습니다. 그것은 하나님께서 타락한 주의 백성에게 간절히 원하시는 바입니다. 주님께로 돌아가는 것입니다!

탕자는 일어나 돼지를 떠나야 합니다. 돼지가 먹는 것을 버리고 자기가 온 곳으로 다시 돌아가야 합니다. 그는 돌아가기 위해 도움을 받았습니까? 돌아오라는 전갈을 받았습니까? 주변 사람을 통한 하나님의 자비로운 손길이 있었습니까? 그렇지 않습니다. 친구여, 당신은 혹시 탕자입니까? 그렇다면 아버지께로 돌아가기를 지체하지 마십시오. 누군가가 당신을 불러줄 것으로 생각하지 마십시오. 불신자를 부르시는 방법과 탕자를 돌아오게 하시는 주의 방법은 다릅니다. 탕자는 스스로 돌아가야 합니다. 여호와께서 탕자들에게 말씀하십니다. "네 하나님 여호와께로 돌아오라 네가 불의함으로 말미암아 엎드러졌느니라" 호세아 14:1. 더 늦기 전에 신속히 아버지 품으로 돌아가십시오.

# 삶의 풍랑 가운데서 주의 약속을 확신하십시오!

"예수께서 깨어 바람을 꾸짖으시며 바다더러 이르시되 잠잠하라 고요하라 하시니 바람이 그치고 아주 잔잔하여지더라" 마가복음 4:39

마가복음 4장 35~41절에 기록된 사건은 일반 인생에 관한 사건이 아니라, '인자'(사람의 아들)이신 하나님께서 겪으시는 사건입니다. 우리가 잘 알듯이 배에서 주무시는 '인자'는 하나님께서 성육신하신 분입니다. 예수님께서는 제자들에게 "우리가 저편으로 건너가자"라고 말씀하셨습니다. 그러나 바다 한가운데서 광풍이 일어나자 제자들은 예수님을 의지하지 못하고 공포와 불안에 빠졌습니다. 따라서 제자들은 주께 기쁨을 드리지 못하고 실망을 안겨 드렸습니다. 제자들은 실제 상황이 너무나 급박해서 정신이 없었습니다. 제자들은 난리 가운데 공포에 떨며 가까스로 예수님을 깨웁니다.

사람들은 두려움에 빠지면 그때야 하나님께 기도합니다. 그러나 주님은 주의 속성을 지닌 우리가 인생의 풍랑 가운데서 주를 향한 믿음을 잃지 않기를 원하십니다. 어쩔 줄 모르는 상황에서 믿음을 잃게 되면 주의 백성이라 할지라도 하나님을 알지 못하는 사람들처럼 난리를 칩니다. 이러한 공포에 떠는 모습은 그들의 마음속에 여전히 이 세상을 다스리시는 하나님의 주권과 하나님에 대한 확신이 없음을 드러낼 뿐입니다.

주님은 잠들어 계십니다. 그들은 아직 배의 조정키를 주의 손에 맡기지 않은 상태입니다. 그들은 죽은 사람들처럼 긴장 속에서 털썩 주저앉아 있습니다. 하나님께서는 주의 자녀가 위기 속에서도 조금의 흔들림이 없이 하나님을 믿으며 의지하길 원하십니다. 우리가 영적으로 높은 경지에 이르게 되면 우리는 더 이상 개인적인 문제나 상황으로 하나님께 염려를 끼쳐 드리지 않게 됩니다. 사실 우리가 하나님을 영화롭게 하는 길은 단 한 가지밖에 없습니다. 그것은 삶의 풍랑 가운데서 주의 약속을 기억하며 주의 목적이 반드시 이루어질 것을 확신하는 것입니다. 믿음 가운데 조그마한 마음의 동요 없이 하나님만을 완벽하게 신뢰하는 것입니다.

# 기도의 인내

"예수께서 그들에게 항상 기도하고 낙심하지 말아야 할 것을 비유로 말씀하여" 누가복음 18:1

예수님은 제자들에게 기도의 인내를 가르치셨습니다. 만일 당신이 주님과 온전한 관계를 유지하고 있는데도 하나님께서 당신의 기도에 응답하지 않으실 때 주님을 오해하지 않기를 바랍니다. 주님은 친절하지 않은 불의한 재판관이시고 아주 이상한 아버지라고 생각하지 마십시오마태복음 7:9~10, 누가복음 11:5~8, 18:1~6. 단지 계속 기도하십시오. 당신의 기도는 반드시 응답될 것입니다. 그 이유는 주님께서는 "구하는 이마다 받을 것이요"마태복음 7:8라고 말씀하셨기 때문입니다. 기도 중에 낙망치 마십시오. 어느 날 하늘 아버지께서 그 모든 것을 설명해주실 것입니다. 주님께서 종종 당신의 기도를 응답하지 않으신 이유는 당신의 성품이 성장하도록 하실 때입니다.

사람은 그가 구하는 모든 것을 삶을 통해 얻게 됩니다. 그 이유는 사람은 자신의 '의지'가 없는 것을 구하지 않기 때문입니다. 만일 어떤 사람이 부귀를 구하면 그 사람은 부자가 될 것입니다. 그 이유는 그의 마음이 부귀에 가 있기 때문입니다. 하지만 우리는 기도할 때 마음의 의지를 다 하지 않을 때가 많습니다. 우리는 마음에도 없는 것을 중얼거리며 기도한 후에 하나님께서 기도에 응답하지 않으신다고 불평합니다. 사실 이러한 경우는 우리가 아무것도 구하지 않은 것과 같습니다. 구한다는 것은 우리의 모든 의지가 우리가 구하는 것에 담겨 있다는 뜻입니다.

당신은 "나는 하나님께 나의 삶이 주님의 에덴동산이 되게 해달라고 기도했는데 오히려 슬픔의 쟁기를 쥐고 살게 되었습니다. 하나님은 내게 정원 대신 광야를 주셨어요"라고 말할지 모릅니다. 그러나 하나님께서는 결코 잘못된 답변을 주지 않으십니다. 분명히 당신의 삶의 정원은 땅을 갈아야만 하는 거친 땅이 되어야만 했을 것입니다. 그래야만 하나님께서 당신의 삶을 주님의 에덴동산으로 바꾸실 수 있기 때문입니다. 항상 기도하고 낙심하지 마십시오. 또한 기도가 주의 뜻에 합당하는지를 항상 점검하십시오. 주의 뜻에 합당하면 인내하는 마음으로 온 맘을 실어서 끝까지 기도하십시오.

# 과거와 현재의 나를 기억하십시오!



"그때에 너희는 그리스도 밖에 있었고 … 이제는 전에 멀리 있던 너희가 그리스도 예수 안에서 그리스도의 피로 가까워졌느니라" 에베소서 2:12~13

그리스도를 섬기는 삶에서 과거의 죄에 대한 자세는 많이 재조정될 필요가 있습니다. 바울이 "뒤에 있는 것은 잊어버리고"라고 말할 때 그는 죄에 대하여 말한 것이 아니라 그의 영적 업적을 말한 것입니다. 바울은 과거에 자신이 어떠한 사람이었는지를 한 번도 잊은 적이 없었습니다. 그의 서신에는 이 사실이 계속 반복되고 있습니다. "나는 사도 중에 가장 작은 자라 나는 하나님의 교회를 박해하였으므로 사도라 칭함 받기를 감당하지 못할 자니라" 고린도전서 15:9. "모든 성도 중에 지극히 작은 자보다 더 작은 나에게" 에베소서 3:8. "죄인 중에 내가 괴수니라" 디모데전서 1:15. 이러한 고백들은 하나님의 성숙하고 영광스러운 종의 입에서 나오는 고백입니다.

영적 성숙의 가장 확실한 시험은 아무 거리낌 없이 자신의 과거를 돌아볼 수 있느냐 하는 것입니다. 거듭나지 않은 사람들은 과거를 돌아볼 때 절망하든지 아니면 교만하여집니다. 자연적인 회상과 영적인 회상의 다른 점은 망각하는 내용이 다릅니다. 자연적인 회상은 멋진 기억들을 붙들려고 애를 쓰지만, 영적인 회상은 하나님의 은혜를 기억합니다. 하나님의 영은 우리가 과거에 어떠한 사람이었는지를 절대로 잊지 않도록 하시지만, 우리가 무엇을 성취하였는지는 망각하게 하십니다. 이는 자연적인 영역과 전혀 반대되는 현상입니다. 당신이 구원을 감사하며 영적으로 성장하고 있다면 이때 나타나는 가장 확실한 증표는 과거에 자랑하던 세상의 것들을 지금은 생각조차 하지 않는다는 점입니다. 처음에 하나님의 용서를 깨달았을 때와 하나님께서 당신을 용서하기 위해 어떤 대가를 치르셨는지를 깨달았을 때의 차이가 얼마나 다른지 생각해 보십시오. 처음에 느꼈던 신이 나던 마음은 이제 거룩으로 수렴되었을 것입니다. 또한 당신은 당신을 용서하신 하나님께 더욱 강하게 헌신 되어 있을 것입니다. 과거와 현재를 기억하는 가운데 항상 당신의 마음을 보혈을 흘리신 주님께 드리도록 하십시오.

# 주님을 나의 생명과 모든 것의 주가 되게 하십시오!

"도마가 대답하여 이르되 나의 주님이시요 나의 하나님이시니이다" 요한복음 20:28

주께서 물을 달라고 부탁하십니다. 하지만 우리는 그 음성을 무시하고 주의 갈증보다는 내 욕구의 갈증을 채우려고 합니다. 주께서 물을 달라고 하실 때 우리는 오히려 내 욕구의 갈증을 해결해 달라고 주께 부르짖습니다. 우리의 신앙생활 기본 원칙은 내가 주를 만족하게 하는 것입니다. 그런데 우리는 주께서 나를 만족하게 해야 한다고 착각합니다. 사실 우리는 하나님의 피조물이며 주의 보혈의 대가로 구원을 얻은 자로서 주께 우리의 모든 것을 다 쏟아 붓되 피 한 방울까지 다 드려야 합니다.

"너희는 내 증인이 되리라" 사도행전 1:8. 주께 투정을 부리거나 세상의 것들과 타협해서는 주님을 만족하게 할 수 없습니다. 오직 주 예수님께 나의 모든 것을 헌신하는 삶을 살 때 주의 증인이 될 수 있습니다. 이는 주께서 우리를 어디에 두시던 그곳에서 주님이 만족하는 삶을 사는 것을 뜻합니다. 그러기 위해서 우리는 예수 그리스도를 향한 우리의 충성을 방해하는 것들을 버려야 합니다. 종종 주님께 드리는 충성을 무너뜨리는 가장 위험한 경쟁 대상은 주님을 위한다고 하는 '봉사'입니다. 사람들은 아무도 알아주지 않는 낮은 자리에서 희생하는 것보다 주를 위한다고 하면서 사람들 앞에 드러나는 봉사하기를 훨씬 더 좋아합니다. 이러한 봉사는 주님을 만족하게 할 수 없습니다.

하나님께서 우리를 부르시는 한 가지 목표는 하나님의 만족입니다. 주의 만족은 그분의 뜻대로 우리가 움직일 때 채워집니다. 내 힘과 생각으로 주를 위해 뭔가를 하려고 하지 마십시오. 우리는 하나님을 위해 싸우라고 보냄을 받은 자가 아닙니다. 우리는 단지 하나님이 친히 싸우시며 영광을 거두시는 영적 전쟁의 도구가 되라고 부름을 받았습니다. 당신은 진실로 예수 그리스도께 헌신합니까? 참으로 주께 당신의 마음과 삶을 다 드립니까? 혹시 주를 위한다는 명분으로 어떤 '봉사'에 마음을 드리고 있는 것은 아닙니까?

# 그리스도의 장성한 분량까지 자라나십시오!



**"그리스도의 장성한 분량이 충만한 데까지 이르리니"** 에베소서 4:13

인격이신 성령께서는 우리를 그리스도의 몸으로 세우십니다. 예수 그리스도께서 이 땅에서 이루신 일은 우리로 하여금 성령을 체험케 하기 위함이었습니다. 성령이 우리 각자에게 주시는 모든 은사는 각 개인의 영광을 위한 것이 아니라, 주의 몸의 유익을 위한 것입니다. 성령은 우리를 개인주의 틀에서 벗어나서 하나님과의 교제에 들어가게 하십니다. 그러나 우리는 성경이 분리하지 않는 것을 분리하려는 경향이 있습니다. 예를 들어, 성경은 성령의 세례와 그리스도의 구속을 분리하지 않습니다. 성령께서 오심은 예수님께서 아버지의 뜻대로 구속을 이루시고 보좌 우편에 오르셨기 때문입니다. 따라서 성령의 세례를 받은 자마다 예수 그리스도께서 영광을 입으셨음을 증거합니다. "오직 성령이 너희에게 임하시면 너희가 권능을 받고 예루살렘과 온 유대와 사마리아와 땅 끝까지 이르러 내 증인이 되리라"사도행전 1:8. 성령 강림은 우리를 '주 예수 그리스도의 증인'이 되게 하십니다. 이것이 바로 예수님께서 성령을 보내신 목적입니다.

성도의 삶은 궁수의 손에 있는 화살과 같이 하나님의 손안에 있습니다. 하나님께서는 성도가 볼 수 없는 무엇인가를 향하여 조준하십니다. 주님께서 활을 당기시면 성도는 고통 가운데 외칩니다. "더는 견딜 수가 없습니다." 그러나 하나님께서는 활의 고통을 신경 쓰지 않으시고 최대한으로 활을 당겨 과녁을 향하여 쏘십니다. 이것이 성도의 삶입니다. 즉, 하나님은 아픔과 인내를 통해 그리스도의 장성한 분량까지 우리를 자라게 하십니다. 그리고 기억해야 할 것은 우리는 우리의 계획을 이루기 위해 이 땅에 온 것이 아니라, 하나님의 계획을 위해 이 땅에 왔다는 것입니다. 이를 깨닫지 못할 때 이 땅의 교회는 잘못된 목표를 향하여 나아감으로써 헛수고와 실수로 가득하여질 것입니다. 우리는 자신의 확신인 신념을 따르기보다 성령의 세례와 충만함으로 말씀을 따르는 예수 그리스도의 제자들이 되어야 합니다.

# 평범함 속에서 나타나는 생명의 능력

"내가 이스라엘에게 이슬과 같으리니 그가 백합화 같이 피겠고 레바논 백향목 같이 뿌리가 박힐 것이라" 호세아 14:5

성경은 세상의 관점에서 볼 때 중요하게 생각하지 않는 것들을 중요하게 다루는 것들이 많습니다. 예를 들어, 우리 주님은 오직 열두 제자를 부르셨습니다. 예수님의 열두 제자들도 세상의 관점에서 볼 때 전혀 중요한 사람들이 아니었습니다. 더욱이 열두 제자들처럼 특별하게 부름을 받지 않은 훨씬 더 많은 수백 명의 제자가 있었습니다. 그들은 더욱 눈에 띄지 않았습니다.

사람들은 언제나 평범한 것이 아닌 특별한 것에 관심을 두기 때문에 불균형한 관점을 갖기 쉽습니다. 그리스도인들도 그들의 신앙의 여정에서 평범한 것보다는 예외적인 체험들을 더 중요하게 여김으로 말미암아 불균형한 관점을 취하기 쉽습니다. 예외는 반드시 예외로 고려되어야 합니다. 매우 예외적인 회심이나 눈에 띄는 예외적인 영적 체험을 모든 사람에게 적용하려는 어리석음에 빠지지 마십시오. 바울이 가졌던 영적 체험은 수백만 명 중의 하나 있을까 말까 하는 예외적인 체험이었습니다.

평범한 사람들은 눈에 띄지 않습니다. 그러나 우리는 평범한 사람들을 소중히 여겨야 합니다. 하나님이 보실 때는 예외적인 것보다 평범한 것들이 더 중요합니다. 따라서 주님은 예외적인 사건과 사람들을 사용하여 평범한 사람들을 섬기게 하십니다. 만일 우리가 그리스도인의 삶을 살아가면서 예외적인 경험들을 우리의 믿음의 모델로 삼으려 한다면 우리는 무지 가운데 잘못된 기준을 세우는 것입니다. 나아가 이러한 잘못된 기준을 세운 사람들은 세월이 지나면서 예수 그리스도와는 전혀 상관없는 신앙의 모습을 띠게 되면서 영적 교만의 덫에 깊게 빠져듭니다. 영적으로 교만한 자들의 특징은 정도의 차이는 있겠지만 한결같습니다. 그 특징은 그들은 복음에서 떠난다는 사실이며, 따라서 서서히 복음 위에 서 있는 교회를 멀리하게 됩니다. 비정상적이고 예외적인 신앙 체험을 추구하지 말고, 평범함 속에서 그리스도의 생명의 능력이 나타나도록 힘쓰십시오.

# 회개의 합당한 열매



"그러므로 회개에 합당한 열매를 맺고" 마태복음 3:8

　　절대로 후회를 회개로 오해하지 마십시오. 후회는 단지 자신이 원하는 결과를 얻지 못함으로 말미암아 자신이 행한 행위들이 잘못되었다고 인정하는 것입니다. 그리고 후회는 그 자체에 치유적인 요소가 전혀 없으므로 조금도 사람을 나아지게 하지 못합니다. 사실 자각하지 못한 죄인은 후회마저 하지 않습니다. 그러나 성령의 책망으로 자신의 죄를 인식하는 사람들은 끊임없는 죄책감으로 마음의 고통을 당하기 시작합니다. 이러한 죄책감의 고통은 오직 합당한 형벌을 받아야 위안을 얻을 수 있으나 그 어떠한 형벌도 이 문제를 해결할 수 없습니다. 가인의 경우를 보면, 후회가 그 절정에 달한 것을 볼 수 있습니다. "내 죄짐을 지기가 너무 무거우니이다"창세기 4:13. 가인의 죄악이 드러났고 그의 양심은 자신이 무엇을 하였는지를 인식하게 하였습니다. 그는 하나님께서도 그의 죄악을 인식하셨다는 사실을 알았습니다. 자신의 죄악이 다른 사람에게 들켰다고 하여 반드시 후회하게 되는 것은 아닙니다. 후회는 지적으로 그리고 도덕적으로 내 죄악을 인식하게 될 때 옵니다. 내가 얼마나 간교하고 얼마나 정욕적이며 교만한지를 깨닫게 되면서 내 죄악이 나를 찾아내어 나를 절망하게 하는 것이 후회입니다.

　　인간이 예수 그리스도의 구속을 체험하는 통로는 회개입니다. 어떤 사람이 위로부터 거듭났는지를 알 수 있는 가장 유일한 증거는 '회개의 합당한 열매'를 맺는지를 점검하는 것입니다. 이것이 성경이 말하는 중생의 특징입니다. 회개는 성령께서 친히 책망하실 때 나타나는 현상으로써 인간으로서는 가장 치욕적인 차원에서 발생합니다. 많은 그리스도인이 능력도, 열매도 없는 삶을 사는 이유는 "먼저 해 보라"는 주님의 단순한 명령을 순종하지 않기 때문입니다. 성령께서 우리 안에서 역사하실 때 우리가 예외적으로 끝까지 불순종하며 버티는 것이 있는데, 그것은 바로 내 자신에 대한 나의 권리 주장입니다. 그러나 회개는 이러한 주장이 하나님 앞에서 가장 악하였음을 깨닫고 자신의 권리를 주께 양도하도록 이끕니다. 우리는 회개의 합당한 열매를 맺어야 합니다.

# 복음의 비밀을 위한 중보 기도

"모든 기도와 간구를 하되 … 나를 위하여 구할 것은 내게 말씀을 주사 나로 입을 열어 복음의 비밀을 담대히 알리게 하옵소서 할 것이니" 에베소서 6:18~19

중보 기도란 우리가 기도하는 대상이 전혀 의식하지 못하는 가운데 그를 위해 하나님께서 역사하실 기회를 드리는 것입니다. 우리가 누군가를 위해 은밀한 기도를 드리면 우리의 열정이 아닌 성령의 열정이 그 영혼을 위해 일하게 됩니다. 성령께서는 성령께서 원하시는 대로 우리를 통해 일하실 수 있습니다. 당 짓는 사람들은 사람들을 향한 열정이 있습니다. 그러나 성령은 예수 그리스도를 향한 열정만 만들어냅니다. 성경을 통해 얻게 되는 가장 위대하고 중요한 열정은 오직 주 예수 그리스도만을 위한 열정입니다.

우리는 믿음이 뛰어난 영적 지도자들을 위해 기도할 필요가 없다고 생각합니다. 그 이유는 하나님께서 알아서 그들을 잘 보살피실 것이라는 생각 때문입니다. 그러나 우리는 하나님 나라의 사역을 위해 앞선 사람들은 마귀의 공격 표적이라는 사실을 기억해야 합니다. 따라서 우리는 항상 그들을 위해 기도해야 합니다. 우리가 그들을 위해 기도하지 않을 때 그들에게 어떤 끔찍한 일들이 발생하는지 종종 목격할 수 있습니다.

성도들의 기도는 하나님으로 하여금 주의 놀라운 역사를 일으키게 합니다. 대부분의 성도는 다른 사람을 위해 중보 기도할 때 하나님의 뜻이 '주님의 가장 좋은 때'에 이루어지기를 기도합니다. 그런데 주님의 가장 좋은 때는 그들에게 가장 아픈 시련의 때일 때가 많습니다. 그러한 때에 성령께서는 그들의 마음의 눈을 열어 복음의 비밀을 보게 하십니다. 따라서 우리의 기도는 세상에서 볼 때 소란을 일으키는 요소가 될 수 있습니다. 하지만 하나님의 편에서는 우리의 중보 기도를 통해 하나님 나라의 확장을 이루십니다. 당신의 중보 기도가 주의 뜻에 합당할 때 '주님의 가장 좋은 때' 반드시 이루어짐을 의심하지 마십시오. 그러므로 언제나 복음의 비밀이 당신의 모든 주변 사람에게 임할 수 있도록 쉬지 말고 기도하십시오.

# 주를 향한 참된 충성



"네가 나를 사랑하느냐 … 내 양을 먹이라" 요한복음 21:17

당신은 예수 그리스도의 양을 먹이는 일을 해 왔습니까? 그러면 간단한 질문을 해보겠습니다. 당신은 사람들로 하여금 예수님을 알아가도록 영양분을 공급합니까? 아니면 당신의 특별한 생각을 주입하려고 노력합니까? 예수님께서 말씀하셨습니다. "나의 양으로 하여금 나를 알도록 먹일 것이지, 네 생각을 나의 양에게 주입하지 마라." 베드로는 처음에 주님을 향한 자신의 충성을 자랑했습니다. "모두 주를 버릴지라도 나는 결코 버리지 않겠나이다" 마태복음 26:33. 그러나 지금 그는 이러한 자랑이 부끄럽기만 합니다. "주님 모든 것을 아시오매 내가 주님을 사랑하는 줄을 주님께서 아시나이다" 요한복음 21:17. 이때 주께서 대답하셨습니다. "내 양을 먹이라."

주 예수 그리스도를 향한 참된 충성은 내 자신의 신조에 충성하는 것이 아니라, 예수님께 충성하는 것입니다. 이러한 참된 충성의 특징은 다른 사람으로 하여금 예수님을 알아가도록 영양분을 공급하는 것입니다. 주를 위해 뭔가 대단한 일을 하겠다는 생각을 버리십시오. 그 대신 주님께서 하신 말씀을 기억하십시오. "나를 믿는 자는 성경에 이름과 같이 그 배에서 생수의 강이 흘러나오리라" 요한복음 7:38. 참된 충성은 내가 그리스도를 위해 뭔가를 하는 것이 아니라, 주께서 나를 원하시는 대로 맘껏 사용하실 수 있게 되는 것입니다.

세월이 지나가면서 당신은 더욱 주님을 드러냅니까? 다른 사람이 당신의 삶을 보며 예수님과 함께하는 삶이 어떠한 삶인지를 알게 됩니까? 아니면 아직도 자기주장이 여전히 강하여 자기 방법만을 고집합니까? 충성이란 주님의 관점을 배우기 위해 내 관점을 의도적으로 내려놓는 것입니다. 참된 충성의 열매는 다른 사람으로 하여금 나에 대하여 알게 하는 것이 아니라, 예수님을 알게 하는 것으로 나타납니다.

# September

## 9월

언제나 성령을 의지하십시오!

어떤 일에서 자신의 이성과 예상을 초월할 때

# 주의 부르심을 받은 자의 사명



"그의 은혜로 나를 부르신 이가 그의 아들을 이방에 전하기 위하여 그를 내 속에 나타내시기를 기뻐하셨을 때에" 갈라디아서 1:15~16

하나님께서는 우리를 부르실 때 내가 무엇을 해야 하는지 구체적으로 말씀하지 않으십니다. 그러나 우리는 주를 위해 무엇을 해야 하는지 자연스럽게 깨닫게 됩니다. 왜냐하면 주의 부르심을 들을 수 있다는 것은 내가 주의 뜻과 마음을 안다는 것이며, 그 후 나는 내게 있는 가장 좋은 것으로 주의 뜻을 섬기려 하기 때문입니다. 봉사는 내게 있는 최고의 것, 바로 내 자신을 주께 드리는 것입니다. 그러면 그 헌신은 나의 삶에서 여러 모양으로 밖으로 표현됩니다.

사도 바울은 하나님의 부름을 받은 삶이 무엇인지 말했습니다. "그의 아들을 이방에 전하기 위하여 그를 내 속에 나타내시기를 기뻐하셨을 때에." 이처럼 이방인에게 그리스도를 전하기 위해 우리 안에 그리스도의 생명을 나타내시는 것이 주의 부르심입니다. 이는 내 안에 계신 그리스도가 나의 눈과 혀와 생각과 결단과 행함을 통해 삶으로 나타나는 것을 말합니다.

봉사는 내 안에 계신 주께 내 자신을 온전히 드렸을 때 흘러넘치는 모든 행위입니다. 더 깊은 의미로 말한다면, 봉사는 주의 부르심을 받은 사람이 자기 자신을 주께 다 드렸을 때 나타나는 자연스러운 삶입니다. 우리가 하나님과 친밀하면 주의 부르심을 놓치지 않으며, 그분을 향한 순전한 사랑의 표현을 어떤 모양이든 표출하게 됩니다. 결과적으로, 거듭남을 통해 내가 주님의 속성을 받고 그분의 부르심을 들을 때 그 신성한 부름은 놀랍게도 내 속에 있는 주의 속성을 부릅니다. 그러면 나는 그 부르심에 따라 주를 사랑 가운데 나의 일상적인 삶에서 그분을 섬깁니다.

# 십자가의 도

"십자가의 도가 멸망하는 자들에게는 미련한 것이요 구원을 받는 우리에게는 하나님의 능력이라" 고린도전서 1:18

성령은 우리에게 그리스도의 십자가의 중요함을 잊지 못하도록 하십니다. 바울의 부담은 언제나 예수 그리스도의 십자가를 알리는 것이었습니다. 그래서 설교하거나 글을 쓸 때마다 바울은 반드시 십자가를 언급했습니다. 심지어 주님의 위대한 부활과 성도들의 거룩과 성화를 논할 때에도 언제나 십자가로 돌아가 십자가의 대속의 도를 말했습니다.

십자가의 메시지는 가장 무서운 죄인도 구원받을 수 있으며 이 땅의 가장 더러운 쓰레기 같은 존재라도 흰 눈보다 더 희어져 하나님의 보좌 앞에 설 수 있다는 내용을 포함합니다. 그러나 십자가의 메시지는 누구든지 원하기만 하면 하나님께서 그 사람의 마음과 삶을 대신하여 사시겠다는 내용도 있습니다. 복음을 선포할 때 이 둘째 부분을 잊어버리는 일이 허다합니다.

예수 그리스도는 십자가의 도를 전혀 깨닫지 못하는 이 세상의 종교인들과 서기관 학자들을 대적하시며 그들을 부끄럽게 하셨습니다. 오늘날에도 스스로 지혜롭게 생각하고 사람들에게는 박식하다고 인정을 받지만, 그리스도의 십자가를 깨닫지 못하는 어리석은 자들은 얼마든지 많습니다. 당신은 어떠합니까? 당신은 십자가를 통해 당신을 다루시는 하나님의 의도를 알고 있습니까? 이에 대해 무지하다면 당신은 멸망 받게 될 것입니다. 그러나 십자가의 도는 지식과 교육으로 알 수 있는 것이 아닙니다. 오직 성경을 아느냐와 관계됩니다. 그리고 하나님 말씀의 유일한 참된 해석자는 성령이십니다. 그러므로 성령으로 성경을 아는 자들만이 십자가의 도를 깨달을 수 있습니다. 당신은 십자가의 메시지와 그 중요함을 알아 세상에 전파하고 있습니까?

# 영혼 구원



"너희가 알 것은 죄인을 미혹된 길에서 돌아서게 하는 자가 그의 영혼을 사망에서 구원할 것이며 허다한 죄를 덮을 것임이라" 야고보서 5:20

의사 중에도 진단을 잘못하여 엉터리 치료를 하는 돌팔이 의사가 많습니다. 또한 엉터리 처방 약을 지어주는 돌팔이 약사도 많습니다. 영의 세계에서는 더욱 많은 돌팔이 사역자가 있습니다. 당신은 목회의 성공과 부흥의 비결을 안다고 하는 '전문가'를 많이 만나 보았을 것입니다. 그러나 그들의 방법이 십자가의 복음을 전하고 성령을 의지하도록 이끄는 방법이 아니라면 절대 속지 않도록 주의하십시오. 성공과 번영을 빌미로 속여 당신을 타락하게 하는 사람들이 얼마든지 많기 때문입니다.

신앙 훈련 중에 가장 어려운 훈련은 영혼을 다루는 것입니다. 이 부분은 이론으로 되지 않고 오직 성령 안에서의 체험으로 이루어집니다. 즉, 몸소 피를 흘리는 고통과 수고를 통해 어떻게 영혼들을 주께로 인도할 수 있는지를 깨닫게 됩니다. 이때 기도와 복음의 깊은 깨달음이 하나님 나라의 일을 이루어내는 것을 보게 될 것입니다.

죄인을 미혹한 길에서 돌아서게 하는 방법은 십자가밖에 없습니다. 사람들에게 어리석게 보이는 십자가의 도에 성령의 역사가 함께할 때 오직 그때만이 한 영혼을 주께로 인도할 수 있습니다. 그러한 복음의 역사를 통해 한 영혼이 회개하고 돌아올 때 구원과 함께 허다한 죄가 덮이게 됩니다. 성공과 번영에 속지 말고 더욱 주 앞에 무릎을 꿇고 영혼을 위해 기도하십시오. 성령을 의지하면서 그들에게 기회가 날 때마다 십자가의 복음을 전하도록 하십시오. 당신이 주의 나라와 영광을 구한다면 주 예수 그리스도를 사랑하는 마음 때문에 영혼을 사랑하게 될 것입니다. 그리고 그 마음은 그 영혼을 위한 중보 기도와 함께 기회가 닿을 때마다 복음을 알리는 고백으로 나타나게 될 것입니다. 성경을 통해 사람이 누구인지 그리고 복음이 무엇인지를 잘 배워서 영혼 구원에 실력 있는 하나님의 사람이 되십시오.

# 하나님의 영광을 나타내십시오!



죄는 우주적입니다. 한편 예수님의 십자가는 죄의 뿌리와 영향을 파괴할 수 있습니다. 십자가는 우리에게 정결한 마음을 줄 수 있습니다. 십자가의 능력은 우리 안에 들어와 거하며 우리의 모든 생각과 소욕을 다스릴 수 있도록 합니다. 따라서 예수 그리스도의 구원은 단지 '체험'을 위한 것이 아닙니다. 내가 기도하기는 하나님께서 우리를 '체험' 사업으로부터 구원해주시기를 바랄 뿐입니다!

죄는 근본적으로 뿌리가 뽑혀야 합니다. 이를 위해 우리는 우리 자신을 하나님께 송두리째 드려야 합니다. 우리가 예수 그리스도의 십자가를 의지하기까지는 절대로 죄의 세력에게서 나올 수 없습니다. 예수 그리스도는 우리를 위해 십자가에서 죄가 되셔서 죄를 죽이셨습니다. 거룩한 성품은 하나님께서 우리를 위해 하신 일이 우리의 삶을 통해 나타나는 것입니다. 이러한 성품은 사람이 보든지 보지 않든지 언제나 변함없이 고결하고 정결합니다. 우리는 세상의 도덕적 고결함보다 훨씬 더 높은 차원의 수준에 속한 자입니다. 따라서 우리는 도덕적으로도 고결할 뿐만 아니라, 우리의 삶을 통해서 하나님의 초자연적인 성품이 뚜렷하게 나타나야 합니다. 그렇게 될 수 있는 이유는 예수 그리스도의 대속으로 말미암아 예수 그리스도의 생명이 우리에게 주어졌을 뿐만 아니라, 또한 성령의 능력이 우리와 함께하기 때문입니다.

모든 사람이 죄를 범하여 하나님의 영광에 이르지 못하지만, 주 예수 그리스도의 구속을 의지하는 자들은 하나님의 영광에 이름과 함께 하나님의 자녀로서의 특권을 누리게 됩니다. 그 특권은 죄에 승리함으로 하나님의 영광을 나타내는 것입니다.

# 주님의 음성을 들으십시오!



"그의 아들을 이방에 전하기 위하여 그를 내 속에 나타내시기를 기뻐하셨을 때에 내가 곧 혈육과 의논하지 아니하고" 갈라디아서 1:16

가장 가까우며 가장 좋은 친구가 당신을 다루시는 하나님의 손길을 오해하여 가장 비성경적인 조언을 줄 때가 있습니다. 심지어 그들은 당신에게 사탄의 뜻을 전달할 때도 있습니다. 예수님께 조언했던 베드로의 경우가 그러합니다. "주여, 그리 마옵소서 이 일이 결코 주께 미치지 아니하리이다 예수께서 돌이키시며 베드로에게 이르시되 사탄아 내 뒤로 물러가라 너는 나를 넘어지게 하는 자로다 네가 하나님의 일을 생각하지 아니하고 도리어 사람의 일을 생각하는도다" 마태복음 16:22~23.

우리가 거듭난 후 거룩한 삶을 시작하면 가장 가까운 친구들이나 가족에게서 잔혹한 말을 듣게 되거나 비판을 받는 일이 흔합니다. 그러나 그러한 상황에서 조금도 흔들림이 없이 하나님을 붙들고 인내하십시오. 잠깐 친구와 가족을 잃는 아픔과 고통이 있을 수 있습니다. 그러나 당신은 더욱 하나님께 유용하고 귀중한 삶을 살게 됩니다. 또한 때가 되면 하나님께서 역사하셔서 가장 가까웠던 당신의 친구들이 자신들의 판단과 조언이 달랐다는 것을 깨닫게 되면서 주 안에서 더 깊은 동역자로 돌아오게 될 것입니다.

가까운 친구들이 우리 신앙의 결단을 매섭게 비판할 때 그들에게 변명이나 논쟁으로 반응하고 싶은 충동을 느낄 것입니다. 또는 나의 결단이 틀릴지도 모른다는 생각이 들 수 있습니다. "내가 틀릴지도 모르지. 내가 사랑하는 그들의 의견이 맞을지도 몰라. 그들은 나를 사랑하기에 이 말을 하는 거야. 영적으로 내가 틀릴 수 있지." 그러나 하나님만이 아시는 당신의 깊은 내면의 음성을 들으십시오. 그 음성은 당신 친구들의 음성과 다를 때가 많을 것입니다. 그때 주의 음성을 듣고 순종하십시오.

# 언제나 성령을 의지하십시오!

"너희가 만일 성령의 인도하시는 바가 되면 율법 아래에 있지 아니하리라" 갈라디아서 5:18

우리의 신앙생활 가운데 가장 먼저 체험하게 되는 것은 성령의 능력입니다. 하지만 인간이 가장 이해하기 어려운 것은 성령의 역사와 능력입니다. 성령은 언제나 초자연적인 방법으로 오십니다. 여기서 초자연적이라는 의미는 사람의 이성과 예상을 초월한다는 뜻입니다. "바람이 임의로 불매 네가 그 소리는 들어도 어디서 와서 어디로 가는지 알지 못하나니 성령으로 난 사람도 다 그러하니라"요한복음 3:8. 그러므로 성령의 역사를 당신의 머리로 헤아리려고 하지 마십시오. 대신 그분이 어디로 인도하시든지 무조건 따를 마음의 자세를 가지십시오. 그러한 자세로 성령의 인도하심을 받을 때 율법 아래에 있지 않고 은혜 아래 있게 됩니다.

성령께서는 하나님의 말씀으로 우리를 인도하십니다. 성령은 내 안에 계시면서 우리가 처한 상황에서 예수님께서 말씀하신 내용을 기억나게 하십니다. 바로 그 순간에 당신에게 기억난 주님의 음성을 순종하는 것이 성령의 인도하심을 따르는 것입니다. 내 안에 계신 성령은 주님이 하신 말씀이 우리의 삶을 통해 나타나게 하심으로 성령의 역사를 이루어 가십니다. 성경의 말씀을 우리 삶의 현장에서 살아나게 하시는 것입니다.

우리는 성령을 의지하는 가운데 주의 말씀을 이룰 수 있습니다. 우리 안에 계신 성령께서 말씀하실 때 불순종하지 마십시오. 특히 우리가 성령 충만함으로 나아갈 때 우리의 동기와 생각과 감정과 이성 등 우리의 전 인격이 주 예수 그리스도의 온전한 통치하에 머무는 가운데 주의 뜻을 이루는 도구가 됩니다. 그리스도의 이름을 부르는 모든 자에게 가장 필요한 일은 성령을 의지하는 일입니다.

# 비전과 어두움



"아브람에게 깊은 잠이 임하고 큰 흑암과 두려움이 그에게 임하였더니" 창세기 15:12

하나님께서 성도에게 비전을 주신 후에는 반드시 그를 어두운 그늘에 두십니다. 이때 어둠은 빛이 강하기 때문에 상대적으로 생기는 어둠입니다. 이러한 순간에 성도는 가만히 들어야 합니다. 그때는 주께 아뢰는 때가 아니라, 주의 음성을 들어야 하는 때입니다. 아브라함은 어둠이 임하였을 때 빛을 기다리지 못하여 하갈을 첩으로 취하였습니다. 많은 사람이 주께서 비전을 주신 후 어둠이 임하면 주의 음성을 듣기 위해 기다리기보다 이곳저곳 사람들의 조언을 듣고 불신앙에 빠집니다.

하나님께서 비전을 주시면 또 다른 빛이 올 때까지 기다리십시오. 하나님께서는 당신이 어둠 속에서 기다리는 그 기간을 통해 당신을 빚으십니다. 그리고 당신이 하나님께서 당신에게 주신 비전에 맞는 그러한 사람이 되면 주께서 빛으로 임하십니다. 절대로 하나님께서 주신 약속을 스스로 이루려고 시도하지 마십시오. 아브라함은 13년간의 침묵의 기간을 지냈으며 그 기간을 지나는 동안 하나님께서 주신 비전을 스스로 이룰 수 없다는 사실을 깨달았습니다. 아브라함에게 이 침묵의 기간은 불쾌한 기간이라기보다 훈련의 기간이었습니다. 인간의 지혜로는 하나님의 약속을 이룰 가능성이 전혀 없습니다. 비전을 받으면 절대로 기쁨과 확신으로 들뜨지 마십시오. 먼저 가만히 주를 기다리십시오.

아직도 육체를 신뢰합니까? 사람을 의지하지 말고 초월하신 하나님만 신뢰하십시오. 당신의 확신이 책이나 기도나 영적 체험에 있습니까? 혹은 하나님께서 베푸신 축복을 의지하고 있는 것은 아닙니까? 그래서는 안 됩니다. 우리의 확신은 오직 하나님께만 있어야 합니다. "나는 전능한 하나님이라" 창세기 17:1. 우리의 믿음생활에서 가장 철저하게 훈련받아야 하는 것은 하나님은 전능하신 하나님이심을 믿는 것입니다. 참으로 하나님을 전능하신 분으로 알 때 이 우주의 모든 도움은 단지 그림자가 됩니다. 하나님을 의지하는 성도는 어떤 상황이 발생하든, 다른 사람이 어떤 말을 하든 전혀 요동하지 않습니다.

# 주 예수 그리스도를 시인하십시오!

"누구든지 사람 앞에서 나를 시인하면 나도 하늘에 계신 내 아버지 앞에서 그를 시인할 것이요" 마태복음 10:32

인간의 본성은 감투를 좋아합니다. 그래서 사람들이 듣기 원하는 말을 발설하기 쉽습니다. 특히 사람들은 자신의 신분을 실제처럼 보이게끔 합니다. 그래서 다른 사람 앞에서는 신분에 맞게 행동하지만, 아무도 없을 때는 자신의 실제 모습으로 돌아갑니다. 사람이 여러 신분을 취하는 것은 대체로 쉬운 일이며 어떤 단계에 이르면 자신의 모습을 그대로 보이는 것보다 감투와 신분을 나타내는 것이 훨씬 더 쉬워집니다.

예수님께서는 '시인하는 것'을 대단히 소중히 여기셨습니다. "누구든지 사람 앞에서 나를 시인하면…." 예수님께서 말씀하시는 '선'은 하나님의 뜻을 입으로 시인하고 시인한 내용을 공적으로 행하는 것입니다. 주님께서는 "누구든지 사람 앞에서 나를 부인하면 나도 하늘에 계신 내 아버지 앞에서 그를 부인하리라" 마태복음 10:33고 말씀하셨습니다. 우리가 사람들 앞에서 주님을 시인해야만 우리는 주의 제자로서의 신분을 드러내는 것이며, 그 후로 사람들은 우리에게 주님의 제자로서의 삶을 기대하게 됩니다. 그러나 만일 우리가 제자로서의 신분을 드러내기를 거절하면 우리는 다른 신분을 받아들이고 그 신분대로 행하게 될 것입니다.

우리 주님께서는 사람들이 가짜 신분을 가질 수 있다는 사실을 경고하셨습니다. 이는 주의 제자가 아니면서도 예수님의 제자의 신분을 가진다는 것이 가능하다는 뜻입니다. 그러한 예로 가룟 유다가 있습니다. 신분은 귀한 것입니다. 그러나 신분과 자신의 정체가 달라서는 안 됩니다. 주의 제자로서의 신분과 우리 정체의 간격을 완전하게 제거하시는 분은 성령이십니다. 성령 안에서 우리의 신분과 실제는 하나가 됩니다. 그렇지 않은 자들은 가룟 유다처럼 신분과 실제가 다르기에 위선자가 됩니다. 당신은 사람 앞에서 주님을 시인하며 성령으로 살아갑니까?

이 나무는 당신입니다.

# 주인에게 순복하십시오!



"기록된바 아브라함에게 두 아들이 있으니 하나는 여종에게서, 하나는 자유 있는 여자에게서 났다 하였으며" 갈라디아서 4:22

만일 우리가 단호하게 자연적인 것을 다스리지 못하면 초자연적인 것이 우리 안에서 자연스러워질 수 없습니다. 그리스도인 중에는 그들 안에서 초자연적인 것과 자연적인 것이 부조화를 이루는 사람들이 있습니다. 그들은 말합니다. "글쎄요. 내 안에서는 그것들이 하나가 되지 못하네요. 자연적인 것이 영적인 것과 머리가 터지게 싸운답니다." 이렇게 되는 이유는 그들이 그들의 오른손을 잘라내는 과정을 지나지 않았기 때문입니다. 일단 자연적인 것을 완전하게 쫓아냄으로 말미암아 불구로 만드는 훈련을 했어야 합니다. 이는 기도의 문제가 아니라, 실제로 실천해야 하는 문제입니다. 만일 당신이 오른손을 잘라냈다면 하나님께서 다시 그것을 원위치로 돌려놓으시되 영적인 것 아래에서 순복하게 하실 것입니다. 그 후 자연적인 것은 거룩한 상황이든 세속적인 상황이든 상관없이 영적인 생명에 순종하기 때문에 내적 갈등이 사라지게 됩니다.

위의 말씀은 당신 자신의 독자성을 장사 지내라는 뜻입니다. 이는 죄를 다루듯이 무엇인가로부터 등을 돌리는 문제가 아니라, 내 자신에 대한 나의 권리를 포기하는 문제입니다. 이는 나의 자연적인 독자성과 자기주장을 포기하는 것을 의미합니다. "누구든지 나를 따라오려거든 자기를 부인하고 자기 십자가를 지고 나를 따를 것이니라"마태복음 16:24. 예수님께서는 누구든지 주님의 제자가 되려면 예수님이 누구신지 깨달아야 하며 또한 자기 자신에 대한 권리를 부인해야 한다고 말씀하셨습니다. 우리로 하여금 최상의 하나님께 나아가지 못하게 하는 것은 자연적인 입장에서 볼 때 옳고 고상하고 선한 것들입니다. 자연적인 덕이 하나님께 항복하기를 거절하고 대적한다는 사실을 분별할 때에야 진정 영적인 싸움이 어디서 진행하는지를 보기 시작합니다. 즉, 주를 따르기 위해서는 약간의 자연적인 것들을 희생하는 것이 아니라, 나의 모든 자연적인 것들을 희생하여야 합니다. 그 후에는 자연적인 것들이 철저하게 주님의 말씀에 순종하는 자리에 있어야 합니다.

# 최정상의 시간을 주시는 이유

"랍비여 우리가 여기 있는 것이 좋사오니 우리가 초막 셋을 짓되" 마가복음 9:5

하나님께서 최정상의 영적 시간을 주시는 것은 예외적 사건입니다. 이 기간에 주의 자녀는 하나님과의 관계에서 특별한 의미를 발견하게 됩니다. 그러나 주의해야 할 것은 이러한 시간을 보낸 후에 계속 그러한 최정상의 순간만을 추구하는 영적 이기심이 발생하지 않도록 해야 합니다. 산 정상의 시간은 우리에게 그 정상에 '계속' 머물라고 주신 시간이 아닙니다. 오히려 산에서 내려와 모든 평범한 사건 속에서 주의 성품을 드러내도록 준비하는 기간입니다. 주께서 허락하신 최고 정상의 시간을 누렸다면 이제는 현실로 돌아와 주께서 의도하신 대로 변화된 사람으로 살아야 합니다.

정상의 영적 시간이 내 삶에 어떤 실리를 주었는지를 세어보지 마십시오. 영적인 일들은 '이 세상에서 무슨 유익이 있는 것일까'라는 선상에 있지 않기 때문입니다. 성경을 배우면 세상에서 어떤 이익이 있는 것일까요? 순종하면 어떤 세상의 이익이 돌아올까요? 건강과 부귀를 주실까요? 명예가 보장될까요? 만일 당신이 이런 식으로 세상의 실리를 추구한다면 당신은 주님을 따르지 못하게 될 것이며 주님께 쓸모없는 존재로 전락하기 때문에 영적으로 패배하게 됩니다. 오직 주님께만 충성하며 자신의 실리를 계산하지 마십시오. 우리 주님은 3년 동안 말씀을 선포하시며 병을 고치시다 십자가에 돌아가셨습니다. 세상 성공의 관점에서 보면 주님의 삶은 아무런 실리가 없는 삶입니다. 만일 이 시대의 사람들이 우리 주님과 주님 제자들의 삶을 평가한다면 가장 실리가 없는 무가치한 삶이라고 평가할 것입니다.

산 정상의 경험은 드문 순간들입니다. 그러나 그 순간들은 나의 실리가 아니라, 하나님의 목적을 위해 의미가 깊은 순간들입니다. 베드로는 산 정상에서 혼동하였지만, 그의 두 번째 서신은 그의 변화산상의 체험이 무엇을 위한 것이었는지 그가 깨달았음을 말해줍니다 베드로후서 1:16~21. "너희로 우리 주 예수 그리스도를 알기에 게으르지 않고 열매 없는 자가 되지 않게 하려니와" 베드로후서 1:8.

# 영원한 것에 마음을 두십시오!



**"보이는 것은 잠깐이요 보이지 않는 것은 영원함이라" 고린도후서 4:18**

만일 당신이 해변에서 지평선을 보게 되면 바다를 넓게 볼 수 없습니다. 그러나 벼랑을 따라 올라가 더 높은 곳에서 지평선을 보면 당신의 시야가 넓어지면서 더 넓은 바다를 보게 됩니다. 영적으로 성숙한 성도는 다른 사람의 신앙을 자라나게 합니다. 그들은 하나님의 은혜로 더 높은 곳, 곧 예수 그리스도 안에서 하늘나라를 체험할 수 있다는 사실을 보여주므로 다른 사람의 신앙을 높입니다. 바울은 하늘나라에 앉아 있습니다. 그는 하나님의 계획 속에서 전 세계가 어떻게 운영될 것인지를 볼 수 있었습니다. 그는 파수꾼과 같이 멀리 내다보았으며, 따라서 그는 승리자의 영광을 자랑스럽게 선포할 수 있었습니다. 우리가 자꾸 곁으로 빠지는 이유는 바울과 같은 전 우주적 시야가 없기 때문입니다. 우리는 '우물 안 개구리'처럼 세상을 볼 뿐입니다. 그러나 바울은 그 우물을 터뜨리고 나왔습니다. 그는 그리스도 예수 안에서 새로운 차원으로 올라갔으며 그곳에서 주님의 관점을 가지고 모든 것을 볼 수 있었습니다.

성도들은 사람들의 삶을 볼 때 전반적으로 볼 수 있어야 합니다. 완전히 새로운 영역으로 올라가서 거기서 주님의 관점을 가지고 모든 것을 이해할 수 있어야 합니다. 또한 우리는 인생을 볼 때 현재의 영광만을 보기보다는 다가오는 영광을 볼 수 있어야 합니다. 바울은 말합니다. "우리가 주목하는 것은 보이는 것이 아니요 보이지 않는 것이니." 보이지 않는 것이란 영광스러운 상급과 영생만을 언급하는 것이 아니라, 지금 현재의 삶 속에서 보이지 아니하는 것들을 의미하기도 합니다. 대부분의 사람은 보이는 것들만을 생각합니다. 그러나 실제로 최대의 관심을 두고 끝까지 놓치지 말고 붙들어야 하는 것은 보이지 않는 영원한 것들입니다. 주님께서는 당신의 삶에서 다른 것에 너무 신경을 쓰지 말고 오직 단 한 가지에 온 마음을 쓰라고 하셨습니다. 그것은 바로 하나님과 당신의 관계입니다. 그러니 우리는 하나님과 나의 관계보다 다른 것에 더 많은 신경을 쓰려는 경향이 많습니다. 오직 주님과 당신의 관계에 마음을 쓰고 영원한 것에 마음을 두십시오.

# 성도의 믿음이란?

"하나님을 믿으니 또 나를 믿으라" 요한복음 14:1

성도가 되는 것은 대단히 위대한 사건이지만, '성도가 된다'는 것에 대한 성경적인 의미는 많은 오해가 있습니다. 성도가 된다는 것은 예수님의 능력을 믿는 것이 아니며 구원의 계획을 믿는 것도 아닙니다. 성도가 된다는 것은 '주 예수 그리스도를 인격적으로 믿는 것'입니다. 이는 어떤 상황에서도 주님은 옳으시다는 사실을 붙드는 것입니다. 만일 우리가 "나는 주님께서 모든 것을 다 해결해주실 것을 믿습니다"라고 하면 우리는 뭔가가 잘못되는 것을 볼 때 믿음을 잃게 됩니다. 이는 주님을 믿기보다 '주님에 대하여' 믿는 것이기 때문입니다. 이럴 때 상황에 따라 믿음이 좌지우지됩니다.

종종 그리스도인이 되려면 그전에 어떤 신조를 믿어야 그리스도인이 될 수 있다고 말하기도 합니다. 그러나 이는 마차를 말 앞에 두면서 끌려고 하는 것과 같습니다. 그 이유는 어떤 신조를 믿게 되는 것은 그리스도인이 된 이후에 나타나는 결과이지 원인이 아니기 때문입니다. 주님께서 "믿으라"고 말씀하실 때는 지적인 활동이 아니라 전인격적인 활동입니다. 그러므로 주님께 있어서 '믿는다'는 것은 우리의 인격적인 헌신을 의미합니다. 따라서 믿음이란 자신에게 소중한 모든 것을 걸고 예수 그리스도를 의지하는 것을 말합니다.

성도의 위대한 삶은 예수 그리스도가 사기꾼이 아니라는 것을 믿을 때 시작됩니다. 사람들이 가진 가장 큰 두려움은 자신에 대한 두려움이 아니라, 그들이 믿는 영웅이 실패할지도 모른다는 두려움입니다. 특히 그들이 믿는 영웅이 자기들의 문제에 대해 만족스러운 설명을 주지 못할 때 의심과 두려움을 느끼게 됩니다. 그러나 성도의 믿음은 "모든 것이 어둡더라도 나는 주님을 믿습니다. 하나님은 반드시 공의와 사랑의 하나님이십니다"라고 말하는 것입니다. 성도의 믿음은 어려움이 없는 인생을 추구하는 것이 아니라, 어떠한 어려움 속에서도 주를 향한 믿음이 흔들리지 않는 것입니다. 당신의 믿음을 절대 거짓을 말씀하지 않으시며 틀리실 수 없는 주님께 두십시오! "하나님을 믿으니 또 나를 믿으라."

# 나의 마음을 아시는 주님



"또 사람에 대하여 누구의 증언도 받으실 필요가 없었으니 이는 그가 친히 사람의 속에 있는 것을 아셨음이니라" 요한복음 2:25

우리 주님은 모든 종류의 사람을 다 겪으셨습니다. 가룟 유다처럼 냉소적인 사람과도 함께하셨고, 요한처럼 주를 사랑하는 사람과도 함께하셨습니다. 그러나 주님은 사람에게 실망하신 적도 없으시고 또한 사람 때문에 우쭐해지신 적도 없으십니다. 우리는 특별하게 착하고 선한 사람을 보면 그를 향해 큰 소망을 갖습니다. 하지만 우리 생각에 참으로 악하고 못됐다고 여겨지면 전혀 가능성이 없다고 고개를 설레설레 흔듭니다. 그러나 주님은 그렇지 않으셨습니다. 그분은 친히 '사람의 속에 있는 것을' 다 아셨습니다. 사람들이 서로 볼 때 선하게 느끼든 악하게 느끼든 관계없이 주님은 '사람의 속'을 아셨으며, 따라서 그들에게 무엇이 필요한지를 정확하게 아셨습니다. 주님은 아무도 볼 수 없는 엄청난 소망을 보셨는데, 바로 자신의 구속을 통해 누구든지 믿는 자는 하나님의 자녀로 다시 태어나는 사실입니다.

주님은 거듭나지 않는 모든 사람의 마음이 어떠한지를 말씀하셨습니다. "마음에서 나오는 것은 악한 생각과 살인과 간음과 음란과 도적질과 거짓 증언과 비방이니 이런 것들이 사람을 더럽게 하는 것이요" 마태복음 15:19~20. 우리는 "나는 절대로 그러한 것들이 내 마음속에 있다고 느껴지지 않는다"라고 말하며, 예수 그리스도의 찔러 쪼개시는 예리하신 말씀보다 자신의 천진무구한 무지를 신뢰합니다. 분명히 예수 그리스도는 인간의 마음을 가장 잘 아시는 최고의 권위자십니다. 그렇지 않다면 우리가 그분의 말씀을 귀담아들을 필요가 없을 것입니다. 만일 주님의 말씀을 듣고도 자신의 마음을 살핀 가운데 여전히 결백하다고 의식한다면, 당신은 예수 그리스도께서 말씀하신 것이 사실이라는 것을 뼈저리게 깨닫는 순간을 맞이하게 될 것입니다. 그때 당신은 당신 안에 있는 무한한 악의 가능성을 보며 깜짝 놀랄 것입니다. 우리가 주님의 눈으로 우리 자신과 사람들을 볼 때 우리는 거듭남의 필요성과 함께 새 생명으로 살아야 하는 절대적 이유를 이해하게 됩니다.

# 하나님의 자녀들

"너희가 다 믿음으로 말미암아 그리스도 예수 안에서 하나님의 아들이 되었으니" 갈라디아서 3:26

아브라함의 자녀가 누구입니까? 물론 유대인 중의 하나님의 백성을 포함합니다. 그러나 그 이상입니다. 예수 그리스도를 믿는 모든 사람은 아브라함의 자녀입니다. 하나님의 모든 약속이 주를 믿는 모든 아브라함의 자녀에게 주어져 있습니다. 그렇다면 '믿는다'는 것은 무엇입니까? 나는 믿는 것이란 사람이 자신의 모든 것을 온 맘을 다해 하나님께 맡기고 주께 모든 것을 거는 것이라고 말하고 싶습니다.

지난 20세기 동안 하나님께서는 다른 말씀을 하신 적이 없으십니다. 십자가가 하나님의 마지막 말씀이며, 오순절에 성령께서 오심은 이 땅에 태어나는 사람들에게 십자가를 설명하기 위함입니다. 그 설명은 십자가를 통해 죄 사함을 받으며 영생을 얻으라는 교훈입니다. 지금 하나님께서는 모든 사람이 십자가를 의지하여 주께 나오기를 기다리고 있습니다. 당신은 하나님께서 주의 약속의 날이 임할 때 하나님의 약속을 아무것도 아닌 것으로 여기고 살아간 자들에게 뭐라고 말씀하실 것으로 생각합니까? 하나님 어린양의 진노는 시작될 것이며 우리 하나님의 거룩한 심판이 시작될 날이 올 것입니다. 그때 하나님의 약속을 무시하고 아브라함의 자녀가 되지 못한 자들은 참으로 말로 다할 수 없이 무서운 상황을 맞이하게 될 것입니다.

"다른 이로써는 구원을 받을 수 없나니 천하 사람 중에 구원을 받을 만한 다른 이름을 우리에게 주신 일이 없음이라" 사도행전 4:12. 당신은 구원을 받기 위해 오직 주 예수 그리스도만을 의지합니까? 당신은 또한 오직 주 예수 그리스도만이 구원의 유일한 길인 것을 믿고 모든 사람에게 그렇게 알리고 있습니까? 우리가 온 맘을 다해 하나님께 우리 자신을 내어 놓을 때 하나님께서는 성령으로 우리의 믿음을 인정하시고 주의 약속을 부으실 것입니다. 이는 그리스도 예수 안에서 하나님의 아들이 되는 특권입니다.

# 주님의 관점으로 보십시오!



"형제들아 사람이 만일 무슨 범죄한 일이 드러나거든 신령한 너희는 온유한 심령으로 그러한 자를 바로잡고 너 자신을 살펴보아 너도 시험을 받을까 두려워하라" 갈라디아서 6:1

어떤 그리스도인이 다른 그리스도인의 범죄를 보며 멸시하고 판단한다면 그는 자신이 하나님에 의해 보호받았기 때문에 그러한 범죄에 빠지지 않았음을 잊고 있는 것입니다. 하나님께서 주의 은혜로 우리를 어떤 곳에서 건지셨는지 절대로 잊지 마십시오. 그곳은 지옥으로 향하는 무서운 웅덩이였으며 사람의 힘으로는 절대로 나올 수 없었던 죄의 늪이었습니다. 또한 폭군 사탄의 굴레 아래에서 죄의 노예 된 자리였습니다. 우리가 이 사실을 잊을 때 우리는 어느새 영적으로 교만해집니다.

물론 어떤 범죄는 기가 막힐 정도로 우리를 경악하게 합니다. 하지만 하나님을 경악하게 하고 갈보리 십자가에서 우리 주님의 마음을 파열시킨 죄는 다름 아닌 우리의 '내 자신에 대한 나의 권리 주장'입니다. 교만입니다. 하나님은 교만을 가장 미워하시며 인간의 교만을 제거하기 위해 모든 방법을 동원하셨습니다. 세상에서 죄인이든 의인이든 상관없이 교만에 빠진 사람은 하나님이 보시기에 가장 무서운 죄의 상태에 있는 것입니다.

'내가 당신보다 더 거룩하다'는 느낌을 갖지 않도록 주의하십시오. 특히 범죄로 쓰러진 영혼들을 보면서 영적 우월감에 빠져서는 안 됩니다. 그들을 멸시하며 돌을 던지려는 마음의 자세도 주님이 보시기에 악합니다. 주의 보혈로 거룩하여진 사람들은 자신의 정결을 바라보지 않고 자신을 정결케 하신 주님을 바라보는 자들입니다. 언제나 주님의 보혈로 내 자신과 모든 사람을 볼 수 있도록 훈련하십시오.

# 의의 예복

"그리스도 예수 안에 있는 속량으로 말미암아 하나님의 은혜로 값없이 의롭다 하심을 얻은 자 되었느니라" 로마서 3:24

나는 하나님께서 믿음을 통해 주시는 거룩을 원합니다. 믿음으로 얻은 거룩은 하나님과 나를 연결해주며 주님의 의를 얻게 합니다. 수많은 사람이 의에 이르지 못하는 이유는 자신들의 행위와 실천을 통해 거룩해지려고 하기 때문입니다. 이러한 의는 율법을 통한 의이지 믿음에 의한 의가 아닙니다. 특히 중요한 점은 구원을 얻게 하는 의는 '나의 믿음'의 의가 아니라는 사실입니다. 복음이 말하는 의는 '믿음을 통해' 받는 의입니다. 의는 자신의 영적 가난함을 아는 자에게 하나님이 주시는 선물입니다.

예수 그리스도께서는 예복을 입지 않고 왕 앞에 서 있는 자들에 대한 비유를 말씀하셨습니다. "이르되 친구여 어찌하여 예복을 입지 않고 여기 들어왔느냐 하니 그가 아무 말도 못하거늘 임금이 사환들에게 말하되 그 손발을 묶어 바깥 어두운 데에 내던지라 거기서 슬피 울며 이를 갈게 되리라 하니라" 마태복음 22:12~13. 이 비유는 의의 예복을 입지 않은 사람이 당할 비참을 알려줍니다. 한편 의의 예복을 입은 사람은 다름 아닌 믿음으로 주의 의를 얻은 자들을 말합니다.

의의 예복을 입지 않은 사람이 이 땅에서는 성도로 불릴 수 있습니다. 교회를 다니며 성경을 읽을 수도 있습니다. 많은 기도를 드리며 주의 이름으로 여러 선행을 하고 있을지도 모릅니다. 그러나 그는 하나님의 작품이 아닙니다. 그는 고작 자신의 힘으로 만든 인간의 작품일 뿐입니다. 하지만 의의 예복을 입은 사람은 전능하신 하나님의 작품으로서 성령의 능력을 통해 믿음으로 주 예수 그리스도의 의를 '은혜로 값없이' 얻은 자입니다. 따라서 그는 아무것도 자랑할 것이 없으며 오직 십자가를 믿음으로 붙듭니다. 당신은 "그리스도 예수 안에 있는 속량으로 말미암은" 의의 예복을 입고 있습니까? 이 예복만이 당신을 하나님의 보좌로 들어갈 수 있게 합니다.

# 하나님께서 그리워하시는 사랑



"여호와께서 이와 같이 말씀하시기를 내가 너를 위하여 네 청년 때의 인애와 네 신혼 때의 사랑을 기억하노니" 예레미야 2:2

과거처럼 여전히 하나님을 사랑합니까? 주께 여전히 마음이 가 있습니까? 혹시 이제는 주께 잘해 드릴 생각은 없고 주께서 내게 좋은 것만을 주시기를 바라는 것은 아닙니까? 주의 마음을 어떻게 하면 기쁘시게 할 수 있을까 하고 고민한 적이 언제입니까? 최근에는 주를 기쁘시게 하기보다는 모든 일이 내 맘대로 되지 않는다고 하나님께 화를 내며 불평하지는 않았습니까? 그러할 때 주의 마음이 얼마나 찢어질 줄 생각하십니까? 주께서는 그 시절을 그리워하십니다. 당신의 지금은 그때 주님을 사랑할 때처럼 주를 향한 관심과 새로움과 기쁨이 넘치고 있습니까? 아니면 이제는 마음이 간교하여져서 주님 외에 다른 것에 곁눈질합니까? 나아가 주님보다 더 사랑하는 우상들이 생겼습니까?

하나님과의 사랑을 잊어버린 영혼에게는 기쁨이 사라집니다. 예수 그리스도께서 나를 사랑하시며 나를 필요로 하신다는 것을 기억하는 것은 언제나 귀한 마음입니다. 주께서는 지금도 당신에게 "내게 마실 것을 달라"고 부탁하십니다. 지난주에 당신은 주님께 얼마나 많은 사랑과 친절과 관심을 보였습니까? 당신의 삶을 통해 주의 이름을 영화롭게 하였습니까? 하나님께서 그의 백성에게 말씀하십니다. "너는 지금 나를 사랑하지 않는구나. 나를 잊었구나. 그러나 나는 네가 과거에 '나는 주님을 사랑합니다'라고 말하던 때를 기억한다." 하나님께서는 나와의 옛사랑을 기억하며 그리워하십니다. 만일 지금 과거에 주께 대하듯 대하지 않는 내 자신을 발견한다면 창피와 모욕을 느끼도록 하십시오. 거룩한 슬픔과 회개 가운데 다시 주께 돌아가도록 하십시오.

# 하나님께서 원하시는 삶을 사는 비결

"그의 아들을 이방에 전하기 위하여 그를 내 속에 나타내시기를 기뻐하셨을 때에" 갈라디아서 1:16

하나님의 일꾼은 자신의 삶에 하나님께서 역사하시도록 양보하는 법을 배운 자이어야 합니다. 그리고 하나님께 자기 마음 중심을 비워 드리고 주께서 인도하시는 대로 무조건 따를 수 있어야 합니다. 내 계산과 생각에 따라 나의 장래에 이러저러한 일이 발생하리라고 확신하지 마십시오. 이러한 확신은 하나님의 간섭을 생각하지 않은 주제넘은 확신입니다. 그 대신 주께서 내 삶을 간섭하실 것을 염두에 두고 계획하십시오. 주께서 내 삶을 간섭하시면 내 뜻을 고집하지 말고 오직 주의 뜻만이 이루어지게 하십시오.

당신이 기대치 않은 때에 주께서 찾아오시면 놀라지 말고 주의 인도하심을 분별할 수 있도록 하십시오. 꿈이나 신비체험 같은 특별한 방법으로 주께서 당신을 찾을 것으로 기대하지 마십시오. 내가 생각하는 방법과 때에 주께서 오시리라고 확신하지 마십시오. 당신이 할 일은 단지 주를 앙망하며 당신의 모든 삶을 비워두는 것입니다.

우리가 꼭 기억하여야 하는 것은 주님은 어느 때나 상관없이 우리의 삶을 간섭하실 수 있다는 사실입니다. 우리는 이러한 주의 역사에 깜짝 놀라지만, 하나님은 결코 다른 방법으로 역사하지 않으십니다. 하나님은 언제나 갑자기 우리를 찾아오십니다. "하나님께서 가장 기뻐하시는 그때에" 주께서 오십니다. 이때 주님의 간섭을 알아볼 수 있으려면 하나님과 긴밀한 관계를 계속 유지하는 수밖에 없습니다. 그분의 놀라운 간섭이 임할 때 그 간섭이 당신의 모든 삶에 영향을 미치도록 하십시오. 언제나 주의 간섭을 기대하며 사십시오. 그것이 우리의 마음을 주께 양보하고 하나님께서 원하시는 대로 우리의 삶을 살아가는 비결입니다.

# 예수님을 홀로 만나십시오!



"예수께서 홀로 계실 때에 함께 한 사람들이 열두 제자와 더불어 그 비유들에 대하여 물으니" 마가복음 4:10

우리가 병이나 슬픈 일이나 실망이나 깨어진 관계 등으로 말미암아 홀로 있게 될 때 우리는 외로움을 느낍니다. 또한 아무와도 대화를 나누고 싶지 않을 때가 있습니다. 이때 당신이 허락만 하면 우리 주님께서는 우리를 찾아오셔서 모든 것을 설명하기 시작하십니다. 성경을 읽어 보면 예수 그리스도께서 열두 제자를 어떻게 훈련하시는지 쉽게 발견할 수 있습니다. 그들이 어려움을 당해 난처해질 때마다 예수님께서는 그들을 찾아오셔서 그들의 상황에 대해 설명해주셨습니다. 하지만 그들이 모든 것을 바르게 이해한 때는 성령을 받은 후였습니다. 이처럼 하나님께서는 당신이 홀로 있을 때 꼭 찾아오십니다. 오셔서 분명하게 알려주시는 한 가지는 우리의 영혼의 상태입니다. 이때 복잡하고 평안할 때는 볼 수 없었던 자신의 모습을 보게 됩니다. 물론 슬픔과 난처함은 당신에게 큰 혼동을 줄 것입니다. 그러나 주의 설명을 들으면 모든 것이 이해가 갑니다.

일반적으로 우리는 다른 사람의 사정을 잘 이해한다고 착각하지만, 사실 하나님께서 우리의 마음속에 실제 아픔을 주실 때까지는 다른 사람의 사정을 이해할 수 없습니다. 각각의 제자들 안에는 성령에 의해 드러나야 할 무지와 아집이 가득 차 있었습니다. 당신에게 당신이 보지 못하는 무지와 아집이 있다는 사실을 압니까? 우리는 오직 예수님께서 우리를 홀로 다루실 때 이를 깨닫게 됩니다. 지금 당신은 홀로 있습니까? 그렇다면 주께서 당신을 찾아오시는 것을 반갑게 맞이하십시오. 쓸데없는 생각들과 근심과 복잡한 관계, 또는 세상일들에 대한 자질구레한 생각을 내려놓으십시오. 그 대신에 예수님을 홀로 만나십시오. 우리가 홀로 있게 될 때 마음속에서 모든 시끄러운 생각을 잠잠하게 할 수 있습니다. 그리고 오직 주님과만 단둘이 있게 될 때 그때 우리 주님은 우리에게 모든 것을 설명해 주십니다.

*매일 묵상할 때 나무는 성장합니다.*

# 업신여김을 받지 않는 삶

"누구든지 네 연소함을 업신여기지 못하게 하고 오직 말과 행실과 사랑과 믿음과 정절에 있어서 믿는 자에게 본이 되어" 디모데전서 4:12

바울이 디모데에게 "누구든지 네 연소함을 업신여기지 못하게 하라"고 말할 때의 의미는 디모데가 모든 믿는 자에게 말에나 행실에서 본이 되어야 함을 뜻합니다. 또한 업신여김을 받지 않기 위해 복음의 가르침대로 사랑과 믿음과 정절에서 행함으로 본이 되어야 한다는 뜻입니다. 하나님은 주의 종들이 자신들이 가르친 대로 행할 때 성도들의 본이 될 뿐만 아니라 존경을 받게 하셨습니다. 주의 종의 가르침과 행함이 일치할 때 아무도 그들을 업신여기지 못하게 하셨습니다.

주의 백성이 이 세상에서 업신여김을 받지 않으려면 우리의 삶이 복음의 가르침과 일치해야 합니다. 우리의 대화, 행실, 동기, 마음, 결단이 우리가 전하는 복음을 지지할 수 있어야 합니다. 이를 위해 우리는 언제나 예수 그리스도를 우리 신앙생활의 최고의 본으로 삼아야 합니다.

주님은 우리의 구세주이시며 전능하신 하나님이십니다. 그분은 우리 안에 성령을 통해 거하십니다. 따라서 성령의 충만은 주의 제자들로 하여금 주께서 가르치신 그대로 살 수 있도록 합니다. 하나님은 우리에게 당부하십니다. "너는 진리의 말씀을 옳게 분별하며 부끄러울 것이 없는 일꾼으로 인정된 자로 자신을 하나님 앞에 드리기를 힘쓰라" 디모데후서 2:15.

# 복음의 영광을 구하는 일꾼



"너는 … 일꾼으로 인정된 자로 자신을 하나님 앞에 드리기를 힘쓰라" 디모데후서 2:15

하나님의 일꾼은 두 종류가 있습니다. 하나는 버림받은 일꾼이고, 다른 하나는 인정받는 일꾼입니다. 바울은 자신이 버림받는 일꾼이 될까 봐 두려워하였습니다. "내가 내 몸을 쳐 복종하게 함은 내가 남에게 전파한 후에 자신이 도리어 버림을 당할까 두려워함이로다" 고린도전서 9:27. 이러한 바울이 디모데에게 당부합니다. "너는 진리의 말씀을 옳게 분별하며 부끄러울 것이 없는 일꾼으로 인정된 자로 자신을 하나님 앞에 드리기를 힘쓰라." 이러한 인정받는 일꾼의 특징은 자신이 가르친 바에 대하여 본이 되는 것입니다.

바울은 디모데에게 인정받는 일꾼이 되기 위한 지혜를 말합니다. "너는 그들로 이 일을 기억하게 하여 말다툼을 하지 말고 하나님 앞에서 엄히 명하라 이는 유익이 하나도 없고 도리어 듣는 자들을 망하게 함이라" 디모데후서 2:14. "망령되고 헛된 말을 버리라 그들은 경건하지 아니함에 점점 나아가나니 그들의 말은 악성 종양이 퍼져 나감과 같은데" 디모데후서 2:16~17. 한마디로 논쟁하지 말라는 것입니다. 이때 바울이 말하는 논쟁이란 자신이 옳다는 것을 주장하기 위한 논쟁을 의미합니다.

성 어거스틴Saint Augustine은 매일 이렇게 기도했습니다. "나를 변호하려는 욕망에서 나를 건지소서." 논쟁에 빠져들지 않도록 주의하십시오. 성령께서 친히 변론하시도록 하십시오. 하나님의 일꾼이 가장 빠져들기 쉬운 함정이 바로 이것입니다. 물론 당신이 옳습니다. 당신은 당신이 끝까지 옳은 것을 주장하고 싶을 것입니다. 패배감을 갖고 싶지 않을 것입니다. 그러나 바울이 말합니다. "디모데야, 관두어라. 그렇게 하면 네 영혼이 다친다. 오히려 하나님의 진리를 방해할 수 있다. 진주를 돼지에게 던질 수도 있다. 나아가 네가 논쟁하는 그 사람의 영혼을 해칠 수 있다." 우리 그리스도인에게 복음 수호를 위한 변론은 필수적입니다. 그러나 자신의 자존심과 주장을 위하는 논쟁은 피하십시오. 당신이 하나님의 일꾼으로서 할 일은 계속 하나님 앞에서 복음을 전파하며 변호하는 가운데 복음의 삶을 사는 것입니다.

# 약함 가운데 강함

*"이것이 내게서 떠나가게 하기 위하여 내가 세 번 주께 간구하였더니 … 이는 그리스도의 능력이 내게 머물게 하려 함이라"* 고린도후서 12:8~9

우리는 우리 자신이 주를 위해 강하게 되길 원합니다. 그래서 주님의 나라를 위해 일하기 위해서 재력, 권력, 인기, 명예 등을 구합니다. 주를 위해 '내가' 강해져야 한다는 것입니다. 그러나 바울은 우리가 마귀의 간계를 능히 대적하여 이기려면 "주 안에서와 그 힘의 능력으로 강건하여지라" 에베소서 6:10고 당부합니다. 그러므로 우리가 예수 그리스도 '안에서' 강해질 수 있는 유일한 방법은 '주 안에서 약해지는 것'입니다.

영적인 삶에서의 힘의 근원과 자연적인 삶의 힘의 근원은 다릅니다. 세상의 지혜와 하늘의 지혜가 다릅니다. 세상의 지혜로 강한 것이 하늘의 지혜로 볼 때 가장 어리석습니다. 사람들은 자연적인 삶을 위해서 자신의 외부에서 또는 내면에서 힘을 끌어옵니다. 외적으로는 대인 관계, 권력, 건강, 돈의 힘을 쌓으려 합니다. 내적으로는 잠재 능력, 인내, 신념, 최면술 등을 통해 마음의 힘을 키웁니다. 그러나 영적인 삶은 그 힘을 오직 하나님과의 관계에서 가져옵니다. 하나님과의 관계는 마음이 가난한 사람만이 유지할 수 있습니다. 믿음만이 우리를 포도나무 되시는 예수 그리스도께 연결합니다. 의식적이든 무의식적이든 그리스도의 능력은 내가 약할 때 내게 임하여 나타납니다. 이를 아시는 주님은 "이는 내 능력이 약한 데서 온전하여짐이라"고 말씀하셨습니다.

당신은 자신의 힘을 쌓으려고 합니까? 아니면 내 연약함을 인정하는 가운데 주만 의지하려고 합니까? 자신의 힘을 쌓으려는 사람들은 하나님을 이용하려는 사람이 될 것입니다. 그러나 연약함 가운데 주를 의지하는 자는 주께서 자신을 통해 하시는 일을 보며 주를 찬양하며 감사하게 될 것입니다. 자신의 내면이나 외부를 바라보지 말고 오직 눈을 들어 주 예수 그리스도를 바라보도록 하십시오.

# 신비주의



"너희가 세상의 초등학문에서 그리스도와 함께 죽었거든 어찌하여 세상에 사는 것과 같이 규례에 순종하느냐" 골로새서 2:20

하나님을 직접 접하려고 하는 모든 사람은 영적 위험에 빠지게 되어 있습니다. 신비주의는 인간 스스로 하나님을 접하려는 교만한 시도입니다. 그러나 그들은 결국 하나님을 접하지 못하고 악령들을 접하게 됩니다. 그러나 예수님께서는 우리가 하나님을 접하기 위해서는 반드시 자신을 통해야 한다고 말씀하셨습니다. 그렇지 않으면 우리에게는 죽음과 멸망밖에 없습니다. 만일 주님을 거절하고 하나님을 만나려고 할 때 누구든지 그들보다 훨씬 지혜롭고 강력한 초자연적인 세력에 의해 미혹을 당하게 될 것입니다. 많은 사람이 자신을 비움으로 또는 금욕을 통해 하나님을 만날 수 있다고 오해하고 있습니다. 이러한 오해 때문에 그들은 엉뚱한 영적 존재들을 만나게 됩니다.

사도 바울은 그리스도를 통하지 않고 하나님을 만나려는 모든 시도에 대해 "자의적 숭배와 겸손과 몸을 괴롭게 하는 데는 지혜 있는 모양이나 오직 육체 따르는 것을 금하는 데는 조금도 유익이 없느니라" 골로새서 2:23고 증거합니다. 사람들의 눈에는 신비주의에 빠진 종교인들이 매우 거룩하고 진실해 보일 수 있어도 하나님의 눈에는 가장 교만하여 미혹에 빠진 자들로 보입니다.

오직 예수 그리스도만이 우리가 하나님을 만날 수 있는 길이며, 그분을 통해 하나님께서 우리에게 말씀하십니다. 하나님은 우리에게 어떤 규칙이나 금지 사항들을 주신 것이 아니라, 하나님 자신을 우리에게 주셨습니다. 우리가 믿음으로 주 예수 그리스도를 마음속에 받을 때 우리는 세상의 초등학문과 관계가 없게 되며 오직 그리스도를 통한 하나님과의 인격적 관계 속에서 우리의 모든 삶이 주님을 사랑하고 기쁘시게 하는 복음적 삶이 됩니다.

# 하나님께 헌신된 일꾼

**"네게 부탁한 아름다운 것을 지키라"** 디모데후서 1:14

하나님께 헌신된 일꾼은 예수님을 위해 내려놓은 삶을 살며 좁은 길을 걷습니다. 이러한 삶은 의도적으로 평범한 사람들을 위해 삽니다. 갑자기 달아오르는 열광이 아니라, 오직 한 가지 목적을 향해 단단한 각오를 가지고 꾸준히 나아갑니다. 그 목적은 예수님을 위해 한 영혼이라도 더 얻으려는 것으로써 이를 위해 모든 것을 희생합니다. 하지만 이는 영혼을 향한 열정이 아닙니다. 이보다 더 무한하게 심오한 것은 바로 예수 그리스도를 향한 성령의 열정입니다. 그러므로 영혼을 얻겠다는 목적이 지나쳐 인간적인 정에 빠져들지 않도록 주의하십시오. 하나님의 요청이 아닌 인간적 요청에 따르면 그릇된 일꾼이 되기 쉽습니다. 또한 인간들 간의 열정적인 사랑이 주를 향한 섬김에 걸림돌이 됩니다. 이러할 때 그 모든 섬김은 철저한 낭비가 됩니다.

사람이 무엇 때문에 한탄하는지를 보면 그의 마음이 어디에 가 있는지가 보입니다. 주의, 참된 일꾼은 그 마음이 주님께 가 있습니다. 따라서 이 세대를 향한 주의 탄식을 언제나 함께 느낍니다. "그러나 인자가 올 때에 세상에서 믿음을 보겠느냐" 누가복음 18:8. 성령에 의해 양심이 새로워진 주의 일꾼은 하나님의 영광에 대항하는 것들에 대해 놀랍도록 예민하게 됩니다.

나는 모든 영적인 문제의 해결 방안은 그리스도께 모든 것을 내려놓는 것이라고 확신합니다. 아무 계산도 하지 말고 조금도 주저함이 없이 주님께 모든 것을 맡기십시오. 당신이 모든 것을 완전하게 내려놓으면 절대로 슬플 수 없습니다. 당신은 당신의 구원과 거룩함으로 말미암아 계속 하나님께 감사하고 있습니까? 주님께서 당신의 양심을 죽은 행실로부터 깨끗하게 하심을 감사합니까? 쉬지 말고 예수 그리스도께서 당신을 취하여 주의 죽음과 일치하게 하십시오. 당신에게는 아무것도 없고 오직 십자가와 주의 빛만 있게 하십시오. "그리스도 예수 안에 있는 믿음과 사랑으로써 내(바울)게 들은 바 바른 말을 본받아 지키고 우리 안에 거하시는 성령으로 말미암아 네게 부탁한 아름다운 것을 지키라."

# 성령님께 순종하십시오!



"보혜사 곧 아버지께서 내 이름으로 보내실 성령 그가 너희에게 모든 것을 가르치고 내가 너희에게 말한 모든 것을 생각나게 하리라" 요한복음 14:26

사람의 마음은 의식의 영역과 무의식의 영역이 있습니다. 우리는 우리가 듣고 읽은 것이 기억에서 사라진다고 말하지만 그렇지 않습니다. 우리 마음의 무의식 영역에 들어갈 뿐입니다. 성령의 역사는 우리의 무의식 영역에 저장된 것들을 의식의 영역으로 옮겨놓으시며 말씀하십니다. 그러므로 성경을 묵상하면서 당장 이해되지 않더라도 아무 소용이 없다고 생각하지 마십시오. 지금은 당신에게 이해가 가지 않더라도 그 진리가 필요한 어떤 상황이 발생하면 성령께서 그 진리를 기억나게 하시며 깨닫게 하실 것입니다.

"오직 너희에게 이 말을 한 것은 너희로 그때를 당하면 내가 너희에게 말한 이것을 기억나게 하려 함이요" 요한복음 16:4. 중요한 것은 당신이 어떤 상황에서든지 성령께서 주님의 말씀을 당신에게 기억나게 하실 때 그 말씀을 순종해야 합니다. 그것이 성령께 순종하는 것입니다. 이때 만일 당신이 성령의 말씀에 대한 순종 여부를 다른 사람과 나누게 되면 십중팔구 당신은 불순종할 것입니다. 성령께서 말씀하실 때는 그 내용이 성경과 일치되므로 당신에게 확실한 말씀입니다. 그러므로 불순종을 핑계하지 마십시오.

성령께서 주의 말씀을 기억나게 하실 때마다 성령을 신뢰하고 따르기 바랍니다. 성령님은 주의 말씀을 당신의 상황 가운데 적용할 수 있도록 당신의 의식 세계로 주의 말씀을 기억나게 하실 것입니다. 따라서 평소에 당신이 계속 성경의 진리를 당신의 마음속에 쌓아가는 일은 매우 중요합니다. 그 이유는 성경의 진리를 듣고 깨닫는 만큼 성령께서 당신의 상황 가운데서 그 말씀들을 생각나게 하여 적용하도록 하시기 때문입니다. 항상 성령께 순종하기를 힘쓰십시오.

# 그리스도를 얻기 위해 모든 것을 잃어버리십시오!

**"또한 모든 것을 해로 여김은 … 예수를 아는 지식이 가장 고상하기 때문이라" 빌립보서 3:8**

우리는 무엇을 믿어야 하는지를 들은 후 그 내용을 믿으면서 그리스도인의 삶을 시작합니다. 그 후 우리는 그 믿음에 동화되는 것이 하나님의 영광에 이바지하는 것으로 생각합니다. 이때 위험은 다른 사람의 믿음에 동화되는 믿음을 자신의 믿음이라고 착각하는 점입니다. 그리고 우리는 때때로 구속의 놀라움을 보고 감탄에 빠지곤 합니다. 이 상태는 신앙의 초기 단계에 있어야 건강합니다. 그러나 이 상태가 마지막 단계라고 알고 있다면 이는 매우 위험합니다. 다른 사람의 의견에 동화되는 믿음과 구속을 믿는 믿음은 서로 다를 때가 많습니다. 그 이유는 구속의 믿음은 우리 개인의 권리를 포기하라고 요구하기 때문입니다. 내가 예수 그리스도를 아는 지식의 고상함을 체험하려면 나는 먼저 내 자신에 대한 나의 권리를 철저하게 주께 양도해야 합니다. 만일 이를 망각한 채 단지 예수 그리스도께서 이루신 것을 누려보려고 한다면 이는 매우 위험합니다. 그 이유는 구속을 통해 내 것이 된 것이 아무것도 없는데 허상을 누려보려고 애를 쓰는 것이기 때문입니다. 나아가 자신의 권리를 포기하지 않은 채 주께서 이루신 일을 더 강하게 누려보려는 모습은 위선을 쌓을 뿐입니다. 그리고 주님에게서 온 고상함이 아니라 다른 영적 존재에게서 오는 거짓 황홀함을 주님의 것으로 오해할 수도 있습니다.

바울은 치를 대가를 계산하지 않고 실제로 대가를 치렀습니다. 그러나 그는 "모든 것을 잃어버리고 배설물로 여김은 그리스도를 얻고자"빌립보서 3:8 함이라고 말합니다. 바울의 모든 삶은 중생에 의해 시작되었으며 그 후부터 그는 완전히 다른 기준으로 모든 것을 평가하게 되었습니다. 우리가 얽매이지 말아야 하는 것은 이 세상에 속한 악한 것들뿐만 아니라, 또한 좋은 것들이기도 합니다. 즉, 우리의 자연적인 덕들에 얽매여서는 안 됩니다. 우리의 자연적인 덕들은 결코 예수 그리스도께서 원하는 기준의 근처에도 가지 못하기 때문입니다. 당신은 오직 주님을 붙들기 위해 당신의 모든 권한과 좋은 것들을 내려놓도록 하십시오.

이 나무는 당신입니다.

# 당신은 죽음을 지났습니까?



"그러므로 우리가 … 그와 함께 장사되었나니 … 우리로 또한 새 생명 가운데서 행하게 하려 함이라" 로마서 6:4

죽음을 지나지 않으면 온전한 거룩을 체험할 수 없습니다. 죽음이라는 위기의 사건을 지나지 않으면 인간은 거룩을 이룰 수 없습니다. 그러므로 거룩에 이르려면 반드시 죽음을 지나야 합니다. 하지만 하나님께서는 그 죽음을 부활로 이어주십니다. 따라서 우리는 죽음을 통해 주 예수 그리스도의 생명을 얻어 거룩하여지며, 부활의 생명을 얻어 거룩한 삶을 살게 됩니다. 거룩한 부활 생명을 이길 수 있는 것은 이 우주에 아무것도 없습니다. 부활 생명의 단 한 가지 목표는 하나님과 하나 되는 것입니다. 이는 그 생명은 하나님과 하나이신 그리스도의 생명이기 때문입니다.

당신은 죽음을 지난 적이 있습니까? 감상적인 죽음이 아닌 참으로 온 인격을 다하는 죽음을 체험하였습니까? 감정으로 뜨거워진 흥분의 상태는 죽음의 상태가 아닙니다. 죽음은 당신의 모든 인격이 여러 가지를 따진 후에 당신의 생명을 던지는 것입니다. 또한 죽음 이후는 당신의 존재가 멈추는 것을 의미합니다. 그러므로 죽음을 통하지 않은 그리스도인의 삶을 주의하십시오. 그 삶은 그리스도인의 삶이 아니라, 가장 위선 된 거짓 그리스도인의 삶입니다. 우리는 묘지를 지나면서 죽음을 통과한 것으로 오해합니다. 죽는 것은 노력한다고 되는 것이 아닙니다. 오직 성령의 역사를 통해 주의 죽으심과 합하여 세례를 받을 때 죽습니다. 죽은 자의 특징은 더 이상 자기 자신에 대한 권리를 주장하지 않습니다.

당신은 그리스도와 함께 십자가의 죽음을 통과하였습니까? 아니면 죽은 것처럼 스스로 속이며 거룩한 종교 게임을 하고 있습니까? 당신 안에는 죽음을 통과함으로써 주께서 주신 새 생명이 있습니까? 그 새 생명이 성령을 따름으로, 거룩한 삶을 살고 있습니까? "하나님의 뜻은 이것이니 너희의 거룩함이라" 데살로니가전서 4:3.

# 성령의 가르침

"오직 그의 기름 부음이 모든 것을 너희에게 가르치며" 요한일서 2:27

우리는 복음을 깨닫기 위해 언제나 모든 가르침의 위대한 교사이신 성령님을 의지해야 합니다. 그러면 성령님은 우리를 따로 가르치십니다. 우리가 성령님을 유일하신 선생으로 모실 때 성령님을 유일하신 선생으로 모시는 다른 성도와 참된 연합을 이루게 됩니다. "평안의 매는 줄로 성령이 하나 되게 하신 것을 힘써 지키라 몸이 하나요 성령도 한 분이시니 이와 같이 너희가 부르심의 한 소망 안에서 부르심을 받았느니라 주도 한 분이시요 믿음도 하나요 세례도 하나요"에베소서 4:3~5.

바울은 "오직 성령으로 충만함을 받으라"에베소서 5:18고 말합니다. 우리는 모두 썰물이 지난 후의 해변을 본 적이 있을 것입니다. 해변에는 온갖 작은 웅덩이들이 있습니다. 어떻게 하면 해변의 이 작은 웅덩이들을 하나 되게 할 수 있을까요? 웅덩이 사이에 개울을 파면될까요? 아닙니다. 밀물이 들어올 때를 기다리면 됩니다. 밀물이 들어올 때 웅덩이들은 파도에 완전히 쓸려 사라집니다. 이 현상이 정확하게 성도들이 성령으로 충만하게 될 때 나타나는 현상입니다. 성도들이 성령으로 충만하면 성경이 말하는 이상적인 교회가 됩니다. 교회는 서로 다른 사람이 성령의 중생하게 하시는 능력에 의해 하나님 안에서 연합하는 것입니다. 참 교회의 회원이 될 수 있는 자격은 예수님의 인격적인 계시에 의해 그분이 누구신지를 아는 것입니다. 내 주하시는 성령은 우리를 그리스도 예수께 인도하는 최고의 안내자이시며, 또한 성령은 우리가 주님께 사로잡히도록 붙드시는 분입니다.

오늘날 교회는 조직의 성장에 안간힘을 쓰고 있습니다. 사람들은 "우리는 이 조직이 계속 커가도록 해야 합니다"라고 말합니다. 그러나 하나님이 아니라 조직 때문에 동기 부여를 받고 일을 한다면 하나님께서는 그러한 일들이 멈추어지길 원하십니다. 당신에게 그러한 일들이 진행되고 있는지 점검하십시오. "너희를 가르치신 그대로 주 안에 거하라"요한일서 2:27. 우리가 성령에 의해 가르침을 받고 있는지 확인하는 방법은 우리의 삶이 하나님 아들의 삶과 일치하는지를 보면 됩니다.

# "율법을 완전하게 하려 함이라"



"내가 율법이나 선지자를 폐하러 온 줄로 생각하지 말라 폐하러 온 것이 아니요 완전하게 하려 함이라" 마태복음 5:17

얼마나 엄청난 말씀입니까! 예수님 당시의 사람들은 그들의 종교의 전통을 하나님께서 제정하신 율법에 뿌리를 두고 있었습니다. 그런데 젊은 나사렛 목수가 와서 "내가 하나님의 율법이다"라고 하니 그들에게는 예수님이 신성모독을 하는 자로 보였을 것입니다. 주님은 자신이 바로 구약의 모든 예언이 의미했던 바요, 구약의 모든 예언의 완성이라고 말씀하셨습니다. 또한 주께서는 주님의 사명이 율법과 선지자의 모든 예언을 완성하는 것이라고 하셨습니다. 그래서 만일 누구든지 율법이 과거 세대에 해당하는 것이라 하여 율법을 어기고 다른 사람에게도 율법을 어기도록 가르치면 심각한 영적 비참을 겪을 것이라고 말씀하셨습니다.

구약의 율법을 지키기 어려우면 주님의 교훈은 측량할 수 없이 더욱 어렵습니다. 주님의 교훈은 율법을 넘어 사람의 마음을 다루셨기 때문입니다. 그래서 주께서 가르치시는 모든 교훈은 주께서 주의 영을 우리 안에 넣어주시고 우리의 마음을 새롭게 창조하지 않으시면 지키기에 불가능한 것입니다. 간혹 십계명을 지키는 것은 불필요하다고 가르치는 목사들이 있습니다. 그들은 "우리는 법 아래에 있지 아니하고 은혜 아래에 있다"로마서 6:15고 외칩니다. 따라서 부모를 공경하든 말든, 이웃을 탐하든 말든 관계가 없다는 것입니다. 우리는 이러한 가르침을 조심해야 합니다. "은혜 아래 있고 법 아래 있지 않다"는 말씀은 우리가 원하는 대로 마음대로 할 수 있다는 뜻이 아닙니다. 우리는 얼마나 쉽게 한두 가지의 신앙적인 말들을 만들어놓고 지나칠 정도로 그 말을 되풀이하면서 자신들을 속여 예수 그리스도의 법칙에서 벗어나게 되는지 모릅니다. 이러한 영적 속임수를 막는 유일한 방어책은 하나님과 깊은 인격적 관계를 유지하는 것입니다. 모든 영적 깨달음의 비결은 빛 가운데 걷는 것이지 자신의 확신이나 이론을 따르는 것이 아닙니다. 오직 하나님의 빛 가운데 걷는 것이 영적 깨달음의 비결입니다. 그러므로 성령과 말씀의 빛 가운데 행하도록 하십시오.

매일 묵상할 때 나무는 성장합니다.

# "나를 믿는 자는 생수의 강이 흐르리라"



예수님께서 말씀하셨습니다. "내게로 와서 마시라 그러면 그 배에서 생수의 강이 흘러나오리라"요한복음 7:37~38. 그러나 사람들은 주님께로 가서 마시는 것을 망각하고 흐르는 강을 보려는 경향이 많습니다. 흐르는 강에 눈이 고정될 때 그 사람의 배에서는 생수의 강이 흐르지 않게 됩니다. 원천에 마음과 눈을 고정하십시오. 강이 어떻게 흐르는지는 당신이 신경 쓸 바가 아닙니다. 주님께서 강의 흐름을 돌보실 것입니다.

당신은 당신의 신앙의 초기 상태에서 하나님께서 당신을 더 유용하게 사용하셨다고 느낄 것입니다. 지금 당신은 하나님을 그때보다 훨씬 더 잘 알고 있습니다. 그럼에도 과거처럼 하나님께 크게 쓰임 받고 있다고 느껴지지는 않습니다. 무엇이 문제일까요? 이는 문제가 아니라 하나님은 당신의 성품을 빚고 계신 것입니다.

내 생각에는 하나님께서 그리스도인의 삶의 초기에는 주님이 하시는 놀라운 일들을 보게 하심으로 격려하신다고 봅니다. 그러나 우리가 영적으로 성장하면 하나님은 우리의 눈에 보이는 부분에서 역사하시기보다 보이지 않는 부분에서 역사하십니다. 하나님은 우리의 유한한 육체를 통해 주의 역사를 나타내십니다. 주님께서 당신을 어떻게 사용하시든지 주만 의지하십시오. 당신이 할 일은 흐르는 강을 보는 일이 아니라 오직 주님을 믿는 일입니다.

이 나무는 당신입니다.

# October

## 10월

## 예루살렘을 마음에 두고 계속 걸으십시오!

소망을 흔들리게 하고 마음의 정원이 잡초로 무성해질 때

# 항상 신선함을 유지하는 비결



**"사람이 거듭나지 아니하면 하나님의 나라를 볼 수 없느니라"** 요한복음 3:3

성령으로 거듭나는 사건은 바람처럼 신비한 사건이며 하나님께서 행하시는 가장 큰 기적 중의 하나입니다. 이 사건은 실수가 전혀 없으신 완전하신 하나님의 사역으로서 하나님만이 그 처음과 나중을 아십니다. 우리는 어디서부터 우리의 거듭남이 시작되는지 정확하게 알 수 없습니다. 우리가 아는 것은 그 사건은 우리 생명의 가장 깊은 곳에서 발생한다는 사실입니다.

위로부터 거듭난 생명은 거듭난 순간부터 그 사람에게 영원한 생명이 됩니다. 그 생명 때문에 우리의 생각과 감정과 결단이 바뀌고, 말과 삶에 새로운 변화가 나타납니다. 그 변화는 근본적인 변화로서 거듭난 생명인 그리스도의 생명이 나를 통해 나타나는 변화입니다. 이때 거듭난 생명은 끊임없는 생명력으로 가득합니다. 만일 당신에게 삶의 생기가 사라지고 영적 침체가 왔다면 이는 그리스도와의 연결이 느슨해졌다는 증거입니다. 성령으로 말미암은 기쁨은 없고 율법적 굴레에 억지로 갇혀 있다면 이는 영적 침체의 첫 표시입니다. 지금 당신의 영혼은 새롭습니까? 아니면 뭔가를 해야 하는 부담 때문에 지쳐 있습니까? 신선함은 순종으로 생기는 것이 아니라, 성령으로부터 오는 생명력임을 기억하십시오. 한편 순종은 우리가 성령의 빛 가운데 머물 때 자연스럽게 나타나는 결과입니다. 그러므로 마음을 다해 하나님과의 바른 관계를 지키십시오.

예수님께서는 "우리가 하나가 된 것 같이 그들도 하나가 되게 하소서"요한복음 17:22라고 기도하셨습니다. 하나가 되려면 둘 사이에 아무것도 없어야 합니다. 항상 예수 그리스도께 당신의 모든 삶을 털어놓으십시오. 주님께 감추는 것이 없도록 하십시오. 주님과 따지지 마십시오. 특히 하나님이 아닌 다른 것으로부터 삶의 생기를 얻으려 할 때 주님과의 하나 됨이 깨어지면서 당신은 영적 침체에 빠지게 됩니다. 만일 당신이 주님이 아닌 다른 것에 의지하게 될 때 당신은 주께서 당신을 떠나시더라도 결코 느끼지 못하게 될 것입니다.

# 주를 위해 찢긴 빵이 되십시오!

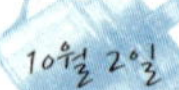



**"사망의 줄이 나를 두르고 스올의 고통이 내게 이르므로 내가 환난과 슬픔을 만났을 때에" 시편 116:3**

하나님은 당신을 어린 소자들도 먹을 수 있는 '맛있는 빵'으로 만드시기 위해 많은 시련을 통과하게 하십니다. 하나님은 주의 기준에 합격할 수 있는 빵이 되도록 당신을 뜨거운 불로 굽기를 원하십니다. 그래서 당신이 잘 구워진 맛있는 빵이 되면 하나님은 어린 소자들이 먹을 수 있도록 그 빵을 찢으셔서 주의 양 무리 가운데 가장 연약한 자들에게 먹이시는 것입니다.

사도 바울은 "내가 너희 영혼을 위하여 크게 기뻐하므로 재물을 사용하고 또 내 자신까지도 내어 주리니 너희를 더욱 사랑할수록 나는 사랑을 덜 받겠느냐"고린도후서 12:15라고 말했습니다. 바울의 삶을 주관하고 있었던 주된 열정이 무엇이었을까요? 바로 주 예수 그리스도께 드려진 그의 헌신입니다.

당신은 주를 향한 타오르는 열정을 가지고 있습니까? 주 예수 그리스도의 십자가의 죽음과 부활을 기억하십시오. 그리고 성령께서 당신에게 그 깊은 의미를 충분히 깨달을 수 있도록 도와달라고 간구하십시오. 십자가와 부활의 의미를 계속 이해할 수 있도록, 그리고 새롭게 이해할 수 있게 해 달라고 기도하십시오. 그러면서 삶으로 돌아가 '이득이 아닌 손실로 당신의 삶을 평가하십시오.' 즉, 포도주를 마셨는가를 계산하는 대신에 얼마나 다른 사람을 위해 부어진 포도주가 되었는지를 살펴보십시오.

# 죄를 속량하신 예수님을 보십시오!



"그러므로 그가 범사에 형제들과 같이 되심이 마땅하도다 이는 하나님의 일에 자비하고 신실한 대제사장이 되어 백성의 죄를 속량하려 하심이라" 히브리서 2:17

이 세상에서 가장 위대한 사건은 그리스도께서 십자가에서 피를 흘리심으로 인류를 하나님께로 회복할 수 있도록 하신 사건입니다. 죄는 우리 모두를 하나님과 원수가 되게 하였습니다. 그러나 주 예수 그리스도께서는 십자가상에서 인류의 죄의 문제를 해결하셨습니다. 우리는 종종 하나님께서 죄를 미워하신다는 사실을 망각합니다. 이러한 망각 때문에 사람들은 구원을 단지 감상적인 느낌으로 오해합니다. 눈물을 흘리며 주님을 사랑한다고 고백하면서 마치 구원을 누리는 착각에 빠집니다. 이때 그들은 하나님은 사랑의 하나님이시기 때문에 아무 때나 죄인들을 용서하실 것으로 추측합니다. 그러면서 그들은 사람들에게 단지 '예수님을 보기만 하면' 구원을 받게 될 것이라고 가르칩니다.

문제는 성경이 말하는 '예수님을 본다'는 의미가 그들이 생각하는 의미와 다르다는 점입니다. 우리가 "다른 이로써는 구원을 받을 수 없나니 천하 사람 중에 구원을 받을 만한 다른 이름을 우리에게 주신 일이 없음이라" 사도행전 4:12고 외치는 것은 매우 잘하는 것이며 귀한 일입니다. 그러나 '예수님을 본다'는 의미를 단지 그분을 '하나님의 대변인'으로 보는 것으로 알고 있다면 이는 속는 것입니다. 성경이 말하는 '예수님을 본다'는 의미는 죄를 미워하시는 하나님의 마음을 아는 것과 함께, 우리 죄의 문제를 해결하시기 위해 하나님께서 친히 독생하신 아들을 희생시켜 피를 흘리게 하심으로 마련하신 십자가를 깨닫는 것을 의미합니다.

"그러므로 그가 … 대제사장이 되어 백성의 죄를 속량하려 하심이라." 사랑의 하나님을 말하면서 '죄를 속량'하시는 대제사장 주 예수 그리스도의 십자가 사역과 중보 사역을 잊지 않도록 하십시오. 이 진리를 깨닫지 못한다면 결코 구원이 있을 수 없습니다. 지금 이 세상에는 예수님을 사랑한다고 입으로는 고백하는 사람들이 많지만, 실상은 예수 그리스도의 피 뿌림으로 말미암은 죄 사함을 거부함으로써 구원과는 거리가 먼 사람이 많습니다.

# 어리석음

"내가 사울을 왕으로 세운 것을 후회하노니 그가 돌이켜서 나를 따르지 아니하며 내 명령을 행하지 아니하였음이니라 하신지라" 사무엘상 15:11

하나님의 말씀인 성경을 읽다 보면 어리석음에 대한 가득한 예들을 보게 됩니다. 어리석음은 무지와 다른 것인데, 어리석음이란 지식은 있으나 그 지식을 사용하여 생각하지 못하고 분별력 없이 행동하는 것을 말합니다. 그러나 무지는 지식이 없으므로 나타나는 행위입니다. 성경은 어리석음이란 지혜롭지 못한 것이라고 정의합니다. 한편 지혜는 하나님을 경외하는 것이라고 말합니다. 따라서 어리석음은 지혜의 반대편에 있는 것으로써 하나님을 경외하지 않음에 그 뿌리를 두고 있습니다.

사울 왕은 어리석음이 무엇인지를 보여주는 대표적인 예입니다. 그의 외모와 조건은 뛰어나고 화려했습니다. 그의 매력은 저절로 흘러넘쳤습니다. 그러나 그는 지독하게 어리석었습니다. 그의 어리석음은 하나님의 뜻을 분명하게 알면서도 의도적으로 불순종하는 마음이었습니다. 그 어리석음의 뿌리는 하나님 앞에서 회개할 줄 모르는 마음과 함께 하나님을 경외하지 않고 자신의 영광을 구하는 마음이었습니다. 그는 자신의 이름을 내기 위한 기념비를 위해 하나님의 말씀을 저버렸습니다. 그러한 사울을 보시며 하나님께서는 그를 지도자로 세우신 것을 후회하셨습니다. 그의 회개할 줄 모르며 주의 명령을 따를 진심이 없는 사실이 하나님을 안타깝게 만드는 부분이었습니다. 사울 왕은 자신의 왕 됨이 하나님의 은혜이며 하나님의 영광을 위한 자리인 것을 망각하고 불순종과 함께 교만과 질투의 어리석음에 빠졌습니다.

사울이 여호와 하나님을 경외하여 지혜를 소유하였다면 그는 어리석음의 대명사가 되지 않았을 것입니다. 그의 삶은 또한 어리석음 가운데 비참으로 마치지 않았을 것입니다. 당신은 하나님을 경외합니까? 아니면 하나님의 뜻이 아닌 줄 알면서도 자신의 고집과 교만과 자기의 영광 때문에 계속하여 불순종을 되풀이하는 어리석음의 노예입니까?

# 영적 분별력



"끝으로 형제들아 무엇에든지 참되며 무엇에든지 경건하며 무엇에든지 옳으며 … 무슨 기림이 있든지 이것들을 생각하라" 빌립보서 4:8

　참된 성도는 무엇에든지 참되며, 경건하며, 옳으며, 정결하며, 사랑받을 만하며, 칭찬받을 말한 것들을 분별할 수 있습니다. 또한 덕과 기림이 될 만한 행위들을 분별하여 그렇게 행하는 것을 즐거워합니다.

　이 분별의 은사는 성령이 주시는 은사 중의 하나입니다고린도전서 12:10. 참된 분별은 하나님이 무엇을 기뻐하시는지에 대해 혼동하지 않습니다. 성령이 주시는 분별은 언제나 하나님의 말씀과 일치합니다. 성령이 허락하시는 분별은 비복음적인 요소들을 걸러냄으로써 그리스도를 주님으로 모시고 영화롭게 합니다. 그러므로 그리스도를 영화롭게 하지 않는 것들은 성도들에게 마땅할 수 없습니다. 이에 바울은 성령의 분별을 통해 참된 것, 경건한 것, 옳은 것, 정결한 것 등을 구별하여 내어 행하라고 권면합니다.

　성령의 분별로 살아가는 주의 백성은 영적 오류를 단번에 인식합니다. 그 이유는 성령께서 그들의 마음속에 예수 그리스도의 말씀을 기억나게 하시기 때문입니다. 그리고 성령은 '주님의 양'들을 모든 진리 가운데로 이끌어 낯선 음성을 따라가지 않도록 보호하십니다.

　영적 분별은 하나님의 영광과 매우 긴밀하며 하나님의 영광에 대단히 예민합니다. 영적 분별력을 지닌 성도는 빛 가운데 행하며 빛 되신 주 예수 그리스도와 동행하는 자들입니다. 주를 향한 참된 순종과 영적 분별력은 뗄 수 없는 관계임을 잊지 않도록 하십시오.

# 역류를 피하십시오!

**"누가 너희를 막아 진리를 순종하지 못하게 하더냐"** 갈라디아서 5:7

역류는 표면에서 흐르는 물과 반대 방향으로 흐르는 저변에 깔린 물의 흐름입니다. 사람이 익사하는 이유는 보통 역류 때문입니다. 수영을 잘하는 사람은 절대로 역류가 있는 곳에 가지 않습니다. 어리석은 사람이나 역류가 흐르는 곳으로 가려 할 것입니다. 갈라디아 교회에 흘렀던 영적 역류는 유대교였습니다. 그 가르침은 교회에 공식적으로 들어온 것이 아니라 '몰래' 들어왔습니다. 하나님의 자녀로서 바다로 나아가 영광스러운 자유로움을 누리는 그들에게 역류가 들어온 것입니다. "너희가 달음질을 잘하더니." 그들은 대양을 향하여 잘 나아가고 있었습니다. 그러나 율법과 의식주의의 역류가 교회에 들어와 그들을 막아 복음을 버리고 진리를 순종하지 못하도록 하였습니다.

하나님과의 위대한 만남이 있은 후 당신은 대양으로 나아가는 물결을 타게 됩니다. 그 물결은 항구의 경계를 넘어서서 잘 나아갑니다. 이때 당신을 뒤로 잡아당기는 영적 역류가 발생합니다. 강과 바다가 만나는 곳에는 언제나 역류가 있는데, 바로 그곳이 가장 위험한 장소입니다. 역류는 대양으로 흐르는 강과 비슷하게 흐르지만, 당신을 원위치로 돌아오게 하려는 속성이 있습니다. 당신은 그곳에서 소용돌이를 맞게 됩니다. 이 소용돌이에 빠지면 대양을 향하여 나아가지 못하고 결국 둑에 부딪혀 파선하게 됩니다. 이것이 가장 비참함입니다.

당신의 인생이 하나님의 목적을 향해 나아가고 있다면 당신을 무너뜨려 과거로 돌아가게 하려는 세력들을 조심하십시오. 당신의 삶에는 하나님께로 향하는 강력한 흐름이 있지만, 또한 그 반대로 흐르는 '숨겨진' 영적 역류가 있습니다. 특히 큰 영적 흐름이 있는 곳에 영적 역류가 시작된다는 사실을 주목하십시오. 사실 표면의 흐름이 셀수록 역류도 강력하게 흐릅니다. 우리 각자에게 해당하는 역류는 가지각색입니다. 역류의 발생은 표면의 흐름이 어느 정도 진행될 때 발생합니다. 그러나 역류를 지나면 흐름이 순탄하여지면서 더는 역류가 발생하지 않습니다.

# 중보 기도의 역사 

**"주께서 의인을 악인과 함께 멸하려 하시나이까" 창세기 18:23**

우리는 각 개인에게 자아실현의 속성이 언제부터 시작되는지 알지 못합니다. 매우 어릴 때부터 혹은 그 이후일 수 있습니다. 그러나 분명한 것은 예수 그리스도께서 우리에게 말씀하신 것처럼 중보 기도에 의해 하나님의 위대한 능력이 우리의 상상을 초월하여 역사한다는 사실입니다. 주 예수님을 만날 때 우리는 부끄러움을 느낄 것입니다. 왜냐하면 주께서 우리에게 중보 기도를 하라고 사람들을 보내주시고 경고할 기회를 주셨는데, 우리의 눈이 너무 가려져 있고 무지했었음을 깨닫게 되기 때문입니다. 우리는 그들을 위해 기도하는 대신 그들의 잘못을 지적하기에 바빴습니다. 우리는 무엇이 잘못되었는지를 찾아내려고 애쓸 필요가 없습니다. 우리가 할 일은 중보 기도입니다. 그래서 그들에게 각성이 찾아오면 그들이 가장 먼저 만나게 되는 분은 예수 그리스도가 될 것입니다.

중보 기도의 의미는 주님께서 무엇을 행하시는지 보는 것이며, 그 결과로 더욱 깊은 신뢰와 친밀함을 하나님 아버지와 누리는 것입니다. 이러한 관계가 맺어지면 우리가 해결할 수 없는 모든 염려와 고통을 주께서 해결하실 수 있도록 주님의 발 앞에 던지게 됩니다. 그러나 이 뜻이 "주님이 다 하세요"라고 모든 짐을 주 앞에 던져 버린다는 뜻은 아닙니다. 만일 이렇게 행한다면 우리의 영적인 삶은 큰 문제에 닥치게 될 것입니다. 이러한 자세는 주님과 친밀한 관계의 모습이 아닙니다. 우리는 하나님께 그 상황을 의탁한 가운데 그 문제에서 나오지 말고 그 자리에 서서 주께서 그 문제들을 우리를 위해 어떻게 해결하시는지를 보아야 합니다. "그러나 저는 믿음이 없어요"라고 당신은 말할지도 모르겠습니다. 그러나 일단 당신의 문제를 주님께 가져오십시오. 그 후 주께서 그 문제들을 해결하시는 동안 주님과 함께 거하십시오. 그렇게 될 때 당신은 주님과의 친밀함을 유지할 수 있으며 동시에 당신의 문제도 해결 받게 될 것입니다.

# 당신은 무엇에 집중합니까?

"땅의 모든 끝이여 내게로 돌이켜 구원을 받으라 나는 하나님이라 다른 이가 없느니라"
이사야 45:22

영적으로 가장 어려운 것은 하나님께 늘 집중하는 것입니다. 아이러니하게도 우리가 주께 집중하는 것을 가장 방해하는 것은 주가 우리에게 베푸신 축복일 때가 많습니다. 고난을 당하면 일반적으로 하나님을 바라보며 집중하지만, 복을 받을수록 하나님을 망각하고 베푸신 복에 집중하는 자들이 있습니다. 결국 회개하지 않으면 모든 것을 다 잃고 맙니다. 산상수훈의 핵심은 모든 관심을 버리고 마음과 뜻과 힘을 다해 오직 주 예수 그리스도께 집중하라는 것입니다.

하나님께 비전을 받았다고 말하지만, 사실은 비성경적인 야망에 속아서 그 야망을 주님에게서 오는 비전으로 착각하는 사람들이 있습니다. 그들의 특징은 그들이 가진 거짓 비전에 집중하느라 결국 주 예수 그리스도를 놓치는 것입니다. 또한 소위 자신의 거룩함을 드러내는 데 마음이 다 가 있는 자들이 있습니다. 그들 또한 사람들 앞에서 거룩하게 보이려고 노력하지만, 결국 주 예수 그리스도께 집중하는 것을 잃습니다. 주님은 말씀하셨습니다. "내게로 돌이켜 구원을 받으라. 그리고 절대로 내게 네 눈을 떼지 말도록 하라."

영원한 가치가 있는 것들은 오직 주님만을 바라볼 때 얻어집니다. 하지만 마음속에 하나님보다 더 소중히 여기는 우상이 있는 사람들은 "내게로 돌이켜 구원을 받으라. 내게 집중하라"는 말씀을 가장 못마땅하게 여깁니다. 하지만 하나님께 집중하는 자들은 모든 상황을 초월하는 평강을 누리며, 모든 염려가 다 사라집니다. 그러므로 자리에서 일어나 하나님을 바라보십시오. 주께 소망을 두십시오. 십자가에 집중하십시오. 우리를 힘들게 하는 일들이 많더라도 어떤 상황에서도 주님만을 바라보겠다고 다짐하십시오. 주께 집중하는 자는 반드시 주의 구원의 영광을 체험하게 됩니다.

# 거짓 선지자와 속는 자들



"악한 자의 나타남은 사탄의 활동을 따라 … 모든 자들로 하여금 심판을 받게 하려 하심이라" 데살로니가후서 2:9~12

예수 그리스도를 유대인의 손에 넘겨 십자가의 사형을 허락한 빌라도는 언제나 자신의 이익만을 구하는 사람이었습니다. 이러한 종류의 사람은 오늘날 셀 수 없이 많습니다. 심지어 교회에도 빌라도로 가득합니다. 최근에는 교회에 속한 이유가 자기의 사업 때문인 사람들도 많습니다. 이러한 사람들의 관점에는 '예수 그리스도의 복음이 흥하면 그 복음으로 내 자신의 이익을 얻는 데 사용해야겠다'는 생각이 있습니다. 그러나 그가 정녕 예수님을 만나게 되면 예수 그리스도께서 그의 삶에 요구하시는 요청을 무시할 수 없게 됩니다. 그 요구는 모든 것을 다 버리고 오직 온 맘과 몸으로 주님을 따르라는 요청입니다. 그러면 빌라도와 같은 사람들은 다 주님을 버리고 도망합니다.

거짓 선지자들은 복음을 조작하여 사람들의 헛된 욕망을 채우므로 셀 수 없이 많은 사람을 속입니다. 이들의 활동이 성공하는 이유는 인간의 마음들이 이미 속을 준비가 되어 있기 때문입니다. 따라서 만일 당신이 사람들에게 죄를 경시하도록 가르치면 사람들은 당신의 메시지를 달게 들을 것입니다. 죄악에 대한 심판을 가볍게 말하면 사람들은 당신의 가르침을 기뻐할 것입니다. 이러한 이유 때문에 거짓 선지자들의 속임수는 대중에게 인기를 얻습니다. 그러나 그들의 메시지는 진리가 아닙니다. 그들의 메시지는 인류의 타락한 욕망을 만족하게 하는 왜곡된 진리로써 거짓 진리입니다.

"이러므로 하나님이 미혹의 역사를 그들에게 보내사 거짓 것을 믿게 하심은 진리를 믿지 않고 불의를 좋아하는 모든 자들로 하여금 심판을 받게 하려 하심이라." 하나님께서는 속이는 자들과 속는 자들에게 자비를 베푸셔서 신속하게 그 길에서 돌아서게 되기를 바라십니다.

# 제자의 충성



예수님께서 제자들을 부르시며 자신을 따르라고 말씀하실 때 많은 사람이 그렇게 했습니다. 이렇게 처음에 주를 따랐던 자들 중에는 끝까지 남은 자들은 많지 않습니다. 따라서 주님과 함께 머물며 동행하는 것은 처음에 주를 따르기보다 훨씬 더 어렵다는 뜻입니다.

예수님을 따르는 자 중에는 그분의 세상적인 매력 때문에 주를 따르는 사람이 의외로 많습니다. 병 고침을 위해 주를 따르는 자들이 많았습니다. 인기를 얻으려고 예수님을 따르는 자들도 있었습니다. 사회 정의를 부르짖으며 주를 따르는 자들이 있었습니다. 애국심 때문에 예수님을 따르는 자들도 있었습니다. 정치적으로 그리고 경제적으로 초자연적인 능력을 나타낼 것을 기대하며 예수님을 따르는 군중도 있었습니다. 그리고 다른 군중이 예수님을 기릴 때 더 많은 사람이 예수님을 따르고자 했습니다. 그러나 주님께서 "나를 따르고자 하면 네 자신을 버리고 나를 위해 희생해야 한다"고 말씀하실 때 많은 사람이 예수님을 버리고 떠났습니다.

사람들은 감상에 빠져서 "네, 주님을 따르겠습니다. 주께서 어디로 가시든지 따라가겠습니다"라고 말합니다. 그러나 정작 예수님께서 희생을 말씀하시면 뒤 발걸음을 칩니다. 이로 보건대 많은 사람이 진정으로 예수님을 따르기보다 예수님을 따르는 생각의 전율을 즐기는 것 같습니다. 그러므로 참 제자의 진정한 시험은 멋진 출발이 아니라 주를 향한 변함없는 충성입니다. 당신은 변함없는 마음으로 하나님께 나아가십시오.

# 성령과 주의 말씀



"내 말과 내 전도함이 설득력 있는 지혜의 말로 하지 아니하고 … 다만 하나님의 능력에 있게 하려 하였노라" 고린도전서 2:4~5

오늘날 뭔가 새로운 것을 배우려고 모든 교회가 난리입니다. 교회 성장을 위한 프로그램이라고 하면 수천수만의 사람이 모여 배우기를 힘씁니다. 듣지 못하던 신기한 체험들이 있다고 하면 구름 떼처럼 몰려듭니다. 하지만 우리가 들어야 하는 것은 지금까지 들었던 것을 다시 들어야 합니다. 특히 마땅히 들어야 하는 것 중에 듣지 못한 것들을 들어야 합니다. 즉, 성경을 계속 들어야 합니다. 대부분의 사람에게 필요한 것은 새로운 것이 아니라, 성경에 무지하므로 성경을 더욱 바르게 아는 것입니다. 하나님의 계시된 말씀을 모르면서 어찌 하나님의 인도하심을 이해할 수 있겠습니까! 우리는 우리의 모든 상황에서 성경을 통해 인도함을 받을 수 있습니다. 바로 이러한 이유 때문에 우리는 내주하시는 성령의 열정으로 하나님의 말씀을 선포하고 가르쳐야 합니다.

당신의 성공은 하나님께 완전하게 충성하는 것만이 성공입니다. 하나님께 완전하게 순종한 후, 그로 말미암은 결과는 우리가 관여할 바가 아닙니다. 충성과 순종의 결과로 베드로가 설교할 때처럼 수천 명의 제자가 생길 수 있습니다. 그러나 충성과 순종의 결과로 오히려 스데반처럼 돌에 맞아 순교할 수 있습니다. 하지만 하나님이 보시기에 충성한 베드로와 순종한 스데반은 똑같이 성공했으며 똑같이 귀합니다.

하나님의 은혜는 주 예수 그리스도께 무조건 순종하는 자들에게 한없이 흐릅니다. 그러나 다른 복음, 다른 교훈, 다른 예수에게로 이끄는 거짓 선생들에게는 귀가 가려운 많은 군중이 그들을 따릅니다. 하지만 하나님이 보시기에는 그들은 지옥 불을 위해 예비된 더러운 무리일 뿐입니다. 하나님의 은혜는 언제나 주 예수 그리스도의 십자가만을 통해 성령의 역사로 말미암아 흐른다는 사실을 절대로 잊지 마십시오.

# 흠 없는 삶

"우리 주 예수께서 그의 모든 성도와 함께 강림하실 때에 하나님 우리 아버지 앞에서 거룩함에 흠이 없게 하시기를 원하노라" 데살로니가전서 3:13

죄는 마음의 눈이 먼 상태입니다. 죄로 말미암아 사람들은 하나님과 하나님의 나라를 보지 못합니다. 오늘날 가장 큰 영적 위기는 그리스도인들의 안일함입니다. 우리는 죄악들에 대해 불감증에 걸려 있습니다. 마음의 눈이 점점 멀어지고 있습니다. 우리는 십자가를 중심으로 다시 깨어나야 합니다. 그래야만 우리 마음의 눈이 다시 밝아집니다. 그 후에야 우리는 '하나님 앞에서 흠이 없는 신부'로 설 수 있습니다.

주께서 기독교를 도덕으로 간주하는 자들의 설교를 막아주시길 기도드립니다. 인간의 도덕으로 의인과 죄인을 구분하는 가르침들이 사라지길 기도합니다. 우리에게는 성령으로 말미암은 죄를 책망하는 설교자들이 필요합니다. 참으로 하나님께서 보내신 주 예수 그리스도를 멸시하는 죄악에 대해, 성령께서 날마다 증거하시는 예수 그리스도에 무관심한 죄악에 대해, "나의 하나님, 나의 하나님, 우리가 주께만 죄를 범하였습니다"라고 고백할 수 있는 설교자가 필요합니다.

그리스도는 인간 사이의 사랑과 친목을 위해 이 땅에 오신 것이 아닙니다. 주님은 죄인과 하나님 사이에 바른 관계를 맺어주시기 위해 오셨습니다. 이를 이루시기 위해 주님께서는 우리의 옛사람의 죄성을 뿌리째 뽑으셔야 하며 주의 영광스런 거룩한 마음으로 우리를 채우셔야 합니다. 우리는 인간의 힘으로 도덕을 세우는 자들이 아니라, 우리가 죽고 우리 안에 계신 그리스도의 생명이 살게 하는 자들입니다. 그리스도의 생명이 우리를 대신하여 사실 때, 그때만이 우리는 하나님의 거룩하심 앞에서 흠이 없게 설 수 있습니다.

# 남을 먼저 대접하십시오!



"그러므로 무엇이든지 남에게 대접을 받고자 하는 대로 너희도 남을 대접하라" 마태복음 7:12

주님의 이 말씀은 소극적인 의미가 아닌 적극적인 의미를 담고 있습니다. 남에게 대접을 받고자 하는 대로 너희도 남을 대접하라는 말은 남들이 당신에게 하지 말았으면 하는 것들을 당신도 남에게 하지 말라는 소극적 의미와는 매우 다릅니다. 다른 사람이 당신에게 어떻게 대하기를 원하십니까? 예수님께서는 다른 사람이 당신에게 어떻게 대하기를 원하는 것처럼, 먼저 당신이 그들에게 그렇게 하라고 말씀하십니다. 그들이 당신에게 그렇게 할 때까지 기다리지 말라는 것입니다. 성령께서 당신의 마음속에 다른 사람이 내게 이렇게 해주었으면 하는 것들을 생각나게 하신다면, 이는 성령께서 당신에게 다른 사람에게 그렇게 하라고 말씀하시는 것입니다.

"나는 내가 가지고 있는 너그러운 마음의 동기를 알아주었으면 합니다." 그렇다면 그들이 너그러운 마음의 동기를 가졌을 때 칭찬해주고 인정해주십시오. "나는 다른 사람이 혹독하게 나를 판단하지 않았으면 좋겠습니다." 그렇다면 그들에게 혹독한 판단을 하지 마십시오. "그들이 나를 위해 기도해주었으면 합니다." 그렇다면 그들을 위해 먼저 기도하십시오.

은혜 안에서 우리가 자라난 영적 분량은 다른 사람을 향한 우리의 자세에서 나타납니다. 주님께서는 "네 이웃을 네 자신과 같이 사랑하라"마가복음 12:31고 말씀하셨습니다. 사탄은 광명한 빛의 천사로 가장하여 찾아와 말합니다. "너는 네 자신이 다른 사람에 대해 어떻게 행동하는지 성찰할 필요가 없다." 그러나 성령께서는 당신이 자신에 대해 성찰해야 한다고 강권하십니다. 그 이유는 이것이 성령께서 당신을 교육하는 방법으로써 당신이 자신에 대해 아는 만큼 다른 사람을 대할 수 있기 때문입니다. 다른 사람이 당신에게 어떻게 해주었으면 하는 생각대로 성령께서는 당신을 그렇게 만드십니다. 그 후 성령께서 "자, 이제 가서 그들에게 그렇게 하라"고 말씀하십니다. 이 말씀이 주님께서 우리에게 주신 우리의 현실 속에서의 윤리적인 행동의 기준입니다.

# 모든 민족으로 제자를 삼으십시오!

"그러므로 너희는 가서 모든 민족을 제자로 삼아" 마태복음 28:19

제자로 부르시는 주의 부르심은 거듭나는 것만큼이나 신비합니다. 누구든지 주의 제자로 부름을 받으면 모든 것이 크게 변합니다. 제자로의 부름은 바다의 부름이나 산의 부름과 같습니다. 이는 산이나 바다의 속성을 소유한 자들이 산과 바다의 부름을 들을 수 있는 것처럼, 제자로의 부름은 아무나 들을 수 없다는 것입니다. 만일 주의 제자로 부름을 받으려면 이해와 분별력을 반드시 주님께 교육을 받아야 합니다. 당신에게 애매한 것들을 두려워하지 마십시오. 삶 가운데 가장 위대한 것들은 표현하기가 모호한 것이 많습니다. 그럼에도 그것들이 실체입니다.

위의 말씀은 "가서 영혼을 구원하라"고 말씀하지 않고 "가서 제자를 삼으라"고 말씀합니다. 사실 죄로부터의 구원을 선포하기는 비교적 쉽습니다. 그러나 예수님께서는 "아무든지 나를 따라오려거든 자기를 부인하고 날마다 제 십자가를 지고 나를 따를 것이니라"누가복음 9:23고 말씀하셨습니다. 제자로 부름을 받는 것은 구원을 얻는 문제와는 다른 것이지만, 하나님께 가장 가치 있는 존재로 살아가는 길입니다. 대부분의 사람은 이 땅에서 하나님 앞에서 가치 있는 삶을 사는 것에 대해 관심이 없습니다. 단지 지옥에 떨어지지 않기만을 바라고 있습니다. 그러나 단순한 구원보다 훨씬 무한하게 영광스러운 것들이 있습니다. 그것은 예수 그리스도를 위해 헌신된 종이 되는 것입니다.

요한의 면류관은 요한의 제자들이 예수님의 제자가 된 것이었습니다. "두 제자가 그의 말을 듣고 예수를 따르거늘"요한복음 1:37. 결론적으로 말하면, 내가 가르쳤던 영혼들이 결국 주님을 따르지 않는다면 나는 반역자로 행하였음이 증명되는 것입니다. 성경은 제자의 인격적 매력을 전혀 중요하게 여기지 않습니다. 성경이 제자에게 가장 많이 요구하는 것은 그들이 찾아온 자들을 예수님께로 인도하는 것입니다. 당신은 자신의 인격적 매력으로 사람들의 관심을 끌지 않도록 조심하십시오. 우리는 언제나 예수님께만 영광을 돌려야 합니다. 그 이유는 주님만이 모든 사람에게 모든 면에서 모든 것이 되시기 때문입니다.

# 항상 기도하며 깨어 있으십시오!



"이러므로 너희는 장차 올 이 모든 일을 능히 피하고 인자 앞에 서도록 항상 기도하며 깨어 있으라" 누가복음 21:36

이 말씀에서 놀라운 것은 '피하는 것'이 하나님의 은혜의 선물이 아니라, 각 성도의 신실함이라는 사실입니다. 이 말씀은 다른 명령과 같이 아주 분명하고 적극적인 권면을 하고 있습니다. 그 권면은 항상 깨어 기도하라는 것입니다. 사람들은 급한 상황을 당할 때 급한 일부터 먼저 하라고 말합니다. 하지만 우리 주님은 오히려 더욱 기도할 것을 권하십니다. 이처럼 얼마나 사람들의 생각과 주님의 생각이 서로 다릅니까! 이 시대는 기도란 마음이 연약한 젊은이나 나이가 드신 할머니 할아버지가 하는 것으로 생각합니다. 일반 건장한 사람들에게는 기도가 필요 없다고 여깁니다. 이 세상은 기도하는 사람을 매우 연약한 사람들로 취급합니다. 그러나 주께 드리는 기도는 성도들의 능력이며 무기입니다.

그리스도인들의 마음속에는 아직 그리스도께 순종하지 않는 여러 가지가 있습니다. 우리 주님께서는 기도를 통해 이러한 불순종의 것들을 하나님께 아뢰라고 권하십니다. 그러한 회개하는 기도는 언제나 하나님에 의해 올바르게 응답됩니다. 따라서 우리가 깨어 기도해야 하는 것은 당연합니다. 지금 당신 주변의 수천수만의 사람이 지옥불로 떨어지고 있습니다. 나라마다 불의로 황폐하고 도시마다 불신으로 가득 차며 교회들은 복음을 잃고 부패하고 있습니다. 셀 수 없는 가정들이 죄로 말미암아 깨어지고 파멸되고 있습니다. 이러한 때에 당신은 깨어 기도해야 하지 않겠습니까? 당신은 그저 이 시대의 비극 앞에 놀라지만 말고 깨어 기도하십시오.

베일이 제거되면 우리는 우리의 기도로 말미암아 많은 하나님의 일이 이 시대 가운데 이루어졌음을 발견하게 될 것입니다. 계속 깨어서 하나님의 권고에 따르도록 하십시오. 주님께서는 자녀들에게 깨어 있으라고 권고하십니다. 두려움과 불만을 버리십시오. 헛된 감정에 빠지거나 불의의 이득을 취하지 마십시오. 허망한 세상의 것들에 굴복하지 마십시오. 지금 당신이 처한 곳에서 주님을 위해 깨어 기도하십시오.

# 반석 위에 지은 집

"그러므로 누구든지 나의 이 말을 듣고 행하는 자는 그 집을 반석 위에 지은 지혜로운 사람 같으리니" 마태복음 7:24

우리 주의 말씀은 매우 단순하여서 누구든지 이해할 수 있습니다. 그러나 우리가 잊지 말아야 할 것은 평범한 사람들이 주의 말씀을 듣고 반가워하며 즐거워하는 것이 사실이지만, 심지어 주의 제자들마저도 주님의 말씀을 이해하지 못했다는 사실입니다. 오직 예수님의 부활 이후 성령이 그들에게 임한 후에야 그들은 주의 말씀을 깨달을 수 있었습니다. 이는 주님의 진리 말씀은 오직 절대적으로 청결한 마음만이 깨달을 수 있기 때문입니다. "마음이 청결한 자는 복이 있나니 그들이 하나님을 볼 것임이요" 마태복음 5:8. 주님의 음성은 성령으로 거듭난 자들에게만 깨달아집니다. 주님께서 위의 말씀에서 강조하신 것은 듣고 행하라는 것입니다. 주님은 우리가 거듭날 때 우리에게 주님의 성향을 주십니다. 그러한 우리에게 주님은 주의 제자로 살기를 요구하십니다. 그러면 우리가 어떻게 주의 요구를 행할 수 있을까요? 바로 주의 말씀을 듣고 그대로 행하면 됩니다.

우리는 우리가 듣고자 하는 것을 듣습니다. 그렇다면 당신은 예수님께서 말씀하신 것을 들었습니까? 그분이 말씀하신 것이 무엇을 의미하는지를 알기 위해 온 마음을 다했습니까? 대부분의 사람은 주께서 무엇을 말씀하셨는지도 모릅니다. 만일 우리가 수박 겉핥기식의 신앙을 하고 있다면 사탄에 대해 많은 말을 할 것입니다. 그러나 영적으로 우리를 방해하는 것은 사탄이라기보다 주님의 말씀에 대한 우리의 무관심과 무지입니다. 우리는 예수 그리스도의 말씀을 들으면서도 우리의 마음과 의지를 동반하지 않습니다. 곧 우리는 주의 말씀을 흘려버립니다. 따라서 주의 말씀에 따른 행함이 있을 수 없습니다. 성경 말씀에 대한 깨달음은 오직 성령께서 우리 안에 거하셔야 가능합니다. 깨달음이란 성령께서 성경의 세계를 우리에게 실제가 되게 하시는 것을 말합니다. 이때 우리는 성령께서 깨닫게 하신 것을 그대로 순종해야 합니다. 그러한 삶이 바로 반석 위에 지은 집입니다.

이 나무는 당신입니다.

# 그리스도인으로서의 고난



"만일 그리스도인으로 고난을 받으면 부끄러워하지 말고 도리어 그 이름으로 하나님께 영광을 돌리라" 베드로전서 4:16

성격이 유별나서 고통을 당하는 것을 그리스도인으로서 고난을 받는 것으로 오해하지 않도록 하십시오. 당신의 관점과 고집 때문에 외톨이가 된 것을 예수님을 위한 고난이라고 착각하지 마십시오. 자신의 어리석음 때문에 부끄러움을 당하면서 복음을 위한 부끄러움이라고 주장하지 마십시오. 그리스도인이 아니더라도 고통은 이 세상에 얼마든지 많습니다. 사실 모든 사람이 종교나 믿음과 상관없이 여러 종류의 다양한 고통을 당합니다. 고민과 염려와 고난이 없는 사람은 이 땅에 한 사람도 없습니다. 그러나 그리스도인이기 때문에 오는 고난은 이러한 세상의 고난과 근본적으로 다릅니다. 이는 세상의 멸시로부터 오는 고난입니다.

당신은 아무런 잘못 없이 단지 당신이 그리스도인이라는 이유만으로 세상의 비난과 조롱을 받을 수 있습니다. 이것이 바로 그리스도인으로서 받는 고난입니다. 특히 하나님의 복음을 믿고 따를 때 세상은 당신을 조롱합니다. 그들은 주의 말씀을 농담으로 여기며 조롱거리로 만듭니다. 그러면서 그 말씀을 신봉하고 생명을 걸고 따르는 자들을 향해 미움과 조롱과 시비로 대합니다. 이때 이러한 이유 때문에 그리스도인으로서 당하는 고난이야말로 예수님으로 말미암은 고난이라 할 수 있습니다.

베드로는 지금 이러한 고난을 말합니다. "만일 그리스도인으로 고난을 받으면 부끄러워하지 말고 도리어 그 이름으로 하나님께 영광을 돌리라." 복음을 신봉하고 따르는 이유만으로 조롱을 당하고 멸시받고 죽음의 위협을 느낄 때 주님을 바라보십시오. 우리를 위해 어린양으로 죽음을 당하신 예수님의 십자가를 보십시오. 이것이 바로 그리스도인으로서 고난을 당한다는 의미입니다. 생명을 잃을지라도, 모독을 받을지라도, 손해를 볼지라도 그리스도인임을 감추지 마십시오. 그리고 그리스도인답게 어디서나 그리스도의 향기가 되도록 하십시오. 그러한 삶 가운데 어떠한 고난과 멸시와 죽음이 올지라도 하나님께 감사와 찬송을 돌리십시오. 그때 복음의 능력이 세상에 알려지게 될 것입니다.

# 발람의 길을 피하십시오!

"그들이 바른 길을 떠나 미혹되어 브올의 아들 발람의 길을 따르는도다 그는 불의의 삯을 사랑하다가" 베드로후서 2:15

성경은 발람에 대해 세 가지의 배경 속에서 언급하고 있습니다. 베드로는 '발람의 길'에 대해 말하고, 사도 유다는 유다서에서 '발람의 어그러진 길'에 대해 말하며1:11, 요한계시록에서 사도 요한은 '발람의 교훈'을 말합니다2:14.

먼저 '발람의 길'은 하나님께서 주신 은사로 세상의 이득을 위해 장사하는 것을 말합니다. 은사로 장사하려는 자들은 언제나 '쇼' 사업을 하게 됩니다. '발람의 어그러진 길'은 하나님의 뜻을 분별하여 따르기보다 자기 생각에 따라 고집스럽게 밀고 나아가는 것을 의미합니다. 그리스도인이 하나님의 말씀을 통해 하나님의 뜻을 묻기보다 자신의 상식에 의존할 때 이러한 '어그러진 길'로 빠지게 됩니다. '발람의 교훈'은 하나님의 백성에게 바르지 않은 왜곡된 진리를 전하는 것을 말합니다. 발람은 모압 왕 발락을 가르쳐 이스라엘 백성을 유혹하여 그들로 하여금 모압 여인들과 몸을 섞게 함으로써 그들을 타락하게 하였습니다. 현대의 표현으로 하면, 발람의 교훈은 하나님의 말씀을 타협하게 하여 기독교의 신앙고백과 삶을 무너뜨리는 것입니다.

당신이 거듭남으로 온전히 성결하게 된 후에는 발람의 것들이 당신을 쓰러뜨리려고 달려들 것입니다. '발람의 길', '발람의 어그러진 길', '발람의 교훈'을 주의하십시오. 당신 자신이 발람이 되지 않기 위해 항상 주님께 진실하게 서 있으십시오. 육체의 정욕을 십자가에 못 박고 항상 하나님과 그리스도 안에서 깊은 관계를 유지하도록 힘을 쓰십시오.

# "의인은 믿음으로 살리라"



"또 하나님 앞에서 아무도 율법으로 말미암아 의롭게 되지 못할 것이 분명하니 이는 의인은 믿음으로 살리라 하였음이라" 갈라디아서 3:11

하나님은 우리 인간을 다루실 때 우리의 마음을 이끄시기 위해 상징을 사용하실 때가 있습니다. 예를 들어, 하나님은 이스라엘 백성을 인도하시기 위해 '구름 기둥'을 사용하셨고 또한 불뱀에게 물린 자들에게 장대에 달린 '구리 뱀'을 보게 하셨습니다. 그러나 때가 되면 하나님은 주의 백성을 인도하시는 과정에서 상징들을 제거하십니다. 그러면 하나님의 백성은 눈을 둘 곳이 없어서 방황합니다. 이때 주의 백성은 오직 믿음으로 걷는 훈련을 받게 됩니다. 하나님은 주의 백성이 주께서 허락하신 상징에 익숙해지고 심지어 상징을 의지하려고 할 때 항상 상징들을 제거하십니다. 그리고 오직 믿음으로 주를 의지하게 하십니다.

예수님께서 자신의 정체를 하나님의 아들이라고 알리자 바리새인들은 예수님을 신성모독 하는 자로 말하면서 결국 예수님을 십자가에 못 박았습니다. 그들은 자신들이 가지고 있는 율법에 얽매임으로 말미암아 그 율법이 가리키는 실체 되시는 예수 그리스도를 보지 못했던 것입니다. 율법은 우리를 의롭게 하려고 주신 것이 아닙니다. 율법은 우리의 힘으로 지키라고 주신 것도 아닙니다. 오히려 하나님께서는 율법을 통해 주의 백성이 주를 믿는 믿음을 갖도록 하셨습니다. 그리고 하나님은 인간의 한계와 죄성을 깨닫고 더욱 하나님의 언약을 의지하고 믿도록 하십니다. 그 언약은 복음이며 십자가의 구속입니다. 따라서 누구든지 믿음으로 주를 의지하고 따를 때 하나님께서 율법을 주신 목적이 이루어집니다. 나아가 주 안에 거하는 자들은 성령의 인도하심 가운데 율법을 완성하여 나아가게 됩니다.

당신이 하나님과 처음으로 동행하게 될 때 하나님은 한동안 당신이 보이는 것으로 행할 수 있도록 허락하십니다. 그러나 때가 되면 하나님께서는 보이는 상징들을 제거하십니다. 그러면 주의 자녀들은 떨며 두려워합니다. 이때 주님이 원하시는 것은 믿음으로 사는 것입니다. 우리가 믿음으로 살 때만이 하나님의 의가 이루어집니다.

# 예수 그리스도께 뿌리를 두고 세우십시오!

"내게 주신 하나님의 은혜를 따라 내가 지혜로운 건축자와 같이 터를 닦아 두매 … 이 터는 곧 예수 그리스도라" 고린도전서 3:10~11

성경은 우리가 도성을 짓는 것에 대해 말합니다. 그 도성이 있게 될 곳은 하늘입니다. 문제는 우리가 이 땅에 사는 동안 하늘의 도성을 지어야 한다는 사실입니다. 그 도성의 기초는 예수 그리스도시며 우리는 그분의 말씀에 순종함으로써 그 위에 도성을 쌓게 됩니다. 우리는 성경을 읽고 듣지만, 그 말씀을 적용하지 못할 때도 많습니다. 그러나 어떤 상황에 접하게 되면 성령은 예수님께서 말씀하신 것을 우리의 마음속에 기억나게 하십니다. 이때 당신은 순종하겠습니까? 예수님은 영적인 도성을 쌓는 방법은 '나의 말 한 것'을 '듣고 행하는 것'이라고 말씀하셨습니다.

항상 주님의 말씀을 가까이하십시오. 하루에 단 30분이라도 성경을 대하십시오. 그 시간에 주님을 반드시 만나십시오. 우리에게 가장 큰 영향을 끼치는 것은 많은 시간을 들인 것이 아니라, 우리가 가장 소중히 여기는 인격적 관계입니다. 주님과의 관계를 가장 소중히 여길 때 그 관계가 우리를 움직이는 주요 동기가 됩니다. 많은 성도가 주의 말씀을 듣고 잘 가다가 어려움을 당하면 중도에 포기함으로써 건물을 짓다가 맙니다. 물론 우리가 예수 그리스도의 말씀을 순종하면 분명히 '예수쟁이'라는 조롱을 듣게 될 것입니다. 그러나 성경은 우리가 복음대로 행할 때 세상에서 부끄러움을 당하게 될 것을 당연하게 여기고 있습니다.

오직 주님의 말씀 위에 당신의 성품을 계속 쌓아 가십시오. 그러면 삶 가운데 엄청난 위기가 오더라도 당신은 반석처럼 든든하게 서게 될 것입니다. 위기가 언제나 오는 것은 아닙니다. 그러나 오게 되면 순식간에 옵니다. 그 위기 앞에서는 겉모양만 있는 것들은 서지 못하고 당장 뿌리째 뽑혀 사라지게 될 것입니다. 그러나 당신의 삶의 뿌리는 주님의 말씀을 듣고 순종하는 가운데 주 예수 그리스도께 있었기에 끄떡도 하지 않을 것입니다. 이때 당신을 세우는 힘은 당신의 힘이 아니라, 뿌리로부터 흐르는 하나님의 놀라운 능력입니다.

이 나무는 당신입니다.

# 예루살렘을 마음에 두고 계속 걸으십시오!

"칼을 피한 자들이여 멈추지 말고 걸어가라 먼 곳에서 여호와를 생각하며 예루살렘을 너희 마음에 두라" 예레미야 51:50

예레미야 51장은 불로 타오르고 있습니다. 강하고 맹렬한 파멸로 가득합니다. 그러나 그 파괴 속에서 하나님의 목적을 보여주시는 데, 주께 속한 선한 것을 구원하십니다. 우리는 성경에서 '파괴를 위한 파괴'를 볼 수 없습니다. 인간과 사탄은 파괴를 위한 파괴를 하지만, 하나님은 절대로 그렇게 하지 않으십니다. 하나님께서는 선한 것을 구하시기 위해 악한 것과 마귀를 멸하십니다.

"예루살렘을 너희 마음에 두라." 우리는 하나님의 빛이 비치는 '예루살렘'을 우리 마음에 두어야 합니다. 생각해 봅시다. '나는 내 마음에 무엇이 들어오도록 하는가?' 정원을 내버려두면 정원은 잡초로 무성해지다가 폐허가 됩니다. 성도의 마음도 그대로 내버려두면 사탄의 까마귀들이 몰려드는 쓰레기장이 됩니다. 성도가 자기의 마음을 돌보지 않을 때 그곳에서 어떤 것들이 자라나는지를 바울의 글을 읽고 확인해 보십시오. 예를 들어 "음란, 부정, 사욕, 악한 정욕, 탐심"골로새서 3:5 등입니다. 예루살렘을 마음에 두라는 명령은 우리가 얻는 지식을 주의하고 그 지식을 한 가지 목적을 위해 헌신하라는 뜻입니다. 그러므로 우리는 하나님의 빛이 비치기에 합당한 것들만 받아들여야 합니다. "…두라." 이것은 명령입니다. 따라서 당신의 마음을 주의 깊게 다스려 하나님께 합당한 생각들만 받아들이십시오. 그리고 밤마다 잊지 말고 기도하십시오.

안심은 스스로 안정감을 가지는 어리석은 느낌을 말합니다. 종종 병든 사람 중에 자기 몸은 아무렇지도 않다고 생각하며 위험한 안일함에 빠지는 사람들이 있습니다. 성도 중에도 이러한 위험을 안고 있습니다. "그래, 지금 모든 것이 다 좋아. 이곳에서 쉴 수 있겠어"라고 안심할 때마다 사실 위험에 처하는 것입니다. 우리가 유일하게 안심할 수 있는 장소가 있다면 그곳은 우리의 체험이 아니라, 주님 안입니다. "칼을 피한 자들이여, 멈추지 말고 걸어가라."

# 섬김의 힘

"인자가 온 것은 섬김을 받으려 함이 아니라 도리어 섬기려 하고 자기 목숨을 많은 사람의 대속물로 주려 함이니라" 마태복음 20:28

섬김에 대한 바울의 생각은 우리 주님과 같습니다. 주께서는 "나는 섬기는 자로 너희 중에 있노라"누가복음 22:27고 하셨고, 바울은 "예수를 위하여 우리가 너희의 종 된 것을 전파함이라"고린도후서 4:5고 하였습니다. 주께서 우리를 사역자로 부르시면 우리 중에는 그 부름을 다른 사람보다 우월한 사람이 되라는 것으로 오해하는 자들이 있습니다. 그러나 예수 그리스도의 말씀에 의하면 주의 부르심은 다른 사람을 섬기라는 부르심입니다. 물론 영적 지도자로의 부르심이지만, 이는 결코 높은 지위를 의미하는 것이 아닙니다.

바울은 사람들을 보며 결심했습니다. "나는 당신을 위해 나의 마지막 힘까지 다 사용할 것이다. 당신이 내게 칭찬을 하든지 비방을 하든지 상관이 없다. 예수 그리스도를 모르는 단 한 사람이라도 있는 한 나는 그가 예수님을 믿을 때까지 그를 섬겨야 하는 빚진 자다." 그럼에도 바울의 섬김의 주된 동기는 사람을 향한 사랑이 아니라, 예수 그리스도를 향한 사랑이었습니다. 만일 우리가 사람을 위해 헌신한다면 우리의 가슴은 곧 멍이 들고 파열하게 될 것입니다. 그 이유는 개보다 못한 배은망덕한 사람들을 경험하게 될 것이기 때문입니다. 그러나 우리의 섬기는 동기가 하나님을 사랑하는 것이면 아무리 배은망덕한 사람들을 경험하게 될지라도 우리는 여전히 그들을 섬길 수 있습니다.

바울은 예수 그리스도께서 자신을 어떻게 대해 주셨는지를 기억하며 쉬지 않고 다른 사람을 섬겼습니다. 자신이 전에는 주님을 향해 훼방자요 핍박자요 폭행자이었던 사실을 기억하면서 다른 사람의 미움과 악의에도 그들을 섬길 수 있었습니다. 예수 그리스도께서 당신의 무례함과 이기심과 죄악에도 어떻게 당신을 끝까지 섬기셨는지를 기억하십시오. 그러면 우리도 바울처럼 결코 지치거나 포기하지 않고 끝까지 주를 위해 다른 사람을 섬기게 될 것입니다.

이 나무는 당신입니다.

# 주의 재림과 성령의 역사

"이르되 갈릴리 사람들아 어찌하여 서서 하늘을 쳐다보느냐 너희 가운데서 하늘로 올려지신 이 예수는 하늘로 가심을 본 그대로 오시리라" 사도행전 1:11

누가복음에는 예수님의 승천하시는 기록이 있습니다. "예수께서 그들을 데리고 베다니 앞까지 나가사 손을 들어 그들에게 축복하시더니 축복하실 때에 그들을 떠나 〔하늘로 올려지시니〕"24:50~51. 사도행전에도 승천하신 예수님에 대한 천사의 선포가 기록되어 있습니다1:11. 그 선포에 의하면 예수님께서는 하늘로 가심을 본 그대로 다시 돌아오십니다. 그러나 많은 주석가는 사도행전 1장 11절을 영적으로 해석하면서 "이 약속은 오순절의 성령 강림으로 완성되었습니다. 그러나 성령은 그의 손에 못 자국이 없으시며 또한 구속을 이루지 않으셨습니다. 그러므로 오순절의 성령 강림은 천사의 선포를 이루는 사건이 될 수 없습니다"라고 말했습니다. 하지만 분명히 성령 강림은 주 예수님의 약속이 이루어진 사건입니다. 그러나 성령의 강림은 예수님께서 재림하신 사건이 아닙니다.

성령이 오신 이후로 우리는 성령을 받을 수 있습니다. 이때 우리가 받는 영은 '살리는 영'입니다. 살리는 영이 우리에게 임하면 주 예수 그리스도와 그분의 하신 일을 증거하게 됩니다. 또한 살리는 영이 함께할 때 우리는 주님처럼 다른 사람을 위해 자신을 희생하는 삶을 살게 됩니다. 그러므로 성령의 강림은 주의 영을 받은 자들로 하여금 주 예수 그리스도의 복음을 증거하고 주님을 섬기도록 하는 삶으로 이끄십니다.

성령으로 세례를 받아 주님과 연합하면 우리는 그리스도의 신비한 몸에 연결되어 서로 하나가 됩니다. 그리스도의 신비한 몸을 이루는 것은 주의 백성을 향한 하나님의 목적이며, 이것이 또한 성령께서 이 땅에 내려오신 목적입니다. 성령은 주께서 재림하시는 그날까지 그리스도의 신비한 몸을 세우는 일을 하십니다. 예수께서 하늘로 가심을 본 그대로 오시는 그날까지 성령은 주께서 이루신 구속을 주의 백성에게 적용하실 것입니다. 성령이 임하여 주의 구속이 영향을 나타내는 자마다 구원과 함께 영생의 생명이 역사가 나타납니다.

# 참된 성도의 특성

"우리가 잠시 받는 환난의 경한 것이 지극히 크고 영원한 영광의 중한 것을 우리에게 이루게 함이니" 고린도후서 4:17

참된 성도의 가장 중요한 특성은 주 예수 그리스도를 향한 인격적, 열정적, 압도적인 사랑입니다. 그러므로 성도가 내적인 황홀함을 체험하는 것은 부수적인 축복일 뿐입니다. 진정한 성도라면 주님을 알기를 원하는 것이 가장 큰 소원이 되어야 합니다.

어려운 상황에서도 성도는 하나님의 섭리를 통해 하나님을 알기를 더욱 추구해야 합니다. 사도 바울은 옥에 갇히고 파선되고 굶주리고 돌에 맞으면서도 "잠시 받는 환난의 경한 것"이라고 고백했습니다. 그는 조금도 주저함이 없이 "누가 우리를 그리스도의 사랑에서 끊으리요 환난이나 곤고나 박해나 기근이나 적신이나 위험이나 칼이랴 … 내가 확신하노니 사망이나 생명이나 천사들이나 권세자들이나 현재 일이나 장래 일이나 능력이나 높음이나 깊음이나 다른 어떤 피조물이라도 우리를 우리 주 그리스도 예수 안에 있는 하나님의 사랑에서 끊을 수 없으리라" 로마서 8:35, 38~39고 말했습니다.

주님을 사랑하는 마음이 클수록 주의 복음으로 말미암은 고난은 더욱 가볍게 느껴집니다. 주님의 사랑을 확신하는 만큼 평안과 감사와 사랑이 흘러넘칩니다. 성도가 온 맘과 정성을 다해 바라는 소망은 하늘의 상이 아니라, 사랑하는 주 예수 그리스도의 칭찬입니다. "잘하였다. 착하고 충성스러운 나의 종아."

이 나무는 당신입니다.

# 주님의 뜻과 계획을 알도록 힘쓰십시오!

"그의 행위를 모세에게, 그의 행사를 이스라엘 자손에게 알리셨도다" 시편 103:7

성도는 하나님의 조언을 중요하게 여겨야 합니다. 성도는 하나님에게 조언하는 자가 아니라, 하나님의 조언을 받아들이는 자입니다. 당신은 하나님께서 당신의 초라한 인간적 지혜와 지식을 부끄럽게 하는 때를 발견한 적이 있습니까? 그분의 생각과 뜻은 찬양받으시기에 합당합니다! 하나님은 우리의 지적 교만을 무너뜨리시기를 원하십니다. 하나님은 세상의 지혜를 사용하셔서 주의 생각을 표현하지 않으십니다. 우리는 나름대로 계획과 생각을 추진하면서 하나님께서 우리의 생각과 계획에 복 주시기를 구합니다. 그러나 하나님은 우리가 하나님의 생각을 따르기를 원하시며 우리로 하여금 다른 사람을 위한 복의 도구가 되길 원하십니다.

나는 지옥으로 향하는 육에 속한 죄인이었습니다. 그러나 지금은 오직 하나님의 능력과 자비만으로 구원을 받아 온전히 거룩하여졌습니다. 감히 내가 누구이기에 하나님과 얼굴과 얼굴을 맞대고 볼 수 있을까요? 오직 주 예수 그리스도를 통한 하나님의 자비일 뿐입니다.

성도는 사람들을 이끌어 하나님을 만나게 해야 합니다. 성도는 자신의 모습을 드러내서는 안 됩니다. 우리의 역할은 오직 사람들을 하나님 앞으로 인도한 후에 하나님께서 그들을 다루시도록 하는 것입니다. 그러면 하나님은 친히 사람들의 상한 심령을 싸매시며, 포로된 자를 자유하게 하시고, 사람들로 하여금 바른 길을 걷게 하십니다. 언제나 내 생각과 뜻을 하나님께 강요하는 대신에 나를 향하신 하나님의 뜻이 무엇인지 알기 위해 하나님의 조언을 귀담아듣도록 하십시오. 주께서는 주의 행사와 행위를 우리에게 알려주시기를 기뻐하십니다.

# 가만히 들어온 자들

"주의 말씀은 내 발에 등이요 내 길에 빛이니이다" 시편 119:105

하나님의 백성이 자신들의 본능과 느낌과 애매한 사상을 따를 때 믿음의 길에서 벗어나게 됩니다. 바로 이러한 때에 "가만히 숨어든 자들"에게 속아서 타락하게 됩니다 갈라디아서 2:4, 디모데후서 3:6. 누가 "가만히 들어온 자"입니까? "경건의 모양은 있으나 경건의 능력을 부인하는 자들"이며 어리석은 자들을 유인하는 자들이고, 항상 연구하고 열심을 내지만 영생의 진리에 이르지 못하는 자들입니다 디모데후서 3:1~7. 특히 복음의 진리를 왜곡하여 복음을 대적하는 자들로서 성도의 마음을 도둑질하는 자들입니다.

오늘날 교회 내에 이러한 가만히 들어온 자들이 셀 수 없이 많습니다. 그들은 하나님의 말씀에서 벗어나는 성도에게 다가가 그들의 영혼을 속여 파멸하게 합니다. 최근에 놀라운 붐을 일으키는 종교 운동들이 있습니까? 주의 말씀으로 더욱 돌아가게 하는 운동인지를 분별하십시오. 주 예수 그리스도의 십자가와 주님의 거룩과 사랑을 남기는지를 살피십시오. 그러한 운동이 주의 백성에게 더욱 하나님을 순종하게 하고 주 예수 그리스도를 사랑하게 하는지 점검하십시오. 하나님께서는 당신에게 당신의 점검을 확인해 줄 신실한 그리스도인을 만나게 하실 것입니다. 이러한 점검을 하지 않고 자신의 기분과 느낌을 의지할 때 당신은 가만히 들어온 자들에게 속아 진리에서 떠나 멸망하게 될 것입니다.

하나님의 말씀을 가까이하며 하나님의 말씀이 당신의 마음과 생각과 영을 꿰뚫도록 하십시오. 그러할 때 놀라운 분별력이 생길 것입니다. 성령이 함께하시는 말씀은 당신의 마음을 새롭게 하며 주를 향한 사랑으로 가득하게 하고 당신의 어리석음과 교만을 사라지게 할 것입니다.

이 나무는 당신입니다.

# 영적 어리석음 

영적 어둠과 어리석음은 무지와 불순종에서 옵니다. 영적으로 어둔 사람은 계시의 지식이 필요합니다. 그러나 영적으로 어리석은 자에게는 오직 회초리만이 효과가 있습니다. 영적 어리석음이란 영적 지식은 있지만, 순종하지 않는 상태를 의미합니다. 그들에게는 순종하려는 의도가 불순종의 유혹보다 약합니다.

사울 왕은 영적 어리석음의 대표입니다. 그는 사무엘을 통해 여호와 하나님의 뜻을 알고 있었습니다. 그러나 그는 여호와 하나님의 목소리를 청종하려는 마음보다 물질을 탐하는 욕심이 더 컸습니다. 따라서 여호와께서 악하게 여기는 일을 행하였습니다.

성경에 기록된 모든 영적 어리석음의 결말은 언제나 하나님께 벌을 받는 것으로 끝납니다. 따라서 영적 어리석음은 매우 심각한 문제입니다. 특히 사무엘이 사울을 어떻게 다루고 있는지 주목하십시오. "어찌하여 왕이 … 여호와께서 악하게 여기시는 일을 행하였나이까?" 사무엘은 사울이 무엇을 해야 하고 무엇을 해서는 안 되는지에 대한 지식에 근거해서 책임을 묻고 있습니다.

불순종하는 삶은 반드시 불순종에 대한 대가를 치러야 합니다. 하나님께서는 불순종하는 자세를 반드시 꾸짖으실 것입니다. 하나님은 결코 죄를 용납하지 않으십니다. 더 늦기 전에 주 예수 그리스도의 보혈을 의지하고 죄 사함을 얻으십시오. 더 늦기 전에 영적 어리석음에서 신속히 나올 수 있도록 주께 당신의 전심을 바치도록 하십시오. 영적 어리석음을 고집하는 자마다 하나님의 진노를 피한 자가 없습니다.

# 당신의 지체를 주께 드리십시오!

"전에 너희가 너희 지체를 부정과 불법에 내주어 불법에 이른 것 같이 이제는 너희 지체를 의에게 종으로 내주어 거룩함에 이르라" 로마서 6:19

바울은 우리가 얻은 구원이 우리의 몸과 어떤 관계를 맺는지를 강력하게 언급하고 있습니다. 구원을 얻은 우리는 우리의 몸이 주께서 우리에게 심으신 새로운 성향에 순종하도록 해야 합니다. 우리의 신앙생활에서 가장 문제가 되는 부분이 바로 이 부분입니다. 바울은 "너희 지체를 부정과 불법에" 내어주지 말고 "이제는 너희 지체를 의에게 종으로 내주어 거룩함에 이르라"고 말하고 있습니다.

성령으로 거듭나 구원을 받으면 우리의 내면은 하나님과 잘 맞추어집니다. 따라서 우리는 구세주를 통해 하나님과 사귐을 갖습니다. 언제든지 주의 보좌 앞으로 나아갈 수 있습니다. 그러나 우리의 지체는 아직 과거의 잘못된 성향에 물들어 있기 때문에 다시 새로운 성향에 길들어져야 합니다. 이는 오랜 훈련과 시간이 필요합니다. 특히 우리의 지체가 새로운 성향에 길들기 위해서는 온 맘과 뜻을 다해 계속 우리 자신을 쳐서 새 성향에 복종하게 해야 합니다. 이 일을 계속할 때만이 우리 안에 있는 그리스도의 생명이 우리 안에서 더욱 강하여져서 우리의 지체를 사로잡아 주의 영광을 위해 사용하십니다. 주께서 우리의 지체를 사용하실 때는 원수가 외부적으로 아무리 강한 공격을 해도 전혀 문제가 되지 않습니다.

바울은 우리의 할 일은 우리의 몸을 하나님이 기뻐하시는 산 제사로 드리는 것이라고 말했습니다. 이 의미는 온 맘을 다해 우리의 지체가 우리 안에 계신 주님께 순종하도록 하라는 말씀입니다. 우리 자신을 부인하고 우리의 마음과 생각과 지식과 감정과 몸 등 모든 지체를 주께 바쳐야 합니다. 주께서 우리의 지체를 주의 목적을 위해 사용하시면 서서히 그러나 분명하게 그리스도의 모든 명령이 우리의 삶을 통해 순종하여지는 것을 목격하게 될 것입니다. 이 자리까지 가는 것이 우리를 구속하신 주님의 목적입니다. 그리고 우리의 지체가 주님이 쓰시는 몸처럼 되어 버릴 때 우리는 주의 뜻을 이루는 성찬의 삶이 됩니다.

# 현실 속에서 예배자가 되려면?



"새벽 아직도 밝기 전에 예수께서 일어나 … 기도하시더니" 마가복음 1:35

　　믿음의 가장 큰 시험은 언제나 승리를 얻은 직후에 옵니다. 또한 오랫동안 승리의 안정을 취하고 나면 사람들의 마음은 다시 옛 성향으로 돌아갑니다. 우리 주님은 "온 동네가 그 문 앞에 모였던" 그 다음 날, 승리의 찬양을 위해서가 아니라 하나님 아버지께 기도하기 위해 새벽 미명에 일어나 조용한 곳으로 가셨습니다. 승리한 후에 하나님의 성령이 우리를 통해 증거하시면 "승리자이신 주 여호와께서 나를 이기게 하셨습니다"라고 주께 영광을 돌리게 됩니다. 그러나 승리를 얻은 후 그 승리를 자신에게 돌린다면 그는 하나님과 바른 관계를 맺지 못합니다. 그 이유는 주를 자랑하지 못하고 자신의 승리를 자랑하는 것은 이미 곁길로 빠지는 것이기 때문입니다. 우리는 승리 후든 승리 전이든 무신론으로 살든지, 아니면 예배자로 살든지 해야 합니다. 믿음의 사람이란 믿음의 승리 이후에 더욱 하나님을 예배하는 자로 살아갑니다.

　　현실 속에서 역사하는 믿음의 삶을 살려면 예배하는 삶을 배워야 합니다. 믿음은 우리가 경배하는 하나님과 인격적인 접촉을 하게 합니다. 그러면 우리는 모든 일에서 하나님을 예배하는 관계를 유지할 수 있습니다. 믿음의 초기 단계에서는 모든 상황에서 하나님을 예배하는 자세를 갖기가 어렵습니다. 예배 시간 때 좋은 설교를 들을 때면 예배하는 것처럼 느끼지만, 현실로 돌아가면 예배하는 자세를 완전히 망각합니다. 우리는 예배하는 삶에 대해 말은 잘하지만, 실제로 그러한 삶을 사는 사람은 많지 않습니다.

　　우리는 현실 속에서 하나님을 위해 싸워야 합니다. 이 뜻은 현실 속에서 오직 주님만을 의지함을 의미합니다. 어떤 상황에서든지 "예수님이시라면 이 상황에서 내게 무엇을 하라고 말씀하실까?"를 물으십시오. 이를 잘 알려면 평소에 하나님의 말씀으로 주님과 깊은 교제 가운데 있어야 합니다. 한적한 곳에서 주님과의 교제 가운데 주님의 말씀으로부터 받은 영적 영양분은 하나님을 위한 우리의 현실적인 싸움에서 우리를 지탱하게 해 줄 것입니다.

# 바른 기도를 배우십시오!

"너희가 악할지라도 좋은 것을 자식에게 줄 줄 알거든 하물며 너희 하늘 아버지께서 구하는 자에게 성령을 주시지 않겠느냐 하시니라" 누가복음 11:13

성경은 우리의 기도가 어떻게 응답하는지를 알려줍니다. 기도는 하나님의 응답을 얻기 위해 우리가 사용할 수 있는 어떤 능력이 아니라, 우리의 궁핍함을 알림으로써 하나님의 응답을 얻게 되는 은혜의 수단입니다. 우리는 기도를 단지 영적인 삶의 훈련이라고 생각하고 있지, 기도가 모든 그리스도인에게 절대적으로 필요한 하나님의 은혜를 얻는 수단이라는 사실은 모르고 있습니다. 기도의 이러한 용도 때문에 성경은 "쉬지 말고 기도하라"데살로니가전서 5:17고 권면합니다.

제자들이 예수님께 와서 말했습니다. "주님, 우리에게 기도를 가르쳐 주옵소서"누가복음 11:1. 사실 제자들은 유대인의 기도에 잘 훈련된 사람들이었지만, 예수님을 만난 후 자신들이 기도를 전혀 모른다는 사실을 깨달았습니다. 이에 예수님께 찾아와서 기도를 가르쳐 달라고 부탁하였던 것입니다. 그들의 부탁을 들으신 예수님께서는 기도의 초보 단계부터 가르치셨습니다.

우리 중에는 아마 거듭나기 전에 '종교적인' 사람으로서 기도를 꽤 잘한 사람도 있을 것입니다. 그러나 거듭난 이후에는 '어떻게 기도해야 할지 전혀 모르는' 상태가 됩니다. 이때 갖게 되는 의식은 하나님께서 우리에게 성령을 주셨다는 사실과 우리 자신은 철저하게 연약하다는 사실입니다. 이 두 의식을 갖지 못하면 우리는 능력 있는 기도의 사람이 될 수 없습니다. 바울도 기도를 위해 성령을 의지하라고 말합니다. 바로 이 점이 기도에서 깨닫기 어려운 부분입니다. 바울이 말하는 바는, 우리는 사람들 앞에서 유창하게 기도할 수는 있어도 그러한 기도는 하나님의 역사를 일으킬 수 없는 연약한 기도라는 사실입니다. 그러므로 우리의 기도 능력의 모든 근원은 성령을 받고 인정하고 의지하는 것입니다. 그러므로 다른 길은 없습니다. 오직 예수의 피를 의지하여 기도로 하나님의 앞에 나아가 "구하는 자에게 성령을 주시는"누가복음 11:13 하나님 아버지께 성령을 구하여야 합니다.

# 힘차게 대항하여 서십시오!



"하나님의 전신 갑주를 취하라 이는 악한 날에 너희가 능히 대적하고 모든 일을 행한 후에 서기 위함이라" 에베소서 6:13

바울은 감옥에서 이 글을 쓰고 있습니다. 그는 로마 군인들이 취한 전신 갑주를 날마다 보고 있습니다. 바울은 전신 갑주를 취하는 것은 "서기 위함"이라고 말합니다. 물론 하나님의 사람들이 공격해야 할 때가 있습니다. 적의 기지를 맹공격해야 할 때가 있습니다. 그러나 바울이 말하는 조언은 적군으로부터 탈취한 고지를 지키는 데는 엄청난 에너지가 필요하다는 의미입니다. 즉, "모든 일을 행한 후에 서기 위해서"는 하나님의 크신 능력이 우리에게 임해야 합니다.

"우리의 씨름은 혈과 육을 상대하는 것이 아니요" 에베소서 6:12. 만일 우리가 혈과 육을 상대하여 싸운다면 우리는 엉뚱한 싸움을 치르게 됩니다. 따라서 영적으로 패배하게 됩니다. 우리의 싸움은 세상이 보지 못하는 "어둠의 세상 주관자들과 하늘에 있는 악의 영들을" 상대하는 것입니다. 원수들은 초자연적인 존재이며 세상의 상식과 철학과 이성으로는 볼 수 없는 존재입니다. 그러므로 우리는 우리의 싸움이 혈과 육에 속한 것으로 오해하지 말아야 합니다. 우리가 싸우는 대상은 결코 세상의 힘으로는 이길 수 없는 세력들입니다. "하나님의 전신 갑주"를 취하지 않고는 원수를 대항하여 설 수 없습니다.

"깨어 구하기를 항상 힘쓰며 여러 성도를 위하여 구하라" 에베소서 6:18. 승리 가운데, 또한 실패 속에서도 우리는 기도해야 합니다. 어둠의 세력들을 볼 수 있는 비결은 기도하는 것입니다. 항상 깨어 기도하는 것입니다. 어둠의 세력의 궤계를 꿰뚫어 볼 수 있는 눈은 주님의 눈밖에 없습니다. 따라서 하나님의 눈으로 세상을 볼 때 우리는 원수의 공격을 볼 수 있으며, 따라서 능히 대적할 수 있습니다. 성령께서는 주의 백성이 '함께' 하나님의 전신 갑주를 입고 힘차게 원수를 대항하여 설 수 있도록 도우십니다.

# November

## 11월

## 마음에 근심하지 마십시오!

공동체가 혼돈하고 세상의 논리에 공감할 때

# 마귀를 대적하십시오!

"예수께서 말씀하시되 사탄아 물러가라 기록되었으되 주 너의 하나님께 경배하고 다만 그를 섬기라 하였느니라" 마태복음 4:10

마귀는 둘째 아담이신 예수 그리스도를 지극히 높은 산으로 데려가서 유혹하였습니다. 천하 만국과 그 영광을 주겠다고 하며 자기에게 경배하라고 하였습니다. 이때 예수님의 대답은 거짓말을 하지 말라는 것이 아니었습니다. 그가 이 세상의 영광과 권세를 가지고 있음을 인정하셨습니다. 하지만 주께서 이 땅에 오신 목적은 마귀와 함께 멸망하게 될 이 세상을 얻는 것이 아니라, 그를 보내신 하나님 아버지를 영화롭게 하는 것이기 때문에 사탄에게 물러가라고 명하셨습니다.

지금 마귀는 우리에게 같은 유혹을 합니다. 이 세상의 권세와 영광으로 유혹하여 하나님의 계명을 범하게 합니다. 실제로 마귀를 따를 때 마귀는 그 사람에게 이 세상의 권세와 영광을 주어 누리게 할 수 있습니다. 그러나 그 기간은 고작 마귀가 이 세상을 다스릴 때뿐입니다. 언제나 주의 영원한 나라를 바라보십시오. 만일 누구든지 주의 영원한 나라와 하나님 아버지만을 경배하는 참된 신앙의 자세를 지키지 못하면 마귀의 시험에 무너지게 됩니다.

마귀가 예수님을 공격할 때 집중적으로 공격한 것으로 지금 우리에게도 공격합니다. 그것은 '내 자신에 대한 나의 권리'를 주장하게 하는 것입니다. 사탄은 예수님에게 "하나님의 일을 하되 네가 하고 싶은 대로 행하라"고 유혹하였습니다. 마찬가지로 사탄은 거룩하여진 영혼을 찾아가 유혹하기를 "하나님의 일을 하되 당신이 원하는 대로 하라"고 말합니다. 이는 당신의 보좌에서 하나님을 주로 모시지 말고 몰아내라는 유혹입니다! 이때 이러한 마귀의 유혹에 대한 예수님의 답변은 언제나 같았습니다. "내가 하늘에서 내려온 것은 내 뜻을 행하려 함이 아니요 나를 보내신 이의 뜻을 행하려 함이니라" 요한복음 6:38. 당신도 마귀의 유혹을 받을 때마다 주님처럼 답변하고 있습니까? 우리는 마귀를 내적하기 위해 언제나 어디서나 주 하나님을 경배하고 다만 그를 섬겨야 합니다.

# 진정한 개혁

**"가서 보니 … 그 사람의 나중 형편이 전보다 더 심하게 되느니라" 누가복음 11:25~26**

개혁은 '다시 형성한다' 또는 '새롭게 한다'라는 의미로써 중생한 사람뿐만 아니라, 하나님의 은혜와 상관없는 인간의 속성에서도 나타납니다. 그러나 중생과 관련 없는 상태에서의 개혁은 단지 반란자들의 개혁일 뿐입니다. 사람이 나쁜 짓을 멈추고 착한 행동을 한다고 해서 그 사람이 구원받은 것을 뜻하지는 않습니다. 사람이 구원받은 유일한 표시는 회개입니다. 그러나 하나님의 은혜와 상관없이 개혁은 가능하며 크게 확장될 수도 있습니다. 그 이유는 어떤 옳은 영향이 적절한 때에 열매를 맺기 시작하면 인간의 속성 안에 있는 것들이 그 개혁에 반응하기 때문입니다. 예를 들어, 아버지의 협박과 학교 선생님의 처벌에 의해서 전혀 개혁되지 않던 어떤 소년이 어머니의 사랑으로 크게 개혁될 수 있습니다. 마찬가지로 어떤 나쁜 사람이 자신을 의심하는 사람들 틈에서는 더욱 악하여지다가도 천진한 어린아이를 만나 개혁될 수 있습니다.

누가복음 11장 25절은 '청소되고 수리된 집'의 그림을 통해 사람의 마음속에서 매우 분명하게 발생한 전반적인 개혁을 그려줍니다. 그러나 우리 주님께서 지적하는 것은 마음이 개혁된 후에 비어 있을 때 가장 위험하다는 사실입니다. 왜냐하면 하나님의 은혜와 상관없이 개혁된 사람은 중생의 필요를 더욱 느끼지 못하여 더욱 교활한 이교도가 되기 때문입니다. 물론 마음이 청소되는 것은 좋은 일입니다. 그러나 그 마음이 빈 채로 남아 있으면 그 마음은 더욱 악하게 되는데 결국 전보다 더 악한 영들이 들어옵니다. 이에 예수님께서 말씀하셨습니다. "그 사람의 나중 형편이 전보다 더 심하게 되느니라." 개혁은 좋은 것입니다. 그러나 다른 차선들이 언제나 최선이신 예수님의 원수가 될 수 있는 것처럼, 개혁도 주의 원수가 될 수 있습니다. 중생은 개혁을 넘어서서 우리의 마음을 청소할 뿐만 아니라, 절대 선이신 우리 주 예수 그리스도의 영으로 채우는 것을 의미합니다. 성령으로 거듭나 성령을 따라 행할 때 주께서 의도하시는 참된 개혁이 우리 마음속에 일어나는 것입니다.

# 나의 벗, 예수님



**"나의 종 너 이스라엘아 내가 택한 야곱아 나의 벗 아브라함의 자손아" 이사야 41:8**

우리는 힘찬 그리스도인의 삶을 원합니다. 지치지 않고 항상 새로운 신앙의 삶을 원합니다. 우리는 수양회, 부흥회, 그리고 특별 기도회 등의 모임을 통해 영적 신선함을 느낍니다. 그러나 문제는 어느새 영적 신선함을 위해 이러한 집회나 모임을 의지하게 되어 버렸다는 것입니다. 하지만 우리가 절대로 잊지 말아야 할 것은 영적 신선함의 원천은 모임이 아니라, 주 예수 그리스도의 보혈이라는 사실입니다.

예수님과의 친구 관계는 우리의 영적 신선함을 항상 유지하는 비결입니다. 친구란 무엇입니까? '친구'란 두 인격 간에 가장 깊고 중요한 마음을 서로 나누며 이해하는 관계입니다. 따라서 예수님의 친구가 되기 위해서는 우리는 예수님의 마음을 알아야 합니다. 이를 위해서 무엇보다 먼저 성령으로 거듭나야만 예수님과의 친구가 가능합니다. 성령으로 거듭나야만 우리는 예수님과 같은 성향이 있을 수 있습니다.

'핏줄보다 더 가까운' 친구를 둔 사람들은 서로 때문에 항상 신선하고 즐겁습니다. 이처럼 예수 그리스도를 진정한 친구로 둔다면 그 삶은 항상 신선하고 즐거울 수밖에 없습니다. 주님은 우리의 가장 깊은 마음마저 아시며 우리의 마음을 만족하게 하십니다. 이 세상 그 누구도 이해할 수 없는 내 마음을 주께서는 완전하게 이해하십니다. 당신에게 예수님보다 더 완전한 친구가 될 수 있는 존재는 이 우주에 없습니다. 예수님은 당신의 친구가 될 준비가 되어 계십니다. 만일 당신이 주님이 명하신 대로 주께 나아가기만 하면 주님은 당신의 친구가 되어 주실 것입니다. 그리고 주님과 친구가 되어 그 관계를 유지하는 한 당신의 삶은 언제나 신선함과 즐거움과 활기가 멈추지 않게 됩니다. 당신의 삶이 가장 신선한 삶이 되게 하려면 언제나 그리스도와 친구 관계를 누리며 유지하도록 하십시오.

# 전 인격적인 사랑

"네 마음을 다하고 목숨을 다하고 뜻을 다하고 힘을 다하여 주 너의 하나님을 사랑하라" 마가복음 12:30

그리스도의 보혈 은혜는 우리의 전 인격에 영향을 미칩니다. 그리고 성령을 통해 하나님의 사랑이 우리 마음속에 부은 바 됩니다. 구원은 청결한 마음, 새로워진 심령, 하나님과 온전한 영적 관계만 의미하는 것이 아니라, 우리의 전 인격이 하나님의 은혜와 놀라운 능력 가운데 사로잡히는 것을 말합니다. 따라서 몸과 혼과 영이 다 주 예수 그리스도께 매혹되어 사로잡히게 됩니다.

백열전등 램프가 이 의미를 잘 설명합니다. 만일 램프 덮개가 조금이라도 잘못 놓이면 백열전등이 덮개에 가려 한 줄기의 빛만 흐르게 됩니다. 그러나 덮개가 정확하게 맞게 덮이면 빛이 환하게 비쳐서 그 강렬한 빛으로 말미암아 모든 것이 환하게 드러납니다. 마찬가지로 우리의 모든 부분이 주의 사랑에 사로잡혀야 하나님의 포괄적인 선하심으로 타오르게 됩니다. 이처럼 하나님의 사랑이 성령으로 말미암아 우리의 마음속에 넘치면 우리의 인격은 주 예수 그리스도를 가장 선호하게 됩니다. 그로 말미암아 우리의 마음은 주를 향한 사랑으로 가득 차서 예수님을 위해 내 생명마저 다 드리고 싶어집니다. 우리의 생각은 자나 깨나 주님을 생각하게 되고, 모든 것을 주께 드리며, 내 뜻은 하나님의 뜻에 절대적으로 따르게 됩니다. 그리고 내 인격 속의 귀는 하나님이 말씀하시는 것만을 듣고 싶어 합니다.

이렇게 하나님의 사랑과 은혜를 받은 우리에게 주 예수 그리스도는 우리의 마음과 목숨과 뜻과 힘의 왕이 되십니다. 그리고 우리는 전 인격으로 주를 섬기게 됩니다. 우리는 하나님께서 우리에게 보여주신 똑같은 사랑을 우리의 이웃에게 보여주게 됩니다. 이는 나의 내면의 주님과의 관계는 나의 외부의 모든 면에서 그대로 다 드러나기 때문입니다.

이 나무는 당신입니다.

# 선을 행함으로 고난받는 것



"선을 행함으로 고난받는 것이 하나님의 뜻일진대 악을 행함으로 고난받는 것보다 나으니라" 베드로전서 3:17

하나님의 뜻에 따른 고난은 그리스도께서 당하신 고난과 같은 종류입니다. '하나님의 뜻 안에 있어야 하는 것'은 우리의 마음입니다. 우리는 지식으로 하나님의 뜻을 알 수 있습니다. 하지만 지식으로 안 하나님의 뜻에 우리의 마음을 싣는 문제는 또 다른 문제입니다. 우리의 마음이 하나님의 뜻 안에 담길 때 고난스러운 상황에서도 고난을 피하지 않고 주님을 순종하게 됩니다.

거룩하여진 마음 가운데서 하나님의 뜻은 매우 단순하며 자연스럽습니다. 아픈 사람이 머리로 건강을 아는 것처럼, 죄인도 머리로는 하나님의 뜻을 알 수 있습니다. 그러나 거룩하여진 마음만이 하나님의 뜻을 자신의 삶을 통해 표현할 수 있습니다. 그리고 거룩한 마음의 표어는 '아버지께서 원하시는 대로 제게 행하소서'입니다. 아버지의 뜻은 내게 죽음일 수 있고 쓴 잔일 수도 있습니다. 혹은 정반대로 즐거움과 이 세상에서의 풍요일 수도 있습니다. 그러나 거룩하여진 마음은 아버지께서 원하시는 대로 내게 이루어지기를 진심으로 소원합니다.

당신의 표어는 무엇입니까? 하나님의 뜻대로 고난받기를 받아들일 수 있습니까? 당신이 기억해야 할 것은 어떤 상황이든지 그 상황은 하나님의 주권에 의해 허락된 것이며, 또한 하나님은 그 상황에서 당신의 마음과 반응을 보신다는 사실입니다. 하나님의 주권은 성도에게 가장 큰 위로이며 확신이기에 우리는 어떠한 상황에서도 주님의 품 안에서 안심할 수 있습니다. 그러므로 우리가 잊지 말아야 할 것은 우리가 이해할 수 없는 상황마저도 하나님의 사랑의 신비라는 사실입니다. 이 진리는 뛰어난 지식에 의해 깨달아지는 것이 아니라, 주의 보혈로 정결한 마음만이 누릴 수 있는 신비입니다. 고난 가운데서 하나님의 사랑을 확신하며 순종함으로 선을 이루십시오.

# 참된 회개

"내가 주께만 범죄하여 주의 목전에 악을 행하였사오니" 시편 51:4

기독교에서 가장 중요한 부분은 회개입니다. 실제로 참된 기독교는 회개의 기독교밖에 없습니다. 그 이유는 참된 기독교에는 회개의 특징이 나타나기 때문입니다. 하나님의 법을 어기고 죄를 범한 부분은 회개를 통해 깨끗하여집니다. "주께서 말씀하실 때에 의로우시다 하고 주께서 심판하실 때에 순전하시다 하리이다." 당신은 하나님 앞에서 이러한 고백을 한 적이 있습니까? "나의 하나님, 주의 거룩한 법을 어긴 내가 이러한 심판을 받는 것은 합당합니다." "내가 주께만 범죄하여 주의 목전에 악을 행하였습니다."

회개의 본질은 자신을 변명하려는 욕구를 파괴합니다. 만일 변명하길 원하는 욕구가 남아 있다면 그것은 참된 회개가 될 수 없습니다. 회개는 우리가 하나님의 법을 어겼으니 법대로 벌을 받는 것이 합당하다는 것을 인정하고 벌을 받는 자세입니다. 이것이 바른 회개입니다. 그러나 안타까운 것은 회개에 대해 바르게 아는 사람들이 많지 않다는 사실입니다. 현시대는 하나님은 사랑이 많으시고 온유하시고 자비하시기 때문에 우리가 해야 할 것은 단지 잘못한 것에 미안한 마음을 가지고 더 노력하는 것을 회개로 알고 있습니다. 이것은 회개가 아닙니다. 회개는 나를 용서하신 하나님이 옳다는 것을 증명하는 선상에서 다시 재창조되는 것이 회개입니다.

이러한 사고가 당신의 마음에 임할 때 당신은 죄의 책망이 무엇인지 이해하게 됩니다. 회개하는 사람은 자신이 하나님의 법을 어긴 사실에 대해 부끄러움을 체험하면서 당장 그 순간부터 거룩한 삶을 살게 하는 새 생명을 선물로 받고자 합니다. 정확하게 말하면, 회개는 하나님의 선물입니다. 사람은 스스로 회개할 수 없습니다. 회개는 사람의 마음에서 나올 수 있는 것이 아닙니다. 회개는 사람의 마음 밖에 있는 또 다른 근원에서 나오는 것으로써 바로 구속의 반석입니다. 당신은 더욱 주의 뜻대로 살고자 하는 마음이 넘칩니까? 그렇다면 주께로 돌아가 더욱 주님과 깊은 관계를 누리십시오. 회개의 합당한 열매를 맺으십시오.

# 전능자의 그늘 아래 있는 자



**"지존자의 은밀한 곳에 거주하며 전능자의 그늘 아래에 사는 자여"** 시편 91:1

예수 그리스도의 삶을 연구하십시오. 예수님의 삶에 대한 이야기를 읽고 또 읽으십시오. 나사렛에서 조용하게 순종하며 지낸 30년의 세월을 연구하십시오. 3년의 공생애 사역을 자세히 살펴보십시오. 그분의 사역 중에 받으신 비방과 침 뱉음과 배신과 미움을 생각해 보십시오. 예수님께서 견디신 모든 것을 생각하십시오. 그러면 당신이 당하는 그 어떤 아픔도 주님의 고통과 비교될 수 없음을 알게 될 것입니다.

모든 상황에서 주의 평강은 흔들린 적이 없었습니다. 주의 평강은 훼방받을 수 있는 종류의 것이 아닙니다. 이 평강은 우리가 주님 안에서 '하늘에' 앉아 있을 때 하나님께서 우리 안에서 보여주시는 평강입니다. 그 평강은 이 세상에서 누리는 평강과 다른 것으로써 평강 그 자체인 평강입니다.

우리 삶의 상황들이 우리 내면의 평강을 앗아갈 수 없습니다. 세상의 요란함과 분쟁과 두려움은 언제든지 통지 없이 찾아옵니다. 그러나 우리에게는 아무런 상관이 없습니다. 왜 그렇습니까? 바로 우리는 그리스도 예수 안에서 '하늘에' 앉아 있기 때문입니다. 오, "지존자의 은밀한 곳에 거주하며 전능자의 그늘 아래에 사는 자여." 이는 바로 예수 그리스도 안에 거하는 자들의 안전과 평안을 두고 하는 말입니다. 당신은 주님 안에서 주의 평강을 누리십시오.

# 새 주인을 모십시오!

"강한 자가 무장을 하고 자기 집을 지킬 때에는 그 소유가 안전하되 더 강한 자가 와서 그를 굴복시킬 때에는 그가 믿던 무장을 빼앗고" 누가복음 11:21~22

가끔 우리는 육에 속한 인간에게도 평강이 있다는 사실을 잊어버립니다. 시편 73편은 하나님의 관점에서 악한 자의 그림을 그려줍니다. 그런데 그 악한 자는 행복하고 평화롭고 만족하고 있습니다. 심지어 미래에 대해서도 염려하지 않습니다.

누가복음 11장은 이 세상은 마귀의 '궁전'이라고 말합니다. 그는 자기 궁전 안에서 살고 있습니다. 그 궁전 안에는 어떤 물건들이 있습니까? 바로 사람들입니다. 사람들은 마귀의 통치를 받으며 그 안에서 나름대로 평화를 누립니다. 이것 또한 마귀가 하나님을 흉내 내는 일 중의 하나입니다. 어둠 (또는 죄)의 성향은 예수 그리스도를 만나기 전까지는 나름대로 행복과 평화와 자유를 누립니다. 그러나 주님을 만나면 고통이 다가옵니다. 그 고통은 자신들이 옳지 않다는 것을 알게 되면서 찾아옵니다.

복음은 멸망하는 자들에게는 보이지 않습니다. 그 이유는 "이 세상의 신이 믿지 아니하는 자들의 마음을 혼미하게 하여 그리스도 영광의 복음의 광채가 비치지 못하게"고린도후서 4:4 하기 때문입니다. 따라서 복음을 깨닫기 전까지는 그들은 자신들이 옳다고 믿습니다. 스스로 옳다는 느낌 속에서 헛된 평강과 행복감을 누립니다. 그러나 예수 그리스도를 만나게 되면 예수님은 언제나 이러한 자들의 마음을 뒤집어 놓습니다. 그러면서 주님은 그들에게 어둠의 성향으로부터 나올 수 있는 구원을 제시하십니다. 이때 사람마다 자신의 운명을 결정하는 가장 중요한 결정을 내리게 됩니다. 과거 어둠의 주인을 계속 따라 살 것인지, 아니면 빛 되신 주 예수 그리스도를 새 주인으로 모시고 살 것인지 결정해야 합니다. 당신은 어둠에 머물지 말고 새 주인을 모셔 드리십시오!

# 조롱하는 자들을 향한 믿는 자의 자세



"이르되 네가 만일 유대인의 왕이면 네가 너를 구원하라 하더라" 누가복음 23:37

세상은 예수님을 조롱했습니다. 예수님을 비방하는 자들은 자신들의 생각과 호기심을 근거로 예수님을 조롱했습니다. 또한 자신들의 생각을 만족하게 해줄 답변을 예수님께 요구했습니다. 그러나 예수님께서는 조롱하는 자들과 비방하는 자들에게 한마디의 답변도 하지 않으셨습니다. 세상의 조롱하는 자들은 그리스도인들을 향해 마찬가지로 대합니다. "네가 믿는 그리스도가 지금 무엇을 하느냐? 너의 억울함마저 해결하지 못하는 분이 어찌 그리스도냐?" 그러나 그리스도인들은 예수님처럼 그들의 모든 질문에 답변할 필요가 없습니다. 세상의 조롱하는 자들은 끊임없이 예수님과 그리스도인들에게 '증거'를 요구합니다. "백성은 서서 구경하는데 관리들은 비웃어 이르되 저가 남을 구원하였으니 만일 하나님이 택하신 자 그리스도이면 자신도 구원할지어다"누가복음 23:35. 그러나 예수님께서는 그들의 요구를 만족하게 하려고 부활하지 않으셨습니다. 단지 묵묵히 아버지의 뜻을 이루실 뿐이었습니다.

예수님은 사람들이 그를 어떻게 생각하든 상관하지 않으셨습니다. 주님의 마음은 오직 아버지께서 그를 보내신 사명을 이루는 데 있었습니다. 지금 이 시대에서 그리스도를 위해 굳게 서기는 쉽지 않습니다. 주를 위해 설수록 세상의 조롱은 더욱 빗발칩니다. 더욱이 주를 위해 바로 설 때 더욱 억울한 일들과 거짓 비방들을 많이 받게 됩니다. 그래서 교회와 성도들이 주를 위해 굳게 서는 일에 낙심하고 포기하기 쉽습니다.

지금 많은 교회가 비방자들의 조롱을 피하려고 세상과 화합하며 종교 간에 다리를 놓습니다. 그렇게 함으로써 많은 교회가 주 예수 그리스도를 저버리고 있습니다. 예수님은 자신의 명예보다는 세상을 구속하는 일에 관심이 있으셨습니다. 주님의 이러한 자세는 세상의 빈축과 분노와 비방을 더욱 샀습니다. 그리스도를 본받아야 하는 우리 그리스도인은 주님과 같은 자세를 가져야 합니다. 우리는 비방하는 자들의 호기심과 요구를 만족하게 할 필요가 없습니다. 오직 주 예수 그리스도만이 우리 삶의 심판자이심을 잊지 마십시오.

# 우리가 드릴 영적 예배

"형제들아 내가 하나님의 모든 자비하심으로 너희를 권하노니 너희 몸을 하나님이 기뻐하시는 거룩한 산 제물로 드리라 이는 너희가 드릴 영적 예배니라" 로마서 12:1

하나님께서 아브라함에게 약속을 주실 때마다 아브라함은 단을 쌓고 하나님께 예배를 드렸습니다. 바울은 우리의 삶도 마찬가지여야 한다고 말합니다. 하나님께서 우리에게 몸을 주시고 부활의 약속을 주셨으니 우리는 우리의 몸을 하나님께 드려 산 제물이 되게 해야 합니다. 주님께 우리의 몸을 산 제물로 드리는 것은 하나님께서 우리를 위해 해주실 수 있는 일이 아닙니다. 이 일은 우리가 해야 합니다. 우리는 우리 자신을 기꺼운 마음으로 주님께 드려야 합니다. 이것이 우리가 드릴 참된 영적 예배입니다.

하나님은 당신이 당신 자신을 온전히 바치는 자리까지 인도하실 것입니다. 그 이유는 하나님은 당신의 예배를 원하시며 기다리시기 때문입니다. 부분적으로 예배드리지 마십시오. 예배를 하나의 형식으로 여기지 마십시오. 하나님이 원하시는 예배는 당신 전부를 산 제물로 드리는 것입니다. 당신 자신에 대한 당신의 권리를 모두 주께 의탁하는 것입니다.

바울은 정확하게 우리가 드릴 영적 예배를 정의하며 당부하고 있습니다. 우리의 몸을 온전히 주께 다 드려야 참된 영적 예배가 될 수 있습니다. 내 눈과 귀와 혀와 손과 발 등 썩을 이 육체가 주님께 드려져 주님이 귀히 사용하시는 도구가 되는 것이 우리가 드릴 산 예배입니다. 이 시대 가운데 이러한 예배로 우리 맘을 드려 우리의 몸이 주를 위해 쓰임 받을 때 우리는 세상을 사랑하거나 세상에 물들 틈이 있을 수가 없습니다.

이 나무는 당신입니다.

# 하나님의 침묵



"여자여 어찌하여 울며 누구를 찾느냐" 요한복음 20:15

막달라 마리아는 무덤 앞에서 울고 있었습니다. 그때 그녀는 거기서 예수님의 시신을 예수님을 동산지기로 착각하고 동산지기에게 구하고 있었습니다. 그녀는 주님을 알아보지 못하였던 것입니다. 예수님께서는 그녀가 구한 것을 주셨습니까? 주님은 그녀가 구한 것과는 완전히 차원이 다른 가장 멋진 응답을 주셨습니다. 바로 다시 살아나시고 영원히 죽지 않으시는 주님 자신을 보여주셨습니다.

우리 중에 얼마나 많은 사람이 눈먼 기도를 드리고 있는지 모릅니다. 지난 과거를 돌아보십시오. 응답받지 못한 것으로 생각했던 기도들이 지금 돌아볼 때 오히려 당신이 꿈꾸던 것보다 훨씬 크고 높은 차원에서 응답되어 있는 것을 발견할 수 있지 않습니까! 하나님이 당신을 신뢰하는 가장 친밀한 방법은 당신의 기도에 한동안 침묵하시는 것입니다. 이는 하나님께서 당신의 수준이 예전보다 더 높은 차원의 계시를 깨달을 수준이 되었다고 보시고 더 높은 차원의 훈련을 허락하시는 것입니다. 주님께서는 우리가 절대로 절망하지 않고 기쁨으로 하나님의 침묵을 인내할 수 있다고 믿으신 것입니다.

물론 기도 자체가 잘못되었을 때도 하나님의 침묵이 있을 때도 있습니다. 그러나 어떤 기도는 우리가 이해할 수 없는 더 높은 차원에서 응답되기 위해 침묵의 기간이 필요할 때도 있습니다. 예수님께서 자신이 계신 곳에 더 오래 머무신 이유는 마르다와 마리아를 사랑하셨기 때문입니다. 후에 그들은 나사로를 돌려받은 정도가 아니라, 무한한 축복을 받았습니다. 바로 인간이 알 수 있는 최대의 진리인 '예수 그리스도는 부활이요 생명'이라는 사실을 깨닫게 된 것입니다. 결코 응답되지 않을 것 같은 기도들이 가장 놀라운 방법으로 응답될 때 우리는 하나님 앞에 서서 입을 다물지 못하게 됩니다. 그때야 하나님의 침묵이 오히려 내 기도에 대한 응답의 표지였음을 깨닫게 됩니다. 아직도 내 기준에 맞추어 하나님의 응답을 평가하고 있습니까? 그렇다면 하나님께서는 아직 그 사람을 '하나님의 침묵'으로 신뢰하며 대하실 수 없습니다.

# 성도에게 가장 중요한 일

"내게 주신 영광을 내가 그들에게 주었사오니 이는 우리가 하나가 된 것 같이 그들도 하나가 되게 하려 함이니이다" 요한복음 17:22

예수 그리스도께서 교회 공동체를 향해서 갖고 계신 개념은 주께서 아버지와 하나이심 같이 주의 백성이 주님과 하나가 되는 것입니다. '인격성'이라는 용어의 근본 개념은 하나님의 인격을 형성하는 존재들을 말합니다. 대부분의 사람은 아직 이 완전한 인격성까지 자라나지 못하였습니다. 사람이 완전한 인격성까지 자라려면 오직 하늘로부터 거듭나야만 합니다. 하나님의 나라에서 우리의 가치는 우리 인격성의 성장에 비례한다는 것을 기억하십시오. 하나님의 주권적인 은혜로 구원을 받아 거룩하여진 사건과 지금 이 땅에서 훌륭한 그리스도인이 되는 사건 사이에는 분명한 차이가 있습니다. 믿고 구원만 받으면 된다는 식의 관점은 사실 기독교의 걸림돌입니다. 우리 중에 몇이나 예수 그리스도의 증인된 삶을 살고 있을까요? 우리 중에 몇이나 자신의 모든 정신적, 도덕적, 영적 에너지를 주를 위해 사용하고 있을까요?

하나님께서 왜 우리를 이 땅에 남겨 두셨습니까? 구원받고 거룩하여지기 위함입니까? 그렇지 않습니다. 우리는 주님을 섬기기 위해 이곳에 남겨져 있습니다. 만일 우리가 계속 하나님 나라의 정신을 가지고 이 땅에서 살아가면 어느새 우리의 인격성은 계발되어 있을 것입니다. 인격성이 계발된 사람은 단지 구원받아 거룩하여진 상태가 아니라, 예수 그리스도께 훨씬 더 소중한 사람이 되어 있습니다.

당신은 주님의 손에 붙들린 바 되어 다른 사람을 위한 찢긴 빵과 부어지는 포도주가 될 마음이 있습니까? 지금 이 시대 속에서 당신의 생명과 인생이 다른 사람을 주의 제자들로 만드는 데 쓰임 받을 수만 있다면 어떻게 되어도 상관없습니까? 성도의 삶이란 말로 다 할 수 없는 주님의 구원으로 말미암아 하나님께 드리는 감사 표현의 삶입니다. 그리고 성도가 해야 할 가장 중요한 일은 어떤 상황에서든지 주 예수 그리스도와 하나 됨을 유지하는 것입니다.

# 주 안에 거하십시오!



"내 안에 거하라 나도 너희 안에 거하리라 가지가 포도나무에 붙어 있지 아니하면 스스로 열매를 맺을 수 없음 같이 너희도 내 안에 있지 아니하면 그러하리라" 요한복음 15:4

주님 안에 거하는 일에 온 맘을 다하십시오. 우리는 죄로 물들어 있기 때문에 어쩔 수 없이 심하게 흔들릴 때가 있지만, 그러나 흔들리는 것을 당연하게 여기지 마십시오. 믿음의 길을 걷는 데 있어서 가장 중요한 것은 충성스럽게 그리스도의 나무에 붙어 있는 것입니다. 이 뜻은 신앙에서 가장 어려운 일은 그리스도 안에 항상 거하는 것입니다. 어떤 상황이라도 우리가 주님 안에 거하는 것을 막을 수 있는 것은 없습니다. 궁극적으로 볼 때 우리가 그리스도 안에 거하지 못하는 이유는 상황이 문제가 아니라, 우리의 불신앙이 문제입니다. 하지만 풍성한 열매를 맺는 참된 신앙의 삶을 살기 위해서는 우리는 반드시 어느 곳에 있든지 주님 안에 거하는 법을 배워야 합니다. 그러할 때만이 그리스도 안에서 하나님의 영광이 되는 삶을 살 수 있습니다.

당신이 그리스도 안에 거하는 것을 막는 것이 무엇인지 생각해 보십시오. "주님, 잠깐만 기다려 주시겠어요. 이것만 제 뜻대로 하고, 그 후에 주님 안에 거하겠습니다." "주님, 이러한 어려운 상황에서 어떻게 주 안에 거하라는 말씀입니까? 어려움을 해결한 후에 주님께 가겠습니다." "주님도 이 상황만큼은 이해하시겠지요." "주님이라도 이러한 상황에서는 어쩔 수 없으실 겁니다." 당신이 무엇을 핑계하던 주님 안에 거하기를 거부하는 그 사실 자체가 가장 하나님을 슬프게 합니다. 주님 안에 거하는 다짐을 미루지 마십시오. 지금 당장 주님 안에 거하겠다고 결단하십시오. 처음에는 자신의 불신앙을 쳐 복종하게 하는 결단이 필요할 것입니다. 그러나 그러한 결단이 이어지다 보면 어느새 자신도 모르는 사이에 항상 주 안에 거하게 됩니다. 당신이 어느 곳, 어떤 상황을 부닥치든 주님 안에 거하겠다고 결단하십시오.

# 죄악의 용서와 죄성의 정결

"그가 빛 가운데 계신 것 같이 우리도 빛 가운데 행하면 우리가 서로 사귐이 있고 그 아들 예수의 피가 우리를 모든 죄에서 깨끗하게 하실 것이요" 요한일서 1:7

성경은 절대로 죄Sin와 죄악Sins을 혼동하지 않습니다. 죄악은 용서받아야 하고, 죄는 정결하게 되어야 합니다. 그러나 성경은 죄와 관련해서 용서를 말하지 않고 그 죄를 죽이는 것으로 말하고 있습니다 로마서 7장, 골로새서 3:5.

요한은 죄의 성향(죄성)에 대해 무지한 그리스도인들에게 첫째 서신을 썼습니다. 요한은 그 편지에서 만일 우리가 죄가 없다고 하면 스스로 속이는 것이라고 말합니다 요한일서 1:8. 그리고 죄의 성향은 다름 아닌 "하나님의 원수"로서 야고보서 4:4 하나님과 화평하게 될 수 없습니다. 죄에 대해 우리가 할 수 있는 일은 단 한 가지입니다. 예수님의 죽음에 들어가 죄의 '옛사람'을 그리스도와 함께 못 박는 것입니다.

요한일서 1장 9절은 말하길, 우리가 죄악(죄성이 아님)을 고백하면 미쁘시고 의로우신 주님은 우리의 죄악(죄성이 아님)을 용서하시고 우리를 모든 불의(죄성을 말합니다)로부터 깨끗하게 하신다고 합니다. 우리는 인간의 속성을 다스리는 죄성을 다루어야 합니다. 그 길은 예수 그리스도의 복음밖에는 없습니다. 주님의 십자가와 성령을 통한 부활의 능력만이 우리 속에 있는 죄성을 이깁니다.

# 고난 가운데서의 제자의 자세



"어찌하여 고난당하는 자에게 빛을 주셨으며 마음이 아픈 자에게 생명을 주셨는고" 욥기 3:20

　　욥뿐만 아니라 그 누구도 욥에게 발생하는 사건의 원인을 알지 못했습니다. 아무도 욥에게 그의 영혼 때문에 하나님과 마귀가 전쟁을 치르고 있다는 사실을 말해주지 않았습니다. 욥의 고난은 욥을 위한 것이 아니었습니다. 즉, 그를 온전케 하며 정결하게 하기 위한 고난이 아니었던 것입니다. 물론 부수적인 결과로써 욥은 더 온전하여지고 정결하게 되었습니다. 하지만 처음에 욥에게 고난이 주어진 단 한 가지 이유는 단지 하나님의 뜻이었습니다.

　　고난 가운데서의 우리 예수님의 말씀은 더 간절하고 깊고 의미심장하게 들립니다. "누구든지 나를 따라오려거든 자기를 부인하고 자기 십자가를 지고 나를 따를 것이니라" 마태복음 16:24. 참된 제자는 당혹스러운 모든 상황에서 '나를 따르라'는 의미를 배웁니다. 그리고 이유를 알 수 없는 하나님의 파도 가운데 고난의 물결이 밀려와도 "나를 따르라"는 주님의 세미한 음성을 듣고 그대로 행합니다.

　　내 뜻에 따라 하나님의 뜻을 행하려 하는 것은 가장 분명한 사탄의 유혹에 빠지는 지름길입니다. 우리 주님께 다가온 마귀의 유혹이 바로 이 음성이었습니다. "네 생각대로 아버지의 뜻을 이루라." 이 음성은 또한 정결하게 된 모든 주의 자녀에게 그대로 들려옵니다. 이러한 마귀의 음성을 듣게 되면 성도들은 자기 자신에 대한 자기 권리를 다시 주장하기 시작합니다. 그러면서 자기 멋대로 하나님의 뜻을 이루어 보겠다고 설치게 됩니다. 그러나 주님은 분명히 말씀하셨습니다. "절대로 안 되느니라! 내가 하늘에서 내려온 것은 내 뜻을 행하려 함이 아니요 나를 보내신 이의 뜻을 행하려 함이니라" 요한복음 6:38.

매일 묵상할 때 나무는 성장합니다.

# 당신은 십자가를 지났습니까?

"십자가에 못 박히고 내가 또한 세상을 대하여 그러하니라" 갈라디아서 6:14

우리는 다른 방법으로 신의 속성을 이해할 수 있습니다. 그러나 하나님 아버지의 마음은 오직 그리스도의 십자가를 통해서만 알 수 있습니다. 그런데 그리스도의 십자가는 순교의 십자가가 아닌데도 순교의 상징이 되어 버렸습니다. 그리스도의 십자가는 구속의 계시입니다. 십자가는 역사 속에서 영원과 시간이 접하는 가장 중요한 지점입니다. 십자가상에서의 "나의 하나님 나의 하나님 어찌하여 나를 버리셨나이까"라는 절규는 고립된 한 개인의 절망의 소리가 아닙니다. 이는 인간의 죄를 직접 다루시는 하나님의 마음을 계시하는 것입니다. 상상을 초월하는 하나님의 고통의 마음이 인간의 죄가 닿을 수 있는 곳보다 훨씬 더 깊은 곳까지 내려가, 죄로 물들고 지옥에 합당한 죄인들을 완벽하게 구속하려는 마음이 나타나는 순간입니다. 만일 그리스도의 구속이 지옥보다 더 깊게 내려갈 수 없다면 구속은 인간의 죄를 전혀 구속할 수 없습니다.

십자가상의 절규는 하나님의 성령이 어떤 사람을 사로잡을 때 언제나 나타나는 비참한 절규입니다. 그런데 우리가 십자가를 얕고 가벼이 제시하는 이유는 하나님의 빛 안에서 우리 자신을 본 적이 없기 때문입니다. 그 빛 안에서 우리 자신을 볼 때 오직 두 가지 중의 하나를 택할 수밖에 없게 됩니다. 하나는 자살이고, 다른 하나는 십자가입니다. 이 시대의 설교에서 가장 큰 문제점은 사람들을 처절하게 절망하게 하는 죄의 책망이 없다는 점입니다. 성령에 의해 죄의 책망을 받게 되면 이 땅에서 지옥을 체험하게 됩니다. 이는 우리 자신에 대하여 하나님의 빛 가운데 단 일 초만 깨닫더라도 말로 다 표현할 수 없는 고통과 슬픔을 겪기 때문입니다. 놀라운 점은 죄의 책망이 임하는 그 지점에 또한 하나님께서 그곳에서 우리를 구원하기 위해 그 자리에 계시다는 점입니다. 그리스도의 십자가가 우리에게 실제로 적용될 때 이러한 체험들을 하게 됩니다. 당신도 그리스도의 십자가를 보므로 얕은 종교적 어리석음에서 나오면 주께서 십자가상에서 하신 절규를 체험할 수 있게 됩니다.

# "내 말이 너희 안에 거하면"



"너희가 내 안에 거하고 내 말이 너희 안에 거하면 무엇이든지 원하는 대로 구하라 그리하면 이루리라" 요한복음 15:7

하나님께 인도함을 받는 참된 비결은 하나님의 말씀이 우리의 성품을 빚게 하는 것입니다. 이는 하나님의 말씀을 알고 그 말씀을 성령 안에서 순종할 때 이루어집니다. 한편 성령 안에서 순종 되지 않은 주의 말씀은 사람의 머리에만 남는 영적 지식이 됩니다. 성품으로 변화되지 않은 영적 지식은 그 사람을 돕지 않고 오히려 망하게 합니다.

마음이 가장 강퍅한 자들은 죄악에 넘어진 자들이 아닙니다. 오히려 성경의 진리를 알지만, 전혀 순종하지 않는 설교자와 교사들입니다. 그들의 불순종은 습관이 되어 성경 진리를 머리로는 알되 성품과는 거리가 멉니다. 바울은 이러한 사람들을 종교인이라고 부르며 통탄하였습니다. "그러면 다른 사람을 가르치는 네가 네 자신은 가르치지 아니하느냐 도둑질하지 말라 선포하는 네가 도둑질하느냐 간음하지 말라 말하는 네가 간음하느냐 우상을 가증히 여기는 네가 신전 물건을 도둑질하느냐 율법을 자랑하는 네가 율법을 범함으로 하나님을 욕되게 하느냐 기록된 바와 같이 하나님의 이름이 너희 때문에 이방인 중에서 모독을 받는도다" 로마서 2:21~24. 우리는 성령께서 하나님의 진리를 우리의 삶에 친히 적용하실 수 있도록 주의 말씀에 우리의 마음을 드려야 합니다. 그때 하나님의 말씀은 우리의 성품을 통해 열매를 맺습니다.

성경은 "자, 주님, 이제 마술처럼 이 책으로 나를 변화시켜 주소서"라는 그러한 책이 아닙니다. 성경이 깨달아지고 성경이 우리를 변화하게 하려면 우리 머릿속에 임한 주의 말씀을 우리의 모든 상황과 사건에 적용해야 합니다. 이 과정이 우리의 씨름이며 이 씨름에서 우리는 반드시 이겨야 합니다. 사실 이 씨름은 다름 아닌 내 자신에 대한 나의 권리 주장을 주님께 철저하게 양도하고 주의 말씀을 믿는 씨름입니다. 하나님은 사랑하는 자들을 언제나 인내의 상황으로 이끄십니다. 그리고 그 상황에서 우리가 씨름하며 주의 말씀을 적용하도록 하십니다. 주님은 그 상황을 통해 우리에게 말씀의 온전한 성품이 빚어지기를 원하십니다.

매일 묵상할 때 나무는 성장합니다.

# 거듭남을 통한 새 성향

"너희가 아들이므로 하나님이 그 아들의 영을 우리 마음 가운데 보내사 아빠 아버지라 부르게 하셨느니라" 갈라디아서 4:6

예수님의 실천 교훈은 인간의 옛사람을 계발하기 위한 것이 아닙니다. 예수님은 결코 우리의 옛사람을 계발하여 훌륭한 사람이 되도록 교훈을 주신 적이 없습니다. 주님의 교훈은 거듭난 자들에게 해당합니다. 즉, 거듭남을 통해 주님으로부터 완전히 새로운 성향을 부여받은 자들에게 주의 교훈이 적용될 수 있습니다.

사람은 예수 그리스도의 성향을 흉내 낼 수 없습니다. 어떤 사람에게 주 예수 그리스도의 성향이 있으려면 그에게 '하나님의 아들'이 들어가야 합니다. 그래야만 그 사람이 새사람을 입을 수 있고 주님의 삶에 맞는 삶을 살 수 있습니다. 이를 위해 성도에게 필요한 것은 자신 안에 계신 주님께 순종하는 것입니다.

성품은 우리 안의 성향으로 만들어집니다. 자연적인 성향은 사람이 태어나면서 부여받는 것이지만, 사람마다 성품은 각자가 만듭니다. 우리가 거듭날 때 우리는 하나님으로부터 새로운 성향을 부여받게 됩니다. 그 새로운 성향은 하나님의 선물입니다. 거듭난 후 성도는 자신이 받은 새 성향으로부터 새로운 성품을 만들기 시작합니다. 이때 그 성품은 속성상 하나님의 성품과 같습니다.

우리의 자연적인 성향은 유전에 의해 주어집니다. 하지만 하나님께서는 중생을 통해서 하나님 아들의 성향을 우리에게 주십니다. 예수 그리스도는 마음속 동기까지 완전히 청결하신 분입니다. 따라서 주의 성향이 내 안에 형성되면 실제로 나는 마음까지 청결한 삶을 살 수 있게 됩니다. 당신은 하나님께서 당신의 유전 형질을 바꾸시도록 허락하십시오. 그러면 하나님께서는 예수 그리스도의 제자 하나를 얻게 되실 것입니다. 또한 우리 안에는 아들의 영이 있기 때문에 우리는 하나님을 아빠 아버지라 부르게 됩니다.

# 세상을 변화시키기 위해 우리가 할 일



*"오직 너희는 원수를 사랑하고 선대하며 아무것도 바라지 말고 꾸어 주라" 누가복음 6:35*

우리는 사람들을 동정하면서 하나님께서 그들을 내버려두셨다고 하나님을 종종 비난합니다. 또한 하나님을 믿지 않는 자들을 보면서 하나님께서는 하나님이 하실 일을 하지 않으신다고 섭섭해합니다. 말로는 이렇게 표현하지 않더라도 우리의 자세로 하나님을 향해 토라지며 자기 멋대로 행동합니다. 그러나 이러한 생각이 절대로 당신의 마음에 들어오지 못하도록 하십시오. 오히려 우리가 우리의 할 일을 내버려두고 있다는 점에 초점을 맞추십시오. 당신이 동정하는 사람들, 당신이 전도해야 하는 사람들에게 당신이 마땅히 해야 할 일을 하고 있는지를 돌아보십시오. 일반적으로 성령께서는 우리가 우리의 할 일을 내버려두었기 때문에 그 사람들이 그 자리에 처하게 되었노라고 우리에게 보여주십니다.

한때 사회주의가 크게 유행하였습니다. 사람들은 예수 그리스도께서 사회 개혁자로 오셨다고 주장하였습니다. 그러나 이는 말도 안 되는 말입니다. 우리가 바로 사회 개혁자이기 때문입니다. 책임을 예수님께 넘기지 마십시오. 예수님께서는 우리에게 할 일을 맡기셨습니다. 그 일을 할 수 있도록 주님은 우리를 주의 성향이 있는 자들로 변화시켜 놓으셨습니다. 하지만 우리는 우리의 책임을 회피하고 우리가 해야 할 일을 주님께 떠맡기려는 경향이 있습니다. 그래도 그러한 우리를 예수님은 변화시키시며 옳은 사람으로 만드십니다. 그로 말미암아 우리는 예수님의 원칙대로 하는 사회 개혁자가 됩니다. 우리가 '지극히 높으신 이의 아들'로서 위의 원칙대로 살 때 그곳에서 즉각 하나님의 역사가 나타나기 시작합니다. 그러므로 이제 당신은 부모와의 관계, 형제자매들과의 관계, 친구, 사장, 사원의 관계에서 하나님의 자녀로서 살기 시작하십시오. 하나님께서 당신을 어떻게 대해주셨는지를 생각하십시오. 그리고 다른 사람에게도 당신이 받은 대우대로 행하십시오. 그 일을 하는 것이 당신이 사회를 주의 뜻대로 개혁하는 것입니다.

# 길가의 땅

"아무나 천국 말씀을 듣고 깨닫지 못할 때는 악한 자가 와서 그 마음에 뿌려진 것을 빼앗나니 이는 곧 길 가에 뿌려진 자요" 마태복음 13:19

이 세상에서도 어리석은 자가 있지만, 영적 세계에서도 어리석은 자가 있습니다. 길가의 흙은 다른 흙과 다를 바 없이 좋은 흙입니다. 그러나 길가의 흙은 사람들의 발걸음이나 마차에 의해 짓밟혀져서 딱딱해진 굳은 땅입니다. 이러한 땅이 열매를 맺을 수 있는 흙이 되려면 누군가 그 땅을 경작하여 갈아야 합니다. 우리가 깨어 있지 않으면 세상의 우상들이 맘에 들어와 우리의 마음을 강퍅하게 만듭니다. 강퍅한 마음이 바로 길가의 땅과 같습니다. 그래서 하나님의 말씀을 들어도 그 땅속으로 파고들지 못하는 것입니다.

하나님의 말씀을 듣지만 깨닫지 못하는 마음은 길가의 땅과 같습니다. 복음의 씨가 그 마음 밭을 뚫지 못합니다. 따라서 마귀가 와서 신속하게 그 말씀을 낚아챕니다. 예수님의 말씀이 들리지 않는 상태가 되면 그 마음은 마귀의 운동장이 됩니다. 성령으로 거듭나지 못한 모든 마음의 상태들이 바로 이와 같은 상태이며, 구원받은 자라도 그 마음이 불순종의 습관으로 딱딱하여지고 강퍅하여지면 믿음을 잃게 되면서 길가의 땅처럼 됩니다.

성경을 보면 하나님께서는 길가의 땅을 갈아 경작하기 위해 환난을 허락하는 것을 발견할 수 있습니다. 어려움과 좌절과 실패와 병을 허락하십니다. 인간의 생각과 한계를 넘어서는 문제들이 발생합니다. 이때 길가의 땅은 위아래로 뒤집어지면서 새롭게 들려오는 주의 음성을 듣게 됩니다. 하나님께서 환난을 사용하셔서 길가의 밭을 옥토로 만드시는 역사는 참으로 은혜롭기만 합니다. 우리는 어려움을 만날 때마다 그동안 내 밭은 길가의 밭은 아니었는지 돌아보아야 합니다. 그러한 회개의 심령으로 주의 은혜를 사모하게 될 때 그 어떤 때보다 깨달음이 깊게 임하는 주의 음성을 듣게 될 것입니다.

# 비유로 말씀하시는 이유



"예수께서 비유로 여러 가지를 그들에게 말씀하여 이르시되" 마태복음 13:3

성경에서 '신비'의 개념은 아직 드러나지 않은 진리를 뜻합니다. 신비를 바르게 이해할 수 있는 유일한 방법은 하나님의 성령의 해석을 통해서입니다. 어떤 사람들은 마태복음 13장의 예수님의 말씀은 의도적으로 어렵게 한 말씀이라고 생각합니다. 그들은 예수님께서는 사람들이 진리를 이해하여 구원받는 것이 싫어서 의도적으로 비유로 말씀하셨다고 생각합니다. 그러나 성경을 잘 살펴보면 예수님께서 비유로 말씀하시는 이유가 그들의 생각과는 정반대인 사실을 알 수 있습니다. 그 이유에 대하여 예수님은 말씀하셨습니다. "나는 너희에게 비유로 말하겠다. 그 이유는 너희 중에 많은 사람이 귀가 둔하고 마음은 강팍하며 눈이 멀고 또한 나의 음성을 이해할 수 없기 때문이다. 그러나 너희가 귀를 열고 듣기만 하면 너희는 이 비유들을 통해 진리를 이해하게 될 것이다."

많은 사람이 귀가 둔해서 하나님의 음성을 들을 수 없습니다. 하나님께서 예수께 말씀하실 때 사람들은 그 음성을 천둥소리라고 하였습니다. 그러나 예수님께서는 "아버지께서 네게 말씀하셨다"라고 알려주셨습니다 요한복음 12:28~30. 주님은 아버지의 음성을 알아들으셨습니다. 사람들의 귀는 막혀 있었지만, 주님의 귀는 열려 있었고 하늘의 메시지를 들으실 수 있었습니다. 전보를 치는 사람들을 생각해 보십시오. 그들은 기계의 소리를 듣고 메시지를 적어냅니다. 나도 그 소리를 함께 들어 보았지만, 전혀 무슨 메시지인지 알 수 없었습니다. 이는 나는 전보의 소리를 알아듣지 못하였기 때문입니다. 지금도 예수님께서는 우리가 듣기 쉽게 말씀하십니다. 그러나 우리가 듣지 못하는 이유는 우리 마음의 귀가 막혀 있기 때문입니다. 지금도 하나님의 말씀은 더욱 분명하게 들려오지만, 대부분의 사람이 그 음성을 들으려고도 하지 않으며 또한 들어도 무슨 의미인지 깨닫지 못합니다. 오직 주의 마음을 가지십시오. 성령을 구하여 주님과 한마음이 되십시오. 그러면 주의 음성이 분명하게 들리기 시작할 것입니다.

# 사람을 낚는 어부

"예수께서 … 내가 너희로 사람을 낚는 어부가 되게 하리라" 마가복음 1:17

　"사람을 낚는 어부"라는 표현에는 중요한 의미가 함축되어 있습니다. 먼저 예수님의 제자들 중 처음에 부름 받은 자들은 어부였습니다. 당신은 밤에 바다낚시를 해본 적이 있습니까? 나에게는 그러한 경험이 있습니다. 이른 아침이 되기 전 새벽 3시에서 4시는 가장 쌀쌀한 시간입니다. 그 시간은 가장 졸리고 혼미한 시간입니다. 하나님을 위한 사역에서도 가장 졸리고 힘든 이러한 영적 어둠의 시간이 있습니다. 그 어둠의 시간에 하나님과 인격적인 깊은 관계를 유지할 때 예수 그리스도를 향한 헌신이 깊어지면서 어떠한 추운 어둠이라도 든든히 이겨낼 수 있습니다. 그 추운 밤에 바라며 기다리는 것이 밤낚시입니다. 마찬가지로 사람을 낚는 어부는 영적인 추운 밤에도 주를 바라며 기다려야 합니다.

　주님과의 사역을 낚시로 연관 짓는 것이 얼마나 놀라운 설명입니까! 특히 어망으로 물고기를 낚는 것은 더욱 그렇습니다. 예수 그리스도는 제자들에게 그들을 사람 낚는 어부로 만드시겠다고 말씀하셨습니다. 성도들은 예수 그리스도를 향한 사랑으로 말미암아 영혼을 향한 거룩한 열정이 타올라야 합니다. 그렇지 않으면 오래지 않아 그 열정이 꺼지게 됩니다. 잡을 것이 많을 때 열정을 가지기는 쉽습니다. 잡을 것이 많을 때는 모든 사람이 어부가 되길 원합니다. 그러나 긴 추운 밤을 지날 때, 아무도 알아주지 않을 때, 영적으로 고통의 나날들을 보낼 때, 그때도 그물을 내리며 물고기를 낚는 자는 많지 않습니다.

　멸망하는 영혼을 향하여 불쌍히 여기는 마음으로 충분하지 않습니다. 이 마음만으로 사람을 낚는 사역을 끝까지 인내하며 수행할 수 없습니다. 그러나 주 예수 그리스도를 향한 인격적 헌신과 타오르는 열정은 우리로 하여금 끝까지 견디게 합니다. 그리스도의 사랑을 체험하며 그리스도를 향하여 타오르는 사랑과 열정은 영적인 밤이 아무리 길고 춥더라도, 아무리 험하고 어렵더라도 넉넉히 이기게 합니다. 그러므로 사람을 낚는 어부가 되려면 변함없이 주님을 사랑하며 주님과 깊은 관계를 하며 자라야 합니다.

# 주 예수께 공감하십시오!



"간음한 여인들아 세상과 벗된 것이 하나님과 원수 됨을 알지 못하느냐 그런즉 누구든지 세상과 벗이 되고자 하는 자는 스스로 하나님과 원수 되는 것이니라" 야고보서 4:4

현대인들은 그리스도에게 공감하기보다 가룟 유다에게 공감합니다. 인간을 구원하시고 거룩하게 하시기 위해 이 땅에 오신 외로운 나사렛 예수께 마음이 끌리기보다 예수님을 미워하고 배반한 사람들에게 더 마음이 끌립니다. 교회에 다니는 사람들 중에는 선한 사마리아인의 비유를 들으면서 강도를 만나 피를 흘리며 길가에 쓰러져 있는 희생자보다 오히려 강도와 종교인에게 더 공감하는 사람들이 있습니다.

인간의 공감은 부패하여 있습니다. 인간은 하나님이 아니라, 이 세상에 더 공감하며 세상과 벗이 되기를 즐거워합니다. 그러나 이 세상과 벗 된 것이 하나님의 원수가 되는 지름길입니다. 하나님의 원수에게 공감하며 친구가 되는 자마다 예수 그리스도에게 무관심하거나 미워하게 됩니다. 세상과 벗이 되지 말고 그리스도와 벗이 되십시오. 특히 그리스도의 십자가와 친숙하여지십시오. 그리스도의 십자가에 우리가 연합할수록 우리는 이 세상에 공감하지 않게 됩니다. 그리스도의 십자가를 외치십시오. 세상에서 멸시받게 되는 것을 두려워 마십시오. 예수님께서 말씀하셨습니다. "누구든지 하늘에 계신 내 아버지의 뜻대로 하는 자가 내 형제요 자매요 어머니이니라" 마태복음 12:50.

세상에 공감하면 세상을 추구하며 사랑하게 됩니다. 그러나 사도 요한은 말하길 "누구든지 세상을 사랑하면 아버지의 사랑이 그 안에 있지 아니하니 이는 세상에 있는 모든 것이 육신의 정욕과 안목의 정욕과 이생의 자랑이니 다 아버지께로부터 온 것이 아니요 세상으로부터 온 것이라 이 세상도, 그 정욕도 지나가되 오직 하나님의 뜻을 행하는 자는 영원히 거하느니라" 요한일서 2:15~17고 하였습니다. 당신의 마음이 이 세상이 아니라, 항상 주 예수께 공감하도록 자신의 마음을 살피십시오.

# 주님의 성향으로 착한 일을 하십시오!

"너는 구제할 때에 오른손이 하는 것을 왼손이 모르게 하여 네 구제함을 은밀하게 하라 은밀한 중에 보시는 너의 아버지께서 갚으시리라" 마태복음 6:3~4

자선에 대한 주의 말씀은 자선에 대한 우리의 개념에 근본적인 혁명을 일으킵니다. 현대의 박애주의는 가난한 사람들도 마땅히 받을 자격이 있다고 하여 불쌍히 여기는 마음으로 그들에게 자선을 베풉니다. 그러나 예수님은 그러한 동기로 자선하도록 가르치지 않으셨습니다. 우리가 자선하는 이유는 그 사람이 받을 자격이 있어서가 아니라, 주께서 명하셨기 때문에 하는 것입니다. 따라서 자선을 해야 하는 가장 큰 동기는 예수 그리스도의 명령입니다.

우리는 주의 말씀에 순종하기보다 자신의 논리를 가지고 주께 순종하지 말아야 할 수백 가지 핑계들을 나열합니다. "왜 내가 이 사람들에게 자선을 해야 하나요?" 당신이 이렇게 말하는 순간 하나님의 성령은 이렇게 말씀하십니다. "너는 누구냐? 너는 다른 사람보다 네가 누리는 복들을 누릴 자격이 되느냐?" 예수님의 제자는 착한 일을 하는데 있어서 동기 자체가 선해야 합니다. 그 이유는 제자들은 하나님의 초자연적인 은혜에 의해 선하게 재창조되었기 때문입니다. 따라서 당신이 구제하는 주요 동기는 사람들에게 칭찬받거나 타산적인 논리 때문이 아니라, 하나님과의 온전한 관계 때문입니다.

참된 그리스도인은 남을 구제하는 것이 무의식적으로 되어 자신이 착한 일을 하는 것을 모를 정도가 됩니다. 마침내 예수 그리스도 앞에 서게 될 때 주께서 그 사람의 구제 행위를 칭찬하시지만, 그 사람은 의아해합니다. "주여 우리가 어느 때에 주께서 주리신 것을 보고 음식을 대접하였으며 목마르신 것을 보고 마시게 하였나이까" 마태복음 25:37. 주께서 가장 귀히 여기시는 선행은 사람들이 그 일을 행하고도 전혀 기억할 수 없는 선행들입니다. 당신이 선을 행하고도 전혀 알 수 없을 만큼 하나님과 깊은 교제를 하기 바랍니다. 당신이 하나님과의 온전한 관계에 집중할 때 당신은 자신도 모르는 사이에 주의 성향이 흐르는 도구가 될 것입니다.

이 나무를 당신입니다.

# 육체를 신뢰하지 마십시오!



"하나님의 성령으로 봉사하며 그리스도 예수로 자랑하고 육체를 신뢰하지 아니하는 우리가 곧 할례파라" 빌립보서 3:3

바울은 사회적으로 훌륭한 출신 배경을 가지고 있었고 학문과 지식에서 타의 추종을 불허할 만큼 뛰어났습니다. 그러나 바울은 "나는 예수로 자랑하고 육체를 신뢰하지 아니한다"라고 말했습니다. 당신은 어떻습니까? 만일 당신이 영적으로, 정신적으로, 신체적으로, 경제적으로 어려움을 겪을 때 어디에 가서 도움을 요청합니까? 만일 당신이 하나님의 자녀로서 주를 위해 살다가 심각한 문제를 겪게 될 때 어떻게 합니까? 혹시 이 세상에서 신뢰할 만한 육체를 가진 자들을 의지하려고 합니까? 아니면 명석한 사람이나 전문가를 찾습니까? 유명한 목사의 조언을 들으려고 합니까? 이러한 자세는 육체를 신뢰하는 것입니다!

우리는 인간의 지혜를 의지해서는 안 됩니다. 하나님께서 구약의 이스라엘 백성을 보호하지 않으시고 내버려 두신 때는 그들이 세상의 힘을 의지하려는 때였습니다. 여호와 하나님을 의지하는 대신에 앗수르를 의지하거나 애굽을 의지할 때 그들은 믿음을 잃게 되면서 오히려 원수의 손아귀에서 고통과 비참을 겪어야 했습니다. 그들이 의지해야 할 대상은 언제나 하나님이기만을 주께서는 원하셨습니다.

하나님께서는 아무것도 자랑할 것이 없는 이스라엘 백성에게 요단을 건너 가나안 땅을 소유하라고 하셨습니다. 하지만 그들은 자신들의 육체가 신뢰할 만하지 못하다고 생각하고 하나님께 "아니요"라고 대답했습니다. 그들은 인간의 지혜와 세상의 힘을 따르는 것이 더 안전하다고 생각했기 때문입니다. 하나님은 이러한 불신앙의 자녀들을 보호해주지 않으시고 원수의 굴레에서 고통당하도록 두심으로 주께로 돌아올 때까지 기다리셨습니다. 하나님은 우리가 하나님만을 의지하길 바라십니다. 하나님을 의지하는 대신에 육체를 의지할 때 하나님은 우리를 보호하시던 손길을 잠깐 멈추십니다.

# 마음에 근심하지 마십시오!

"너희는 마음에 근심하지 말라" 요한복음 14:1

지금 당신은 풍랑과 파도 때문에 고통을 당하고 있습니까? 그러한 풍랑과 파도 때문에 주님의 얼굴을 보지 못하고 있습니까? 믿음이 흔들린 채 평강과 기쁨과 위로를 잃었습니까? 모든 것이 허무합니까? 그렇다면 위를 바라보고 주의 얼굴을 보십시오. 아무도 앗아갈 수 없는 우리 주 예수 그리스도의 평강을 받게 될 것입니다.

하나님과 바른 관계를 맺고 있을 때 가장 확실한 증거는 평강입니다. 평강이란 내 마음이 주님께 있다는 증거입니다. 그러나 하나님과 바른 관계에 있지 아니하면 내 마음은 이곳저곳을 방황하다가 결국 자기 자신에게 둘 수밖에 없게 됩니다. 그러나 평강의 근원은 내 자신이 아니라 하나님이십니다. 따라서 자신에게 둔 마음에는 평강이 있을 수 없습니다. 하늘로부터 내려오는 평강은 나의 평강이 아니라, 언제나 주님의 평강입니다. 그러므로 만일 주께서 평강을 가져가시면 이 우주 그 어느 곳에서도 나는 평강을 발견할 수 없습니다. 주 예수님의 얼굴을 피하거나 주님을 고려치 않을 때 나는 근심에 빠지든지, 아니면 잘못된 도피처를 구하게 됩니다.

주의 평강이 내 마음에 임하면 당장 고민이 사라집니다. 평강의 문제는 환경의 문제가 아닙니다. 가만히 보면 우리의 마음을 흔들어 놓는 것은 사실 큰일들이 아닙니다. 오히려 사소한 일일 때가 많습니다. 생각해 보십시오. 주님이시라면 당신의 상황 가운데서 조금이라도 요동하실까요? 그렇지 않다고 믿는다면 주님의 평강을 당신의 것으로 받아들이십시오. 그리고 예수 그리스도와 대화를 나누십시오. 모든 어려움과 상실과 슬픔을 내려놓고 주님의 음성을 들어보십시오. "너희는 마음에 근심하지 말라." 평강을 잃은 당혹함에서 벗어나는 비결은 언제나 주님과 대화하며 다시 주 안에 거하는 것입니다.

# 영원한 즐거움



"주께서 생명의 길을 내게 보이시리니 주의 앞에는 충만한 기쁨이 있고 주의 오른쪽에는 영원한 즐거움이 있나이다" 시편 16:11

그리스도인이 하나님과 동행하는 것은 말로 다 표현할 수 없는 황홀함입니다. 우리 그리스도인이 사람들 간에 느끼는 모든 기쁨과 즐거움은 우리가 하나님과 사귀며 갖는 말로 표현할 수 없는 즐거움의 매우 희미한 그림자일 뿐입니다.

성경은 성도에게 하나님과 교제하며 누리는 말로 표현 못 할 영원한 즐거움을 알려주기 위해 사람의 관계를 나타내는 언어를 사용합니다. 예를 들어, 연인들의 사랑이나 남편과 아내의 언약 관계를 나타내는 언어를 쓰고 있습니다. 중요한 점은 사랑의 관계 속에서 이 즐거움을 모르는 자들은 관계 표현의 언어가 와 닿지 않는다는 사실입니다. 마찬가지로 하나님과의 교통 가운데 있지 않은 사람들은 하나님과 누리는 성도의 즐거움을 아무리 쉽게 표현해도 그 즐거움을 헤아릴 수 없습니다.

예수님께서는 "영생은 곧 유일하신 참 하나님과 그가 보내신 자 예수 그리스도를 아는 것"요한복음 17:3이라고 말씀하셨습니다. 즉, 영생은 측량할 수 없는 하나님과 그분의 독생자 예수님에 대해 계속 알아가는 것입니다. 이 내용은 우리가 알고 있는 영생의 개념과 얼마나 다릅니까! 우리는 왕관을 쓰고 상급을 받는 천국과 영생을 생각하지만, 성경은 주 예수 그리스도를 알아가는 것을 영생과 천국의 개념으로 말하고 있습니다. 성경은 주님을 아는 것이야말로 영원한 최고의 즐거움이라고 알려줍니다. 당신은 주님을 알아가는 최고의 즐거움을 누리고 있습니까?

# "자기 십자가를 지고 나를 따르라"

"누구든지 자기 십자가를 지고 나를 따르지 않는 자도 능히 내 제자가 되지 못하리라"
누가복음 14:27

무엇이 그리스도인의 십자가입니까? 그리스도인이 지는 십자가는 예수님의 십자가가 아닙니다. 우리는 예수 그리스도의 십자가를 질 수 없습니다. 그리스도의 십자가는 이 세상의 죄를 없이하시려는 하나님의 십자가입니다. 위의 말씀에서 말하는 그리스도인의 십자가는 제자가 되기 위한 십자가를 말합니다. 주님의 제자로서 참된 그리스도인의 삶을 살려고 할 때 반드시 져야 하는 십자가는 '자기 십자가'입니다. 이 십자가는 주님을 따르기 때문에 오는 십자가입니다.

예수님께서 그리스도인을 향해 말씀하시는 십자가는 우리가 그리스도와 함께 죽어야 함을 상징합니다. 바울은 이 점을 분명하게 깨닫고 십자가를 말할 때마다 우리가 그리스도와 함께 세상과 육체를 향해 죽었음을 말합니다. 이는 내가 그리스도와 함께 죽었다는 것과 구원을 받기 전의 과거처럼 살 수 없다는 것을 의미합니다. 죽은 송장에게 음식을 주는 것을 보았습니까? 죽은 사람을 일으켜 세워 산 사람처럼 대우해주는 사람을 보았습니까? 정상적인 사람이라면 그렇게 할 수 없습니다. 마찬가지로 우리는 주 안에서 거듭난 이후 우리의 옛사람을 향해 죽은 것으로 간주하고 그렇게 대해야 합니다.

십자가가 나타내는 가장 큰 메시지는 죽음입니다. 예수님께서 제자로 부른 자는 자신의 과거의 사람이 죽었음을 믿고 주를 따르는 자입니다. 당신은 그리스도와 함께 세상을 향한 정과 욕심을 십자가에 못 박았습니까? 당신은 더 이상 당신의 것이 아니라 주님의 것입니다. 그러므로 무조건 주님이 먼저입니다. 당신은 그리스도 안에서의 진정한 제자의 삶을 원합니까? 그렇다면 당신 자신을 향한 당신의 권리를 진정으로 주님께 양도하도록 하십시오. 그리고 철저하게 주님께 순종하십시오. 그 삶이 바로 자기 십자가를 지고 주를 따르는 삶입니다.

# 죄의 책망과 회개



**"그 형제를 미워하는 자마다 살인하는 자니" 요한일서 3:15**

성령께서는 예수 그리스도와 관련하지 않고는 죄를 책망하지 않으십니다. 반면 인간은 예수 그리스도와는 관련 없는 죄의 가책을 원합니다. 가인이 살인을 저지른 후에 그가 했던 전형적인 후회의 체험은 그보다 작은 모든 죄악의 체험을 다 포함하고 있습니다. 우리 중에 실제 살인자는 적습니다. 그러나 우리는 모두 잠정적으로 살인 죄수입니다. 왜냐하면 예수님과 성경이 이미 그 형제를 미워하는 자마다 살인자라고 규정하고 있기 때문입니다.

하나님을 섬길 때 겸손을 유지하는 비결은 만일 하나님의 은혜가 없었다면 나는 현실적으로 어떠한 존재였을까를 성령에 의해 계속 기억하는 것입니다. 끊임없는 죄책감과 함께 어떤 죄악이 기억나서 처절한 후회 가운데 있게 될 때 하나님을 향해 불평하거나 화를 내지 않도록 주의하십시오. 화를 낸다는 것은 핑계를 만들어 자신을 합리화하고 있다는 뜻입니다. 이러한 방향으로 나아가면 당신은 하나님에게서 점점 멀어지게 되면서 회개의 가능성에서도 멀어지게 됩니다. 후회의 마음이 들 때 더욱 하나님께 돌아오십시오. 그리스도의 십자가의 구속을 의지하여 지난 일들과 잘못된 마음을 씻고 새로운 마음을 가지십시오.

성경은 죄를 다룰 때 비율로 다루지 않습니다. 성경에 의하면 음란한 생각은 간음의 죄만큼 악한 것이며 탐욕은 도둑질만큼 악합니다. 이를 깨닫는 데에는 하나님 앞에서 오랜 교육을 받아야 합니다. 하나님의 말씀과 어긋난다면 아무리 순수해 보여도 믿지 마십시오. 작은 죄라도 인간의 마음을 부패하게 하기 때문입니다. 주님은 "사람의 마음에서 나오는 것은 악한 생각 곧 … 사람을 더럽게 하느니라" 마가복음 7:21~23고 말씀하셨습니다. 바로 이러한 이유 때문에 우리는 언제나 빛 가운데서 행하여야 합니다. 다른 사람의 무서운 죄악을 보면서 깜짝 놀라지 마십시오. 당신을 포함한 이 땅의 모든 사람은 누구든지 그러한 죄를 저지를 수 있기 때문입니다. 하지만 성도가 세상 사람과 다른 것은 주님께서는 그 어떠한 죄인이라도 구원하실 수 있다는 사실을 아는데 있습니다.

# 광명의 빛을 증거하십시오!

"안식 후 첫날 ··· 막달라 마리아가 무덤에 와서 돌이 무덤에서 옮겨진 것을 보고" 요한복음 20:1

새벽이 오기 직전에 가장 깊은 어둠이 있습니다. 빛이 아직 오지 않아서 비참의 어둠을 체험하는 때가 있습니다. 사람들은 만유가 계속하여 발전하고 있다고 생각합니다. 그러나 갑자기 무서운 일들, 복잡하게 얽힌 일들, 범죄와 혐오스러운 일들이 발생하면 인류가 점진적으로 발전하고 있다는 생각은 송두리째 사라집니다. 성경도 이를 지지합니다. 예를 들어, 예수님께서 중생에 대하여 뭐라고 말씀하셨는지 보십시오. "진실로 진실로 네게 이르노니 사람이 거듭나지 아니하면 하나님의 나라를 볼 수 없느니라" 요한복음 3:3. 어떤 사람들은 중생이란 단순하고 자연스러운 과정이라고 말합니다. 그들은 자연적인 생명이 발전하는 과정에서 중생이 필요하다고 말합니다. 그러나 예수님께서는 중생 외에는 다른 방법이 없을 만큼 기존의 생명에 근본적인 문제가 있음을 지적하십니다.

중생은 결정적인 위기 사건입니다. 우리는 하나님의 빛이 새벽같이 임한다고 말하지만, 그러나 처음에 임하는 하나님의 빛은 그렇게 임하지 않습니다. 언제나 번개 빛처럼 엄청난 격변을 일으키며 찾아옵니다. 이러한 시작이 없으면 아무것도 진행될 수 없습니다. 역사든 개인의 삶이든 모든 것의 새로운 시작은 논리에 있지 않고 큰 격변에 있습니다. 막달라 마리아는 예수 그리스도의 엄청난 역사를 체험한 사람입니다. 주님께서는 그녀를 일곱 귀신으로부터 깨끗하게 구원해주셨습니다 누가복음 8:2. 그런데 그녀는 자신의 눈으로 예수님께서 십자가에 못 박히시는 장면을 보게 되었습니다. 지금 그녀는 자신의 생애 가운데 가장 큰 비참을 겪고 애통하고 있습니다. 그리고 "아직 어두울 때에" 무덤을 찾아왔습니다. 빛도 조명도 없었습니다. 이 때 그녀는 부활하신 예수 그리스도를 만납니다. 그 후 주께서는 세상을 향해 그녀를 파송하십니다. 예수 그리스도는 제자들을 파송하실 때도 그들의 체험을 증거하도록 보내시지 않으셨습니다. 그들은 오직 하나님의 나라와 부활하신 주님을 증거하도록 보냄을 받았습니다 요한복음 9:35~38. 그들의 체험은 '주님을 알리기 위한 수단'일 뿐이었습니다.

# December

## 12월

## 다시 일어나 앞으로 나아가십시오!

잠들고 절망의 늪에 있을 때

# 주님이 기뻐하시는 도구



**"여호와의 나무에는 물이 흡족함이여 곧 그가 심으신 레바논 백향목들이로다" 시편 104:16**

레바논의 백향목은 가장 특이한 능력을 지닌 나무입니다. 이 나무는 기생충에게 영양분을 주는 것이 아니라, 기생충을 죽입니다. 나무 자체의 생명력이 매우 강하고 튼튼해서 기생충이 갉아먹지 못하고 숨이 막혀 죽습니다.

하나님은 우리가 주의 생명으로 충만하길 원하십니다. 우리가 영적으로 차고 넘치며 흥왕하기를 바라십니다. 주님은 우리를 신뢰하시기를 기뻐하십니다. 우리가 어디에 있든지 그곳에 우리를 통해 주의 놀라운 능력과 강건함을 부으시기를 뜻하십니다.

당신의 나무에 물이 흡족하지 않을 때 하나님을 위해서 일하겠다고 나서지 마십시오. 기생충에 의해 날마다 썩어가면서 다른 나무에 유익을 주겠다고 앞서지 마십시오. 먼저 주께서 심으신 레바논 백향목이 되십시오. 주의 생명이 내 안에서 차고 넘칠 수 있도록 먼저 주님과 깊은 관계에 있어야 합니다.

"만일 당신이 하나님을 위해 일하고 싶다면, 먼저 자신부터 성령의 물이 넘치도록 하십시오." 당신은 가장 먼저 언제 어디서나, 어떠한 상황에서나 하나님과 동행하는 비결을 배워야 합니다. 그러할 때 하나님께서는 당신을 신뢰하시며 당신을 통해 주의 능력과 기쁨을 나타내실 것입니다. 주를 섬기기 위해 가장 먼저 해야 할 일은 내 자신이 주의 심으신 레바논 백향목이 되는 일이다.

# 병든 영혼들 사이에서

"보라 내가 너희를 보냄이 양을 이리 가운데로 보냄과 같도다 그러므로 너희는 뱀 같이 지혜롭고 비둘기 같이 순결하라" 마태복음 10:16

영혼의 병을 치유하는 것은 몸의 병을 치유하는 것과 다릅니다. 몸을 치유하듯 영혼의 병을 치유하려고 하지 마십시오. 예를 들어, 다양한 영적인 문제에 각각에 해당하는 성경 구절을 적용한다고 해서 그 문제가 해결되는 것이 아닙니다. 영혼을 다루는 일은 어떤 공식이 있어서 영적인 병의 유형에 따라 치유를 해내는 것이 아닙니다.

사람의 영혼을 구원하는 데 있어서 어떤 공식과 방법을 의지하는 사람들이 있습니다. 그 방법이 영혼을 구원한다고 오해하는 사람마저 있습니다. 상황에 해당하는 어떤 성경 구절과 방법을 사용하면 사람들이 구원을 받기도 하고 거룩하게 된다고 착각합니다. 그러나 그렇지 않습니다. 인간이 만들어낸 이러한 공식과 방법은 주님의 세계에서는 먹혀들지 않습니다. 오직 혼동만을 빚을 뿐입니다.

하나님의 성령은 인간이 만든 공식에 따라 역사하지 않으십니다. 이 사실을 잊지 마십시오. 성령은 임의로 역사하십니다. 따라서 인간의 방법으로 성령의 역사를 일으킬 수 없습니다. 그러므로 사람의 영혼을 다루는 문제에서 성령의 주권을 인정하십시오. 그렇지 않으면 우리는 오류에 빠지게 됩니다. 성령께서 역사하실 수 있는 자리를 언제나 비워두십시오. 그렇지 않으면 주께서 우리를 내버려두실 것입니다. 영혼을 다루는 문제에서는 당신은 언제나 주님의 쓰시는 도구가 되어야 할 뿐 당신 스스로 주인이 되어 영혼을 구원하려는 일이 없도록 해야 합니다.

이 나무는 당신입니다.

# 제자도와 성령의 열매



"이에 예수께서 제자들에게 이르시되 누구든지 나를 따라오려거든 자기를 부인하고 자기 십자가를 지고 나를 따를 것이니라" 마태복음 16:24

예수 그리스도는 이 땅에 계시는 동안 많은 교훈을 하셨습니다. 이 주님의 교훈 중에 우리가 분명히 알아야 할 것이 있습니다. 그것은 오순절 성령 강림은 예수 그리스도의 교훈, 즉 제자들이 믿는 도리에 더 추가한 교훈이 없다는 사실입니다. 그렇다면 오순절은 무엇을 이루기 위한 것입니까? 오순절 성령 강림은 예수님이 가르치신 교훈대로 주의 제자들을 만들어 놓은 사건입니다. 그들은 예수님께서 이 땅에 계실 때 선포하신 교훈들을 다 들었습니다. 그러나 그 교훈을 이해하지도 못했고 그 교훈대로 행할 수도 없었습니다. 단지 그들은 주의 교훈을 감상적으로 받을 뿐이었습니다. 그러나 성령 강림은 주의 제자들이 삶을 통해 복음의 교훈이 무엇인지를 그대로 나타나게 해주었습니다.

예수 그리스도는 주의 제자가 되는 것이 무엇인지를 말씀하셨습니다. 하지만 제자들은 예수님이 의미하신 제자가 될 수 없었습니다. 그러나 오순절에 성령을 받게 되면서 제자들은 예수님께서 말씀하신 제자의 삶을 살게 되었습니다. 그러므로 주님의 제자가 되는 것과 하나님의 도구가 되는 것은 다릅니다. 하나님의 도구는 누구든지 될 수 있습니다. 심지어 애굽의 바로도, 신약의 가룟 유다도 하나님의 도구였습니다. 하나님은 성도가 외치든 죄인이 외치든 만일 그들이 외치는 것이 하나님의 말씀이면 외치는 자가 어떤 종류의 도구이든 상관없이 주의 말씀을 축복하십니다. 그러나 주님의 제자는 성령의 충만함 가운데 살아가면서 주의 교훈에 순종하는 삶을 삽니다.

우리는 행위로 사람을 판단하지 말고 그 행위에 예수님이 역사하고 있는지를 판단할 수 있어야 합니다. 성령의 열매로 사람을 판단해야 합니다. 이는 성령으로 말미암은 성품을 말합니다. 누구든지 하나님의 일을 할 수는 있습니다. 그러나 아무도 성령의 열매를 흉내 낼 수는 없습니다. 그 이유는 성령의 열매는 반드시 자신을 부인하고 자기 십자가를 지고 주님을 따라야 맺히기 때문입니다.

# 길이요 진리이신 예수님

"예수께서 이르시되 내가 곧 길이요 진리요 생명이니 나로 말미암지 않고는 아버지께로 올 자가 없느니라" 요한복음 14:6

예수님만이 진리이십니다. 우리 주 예수 그리스도만이 옳고 그름의 기준이십니다. 주 예수 그리스도는 모든 도덕적 행위의 심판자이십니다. 영적인 진리와 분별의 기준은 주 예수 그리스도이십니다. 그럼에도 주의 백성이 가장 중요한 이 기준을 망각하고 있을 때가 많습니다. 그러면서 그들은 자신의 개인적 신념을 붙들고 살아갑니다. 이들의 도덕적 기준과 영적 기준은 언제나 자신의 신념과 확신일 뿐입니다. 그 신념과 확신이 어디에서 왔든지 주 예수 그리스도와의 인격적 관계와 대화를 망각하게 하는 것이라면 그 신념은 우리를 믿음에서 벗어나게 하는 주범이 됩니다. 거짓 영성은 언제나 이 부분에서 덫에 빠진 영성들입니다. 즉, 십자가에 기초한 예수님과의 참된 관계를 망각하고 감상주의나 의식주의나 신비주의 및 어떤 요법에 빠지면서 이를 영성이라고 부릅니다. 율법주의도 다름 아닌 자신의 신념입니다. 인간의 힘으로 율법을 온전하게 지켜서 의에 이르겠다는 것입니다. 그러면서 자신들의 의를 다른 사람과 비교합니다. 그러나 주님을 기준으로 하여 율법주의를 볼 때 율법주의는 주 예수 그리스도와의 교제와 전혀 관계가 없는 인본주의적 기준임을 쉽게 알 수 있습니다.

인간의 삶과 인격의 기준은 언제나 주 예수님이어야 합니다. 인간끼리 볼 때 그리스도가 없이도 훌륭한 인격을 소유한 사람은 많습니다. 평생의 삶에 흠이 없는 자들도 많습니다. 종교적으로, 도덕적으로, 사회적으로, 양심적으로 볼 때 아무 하자가 없습니다. 그러나 주 예수 그리스도를 기준으로 하여 볼 때 그들의 삶과 인격은 위선과 거짓과 교만으로 드러납니다. 하나님 앞에서 자신의 죄를 보지 못하는 영적 장님과 불구자로 나타납니다. 주 예수 그리스도를 기준으로 하여 사는 우리는 죽은 문자를 지키는 자들이 아닙니다. 주의 성령께서 우리 안에 내주하시기 때문에 우리가 주께 모든 것을 의탁할 때 무의식적인 가운데 생명의 역사가 나타납니다.

# 성령의 강림 

> "오순절 날이 이미 이르매 그들이 다 같이 한 곳에 모였더니 홀연히 하늘로부터 급하고 강한 바람 같은 소리가 있어 그들이 앉은 온 집에 가득하며" 사도행전 2:1~2

말로 다 표현할 수 없을 정도로 멋진 오순절 날! 오직 하나의 베들레헴이 있고 하나의 갈보리가 있는 것처럼, 오직 하나의 오순절이 있습니다. 이 사건은 시간과 영원을 초월하는 가장 획기적인 우주적 사건으로써 만물과 모든 사람을 심판하는 기준이 됩니다. 오순절의 성령 강림 사건을 개인적 체험의 측면에서만 보려는 발상을 주의하십시오. 오순절 성령의 강림은 결코 인간이 체험할 수 없는 역사적 사건입니다. 우리가 성령을 체험하는 때는 이미 이 세상에 계신 성령을 우리의 마음속에 영접할 때입니다. 따라서 오순절 사건을 개인적 체험의 차원에서 다루려는 자들은 이 사건이 주는 구속적인 계시를 놓칠 위험성이 있습니다. 한편 계시적 차원에서만 이 사건을 볼 때 실질적인 체험의 측면을 놓칠 위험성이 있습니다. 이에 신약성경은 이 둘을 하나로 연결합니다. 즉, 체험은 계시에 근거해야 하며 계시에 의해 점검되어야 합니다.

성령의 역사를 개인적인 차원에서 다룰 때 독선적 입장에서 자신의 체험에 기초한 성령론을 주장하기 쉽습니다. 이렇게 되면 우리는 사람의 내면을 변화하게 하는 성령의 능력에만 집중하게 됩니다. 물론 이 점은 매우 중요한 부분이지만, 성경 전반에서 볼 때는 성령의 위대한 역사 중 극히 작은 부분일 뿐입니다. 우리는 계시적 차원에서 성령의 강림을 기억해야 합니다. 이는 주 예수 그리스도께서 아버지께서 맡기신 모든 일을 다 이루심으로 말미암아 아버지로부터 약속을 받아 그 약속을 주의 자녀들에게 보내신 사건임을. 그러므로 성령의 강림은 주의 백성을 위한 구속의 완성의 선포이며 또한 주 예수 그리스도의 만유의 주되심을 선포하는 사건입니다.

# 예수 그리스도의 터 위에 세운 집

"그러나 각각 어떻게 그 위에 세울까를 조심할지니라 이 닦아 둔 것 외에 능히 다른 터를 닦아 둘 자가 없으니 이 터는 곧 예수 그리스도라" 고린도전서 3:10~11

완전 성결은 우리가 성취하는 것이 아닙니다. 완전 성결은 주께서 이루신 완전하신 거룩을 받기 위해 내 자신을 철저하게 주께 양도하는 것입니다. 내 자신의 권리를 주께 온전히 내어 놓을 때 내게는 완전 성결이 이루어지며, 그 이후로 우리의 삶은 내가 사는 것이 아니라 주께서 내 안에 사시는 믿음의 삶이 시작됩니다.

완전 성결의 체험을 한 이후(내 자신의 모든 권리를 주께 맡겨 주님을 주와 구세주와 왕으로 삼은 후), 우리는 그리스도의 완전한 분량까지 자라나야 합니다. 우리는 하나님을 위해 내가 생각하는 어떤 특별한 일을 하기 위해 성령의 충만을 얻는 것이 아닙니다. 오히려 성령의 충만은 나의 계획과 뜻을 버리고 하나님께서 나를 통해 주의 계획과 뜻을 이루게 합니다.

우리 신앙의 여정에는 언제나 뭔가 위대한 일을 해내겠다는 유혹이 있습니다. 그 유혹이 맘에 들어오면 믿음을 빙자하여 그 위대한 일을 이루어 내고자 합니다. 그 일을 이루고자 하는 마음도 간절해집니다. 그러나 하나님께서 그 일을 이루지 못하게 하실 때 우리는 절망하게 되며 신앙마저 흔들립니다. 그 일이 무너지면 우리는 잿더미에 앉아 슬피 웁니다. 이때 성령께서 속삭이십니다. "네가 이루려 한 일은 내가 이루려 한 일이 아니다. 그 안에서 너는 참된 안식을 누릴 수 없단다. 내가 네게 원하는 것은 내가 너를 통해 나의 일을 이루어지게 하는 것이다." 우리의 인생이 내 목적을 이루는 나의 인생이 되도록 하지 마십시오. 오직 예수 그리스도의 터 위에 당신의 인생이 설 수 있도록 언제나 성령께서 당신을 통해 일하시도록 하십시오.

이 나무는 당신입니다.

# 주의 양과 주님의 음성



"내 양은 내 음성을 들으며 나는 그들을 알며 그들은 나를 따르느니라" 요한복음 10:27

하나님께서 어떤 사람과 관계를 맺으실 때는 사람들이 보는 그의 모습을 따르지 않습니다. 그의 외적인 기도나, 다른 사람이 읽도록 쓴 글이나 혹은 심지어 그가 선포하는 설교나 행동 때문에 친교하는 일은 없으십니다. 하나님이 가장 소중히 보는 것은 그 사람의 깊은 생각과 기도와 동기입니다. 이는 하나님만이 아시는 우리 마음의 가장 깊은 중심이 하나님과의 관계를 결정한다는 점을 말해줍니다.

많은 사람이 자신들이 믿는 진리에 대해 아주 멋지고 유창하게 설명합니다. 그러나 실제로 그들은 주님의 음성을 들은 적도 없고 그 음성을 따른 적도 없습니다. 그들의 동기와 생각과 골방 기도는 주님과 전혀 상관이 없습니다. 주님은 자기 양을 아십니다. 그리고 주의 양들은 주님의 음성을 알고 따릅니다. 주의 양들이 갖는 생각과 말과 동기는 그들이 주님에게서 들은 음성으로 만들어집니다. 특히 어둠 속에서, 외로움 속에서 들려온 주의 음성은 그들의 깊은 중심 속에 어둠 가운데의 빛이 무엇인지, 혼돈 속에서의 인도하심이 무엇인지를 깨닫게 합니다. 이때 주를 믿고 주를 따릅니다.

주님의 음성은 언제나 하나님의 성령에 의해 주의 말씀이 우리의 마음속에 생각나게 하시는 음성임을 기억하십시오. 주의 양들을 영적으로 성장하게 하고 튼튼하게 만드는 것은 하나님의 말씀을 통한 성령의 음성입니다. 이때 주의 음성은 주의 양들에게 매우 분명하기 때문에 헷갈리지 않고 주를 따를 수 있습니다. 그러나 주님의 음성을 듣는 훈련이 안 된 양은 처음에는 주의 음성을 분별하지 못합니다. 어두운 상황의 잡음과 난리 속에서 주의 음성을 듣지 못합니다. 따라서 한참 방황하며 헤맵니다. 그러나 주의 음성을 듣고자 하여 그 마음이 주를 찾을 때 주의 음성이 분별이 되기 시작합니다. 그리고 한번 주의 음성을 듣게 되면 이 땅의 아름다운 미혹의 소리들 가운데서도 주의 음성을 분별하여 내게 됩니다. 그 이유는 그들은 주의 양이며 주님은 그들을 알기 때문입니다.

# 예수 그리스도의 위격

**"아버지 외에는 아들을 아는 자가 없고" 마태복음 11:27**

이 말씀은 예수 그리스도께서 가지신 자아의식을 분명하게 드러냅니다. 예수님의 위격의 신비는 성경에서 가장 중요한 주제입니다. 우리가 주님을 이해하려면 위로부터 성령을 받아 영생을 얻어야 합니다. 오늘날 예수 그리스도의 위격에 대하여 의견이 다양합니다 요한일서 4:2~3. 그러나 예수님께서는 '무한' 또는 '불가해성' 등의 추상적인 개념으로 하나님과 천국, 구원 및 구속 등에 대하여 말씀하지 않으셨습니다. 항상 구체적인 실체로 말씀하셨습니다. "나를 본 자는 아버지를 보았거늘 어찌하여 아버지를 보이라 하느냐" 요한복음 14:9. 하나님께서 예수님 안에서 구체적인 실체가 되지 않으셨다면 하나님은 우리에게 아무런 의미가 없습니다. 예수님은 그 어디에서도 "사람을 본 사람은 아버지를 보았다"라고 말씀하신 적이 없습니다. 주님은 자신만이 하나님께서 하나님 자신을 보이실 수 있는 유일한 중보자이심을 누차 강조하셨습니다. 현대 신학의 중심 사상에는 하나님과 인류가 하나이며 같다는 사상이 있습니다. 하지만 예수님께서는 하나님이 사람 안에 계신다고 가르치신 적이 없습니다. 주님께서 가르치신 것은 하나님께서 인간의 육체를 입고 나타나셨는데 바로 자신(주 예수 그리스도)이며 자신으로 말미암아 모든 인간에게 같은 사건이 발생하리라는 것입니다. 이를 위해 주께서 치르신 고통스러운 과정은 베들레헴, 갈보리, 부활이셨습니다.

"나와 아버지는 하나이니라" 요한복음 10:30. 예수님의 의식에 의하면 주님은 하나님과 동등하십니다. 그러나 주님은 타락한 인류를 다시 높여 하나님과 교제할 수 있게 하려고 성육신하셨습니다. 하나님과의 교제는 인간이 갈망한다고 되는 것이 아니라, 오직 하나님의 전능하신 능력으로 이루어진 주의 속죄를 통해 가능합니다. 예수님의 삶은 사람이 흉내 낼 수 있는 것이 아니며, 오직 우리가 주의 죽음을 수단으로 하여 성령을 받을 때 주의 생명이 우리에게 임하면서 주님의 삶을 사는 것이 가능해집니다. 따라서 언제나 주의 메시지는 친근합니다. "수고하고 무거운 짐 진 자들아 다 내게로 오라 내가 너희를 쉬게 하리라" 마태복음 11:28.

이 나무는 당신입니다.

# 성령의 역사를 분별하십시오!



"진리의 성령이 오시면 … 그가 내 영광을 나타내리니" 요한복음 16:13~14

지금 이 시대는 '성령의 역사'라는 제목 아래에 광적인 운동들이 번져가고 있습니다. 그들은 "하나님께서 내게 이것저것을 하라고 말씀하셨다"라고 말하며 성령의 영감을 받았다고 주장합니다. 그러나 이러한 영적인 체험을 한 사람들은 예수 그리스도의 영광을 나타내지 않고 오히려 하나님의 복음을 막는 현상으로 나타납니다. 이러한 영적 현상들은 사탄의 역사이며 사탄의 덫입니다.

사람들이 종종 나에게 와서 "영적인 영감이 성령에게서 온 것인지, 아니면 자신의 상상인지, 악령에게서 온 것인지 어떻게 알 수 있습니까?"라고 질문합니다. 그 답변은 매우 쉽습니다. 예수 그리스도께서 가장 간단하고 가장 이해하기 쉬운 안내서를 주셨기 때문입니다. 예수님께서는 "보혜사 곧 아버지께서 내 이름으로 보내실 성령 그가 너희에게 모든 것을 가르치고 내가 너희에게 말한 모든 것을 생각나게 하리라"요한복음 14:26고 하셨고, "그러나 진리의 성령이 오시면 그가 너희를 모든 진리 가운데로 인도하시리니 그가 스스로 말하지 않고 오직 들은 것을 말하며 장래 일을 너희에게 알리시리라"요한복음 16:13고 하셨기 때문입니다. 성령의 역사는 말씀에서 벗어나지 않습니다. 말씀은 순종을 위해 주신 것입니다. 따라서 성령의 역사는 주 예수 그리스도의 말씀에 순종하며 또한 우리로 하여금 주의 말씀에 순종하게 합니다.

예수 그리스도를 영화롭게 하지 않고 인간을 영화롭게 하는 모든 종교적 체험을 주의하십시오. 어떤 영적 현상이 예수 그리스도를 영화롭게 하는지 확인하십시오. 그것이 주의 영광을 떨어뜨리는 것이라면 이는 십자가에 달리신 하나님 아들의 영광을 가리기 위한 사탄의 역사입니다. 만일 우리가 예수 그리스도의 임재 가운데 살며 주님의 마음과 접하며 살면 우리의 마음은 진실하여집니다. 또한 하나님의 속성에 맞지 않는 모든 것에 조금도 헷갈리지 않고 분별할 수 있게 됩니다. 성령의 역사의 최종 분별 기준은 "그 아들의 형상을 본받게 하는가?"로마서 8:29라는 것임을 절대로 잊지 마십시오.

# 낭비의 참된 신앙



제자들은 이 여인의 행위를 '낭비'라고 불렀습니다. 사실 이 행위 자체는 신비한 것이 아니지만, 마리아는 자신의 옥합을 깨뜨려 그 모든 옥합을 예수님의 머리에 부었습니다. 그녀의 행위는 사람들이 볼 때 전혀 실용적이지 않았고 철저한 낭비였습니다. 그러나 예수님께서는 마리아를 칭찬하셨고 주의 복음이 증거되는 곳마다 그녀를 기념하라고 말씀하셨습니다. 하나님은 이 세상을 구원하시기 위해 주의 독생하신 아들의 피를 부으셨습니다. 당신은 주님을 위해 당신의 삶을 부을 준비가 되어 있습니까? 주님은 마리아가 행한 그 일로 인하여 기쁨을 감추지 못하셨습니다. 우리도 주를 위해 우리의 가장 중요한 것을 아낌없이 낭비할 때 주께서는 감동을 받으십니다. 이것저것 계산하는 것은 참된 사랑이 아닙니다. 주께 모든 것을 내어 맡기는 사랑과 헌신의 행위에 주님께서 감동하십니다.

성경은 물질적인 것과 영적인 것을 하나로 연결합니다. 성령께서는 예수 그리스도께서 원하시는 사람을 만드시기 위해 각 성도의 몸 안에 거하십니다. 그 성령은 우리의 몸이 성령이 거하시는 성전이 되기를 바라십니다. 그렇게 되지 못하면 기독교는 어둠에 처하게 될 것입니다. 만일 평범한 현실 가운데 성령의 영감을 나타내지 못한다면, 또는 하나님의 사랑에 감사하는 지극히 높은 동기를 가지고 평범한 일들을 행하지 못한다면 우리는 주님께 옥합을 붓지 않는 것입니다. 그러므로 주님을 믿는 자는 은혜의 생수가 흘러야 합니다. 그러할 때 수백 수천의 사람이 그로 말미암아 끊임없이 새로워집니다. 우리는 자기만족을 추구하려는 열망을 버리고 그 대신 우리 자신을 깨뜨려 모든 선한 것이 우리에게서 흘러나가게 해야 합니다. 주님께서는 마리아를 통해 복음의 삶이 무엇인지를 알려주시며 가능한 많은 사람이 낭비하는 참된 신앙을 소유하기를 원하십니다.

# 기쁨의 원천



"내가 이것을 너희에게 이름은 내 기쁨이 너희 안에 있어 너희 기쁨을 충만하게 하려 함이라" 요한복음 15:11

성경이 강조하는 것은 행복이 아니라 하늘의 기쁨입니다. 바울이 주변 사람을 놀라게 했던 것은 아무도 말로는 설명할 수 없는 그의 마음의 즐거움이었습니다. 그는 예수 그리스도와 관련한 것 외에는 아무것도 심각한 것이 없었습니다. 사람들이 그를 돌로 치고 감옥에 가두어도 바울의 기쁜 마음을 잠재울 수 없었습니다.

우리 주님의 외적인 모습은 항상 밝은 사회성이 있는 모습이었습니다. 너무나 밝고 즐겁게 사람들과 사귀었기 때문에 사람들은 주님을 "먹기를 탐하고 포도주를 즐기는 사람이요 세리와 죄인의 친구"누가복음 7:34라고 비방하였습니다. 그러나 예수님께서 그렇게 밝을 수밖에 없었던 근본적인 이유는 바리새인들이 생각하는 이유와 전혀 다른 것이었습니다. 그것은 주님의 생명은 결코 지치거나 시들 수 없는 차고 넘치는 충만한 생명이었기 때문입니다.

어린아이가 자발적인 생명력으로 가득 차 있지 않으면 뭔가 잘못된 것입니다. 개구쟁이 어린아이만이 넘치는 생명력을 보이는 것은 아닙니다. 건강한 어린아이라면 넘치는 생명력 때문에 쉬지 않고 움직입니다. 예수님께서 말씀하셨습니다. "내가 온 것은 양으로 생명을 얻게 하고 더 풍성히 얻게 하려는 것이라"요한복음 10:10. 예수님께서는 우리에게 풍성한 생명을 주시기 위해 오셨습니다. 신체적으로 밝고 건강하고 또한 영적으로 풍성하면 절대로 쓰러지지 않습니다. 마치 나무를 갉아 먹는 벌레를 충분히 물리치고 당당하게 서는 레바논의 백향목처럼 주님의 생명을 가진 자마다 차고 넘치는 힘과 생동력이 넘쳐납니다.

매일 묵상할 때 너무는 성장합니다.

# 입으로 진리를 시인하십시오!

"사람이 마음으로 믿어 의에 이르고 입으로 시인하여 구원에 이르느니라" 로마서 10:10

구원을 얻으려면 복음을 마음으로 믿고 '입으로 시인해야' 합니다. 성경은 사람의 고백과 증거를 매우 중요하게 여깁니다. 사람의 영적인 용기는 어떠한 상황에서도 믿는 바를 말하는 것입니다. 내가 수백 개의 진리를 알고 있어도 그 진리를 입으로 시인하지 않으면 내 것이라고 할 수 없습니다. "사람이 마음으로 믿어"라고 할 때 '마음'은 '나'를 의미합니다. 만일 내가 나의 믿는 바를 입으로 시인하면 나는 내가 믿는 그 영역으로 옮겨지는 것입니다. 그러므로 우리가 영적 실체를 체험하기 위해 꼭 치러야 하는 작은 대가는 '말로 시인하는 것'입니다.

어린아이가 골이 난 상태에서 벗어나면 그것을 잊어버리고 다른 것을 말하기 시작합니다. 이는 어린이는 자신이 표현하는 그 세계에 들어가 있기 때문입니다. 영적 영역에서도 마찬가지입니다. 만일 내 마음에 믿는 바를 입으로 고백하면 나는 현재 상황과 상관없이 내 마음은 내가 믿는 그 영역으로 옮겨지게 됩니다. 그러므로 믿음의 확신은 가만히 기다린다고 생기는 것이 아니라, 그 믿음을 향하여 나의 모든 것을 던져야 얻을 수 있습니다. 인간의 사랑도 그 사랑이 말로 시인될 때 사랑의 실체를 누릴 수 있습니다. 마음으로 사랑을 느낀다고 해도 그 사랑이 입으로 시인되지 않으면 연합을 통한 사랑을 실현할 수 없습니다.

믿음의 여정에는 여러 단계가 있으며 그 단계마다 문이 있습니다. 이때 그 문을 여는 것은 '말'이라는 수단을 통한 시인입니다. 그 문에 해당하는 믿음의 말이 시인되지 않으면 그 문은 열리지 않습니다. 그러나 그 문에 합당한 믿음이 입으로 시인되면 언제나 새로운 믿음의 단계로 들어가게 합니다. 망설임은 영적 세계에서 가장 큰 저주이며 자신의 교만 가운데 아무런 결정을 하지 못하게 합니다. "내가 이 진리를 시인하면 지금의 안일한 자리를 떠나 더 힘든 단계로 나아가게 되겠지." 이러한 망설임이 바로 영성을 파괴하는 주범입니다. 진리로 말미암은 자유는 그 진리를 입으로 시인할 때 임합니다. 어디에서나 진리를 고백하는 즉시 하늘 문이 열리고 우리는 더 높은 곳을 향하여 달려가게 됩니다.

# 우리를 인도하시는 예수님



"사도들이 돌아와 자기들이 행한 모든 것을 예수께 여쭈니 데리시고 따로 벳새다라는 고을로 떠나 가셨으나" 누가복음 9:10

우리는 하나님의 강권하심을 느낄 수 있어야 합니다. 지금 이 시대는 그리스도를 위한 결단, 그리스도인이 되기 위한 결심, 주를 위해 이것저것을 하겠다는 계획이 너무 많습니다. 그러나 성경이 가장 강조하는 것은 하나님께서 우리를 인도하신다는 사실입니다. 이는 내가 하나님의 목표를 들어본 후 동의한 다음 그 목표를 행한다는 뜻이 아닙니다. 오히려 하나님의 목표가 무엇인지 몰라도 주께서 인도하시니 순종하여 나아가는 것을 말합니다. 따라서 믿음의 여정에는 하나님께서 나의 삶을 향해 무엇을 목표하시는지 전혀 알 수 없을 때가 많습니다. 오히려 주님과 동행할수록 더 애매해지는 때도 있습니다.

일반적으로 그리스도인의 삶의 초기에는 하나님의 목적이 무엇인지 알 것 같습니다. 하나님의 음성을 매번 듣는 것처럼 느껴지기도 합니다. "이곳으로 가라, 저곳으로 가라, 이것을 하라, 저것을 하라"고 구체적으로 말씀하시는 것 같아서 신이 납니다. 그러나 앞으로 나아가다 보면 하나님께서는 내 생각과는 다른 길로 인도하시는 것을 느끼게 됩니다. 먼 훗날 돌아보면 나의 인생은 내가 생각한 대로 되지 않고 하나님의 강권하심으로 이루어진 삶인 것을 볼 수 있습니다.

주님은 항상 우리를 데리고 다니십니다. 우리는 주께서 어디로 인도하시는지 다 알지 못합니다. 단지 주를 믿고 순종하며 따라갈 뿐입니다. 따라서 그리스도인의 삶은 점점 단순해집니다. "왜 하나님께서 이것저것을 하라고 하실까?"라고 따지지 않게 됩니다. 그러므로 기독교의 핵심은 내가 어떤 일을 하느냐가 아니라, 주님과 어떤 관계를 맺느냐입니다. 우리가 주님과 맺어야 하는 관계는 교만이나 무례함이나 염려하는 관계가 아닙니다. 주님이 앞장서서 우리를 인도하시면 우리는 어느 곳이든 상관없이 주를 믿고 순한 양처럼 따르는 관계가 우리가 주님과 맺어야 할 관계입니다. 그러한 관계 가운데 주님은 우리를 통해 주의 뜻을 이 땅에 이루십니다.

# 주님을 통해 배우는 희생의 삶

"그가 우리를 위하여 목숨을 버리셨으니 우리가 이로써 사랑을 알고 우리도 형제들을 위하여 목숨을 버리는 것이 마땅하니라" 요한일서 3:16

조건을 걸고 순종하는 것은 자기희생의 기쁨이 없습니다. 희생의 기쁨을 알려면 모든 것을 내려놓아야 합니다. 그러나 사람들에게 자기 항복은 가장 어려운 일입니다. 그러나 우리가 자신을 완전히 내려놓는 순간 성령은 우리에게 예수님의 기쁨을 맛보게 하십니다. 우리 희생의 최종 목표는 친구 되신 주님을 위해 내 생명을 내려놓는 것입니다. 성령께서 내 맘을 주관하시면 예수님을 위해 나의 생명을 내려놓는 것이 가장 큰 소망이 됩니다. 이때 주를 위해 생명을 바쳐도 희생이 아니라 영광이라는 생각이 듭니다. 성령 안에서의 희생은 사랑을 표현하는 열정입니다.

어머니는 자녀와 가정을 위해 자신의 생명을 내려놓습니다. 그러나 희생을 자랑하거나 드러내지 않습니다. 만일 어떤 여인이 어머니의 역할을 하면서 자녀에게 자신의 희생을 자랑하거나 설명하려 한다면 어쩌면 그녀는 진짜 어머니가 아닐 것입니다. 어린 자녀는 자신이 어머니가 되기까지는 어머니의 희생을 다 인식하지 못합니다. 자신이 친히 어머니가 된 후에야 자신을 사랑하고 돌보셨던 어머니의 삶과 사랑을 인식하게 됩니다. 이러한 사랑이 바로 예수 그리스도께서 구속 사역을 통해 이루신 것입니다.

예수 그리스도는 우리를 위해 찢긴 빵과 부어진 포도주가 되셨습니다. 주님은 우리가 주님의 손에 붙들리어 다른 사람을 위해 찢긴 빵과 부어진 포도주가 되길 원하십니다. 우리가 제대로 구워지지 않으면 떡이 아니라, 반죽이 되어서 우리를 먹는 자들에게 소화불량을 일으킬 것입니다. 우리는 잘 익은 빵이 되어 다른 사람에게 좋은 영양분이 되어야 합니다.

# 은혜로 인내의 능력을 얻으십시오!



"오직 모든 일에 하나님의 일꾼으로 자천하여 많이 견디는 것과 환난과 궁핍과 ··· 거짓이 없는 사랑과" 고린도후서 6:4~6

　이 말씀에서 바울은 하나님께서 자기에게 허락하신 모든 상황을 진술하고 있습니다. 그의 삶을 보면 찌꺼기 같은 인생이었습니다. 그러나 그는 모든 상황에서 인내하였고 거룩하였습니다. 성도의 거룩은 고통스러운 상황에서 나타납니다. 그러나 하나님의 완전하신 거룩하심은 저항 세력이 있다고 하여 발전하는 것이 아니라, 그 고난은 성도들의 삶에서 거룩이 드러나도록 도울 뿐입니다.

　4절과 5절에 아주 멋진 단어가 있는데 바로 "많이 견디는 것"입니다. 인내는 인내하는 사람 안에 안정된 힘이 있다는 증거입니다. 사람이 극한 상황 속에서 인내할 수 있는 것은 전능하신 하나님의 능력이 함께하기 때문입니다. 그 어떤 사람도 하나님의 능력이 없이는 하나님께서 인내하도록 두시는 상황에서 견뎌낼 수 없습니다. 우리 주님은 약함 가운데 못 박히셨습니다. 그러나 주께서 그 상황에서 인내하신 것은 주께 전능하신 능력이 있음을 증거합니다.

　"환난"이란 아무 말도 할 수 없을 만큼 우리를 짓누르는 아주 무거운 상황을 말합니다. "궁핍"이란 자유함을 잃은 상태로써 아무것도 할 수 없는 상황입니다. 배는 고픈데 먹을 것이 없는 것과 같습니다. "고난"이란 병이 들거나 귀한 친구를 잃거나 하여 당혹감에 빠지는 것을 의미합니다. 특히 고난을 겪을 때는 하나님의 섭리를 전혀 이해할 수 없습니다. 그러나 이러한 상황에서도 여전히 하나님의 은혜가 찾아옵니다. 따라서 내면의 세계는 전혀 흔들림이 없습니다. 기타 "매 맞음과 갇힘과 요란한 것과 수고로움과 자지 못함과 먹지 못함"의 상황에서도 하나님의 은혜가 당신을 사로잡습니다. 이때 당신도 당신 자신에게 놀라게 되며 다른 사람도 당신에게 놀라게 될 것입니다. 그러므로 지금 은혜를 얻으십시오. 나중에 구하면 이미 늦습니다. 영적 세계에서 가장 중요한 단어는 '지금'입니다.

# 아버지 앞에서 완전하십시오!

"하늘에 계신 너희 아버지의 온전(완전)하심과 같이 너희도 온전(완전)하라" 마태복음 5:48

우리 주님은 사람들에게 거룩하라고 '가르치기' 위해 이 땅에 오신 것이 아닙니다. 그분은 사람을 거룩하게 '만들기' 위해 오셨습니다. 주님의 가르침은 구속을 체험한 자들에게만 적용될 수 있습니다. 또한 예수님께는 가르침이 우선이 아닙니다. 주님께 우선된 것은 우리에게 완전히 새로운 유전 형질을 주시는 것입니다. 주님은 이를 위해 오셨습니다. 산상수훈은 이 유전 형질이 어떻게 활동하는지를 설명하고 있습니다.

우리의 영적인 삶이 얼마나 비대해졌는지 알 수 있는 좋은 방법은 산상수훈을 읽는 것입니다. 우리는 예수 그리스도의 그 위대한 가르침을 대하면서 우리 자신이 얼마나 무딘지를 알게 됩니다. 산상수훈의 교훈에 대해 차분히 생각해야 할 것이 있습니다. 성령께서 그 내용을 우리의 기억 속으로 가져오실 때까지 그 교훈들은 우리에게 순종을 요청하지 않습니다. 그러나 성령께서 주의 교훈들을 생각나게 하시면 우리는 순종과 불순종의 갈림길에 서게 됩니다. 이때 성령을 따르면 그리스도의 완전하심이 우리를 통해 외부로 나타나게 됩니다.

우리는 어떠한 행동을 해도 절대 의로울 수 없습니다. 오직 예수 그리스도의 교훈이 명하는 것을 하나님의 은혜로 순종할 수 있을 때에야 의로울 수 있습니다. 우리 주님의 가르침은 당신이 순종하기 전까지는 당신에게 아무런 의미가 없습니다. 그러나 순종하는 순간, 주의 가르침은 모든 것을 의미가 있게 됩니다. 쉬지 말고 깨어서 성령께서 일러주시는 주의 명령을 순종하도록 하십시오. 하늘 아버지 앞에서 완전하십시오.

이 나무는 당신입니다 마태.

# 권위와 순전함의 관계



"무릇 율법 없이 범죄한 자는 또한 율법 없이 망하고 … 오직 율법을 행하는 자라야 의롭다 하심을 얻으리니" 로마서 2:12~13

성경이 계시하는 첫째 권위는 순전함입니다. 순전함이란 법적으로 흠이 없는 상태를 말합니다. 아담이 하나님께 순종했다면 그는 순전한 상태에 있었을 것입니다. 하나님께서는 아담이 계속 순종함으로써 그의 순전한 상태가 인격적 완성으로 이어지도록 의도하셨습니다. 따라서 그에게는 순종해야 할 주의 명령이 있었습니다. 순전의 상태는 순종을 통해 자연적인 것에서 영적인 것으로 발전할 수 있는 상태에 있습니다. 그러나 만일 불순종할 때 그의 순전은 무너지게 되어 있었습니다. 안타깝게도 아담은 유혹에 무너져 불순종을 택하였고 그로 말미암아 그는 피조물을 향한 권위를 잃게 되었습니다.

그가 받은 첫 번째 유혹은 내 자신에 대한 통치를 내가 함으로써 하나님처럼 되고자 하는 것이었습니다. 이 유혹은 지금도 모든 사람에게 마찬가지입니다. 아담이 이 유혹에 무너짐으로써 자기 자신에 대한 권리를 주장하는 죄성은 그 이후 모든 인간의 인격 속에 임하게 되었으니, 이는 내가 원하는 대로 내가 행하겠다는 속성입니다. "그러므로 한 사람으로 말미암아 죄가 세상에 들어오고 죄로 말미암아 사망이 들어왔나니 이와 같이 모든 사람이 죄를 지었으므로 사망이 모든 사람에게 이르렀느니라" 로마서 5:12.

자연인으로 태어나는 모든 사람은 아담이 있었던 순전한 상태에 있지 못합니다. 갓난 어린아이라도 아담이 지어질 때처럼 순전할 수는 없습니다. 오직 중생을 통해 거듭날 때만이 아담의 순전에 해당하는 상태와 비교될 수 있습니다. 지금 순전함에 의해 당당하게 권위를 행사하실 수 있는 분은 주 예수 그리스도 외에는 없습니다.

# 도덕법에 대하여

**"기록된바 의인은 없나니 하나도 없으며"** 로마서 3:10

모든 사람의 마음속에는 내재하는 도덕적 강권이 있습니다. 가장 타락한 인간에게도 이 강권은 남아 있습니다. 성경은 이 강권이 하나님에게서 온다고 말합니다. 그러나 현대인은 하나님을 빼고 인간에게 가장 유용한 것을 기준으로 만들고자 합니다. 그래서 실용주의자는 행위 도덕률은 인간의 유익을 위해 인간에 의해 발전되었다고 주장합니다. 가장 많은 사람에게 가능한 많은 유익을 주는 법률이 행위 도덕률이라는 것입니다. 그러나 이러한 이유로는 어떤 것이 절대적으로 옳다고 말할 수 없습니다. 어떤 것이 절대적으로 옳기 위해서는 하나님이 그 뒤에 계셔야 하기 때문입니다. 하나님의 계명은 절대로 바뀌지 않습니다. 우리는 그 계명에서 빠져나올 수 없습니다.

인간의 가장 큰 문제는 몰라서가 아닙니다. "이것을 해야 하는 것은 알지만, 하지 않으련다. 해야 하지만 하고 싶지 않다." 인간의 문제는 행할 수 있는 능력이 없거나 또는 하지 않으려는 마음이 문제입니다. 이러한 문제가 있는 한 사람들은 아무리 많은 바른 교육을 받을지라도 아무 소용이 없습니다. 그들에게 필요한 것은 자신들이 옳다는 것을 행할 수 있는 '능력'과 '의지'입니다. 우리는 행위 도덕률에 대하여 "별로 중요하지 않아"라고 말할지 몰라도 언젠가 모든 사람은 자신의 모든 도덕적 잘못에 대하여 하나님 앞에서 책임을 져야 합니다.

도덕률은 강요하지 않습니다. 그러나 타협하지도 않습니다. "누구든지 온 율법을 지키다가 그 하나에 거치면 모든 범한 자가 되나니" 야고보서 2:10. 우리가 이 점을 깨닫는다면 왜 예수 그리스도께서 오셔야만 했는지를 알게 될 것입니다. 주의 구속은 도덕률을 지킬 수 없는 인간의 무능을 능력으로 바꾸는 실체입니다.

# 성령님에 대하여



"보혜사 곧 아버지께서 내 이름으로 보내실 성령 그가 너희에게 모든 것을 가르치고 내가 너희에게 말한 모든 것을 생각나게 하리라" 요한복음 14:26

믿음의 교리들은 예수 그리스도께서 우리를 어떻게 성도로 만들며 성도답게 살게 하는지를 설명합니다. 그러나 교리 자체가 성도를 만드는 것이 아님을 깨달아야 합니다. 성도가 만들어지는 것은 오직 예수 그리스도께서 이루신 속죄를 우리에게 적용하시는 성령의 역사에 의합니다. 예수 그리스도는 성도가 된 우리에게 완벽한 인격적 헌신을 요구하십니다. 그 헌신이란 주님의 교훈을 우리의 삶에 적용하는 것입니다. 이때 이러한 헌신의 목적이 무엇입니까? 예수 그리스도를 더욱 인격적으로 알기 위함입니다.

교리에 대한 헌신은 자칫 우리로 하여금 예수 그리스도와의 관계를 무너뜨릴 수 있습니다. 아무리 바른 교리라도 우리가 그 교리에 헌신할 때 교리 '사상'에 헌신하게 되면서 주 예수 그리스도의 인격에 헌신을 멈출 수 있는 것입니다. 그러나 예수 그리스도께 인격적으로 드리는 헌신이 가장 앞설 때 우리의 바른 교리들은 더욱 우리의 헌신을 든든하게 세워줍니다. 주님과의 연결이 우리의 생명임을 잊지 마십시오. 성령의 역사는 다름 아닌 주의 백성이 주 예수 그리스도의 인격과 사역에 연결하는 것입니다.

# 영적으로 분별하십시오!

"육에 속한 사람은 하나님의 성령의 일들을 받지 아니하나니 … 그러한 일은 영적으로 분별되기 때문이라" 고린도전서 2:14

이 말씀은 신비주의자에 속한 거짓 선지자들이 어리석은 군중 앞에서 가장 잘 사용하는 말씀입니다. "이러한 일은 영적으로만 분별이 되는 것입니다"라고 외치며 자신만이 영적인 일을 깨닫는 양 스스로 영적 권위를 세웁니다. 또한 금식 기도를 통해 깨달은 것들과 또는 어떤 환상을 보고 깨달았다는 것들을 여러 예언과 함께 외칩니다. 그러나 위의 말씀은 십자가의 도에 대하여 말하는 맥락 속에서 이해하여야 합니다. 8절에서 그 근거를 보여주고 있습니다. "이 지혜는 이 세대의 통치자들이 한 사람도 알지 못하였나니 만일 알았더라면 영광의 주를 십자가에 못 박지 아니하였으리라." 그러나 9절과 10절을 보면 하나님을 사랑하는 자들에게 하나님께서 그들로 하여금 십자가의 도를 깨닫도록 하시기 위해 성령으로 역사하심을 증거하고 있습니다. "기록된바 하나님이 자기를 사랑하는 자들을 위하여 예비하신 모든 것은 눈으로 보지 못하고 귀로 듣지 못하고 사람의 마음으로 생각하지도 못하였다 함과 같으니라 오직 하나님이 성령으로 이것을 우리에게 보이셨으니 성령은 모든 것 곧 하나님의 깊은 것까지도 통달하시느니라."

십자가는 하나님의 가장 깊은 지혜입니다. 이는 사람의 지혜로 깨달을 수 있는 것이 아닙니다. 그러나 성령으로 거듭나고 성령을 의지하는 자들에게는 십자가의 복음은 가장 분명하게 깨달아집니다. 나아가 어린아이라도 알고 감사할 수 있는 것이 십자가의 도, 복음입니다. 그러나 세상의 지혜로는 하나님의 복음을 깨달을 수 없습니다. 거듭나지 않은 상태로는 하늘의 지혜와 영생을 얻을 수 없습니다. 또한 십자가의 보혈이 자신의 것으로 적용될 수 없으므로 죄 사함도 없습니다. 성령께서는 세상의 지혜를 의지하는 사람들 가운데 역사하지 않으십니다. "영적인 일은 영적인 것으로 분별하느니라" 고린도전서 2:13.

# 화목하게 하는 직분



"우리에게 화목하게 하는 직분을 주셨으니 … 화목하게 하는 말씀을 우리에게 부탁하셨느니라" 고린도후서 5:18~19

성경은 하나님의 양심은 예수 그리스도의 십자가라고 주장합니다. 성경은 현재의 인류를 비정상으로 봅니다. 본래 하나님의 계획대로 있지 못하고 철저하게 파괴된 것으로 봅니다. 그러면 누가 이 파괴된 것을 바르게 고쳐 낼 수 있을까요? 창조주 하나님밖에 없습니다. 그러면 하나님께서는 고치셨을까요? 고치셨습니다. 단번에 완벽하게 다 고쳐 놓으셨습니다. 그렇게 하려고 하나님은 이 땅에 갓난아기로 오셨습니다. 피와 살을 입으시고 가장 연약한 아기로 오셨습니다. 그 후 모든 피조물을 원래 의도하신 대로 회복하셨습니다. 누구의 도움 없이 하나님이 친히 그 일을 하셨습니다. 하나님이 육체를 입으시고 구속의 일을 완벽하게 이루셨습니다. 하나님은 파괴된 것을 고치셨을 뿐만 아니라, 원래 계획하셨던 대로 예수 그리스도 안에서 완성하셨습니다. 따라서 주의 재림 때에 구속받은 인간은 하나님의 뜻하신 바를 다 이루게 될 것입니다. 당신이 믿음의 여정을 가려면 이러한 과정과 목표를 바르게 알고 있어야 합니다.

오늘날 사람들은 허수아비를 세워놓고 그 허수아비를 하나님이라고 부릅니다. 그러더니 구원의 창시자를 바보로 간주합니다. 그러면서 사람들은 기독교를 시험해 보더니 포기합니다. 이렇듯 기독교는 인간의 시험에 실패한 적이 없습니다. 기독교는 성경의 계시에 인간이 동의할 것인지 말 것인지의 문제가 아니라, 성경의 계시를 받아들일 것인지 말 것인지의 문제입니다. 분명한 것은 하나님께서 친히 인류를 구속하기 위한 바탕을 완전하게 마련하셨다는 사실입니다. 이 하나님의 용서의 핵심은 쓰레기더미 위에 흰 눈으로 덮는 그러한 개념이 아닙니다. 용서를 받는 대상이 용서하시는 분의 기준에 맞게 변화해야 합니다. 따라서 하나님의 용서의 위대한 점은 하나님께서 나를 용서하시면서 내 안에 하나님의 아들의 유전 형질을 넣으신다는 사실입니다. 그러므로 주의 용서를 받은 자마다 주의 생명을 지니고 주의 복음을 전하므로 화목하게 하는 직분을 감당하게 됩니다.

# 희생의 즐거움

"내가 너희 영혼을 위하여 크게 기뻐하므로 재물을 사용하고 또 내 자신까지도 내어 주리니" 고린도후서 12:15

성령의 충만함으로 하나님의 사랑이 우리 마음속에 넘치면 우리는 다른 사람에게 관심을 갖게 됩니다. 이때 우리가 갖게 되는 관심은 인간적인 관심이 아니라, 주 예수 그리스도께서 가지셨던 사람들을 구원하고 또한 그들을 그리스도의 영광에 이르게 하기 위한 관심입니다. 그러나 성령이 충만하지 않을 때 우리에게는 내 마음에 드는 사람만을 좋아하는 경향이 짙게 나타나게 됩니다. 이러한 경향은 주를 위해 희생하는 동기 부여에 가장 큰 장애물 중 하나가 되기도 합니다. 또한 사랑이 없는 희생은 가장 큰 괴로움입니다. 그러나 사랑할 때는 사랑의 대상을 향한 희생이 즐거움이 됩니다. 우리가 주를 위해 희생하는 것이 즐거울 때는 나의 예수님을 사랑하기 때문입니다. 이러한 희생은 나의 목숨을 주를 위해 내려놓는 것과 같습니다. 단번에 목숨을 내던진다는 뜻이 아니라, 마음을 다해 주께 나의 모든 것을 다 드린다는 뜻입니다. 이때 우리는 주의 뜻을 따라 주께서 관심을 가지신 다른 사람을 위해 나의 삶을 희생하게 됩니다. 바울은 단 한 가지 목적을 위해 즐거움으로 자신을 희생하였습니다. 바로 사람들로 하여금 주님을 믿게 하는 것이었습니다.

거룩한 삶을 살겠다고 하면서 홀로 지내는 사람이 있습니다. 그러나 그가 아무리 거룩하다고 해도 그가 혼자 있는 한 다른 사람에게 아무런 유익이 되지 못할 것입니다. 우리는 바울처럼 주님 때문에 다른 사람을 위한 희생적인 사람이 되어야 합니다. 그러면 우리가 어디를 가든지 예수님께서 맘껏 사용하실 수 있는 제자가 됩니다. 주께 헌신한다는 뜻은 내 자신의 유익을 구하지 않고 오직 주를 섬기기 위해 희생하겠다는 결단입니다. 우리는 예수님께 인격적으로 헌신하기보다 자기 자신의 견해에 헌신하기 쉽습니다. 우리 헌신의 동기는 오직 예수님과의 사랑이어야 합니다. 바울은 예수님께 헌신 되어 있었기 때문에 사람들에게 어떠한 대우를 받아도 상관하지 않았습니다. 바울은 예수 그리스도와 사랑에 빠져 있었기 때문에 상대가 누구든지 상관없이 섬길 수 있었습니다.

이 나무는 당신입니다.

# 자기 연민



"내가 내 마음을 깨끗하게 하며 내 손을 씻어 무죄하다 한 것이 실로 헛되도다 나는 종일 재난을 당하며 아침마다 징벌을 받았도다" 시편 73:13~14

사탄이 인간으로 하여금 하나님을 가장 원망하게 하는 것은 자기 연민입니다. 인간은 자기 연민에 빠질 때 누구보다도 하나님을 미워하고 원망하게 됩니다. 이러한 자기 연민이란 자신은 어떤 대우 이상을 받아야 하는데 하나님께서 그렇게 대우해주지 않는다고 생각하는 자기 교만에서 옵니다. 남들과 비교하여 남들보다 못한 부분을 보면서 자기 연민에 빠지는 것입니다.

자기 연민은 한 단계 더 나아가 자기 연민을 느끼는 다른 사람에게 연민을 느낍니다. 이때 이들의 마음속에는 바벨탑의 사람들처럼 한마음이 되어 은근히 하나님을 헐뜯습니다. 하나님이 불공평하다는 것입니다. 하나님께 감사할 것이 없다는 것입니다. 그러한 심령 가운데 마귀가 들어와 이들은 하나님을 멀리하고 신앙을 져버리게 됩니다.

자기 연민에 빠진 사람은 하나님께서 절대로 사용하지 않으십니다. 그 이유는 자기 연민의 상태는 믿음의 상태가 아니라 두려움의 상태요, 자기 속의 자기 세상을 만들고 하나님마저 그 세상에 들어오지 못하게 하기 때문입니다. 자기 연민은 자기 자신을 우상으로 여기는 우상 숭배입니다. "주 여호와여 내 눈이 주께 향하며 내가 주께 피하오니 내 영혼을 빈궁한 대로 버려두지 마옵소서" 시편 141:8.

# 말씀을 왜곡하는 마귀

"뱀이 여자에게 물어 이르되 하나님이 참으로 너희에게 동산 모든 나무의 열매를 먹지 말라 하시더냐 … 너희가 결코 죽지 아니하리라" 창세기 3:1, 4

마귀와 악령들의 역사는 하나님의 허락 없이는 아무것도 할 수 없습니다. 하나님이 악한 세력들의 활동을 허락하시는 이유는 주의 자녀들을 하나님의 자녀답게 만들기 위함이며, 영원한 의미에서 진정으로 축복하기 위해서입니다. 그러나 오늘날 우리 그리스도인은 하나님의 주권과 전능하심을 자주 망각하곤 합니다. 따라서 우리는 마귀와 악령들의 무서운 역사를 보면서 망연자실하게 됩니다. 두려움과 절망에 빠져 무기력한 존재가 됩니다. 그러나 주 예수 그리스도의 십자가와 부활을 보면서 하나님이 전능자이시며 또한 우리를 얼마나 사랑하시는지를 확신하게 될 때 더 이상 마귀와 악령들의 역사는 우리에게 아무 효력을 나타내지 못합니다. 주님 안에 있는 주의 백성 앞에 마귀와 악령들은 꽁무니를 빼고 도망합니다.

사탄은 언제나 하나님의 말씀을 왜곡시킴으로 자신의 사역을 시작합니다. 이러한 사탄의 전략을 창세기에서 알려줍니다. "너희가 그것을 먹는 날에는 너희 눈이 밝아져 하나님과 같이 되어 선악을 알 줄 하나님이 아심이니라"3:5. 사탄은 하나님의 말씀을 변조한 후에 자기 영광을 구하는 사람들의 마음에 속삭입니다. 이때 사탄의 음성을 듣고 그 음성을 따르는 사람에게 나타나는 첫째 증상은 하나님의 절대적인 말씀을 상대적인 말씀으로 바꾼 후에 말씀의 권위를 무시하는 것입니다. 특히 예수 그리스도와 그의 흘리신 보혈의 복음을 변조함으로써 구원의 길을 변조하며 나아가 구원의 길을 막습니다. 따라서 구원의 길이 없어지고 모든 종교에 구원의 길이 있는 것으로 거짓 복음을 증거합니다. "그 중에 이 세상의 신이 믿지 아니하는 자들의 마음을 혼미하게 하여 그리스도의 영광의 복음의 광채가 비치지 못하게 함이니 그리스도는 하나님의 형상이니라"고린도후서 4:4. 마지막 때의 사탄은 적그리스도를 등장시켜 그를 그리스도(메시야)라고 하여 온 세계를 속일 것입니다.

# 외부에서 내부로 들어오시는 하나님의 아들

"성령이 네게 임하시고 지극히 높으신 이의 능력이 너를 덮으시리니 이러므로 나실 바 거룩한 이는 하나님의 아들이라 일컬어지리라" 누가복음 1:35

예수 그리스도는 '이 세상으로부터' 태어나시지 않고 '외부로부터 이 세상 속으로' 태어나셨습니다. 주님은 역사의 외부로부터 역사 속으로 들어오셨습니다. 우리 주님의 탄생은 강림이었습니다. 주님은 인류에게서 오시지 않고 위로부터 인류 안으로 들어오신 분입니다. 예수 그리스도는 최고의 인간이 아닙니다. 주님은 전혀 설명될 수 없는 그런 분입니다. 주님은 사람이 하나님이 되신 분이 아니라, 외부로부터 인간의 육체를 입고 오신 성육신하신 하나님이십니다. 지극히 높고 가장 거룩하신 주의 생명이 가장 낮은 문으로 들어오셨습니다. 우리 주님은 동정녀 마리아를 통해 역사 속으로 임하셨습니다.

우리 주님께서 외부에서 인간의 역사 속으로 들어오신 것처럼, 주님은 외부에서 각 개인 안으로 들어오십니다. 당신은 당신 안에 하나님의 아들을 위한 '베들레헴'을 허락하겠습니까? 현대의 동향은 위로부터 우리에게 오는 것을 붙들기보다는 우리 안의 무의식 세계에서 의식 세계로 올라오는 것을 붙들려고 합니다. 이러한 가르침은 이미 많은 사람의 사상 속에 깊게 침투되어 있으며, 심지어 그리스도인 중에도 이 사상을 받아들이고 좋은 것이라고 외치는 자들이 있습니다. 하지만 이러한 교훈은 그리스도인들의 믿음의 바탕을 허무는 거짓 복음의 세력들입니다.

외부로부터 주님께서 당신 안에 들어오셔서 구세주와 왕이 되시는 것이 기독교입니다. 결코 거듭남을 통한 새 출생의 의미를 인간 내면의 잠자는 무의식의 세계를 일깨우는 것으로 오해하지 마십시오. 이는 십자가의 도를 배척하고 예수 그리스도를 우리의 왕좌에서 폐위케 하려는 악의 세력들입니다. 성경이 말하는 새 출생의 개념은 우리 안으로 들어오는 어떤 것이지 우리 안에서부터 솟아오르는 어떤 것이 아닙니다. 언제나 주께서 내 안에 주의 생명을 넣으셨다는 사실을 잊지 마십시오.

# 하나님이 허용하시는 뜻

"하나님이 모든 것을 지으시되 때를 따라 아름답게 하셨고 … 그러나 하나님이 하시는 일의 시종을 사람으로 측량할 수 없게 하셨도다" 전도서 3:11

성경에는 하나님의 명령인 하나님의 자명한 뜻과 하나님의 섭리인 하나님이 허용하시는 뜻이 나타납니다. 하나님이 허용하시는 뜻은 악하든지 선하든지 지금 당신에게 발생하는 모든 일입니다. 만일 당신이 이 땅에서 공의를 구한다면 당신은 하나님은 마귀라는 결론을 내리게 될 것입니다. 또한 이 땅에서 진행되는 일들을 하나님의 자명하신 뜻이라고 오해한다면 당신은 그릇된 결론에 이를 것입니다. 그러나 지금 발생하는 모든 일은 단지 하나님이 허용하시는 뜻이라고 하면 문제는 전혀 달라집니다. 우리는 하나님이 허용하시는 뜻 가운데서 하나님의 자명하신 뜻인 주의 명령을 지켜야 합니다. 하나님은 많은 아들을 영광으로 이끄시고자 하십니다. 하나님의 아들들은 시험을 이겨냄으로 하나님이 보시기에 자랑스러워져야 합니다. 아들들은 자신들에게 발생하는 일들에 대해 조금이라도 불평해서는 안 됩니다. 하나님이 허용하시는 섭리 가운데 발생한 일들이기 때문입니다. 그러므로 하나님의 자명하신 뜻을 알기 위해서는 하나님과 바른 관계를 가져야 합니다.

솔로몬 왕은 하나님이 허용하시는 섭리 가운데 악한 폭군이 세상을 다스리더라도 놀라지 말라고 말합니다. 성경은 이 세상의 모든 일이 비극이라는 바탕 위에 서 있다고 설명합니다. 모든 것이 죄로 말미암아 잘못되어 있다고 말합니다. 우리는 어디서나 포학을 봅니다. 개인적으로도 횡포를 당합니다. 모든 사람은 다소간 자신들은 불의를 당하고 있다고 생각합니다. 이렇게 느끼지 않는 사람은 이 세상에 한 사람도 없습니다. 그러나 우리가 기억해야 할 것은 바람이 어떤 방향으로 불어도 배는 선장에 의해 한 방향으로 꾸준하게 항해할 수 있다는 사실입니다. 마찬가지로 사람이 하나님의 자명하신 뜻을 알고 순종하기로 하면 어떠한 상황에서 어떠한 대가를 치르더라도 한 방향으로 나아갈 수 있습니다.

# 희생의 원칙



> "누구든지 제 목숨을 구원하고자 하면 잃을 것이요 누구든지 나를 위하여 제 목숨을 잃으면 찾으리라" 마태복음 16:25

구원을 받는다고 하여 자유의지가 사라지는 것은 아닙니다. 여전히 구원받은 후에도 "싫습니다. 구원받고 거룩하여진 것은 기쁘지만, 더 이상은 관심이 없습니다"라고 말할 수 있습니다. 우리 주님께서 제자도에 대하여 말씀하실 때 언제나 '만일'이라는 단어를 사용하셨는데, 그 이유는 각 개인의 선택에 따라 제자 훈련이 허락되기 때문입니다.

위의 말씀에서 주님은 형벌에 대하여 말씀하시는 것이 아니라, 인생의 배후에 깔린 하나님의 영원한 원칙을 드러내신 것입니다. 그 인생의 원칙은 무엇인가를 희생해야 거둘 수 있다는 것입니다. 이는 만일 우리가 자연적인 삶을 희생하면 영적인 삶을 거둘 수 있다는 것을 말합니다. 성화의 과정에서 가장 중요한 것은 자유 의지입니다. 성화를 위해 우리는 계속적인 순종의 선택을 해야 합니다. 예수 그리스도께서는 우리를 죄의 권능으로부터 자유롭게 하셨지만, 그럼에도 여전히 주님께 불순종하고 죄를 선택할 수 있습니다. 따라서 성화의 과정이란 바른 선택을 의미합니다. 주님께 철저하게 헌신하든지, 아니면 자신의 관점을 따르든지 선택해야 합니다. 주의 제자가 되려면 주께 헌신하기 위해 모든 것을 희생하는 선택을 해야 합니다.

당신은 예수님의 제자입니까? 당신의 삶에서 무엇이 가장 중요하며 누가 제일 중요합니까? 이 질문에 "주님이십니다"라는 대답이 나와야 주의 제자가 될 수 있습니다. 이러한 선상에서 예수께서 말씀하신 "나를 따라오려거든 자기를 부인하라" 마태복음 16:24는 말씀을 이해하고 당장 모든 것을 벗어 던지십시오. 그리고 당신의 눈을 그리스도께 고정하고 앞으로 나아가십시오.

# 하나님의 생명의 씨앗을 심으십시오!

"비와 눈이 하늘로부터 내려서 그리로 되돌아가지 아니하고 … 내 입에서 나가는 말도 이와 같이 헛되이 내게로 되돌아오지 아니하고" 이사야 55:10~11

하나님의 말씀은 씨앗입니다. 우리는 씨앗의 개념을 가지고 살아야 합니다. 땅을 갈고, 씨를 뿌리고, 곡식을 거두고, 단으로 묶고, 탈곡하여 빵을 만듭니다. 이 모든 것이 하나의 과정입니다. 주께서는 "한 사람이 심고 다른 사람이 거둔다 하는 말이 옳도다"요한복음 4:37라고 말씀하셨습니다. 그러므로 각자가 하나님에게서 받은 소명에 충실해야 합니다.

하나님께서는 얼마든지 우리 없이도 주의 일을 이루실 수 있습니다. 우리는 말씀에 대하여 염려하고 말씀을 받는 사람들에 대하여 염려합니다. 그러나 그럴 필요가 없습니다. 하나님의 말씀을 뿌렸다면 그 말씀이 어떻게 역사할 것인가는 주께 맡기십시오. 성령께서 역사하실 것입니다. 우리의 의무는 말씀을 뿌리는 것입니다. 말씀으로 장사하려고 하지 말고 하나님의 말씀이 제대로 뿌려지고 있는지를 주의하십시오. 하나님께서는 말씀이 뿌려진 곳에서 그 말씀이 형통할 것이라고 약속하셨습니다. 하나님의 말씀은 산 자에게는 향기가 되고, 죽은 자에게는 심판의 칼이 된다고 하셨습니다. 또한 개인이든 공동체이든 하나님의 말씀을 들은 후에는 같을 수가 없다고 하셨습니다. 말씀은 가장 깊은 곳에서 생명을 변화하게 합니다. 하나님의 말씀이 뿌려지면 말씀은 계속 역사할 것이며 여러 날 후에는 열매를 맺을 것입니다. 그러므로 내 경험, 내 통찰력을 말하지 마십시오. 이러한 것은 결국 아무 열매 없이 헛되이 돌아옵니다. 하나님의 말씀만을 말하십시오.

하나님의 말씀은 헛되이 돌아오지 않습니다. 하나님께서 형통케 하시는 것은 오직 하나님 자신의 말씀입니다. 하늘로부터 내려오는 단비를 감사하십시오. 오랜 가뭄 후에 내리는 단비는 말로 다 표현할 수 없을 정도로 아름답고 기쁩니다. 어려움이나 당혹스러운 상황을 지난 후에 임하는 하나님의 말씀은 마치 가뭄 뒤의 단비처럼 그 아름다움을 말로 다 형용할 수 없습니다.

# 새 하늘과 새 땅을 바라보십시오!



"또 내가 새 하늘과 새 땅을 보니 … 그 준비한 것이 신부가 남편을 위하여 단장한 것 같더라" 요한계시록 21:1~2

인간의 반역으로 말미암아 이 땅은 저주를 받았습니다. 현실의 역사 가운데서 이 반역이 끝나는 날에 이 땅의 저주는 더 이상 존재하지 않게 될 것입니다. 구속의 마지막 끝은 "새 하늘과 새 땅"이사야 65:17을 포함합니다. 엉겅퀴가 자라나던 자리에서 상록수가 자라나겠고, 이리가 어린양과 함께 거할 것입니다이사야 11:6. 맹수들의 잔인함은 사라질 것이며 상상도 할 수 없는 완벽한 질서가 올 것입니다.

매우 의아하지만 인간의 문명은 사람들을 흙으로부터 멀어지게 하는 경향이 있습니다. 즉, 문명은 인간으로 하여금 인위적인 것을 개발하여 존재케 함으로 인간에게 가장 근본적인 요소인 땅으로부터 멀어지게 합니다. 인간의 문명은 하나님 없이 살아보려는 체계적인 시스템이 되어 버렸습니다. 따라서 폭군이 문명을 다스리게 되면 사람은 설 자리가 없게 됩니다.

솔로몬 왕은 왕이나 농부나 똑같이 밭의 소산을 먹는다고 말합니다전도서 5:9. 성경의 율법은 땅을 관리하는 법에 대하여 말하면서 땅도 적절한 안식이 필요하다고 말합니다. 또한 그 땅이 사람에게 유익을 준다고 말합니다. 이와 더불어 레위기 25장은 땅의 권리에 대하여 더 자세히 설명하고 있습니다.

주께서 재림하실 때 우리는 새 하늘과 새 땅을 유업으로 받게 될 것입니다. 그럼에도 새 하늘과 새 땅은 '땅'을 포함합니다. 그리고 우리는 주 예수 그리스도께서 '몸'을 입으셨으며 지금은 부활의 '몸'을 입고 있음을 기억해야 합니다. 항상 보이지 않는 세계를 바라보되 땅에서 멀어지지 않도록 하십시오.

# 나의 영원한 보물이신 주 하나님

"은을 사랑하는 자는 은으로 만족하지 못하고 풍요를 사랑하는 자는 소득으로 만족하지 아니하나니 이것도 헛되도다" 전도서 5:10

보물이란 돈과 다른 것입니다. 보물은 그 자체가 가치가 있지만, 돈은 그렇지 않습니다. 성경은 축적하기 위해 소유하는 것을 강하게 반대합니다. "오직 너희를 위하여 보물을 하늘에 쌓아 두라 거기는 좀이나 동록이 해하지 못하며 도둑이 구멍을 뚫지도 못하고 도둑질도 못하느니라 네 보물 있는 그곳에는 네 마음도 있느니라"마태복음 6:20~21. 만일 당신의 보물이 하나님에게 있지 않다면 그 보물은 이 땅에 있습니다. 그렇다면 전쟁의 소문이 들릴 때 당신의 마음은 두려움에 빠지게 될 것입니다. 보물을 이 땅의 금고에 두었는데 전쟁이 일어나니 어찌 그 마음이 평안하겠습니까? 공포와 좌절과 함께 마침내 보물을 잃을 것입니다. 소유욕은 참된 영적인 삶을 방해하는 덫입니다. 그러므로 성도는 이 세상의 물질이나 다른 소유에 정들어서는 안 됩니다.

문명의 삶에서 소유를 축적하는 것은 함정에 빠지는 것입니다. "이것은 내 집이며 내 땅이다. 내 책이며 내 것들이다." 그런데 누가 당신의 것을 만졌다고 합시다. 그리고 손상을 입혔다고 합시다. 당신은 짜증으로 가득하여질 것입니다. 예수 그리스도는 계속하여 강조하십니다. "너희의 마음이 이 세상의 소유에 사로잡히지 않도록 주의하라. 네 소유가 흐르게 두라." 솔로몬 왕도 같은 내용으로 사람이 무엇이든 소유욕에 빠지게 되면 섬뜩할 정도로 삶의 고상함을 잃게 될 것이라고 경고합니다. 욥의 경우를 보면 비록 하나님께서 사탄의 시험을 허락하여 사탄이 그의 소유로 난리를 쳤을 때 욥은 모든 소유를 잃고 심지어 건강마저 잃었습니다. 그러나 욥은 그의 모든 소유가 파괴되고 사라지더라도 하나님을 향한 그의 사랑이 참임을 드러냈습니다. 그의 보물은 정녕 이 세상의 것이 아니라 하나님이었습니다.

# 다시 일어나 앞으로 나아가십시오!



"일어나라 함께 가자" 마태복음 26:46

　　제자들은 깨어 있지 못하고 깊은 잠이 들어버렸습니다. 그들은 일이 발생했을 때 정신이 들었지만, 이미 늦었습니다. 원수들이 와서 그리스도를 붙들어 간 것입니다. 이처럼 우리는 이미 저질러진 불행으로 말미암아 절망합니다. "다 끝났구나. 더 이상 어떻게 할 수가 없구나." 그리고 사람들은 절망을 겪을 때 자신의 절망은 예외적인 것으로 생각합니다. 그러나 그것은 오해입니다. 사실 절망을 해보지 않은 사람은 없습니다. 엄청난 기회를 놓쳤을 때 사람들은 그 사실을 알고 절망합니다. 이때 예수 그리스도께서 찾아오셔서 말씀하십니다. "지금 자느냐. 그 기회를 영원히 잃어버렸구나. 네가 바꿀 수 없는 것이로구나. 그러나 일어나라. 함께 다음 단계로 가자." 당신의 과거가 예수님의 품 안에서 잠들게 하십시오. 그러나 과거를 잊되 주께로부터 얻은 교훈은 잊어서는 안 됩니다. 그리고 다가오는 미래를 향해 주님과 나아가십시오.

　　우리의 삶에는 절망이 있는 때가 있습니다. 그리고 자신의 힘으로 그 절망의 늪에서 빠져나오지 못하는 때가 있습니다. 예수님의 제자들은 참으로 부끄러운 행동을 했습니다. 그들은 예수님과 함께 깨어 있어야 할 가장 중요한 때에 깊은 잠이 들어버렸습니다. 그러나 주께서는 그들이 절망에서 나올 수 있도록 다시 찾아오셔서 부드럽게 말씀하셨습니다. "일어나라. 다음 단계로 가자." 자, 당신도 이 음성을 듣고 힘을 얻으십시오. 힘을 얻었다면 당신의 다음 단계는 무엇입니까? 다시는 잠들지 않도록 주의 구속을 바탕으로 하여 깨어 기도하십시오. 같은 실패를 다시는 하지 마십시오. 그리고 당신의 실패가 당신의 새로운 시작을 방해하지 못하도록 하십시오.

20세기의 뛰어난 목사이며 교사였던 오스왈드 챔버스는 1874년 7월 24일 스코틀랜드 애버딘에서 태어나 1917년 11월 15일 이집트에서 43세의 나이로 하나님의 부르심을 받았다. 오스왈드 챔버스는 지금 구 카이로의 대영연방묘지에 묻혀 있는데 오늘날까지도 그의 묘지는 그곳에서 가장 많은 방문을 받고 있다.

그의 부모는 독실한 침례교 성도로서 그에게 많은 영향을 주었으며, 찰스 스펄전의 설교는 그가 참 그리스도인이 되는 계기를 마련해주었다. 그는 자신의 아버지에게 "찰스 스펄전을 좀 더 빨리 만났더라면 더 일찍 그리스도인이 되었을 것"이라고 말하며 안타까움을 표현했다고 한다. 그의 믿음은 아주 빠르게 성숙해갔지만, 그는 자신이 사역자가 되리라고는 상상조차 하지 못했다.

그는 캔싱턴 예술학교와 에든버러 대학교에서 예술과 고고학을 공부하였다. 그러나 에든버러 대학교에서 공부하던 중 그는 사역을 향한 강한 부르심을 느끼며 더눈Dunoon 대학으로 편입하였다. 그는 비상한 재능으로 배우는 동시에 그곳에서 강의하기 시작했고, 자신이 가장 좋아하는 시인 로버트 브라우닝Robert Browning을 위한 작은 지역동호회를 만들기도 했다. 하지만 당시에 그는 신앙에서 참된 만족을 얻지 못하였으며 성경은 아주 따분하고 고리타분하다고까지 생각했다.

이러한 4년간의 신앙 휴면상태를 지난 후에 오스왈드 챔버스는 자기 스스로는 절대로 거룩해질 수 없다는 결론을 내리게 되었다. 어느 날 갑자기 그가 그토록 찾던 힘과 평안이 바로 예수 그리스도께 있음을 깨달았을 때, 그리고 자신의 죄를 위해 그리스도께서 보혈을 흘리셨음을 깨달았을 때 그는 엄청난 변화를 체험하게 되었다. 후에 그는 그때를 회상하며 "말로 형언할 수 없는 빛나는 자유함을 얻는 순간"이었다고 전했다.

새롭게 발견된 힘을 가지고 오스왈드 챔버스는 전 세계를 다니며 복음을 선포했다. 특히 이집트·일본·미국 등지를 다녔는데, 미국 방문 중에 거트루드 홉스Gertrude Hobbs를 만나 1910년 결혼했다. 그는 늘 그녀를 '비디B.D.'(Beloved Disciple의 약자)라고 사랑스럽게 불렀다. 그리고 1913년 5월 24일 그들의 유일한 자녀인 딸 캐슬린을 낳았다.

1911년 오스왈드 챔버스는 런던 클래펌에 성경대학을 설립하고 총장이 되었다. 후에 1차 세계대전 중인 1915년 강한 부르심에 이끌려 YMCA 소속 목사가 되었다. 그러나 1차 세계대전으로 말미암아 어쩔 수 없이 성경대학을 휴교시키고 이집트 자이툰에 군목으로 지원했다. 그곳에서 그는 전쟁의 현장에서 죽음의 공포로 두려워하는 호주와 뉴질랜드 군사들을 섬겼다.

당신의 마음을 하나님께 고백해 보세요!

당신의 마음을 하나님께 고백해 보세요!

오스왈드 챔버스의

# 주님은 나의 최고의 선물

**오스왈드 챔버스** 지음 · 스데반 황 편역

발 행 일　초판 1쇄　2011년　7월 15일
　　　　　초판 2쇄　2011년　7월 20일
　　　　　개정 1쇄　2014년 11월 14일
　　　　　개정 4쇄　2020년 10월 30일

발 행 처　도서출판 평단
발 행 인　최석두

등록번호　제2015-00132호 / 등록연월일　1988년 7월 6일
주　　　소　경기도 고양시 덕양구 통일로 140(동산동 376) 삼송테크노밸리 A동 351호
전화번호　(02)325-8144(代)　팩스번호　(02)325-8143
이 메 일　pyongdan@daum.net
I S B N　978-89-7343-404-6　13230

ⓒ 도서출판 평단, 2014



이 도서의 국립중앙도서관 출판시도서목록(CIP)은 e-CIP 홈페이지
(http://www.nl.go.kr/ecip)와 국가자료공동목록시스템(http://www.nl.go.kr/kolisnet)
에서 이용하실 수 있습니다.(CIP제어번호: CIP2014029844)